大学生
职业生涯规划与就业创业指导
（中医药院校）

主　审　夏有兵

主　编　张同远　陈小进　苏文娟

副主编（按姓氏笔划排序）：

马小伟　王海波　田大将　成　娟　刘云龙

杨　菁　何学建　宋时全　张建华　张萍萍

陆家康　陈　艳　周莹莹　侯鹏飞

南京大学出版社

图书在版编目(CIP)数据

大学生职业生涯规划与就业创业指导:中医药院校/ 张同远,陈小进,苏文娟主编. — 南京 : 南京大学出版社, 2017.9

ISBN 978 - 7 - 305 - 19242 - 5

Ⅰ.①大… Ⅱ.①张… ②陈… ③苏… Ⅲ.①大学生－职业选择－中医学院－教材 ②大学生－创业－中医学院－教材 Ⅳ.①G647.38

中国版本图书馆 CIP 数据核字(2017)第 202214 号

扫一扫教师可申请
教学资源

扫一扫学生可见
学习资源

出版发行 南京大学出版社
社　　址 南京市汉口路 22 号　　邮　　编 210093
出 版 人 金鑫荣

书　　名 **大学生职业生涯规划与就业创业指导(中医药院校)**
主　　编 张同远 陈小进 苏文娟
责任编辑 束　悦　　　　　　编辑热线 025 - 83596997

照　　排 南京理工大学资产经营有限公司
印　　刷 南京京新印刷有限公司
开　　本 787×1092 1/16　印张 19　字数 499 千
版　　次 2017 年 9 月第 1 版　2017 年 9 月第 1 次印刷
印　　数 1~3000
ISBN 978 - 7 - 305 - 19242 - 5
定　　价 48.00 元

网　　址:http://www.njupco.com
官方微博:http://weibo.com/njupco
微信服务号:njuyuexue
销售咨询热线:(025)83594756

序

　　现代的职业生涯规划、就业创业指导源自美国的劳工部门，其初衷是为了帮助失业的人员解决就业问题。但发展至今天，职业生涯规划、就业创业指导已不仅仅是其诞生之初的功能，即只是简单地帮助和指导人们如何找到一份好工作，更重要的是能帮助人们发现真实的自我，燃起理想的火种，能够摒弃世俗的成功而追寻生命的意义。当年乔布斯仅凭一句话"你是想卖一辈子糖水，还是想改变世界"就说服了全球软饮料帝国百事可乐公司最年轻的总裁约翰·斯卡利加盟了当时仅有几个年轻人、前途未卜的草根创业公司——苹果公司。经过不懈的努力，约翰·斯卡利与乔布斯等人一起开创了苹果公司的辉煌。苹果公司也被誉为夏娃的苹果、牛顿的苹果之外，影响人类的第三个苹果！可以说，正是乔布斯的这一句话，唤起了约翰·斯卡利对人生意义的思考和职业生涯目标的重新定位。

　　职业生涯规划，即对自己未来的职业方向、人生目标进行规划，并付诸实践。职业生涯规划的概念虽然是舶来品，但对人生进行规划在中国自古以来即早已有之。"修身、齐家、治国、平天下"，这是中国人传统的道德理想。北宋著名政治家、文学家范仲淹更是古人职业生涯规划的典范。范仲淹自幼便立志："不为良相，便为良医。"良相可以匡扶社稷，良医可以济世活人。范仲淹的人生规划体现了其心怀天下的志向和造福苍生的情怀。"良禽择木而栖"，"君子相时而动"。范仲淹的规划不仅目标明确，而且能够审时度势，进行动态调整，体现了职业生涯规划目标与实践相统一的原则。千百年来，范仲淹的人生规划像一盏明灯，引领无数的志士仁人走向人生的巅峰。职业生涯规划的意义正如有人所说，"你能成为什么样的人，取决于你想成为什么样的人"。职业生涯规划就是帮助我们探寻真实的自我，燃起理想的火种，引领我们追寻生命的意义。

　　就业是民生之本，创业是就业之源。就业创业指导，不仅是指导我们如何找工作，更注重培育我们创新创业的精神。创业并不仅仅是创办一个企业，更是创办事业、创立基业。一个人在工作的岗位上创造性地发挥自己的才干和特长，实现个人价值并为社会带来贡献，都是一种突破自己的创业行为。创业的基础是创新。社会的发展需要匠心，但更离不开创新。匠心要求的是一种极致的细心，于细微之处彰显非凡品质。而创新，是以有别于常规的思路为导向，进行创造或更新。创新是人类进步的灵魂。只有不断创新，努力把握时代的脉搏，符合社会发展的需求，才能始终具有旺盛的生命力而长盛不衰。如柯达公司，虽然发明了世界上第一架数码照相机，但由于其过于满足于自己在传统机械相机和胶片产业的优势和地位，柯达对数码时代的到来并没有引起足够的重视。随着数码相机进入千家万户，柯达终于跟不上时代的步伐,被迫申请破产保护。"记录每一个历史瞬间",曾是柯达著名的广告宣传语,最后柯达自己却成为一个历史瞬间被记录了下来。具有百年历史的老牌相机和胶片巨人最终被拍死在了数字化浪潮的沙滩上,实在令人不胜唏嘘。在传统机械相机和胶片制造方面,柯达不可不谓独具匠心。但面对时代的潮流,柯达没有能及时创新。柯达的教训生动地诠释了"匠心"是如何输给了"创新"。所以,创新是一种意识,是一种敢为人先的意识;创新是一种毅力,是一种百折不挠的毅力;创新更是一种态度,是一种不断进取的态度。正如儒家经典《大学》所言:"苟日新,日日新,又日新。"就是说要勇于弃旧图新,而且不要满足于一天的新,应保持天天新,新了还要更新。

"凡事预则立,不预则废。"同学们,几年的大学时光说短不短,一千多个日日夜夜,会留下许多难忘的回忆。但大学时光说长也不长,正如歌中唱的那样,"你总说毕业遥遥无期,转眼就各奔东西"。希望这本教材能够唤醒大家对人生意义的思考,帮助大家规划好自己的人生航向,引领大家坚持"苟日新,日日新,又日新"的信念,脚踏实地,一步一个脚印,向着自己的人生目标不断前行。

南京中医药大学党委副书记　副校长

目　录

中篇 大学生创业基础——我的未来无极限

下篇 大学生就业指导——我的未来不是梦

上 篇

职业生涯规划——我的未来我做主

第一章

大学学习与生活

第一节　认识大学

> 　　古学子从师受业，谓之从游。孟子曰："游于圣人之门难为言"，间尝思之，游之时义大矣哉。学校犹水也，师生犹鱼也，其行动犹游泳也，大鱼前导，小鱼尾随，是从游也，从游既久，其濡染观摩之效，自不求而至，不为而成。
>
> ——梅贻琦《大学一解》

一、大学是什么

　　大学，指提供教学和研究条件以及授权颁发学位的高等教育机关，分为综合大学、专科大学或学院。大学一般包括一个能授予硕士和博士学位的研究生院和数个专业学院，以及能授予学士学位的一个本科生院。大学还包括高等专科（高职）学校。随着时代的发展，大学在国家与社会的发展中占据着越来越重要的地位，发挥着越来越大的作用。当今大学承担着培育人才、科研创新、服务社会和引领文化等多重职能。

　　列夫·托尔斯泰说过："如果学生在学校里学习的结果是自己什么也不会创造，那他的一生将永远是抄袭和模仿。"中国的许多孩子从小学到中学，习惯于"听话"、"服从"，为了应付升学考试，埋头"题海"寻找标准答案的"金钥匙"。而大学的每个学科都有独特的观察世界、认识世界的视角和方法，大学教育将唤醒大学生敢于思考、敢于怀疑、敢于挑战的精神。这便是大学的魅力与精髓所在，它保全了一种伟大的探索精神。它肩负着培养栋梁之材，探求高深学问，追求真理，使人类走向光明灿烂的前景之重任，充溢着一种大象无形的灵性氛围的神圣精神。

二、大学与中学的不同

　　不少大学新生对中学老师这样的话还记忆犹新：再坚持努力一下，考上大学你们就轻松了。老师的话成了大家"黑色六月"中的精神支柱和奋力拼搏的动力。你今天能够坐在大学的教室里，多少也是这句话激励的结果。可是，进了大学后，学习生活真的就变得轻松随意了吗?如果去问问你的大学老师,得到的答案肯定是相反的。如果你再去问那些真正懂得大学生活和学习的学长,他们的回答更会让你意外。他们会非常真切地告诉你,如果你想在大学真正学到一些知识,不但丝毫不会轻松,而且只会比中学更忙更累,只是忙得更有目标,累得更有价值。

哈佛大学是一所位于美国马萨诸塞州波士顿剑桥城的私立大学,是一所在世界上享有顶尖声誉、财富和影响力的学校,在世界各研究机构的排行榜中,经常名列全球大学第一位。哈佛的学生,几乎没有一个能把老师要求的书目读完,所以哈佛学生经常学习和阅读到凌晨一点半到两点半之间。这里的学生很少有按时睡觉的,很多人都是在图书馆熬通宵,到了凌晨两三点,阅览区还是座无虚席。"凌晨的图书馆聚会"像学生们迎接新一天的仪式。

相比之下,在中国,考上大学意味着终于摆脱了束缚,可以想干什么就干什么了。于是,很多大学生把大多时间用在了学习以外的事情上。在最该学习的时候断档了,这就注定中国的大学生被甩得越来越远。他们放松的 4 年,恰好是美国大学生最勤奋的 4 年,积蓄人生能量的黄金 4 年。所以大学新生不能认为大学应该很轻松、很自由,而是要尽快理解大学与中学的不同,好好思考如何将这人生最宝贵的 4 年过得更加充实和有意义。具体而言,大学和中学有如下不同。

(1) 培养目标不同:中学教育是为了学生考上大学,大学教育则是为了学生进入社会。

(2) 培养方式不同:中学培养"考"生,大学培养"学"生。

(3) 教育模式不同:中学是封闭式教育,大学是开放式教育。

(4) 教学方式不同:中学老师"逼"着学生走,大学学生"追"着老师走。

(5) 学习状态不同:中学是被控式学习,大学强调自主性学习。

(6) 学习方式不同:中学学习由老师帮你掌控,大学学习需要自己经常"反省"。

(7) 学习内容不同:中学大家忙一样,大学大家不一样地忙。

(8) 学习要求不同:中学强调标准,大学鼓励创新。

(9) 思维训练不同:中学学习越学问题越少越好,大学学习越学问题越多越好。

(10) 管理方式不同:中学要求服从,大学倡导个性。

(11) 承担责任不同:中学别人把你当孩子看,大学别人把你当成人看。

(12) 生活方式不同:中学靠别人管自己,大学靠自己管自己。

(13) 学习视野不同:中学只要伏案学习,大学要站起来四面观望。

(14) 发展道路不同:中学靠别人帮助规划,大学需要自己学会规划。

总之,大学与中学真的很不同,大一也不是高四。你必须设法改变自己,树立新的学习理念,学会自主学习,养成良好的学习与生活习惯,成功实现从中学生向大学生的转变,如此,你继续走下去的脚步就会非常轻松。反之,如果你做不到或者做不好这些,你的大学之路就会不平坦得多,甚至会时时听到自己沉重的喘气声。此时,你要停下脚步,再一次叩问自己是否已经真正想清楚:你将如何度过大学宝贵的四年光阴,你给自己定下了什么样的发展目标。

三、认识大学的学分制

学分制是教育模式的一种,以选课为核心,教师指导为辅助,通过绩点和学分衡量学生学习质和量的综合教学管理制度,与班建制、导师制合称为三大教育模式。19世纪末,学分制首创于美国哈佛大学。1918年,北京大学在国内率先实行"选课制",1978年,国内一些有条件的大学开始试行学分制,现在学分制改革已在国内高校全面推开。

目前我国很多大学实行的是学年学分制。这种模式的学分制主要体现为两个特点:一是弹性学年制,不像学年制那样严格要求学生必须在规定的学制年限内完成学习任务,允许学生根据自己的学习能力调整学习进度,可以提前修完规定的课程和学分毕业,也可以延期毕业,但一般最多延期两年;二是自主选课制,把学生的修读课程分成必修课(所学专业要求必须修读的课程)和选修课(学生根据自己的兴趣和发展需求自由选读的课程)两大类,让学生在学好专业的同时,根据自己的兴趣、志向和条件自主选课,形成个性化的修读课表,实现自身的学习需求。同时也会根据具体专业的要求来对学生所修的课程给予适当的评价。

四、认识大学的学生会和各类社团

校园内存在的学生会和学生社团,营造了校园学习氛围,活跃了校园文化气氛,丰富了校园文化活动,对当代高等教育起到了不可忽视的作用。学生会的基本任务简要地说有两方面:一方面是完成校团委或团总支交代的各项日常工作;另一方面是在校团委或团总支的指导下树立主体意识,发挥"自我服务、自我管理、自我教育"的效能,创造性地开展各种有益于学生健康成长的校园文化活动。

社团是高校中比学生会更为活跃的群众性组织。它是高校进行校园文化建设的重要载体,是高校第二课堂的引领者,是高校发挥育人职能、使广大学生成长成才的有益补充。学生整体的精神面貌和创造力主要是通过社团文化活动来实现的。大学社团大致可以分成以下六类:文学艺术类、兴趣爱好类、体育竞技类、经管公关类、科技服务类以及社会公益类。

学生会或大学生社团建设既符合广大学生素质教育的要求,又满足了广大学生成长成才的需求,以其影响的广泛性、内容的直接性、参与者的自愿性以及活动方式的多样性和活动效果的有效性,在大学生素质教育中发挥着越来越重要的作用。

五、认识大学的资格、等级考试

(一)大学英语四、六级考试

该考试是我国教育部主管的一项全国性的教学考试,分为四级考试(CET-4)和六级考试(CET-6),笔试在每年6月和12月各举行一次,口试在笔试前进行,每年5月和11月各一次。从2005年1月起,成绩满分为710分,凡考试成绩在220分以上的考生,由国家教育部高教司委托"全国大学英语四、六级考试委员会"发给成绩单。

大学英语考试每年为我国大学生的英语水平提供客观的描述,已经得到社会的承认,目前已经成为各级人事部门录用大学毕业生的标准之一。同时,很多高校规定英语四级是获得学位的必备条件之一。

雅思考试、托福考试、GRE考试情况请扫描阅读。

扫一扫可见
各种英语考试情况

（二）计算机等级考试

1. 全国计算机等级考试

全国计算机等级考试（National Computer Rank Examination，简称 NCRE），是经原国家教育委员会（现教育部）批准，由教育部考试中心主办，面向社会，用于考查应试人员计算机应用知识与技能的全国性计算机水平考试体系。

考试采用全国统一命题、统一考试的形式。除一级各科全部采用上机考试外，其他各级别均采用笔试与上机操作考试相结合的形式。

笔试时间：二级为 90 分钟；三级、四级为 120 分钟；计算机职业英语一级考试为 90 分钟。

上机考试时间：一级、二级均为 90 分钟；三级 60 分钟。

2. 江苏省计算机等级考试

2002 年年初，根据江苏省高等教育发展的情况，省教育厅决定成立"江苏省高等学校计算机教学指导委员会"。教学指导委员会负责江苏省高校非计算机专业学生"计算机基础教学"和"计算机等级考试"的指导工作。

江苏省高等学校计算机等级考试，分基础级和提高级两大类。提高级未开考。基础级针对不同专业计算机基础知识和应用能力的不同要求，设立一级、二级、三级共三个等级，目前开考的科目有：以 WINDOWS 为平台的一级；二级按使用的语种分为 Visual BASIC、Visual FoxPro、C 语言、FORTRAN90、Java 等；三级开考三级偏硬、三级偏软。

江苏省计算机等级考试以"重在基础、重在应用"的原则为指导，采取统一命题、统一考试的方式，每年 3 月和 10 月各举行一次考试。一级考试上机进行，二级考试包括笔试和上机操作考试，三级考试形式为笔试。

参考对象为：凡江苏省高等学校（包括民办高校、高校成人教育）在籍的非计算机专业学生，均可自愿向所在学校报名参加等级考试。考试成绩合格者，由江苏省教育厅委托江苏省高等学校计算机等级考试中心颁发统一的合格证书，对考试成绩优秀者，在合格证书上注明"优秀"字样。很多高校也将计算机等级证书作为获得学位的必备条件之一。

（三）普通话水平测试

普通话水平测试是对应试人运用普通话的规范程度的口语考试。全部测试内容均以口头方式进行。普通话水平等级分为三级六等，即一、二、三级，每个级别再分出甲、乙两个等次；一级甲等为最高，三级乙等为最低。普通话水平测试不是口才的评定，而是对应试人掌握和运用普通话所达到的规范程度的测查和评定，是应试人的汉语标准语测试。应试人在运用普通话口语进行表达过程中所表现的语音、词汇、语法规范程度，是评定其所达到的水平等级的重要依据。

根据各行业的规定，有关从业人员的普通话水平达标要求如下：

中小学及幼儿园、校外教育单位的教师，报考教师资格证人员，师范类毕业生，公共服务行业的特定岗位人员普通话水平不低于二级，其中语文教师不低于二级甲等，其他科目教师不得低于二级乙等,高等学校的教师、国家公务员普通话水平不低于三级甲等,其中现代汉语教师不低于二级甲等,普通话语音教师不低于一级。

国家级和省级广播电台、电视台的播音员、节目主持人,普通话水平应达到一级甲等,其他广播电台、电视台的播音员、节目主持人的普通话达标要求按国家广播电影电视总局的规定执行。

话剧、电影、电视剧、广播剧等表演、配音演员,播音、主持专业和影视表演专业的教师、学生,普通话水平不低于一级。

普通话水平应达标人员的年龄上限以有关行业的文件为准。

（四）实验动物从业人员上岗资格考试

按照国家《实验动物管理条例》,实验动物从业人员必须持证上岗。

1. 考试对象

从事药品、生物制品检定及其他科学研究等动物实验的管理人员、技术人员、饲养人员,从事实验动物生产繁育、质量监测的管理人员、技术人员、饲养人员等。

2. 考试形式及时间

实验动物从业人员上岗资格考试采用上网在线形式进行。考生必须在计算机上完成规定的考试内容,考试时间为 90 分钟。

3. 考试类别

考试共分五类。根据规定,考生每次报名只能报一种类别,具体如下:

A 类:实验动物饲养繁育;

B 类:动物实验;

C 类:实验动物管理;

D 类:实验动物笼器具生产;

E 类:实验动物垫、饲料生产。

4. 考试成绩及证书

考生在计算机上提交答卷后,当场形成分数。未通过考核者可在 24 小时内申请一次补考机会,经补考仍未通过者,须重新报名参加下一次考试。通过考核者,获得实验动物从业人员岗位证书。

（五）其他资格考试

其他还有执业医师考试、护士执业资格考试、执业药师考试、国际商务师考试、国际商务单证员考试、报检员资格考试、上海外语口译证书考试、全国翻译资格考试、心理咨询师考试等资格考试,因其专业性较强,详见本书第三章各专业职业发展分析。

六、关于"大学"的几个误区

由于不了解上大学的真正目的,或者是不适应大学的环境与学习生活,有些同学从上大学那天开始就落后了:在观念上落后,在习惯上落后,在意志品质上落后……有些方面的落后对学生的发展影响不大,有些方面的落后努力一点就可以追回来,而有些方面的落后是十分具有杀伤力的,谁落后,谁就可能会遍体鳞伤,很难回转。所以我们特别强调关于大学的几个误区,告诫同学们千万不要掉入难以自拔的"陷阱"。

（一）大学不是"蜜罐"

很多同学离乡背井,来到异地求学,离开了父母、家人的照顾,同时也获得了更多的"自由"。在失去了原本一直习惯的约束后,他们会感觉大学的校园像个蜜罐。每月只要定时跟父母要零用钱,每周只要上几堂课,每天可以睡十几个小时,高兴的时候找段恋情来"甜蜜甜蜜",无聊的时候找些游戏来"慰藉慰藉",日子过得非常潇洒。然而一旦期末红灯高挂,那就不会再感觉到甜蜜了。这么做对得起为自己含辛茹苦的父母吗？对得起对自己期望颇深的老师吗？更重要的是能对自己的未来负责吗？大学从本质上来说和中学并不是割裂的,两个词的偏正结构决定了中心词"学"的地位的一致性,大学只是在人生的金字塔中攀登到了一个新的高度而已。大学生不能放任自己过上"糜烂"的生活,不能不为学习而奔波,不能只懂享受而不用功努力,更不能在心理上放松,让自己处于一种松懈慵懒的状态。如果想让自己的前途一片光明,就应该不断努力、再努力。

（二）大学不是"保险箱"

很多学生都认为考入大学就是进了保险箱,信奉 60 分万岁,毕业就有工作,胸无大志,没有远大目标,这是学习之大忌。考入大学,只能说人生之路有了良好开端,以后要走的路更长。没有任何地方是安全的,因为竞争和压力总是一直弥漫在世界的任何角落。不仅在毕业时面临着就业的压力,即使在平时,每年总会有一些同学因为挂科修不满最低限学分而被迫降级甚至退学,即使是重点大学的学生也不例外。读了五六年的大学才拿了个结业证书,或者在大学混了两年后回去重整旗鼓参加高考,等待命运的再一次宣判,这样的事情比比皆是。

（三）大学不是"游乐场"

有些大学生通宵达旦沉湎于网络游戏;有些同学其实本身不喜欢游戏,但是在面对其他同学的诱惑时意志不够坚定,从而与"游戏家族"同流合污;更有甚者,玩游戏的借口竟荒谬到"大家都会,我如果不会的话很没面子"这种程度。很多走向退学这条不归路的学生都是从玩游戏开始的。有些同学因为对课堂学习缺乏足够的兴趣,或者感觉一些比较难的课听起来仿佛"天书",就把逃课当成家常便饭。更有一些同学,平时总是一副玩世不恭的态度,自我放纵,得过且过地混日子,到考试的时候,漠视考试纪律,抱着侥幸心理,铤而走险地作弊,这样做,后果当然很严重。有一位大学老师曾经讲述过这么一个同学的事例:这个同学因为平时学习不努力,到了快要被退学的边缘,能否通过这位老师上的这门课将决定他能否继续留在学校学习。当这位学生得到信息知道自己不能通过考试时,他找到了这位任课教师,含泪向老师哀求"放他一马"。老师看了看他的考分,又检查了平时的上课记录,认为要放他"过关"是不可能做到的,于是向他作了解释,并把他送到电梯口,与他道别后关起门做自己的事。没想到过了大半天,老师打开房门时竟然发现这位学生跪在门外的地上,据学生自己说,与老师告别后他并没有走,而是返回来后一直跪在这里。这位老师摇了摇头说:"你有这样的毅力,为什么不放在学习上?"在反省这样一个悲哀的例子时,我们也应该检查一下自己的大学生活,为自己敲响警钟。

实践任务
shi jian ren wu

1. 走访几位教师和高年级学长,听一听他们对你大学生活和学习的一些建议。
2. 写一封家书,告知父母你在学校的所见所闻所感。

第二节　适应大学的学习和生活

对于刚刚迈入大学校园的新生来说,总会在学习、生活等各方面出现不适应。这些问题如果处理不好、不及时,会影响到新生的学习和生活,严重的可能使学生无法正常完成学业。能否更快、更好地适应大学学习和生活,是大学新生能否尽快完成角色转变和顺利完成学业的关键,在适应过程中需做好以下几方面:

一、探索大学的学习方法,培养自主学习能力

未来的文盲不再是目不识丁的人,而是那些没有"学习能力"的人。

随着知识总量的迅速扩张、知识更新速度的加快,一个大学生在校所学知识可能仅占其一生所需知识的 10% 左右,而其余 90% 的知识需要在工作中获取。所以在大学里,不仅要"学会"一些作为本科学生应该具备的通识素养和所学专业方面的基础知识,更重要的是学会"学习",即"学习能力"的养成,掌握学习的方法和技巧。

(一)学会主动学习,养成良好的学习习惯

如果有谁在上大学后,还是沿用中学学习的那一套来对付大学学习,那将是不会成功的。因为大学的老师不会像中学老师那样为你的学习进行细致的规划和安排。而且在大学也没有了家长的耳提面命,有相当一部分大学新生因为已习惯了"绑"着的学习生活,松"绑"后反而不习惯了。他们只有在外界的督促下才会认真去学,现在没有人"管"了,压力没了,学习的动力也就没了。于是大学里那些对自己要求不高、自控能力不强的学生,就会旷课、迟到、早退、不按要求完成作业。有些人一开始或许还会对自己的行为感到某些不安,以"该课程不重要"、"老师授课水平低,还不如自己看书"等理由为不去上课找个借口麻醉自己。久而久之,这种不安感慢慢地随风飘散,他们对旷课等也慢慢习以为常了,即使再去听课也跟不上、听不懂了,于是乎,就选择放任、放弃。所以,进入大学,学生的首要任务就是学会主动学习,养成良好的学习习惯。

要想做到主动学习就要做到自己能管住自己,不为自己的迟到、旷课找任何借口,自己要不断地给自己施加压力。最简单的办法就是逼迫自己从不逃课,并每次坚持抢占教室的第一排座位。坚持久了,这种刻意的行为就会成为一种习惯,融入学生的骨子里,如果有一天上课迟到了,内心会感到不安和愧疚,这种习惯就是大学生应该具备的。

（二）做好课堂笔记，加深课堂内容理解

大学校园里，每到期末考试即将来临时，最繁忙的地方除了教室、图书馆以外，还有一个地方，那就是复印室。因为有很多同学在一个学期里，压根就没留下什么笔记和复习资料，到期末考试前，不得不借同学的笔记本到复印室里复印。因此，排长队等候复印上课笔记和其他复习资料的情景就成了大学校园一道特殊的"风景线"。课堂笔记，顾名思义是课堂内容的记录。记课堂笔记是学生课堂学习的一项重要学习活动。它有利于对内容的理解，有利于个人自由思想的展现，更有利于今后的复习和记忆。课堂笔记是训练思维的有效形式。随着教师的讲课，记录内容要点、生动的实例甚至风趣的语言，这是严格的逻辑训练。教学过程中，记录下自己的心得体会，或者引发出对新问题的思考（包括疑难问题），这是一种发散性思维方式的训练。课堂学习中，学生多种思维形式的交互使用，都会在认真的课堂笔记中得到反映。会不会做课堂笔记，体现了一个学生的综合学习能力和文字表达能力的高下。现在，随着计算机多媒体的发展、电脑课件的普遍使用，学生记课堂笔记的劳动量大大减轻了。利用电脑课件来学习，成了另一个有效的途径。然而如何利用课件，往往是仁者见仁，智者见智。学生中也出现了一些误区：学生听课过程中，所谓笔记只是抄教学课件的内容，或者是直接用 U 盘复制课件，干脆就不记笔记了，几乎完全停止了手中的笔，这样就带来了很大问题，学生少了课堂情景回忆的很多痕迹信息，也放弃了自己思考的记录和存疑圈点。久而久之，必会导致自己的综合能力和表达能力弱化。

（三）积极参与课堂讨论，迎接思想碰撞

大学的课堂是一个思想开放的场所。教师的系统讲授为学生自由思想的发挥打下基础，知识的领会和运用需要学生的积极参与。大学课堂里会出现很多"讨论式"、"展示式"、"组合式"、"即时式"等等的教育方式。在教师的指导下，围绕与课程有关的中心话题，学生开展自由的讨论。同学们引经据典，提供翔实的数据，发表独立见解，引发自由讨论，这是对自己的思维方法和思辨能力很好的训练，也是对自己口头表达能力的锻炼，对自己自信心的挑战。很难想象，一个不善于思辨的人会有深刻的思想；也很难想象，一个不愿沟通的人以后如何去推销自己，如何去与别人谈各项合作；更不可想象，一个连在老师同学面前都不敢说话，在大学四年没有真正在众人面前像像样样做过一次演讲的人，以后会有大的成功。学会用语言进行有效沟通，是大学生的一项必备技能，所以每位同学都要争取一切发言的机会来训练自己，无论是课堂讨论或者课间的提问，都应当积极参与。

（四）利用好课余时间，拓宽知识获取途径

大学的课余时间是比较多的，但是并不意味着这部分时间没事情做，可以任意挥霍。人与人之间的差距往往是在业余时间产生的，所以这部分时间对于大学生来讲更加珍贵。大学课堂也不仅仅是大学生获取知识的唯一途径。利用课余时间来拓宽大学生知识获取的途径，可以从以下三个方面做起。

1. 利用课余时间补充课堂学习

大学的课堂学习，老师讲解的往往是一种方法、一种思路。一堂课涵盖的内容可以

是十几页甚至几十页,如果仅仅满足于课堂听课学习,往往不能全面理解相关的知识点,不能巩固所学的内容。因此需要你在课余时间里及时预习和复习,还要阅读一些相关的参考书。

2. 利用图书馆、网络资源以及学术讲座拓宽知识面

大学的图书馆有丰富的藏书、先进的阅读工具、幽雅的读书环境,被誉为"知识的宝库、智慧的海洋"。因此,你在入学后,就要尽早走入图书馆,熟悉其中的环境,了解图书馆的各项管理规定,清楚各类图书的摆放位置,以便需要时能很快找到,为我所用。除了在图书馆找一些学业辅导书外,我们也应该通过博览群书来丰富自己的知识,培养自己的人文素养,在图书馆里,我们可以找一些名家的经典之作、反映时代特点的畅销书以及与自己专业相关的专著等。

互联网是一个巨大的资源库,高校也会不惜重金购买像CNKI一类的专业论文数据库,然后免费供师生使用。大学生可以借助搜索引擎在网上查找各类信息,其便捷程度是显而易见的。无论想在网上查找什么资料,你只要键入关键字,就可以得到有关信息,鲜有找不到的资料、看不见的文章。

3. 聆听学术讲座,拓宽自己的视野

有些学生觉得听讲座会占用课程学习的时间,不愿意去听;也有学生认为讲座内容与考试无关,没必要去听。这些想法都是不正确的。事实上,学校或者各院系邀请来做讲座的往往是一些"重量级"的人物,如院士、著名教授、各界知名或者成功人士、政府官员等等,他们不仅知识渊博,阅历丰富,对一些问题往往有自己独到的见解,而且他们站在各个领域的前沿,会带来一些新信息、新观点。所以,听讲座是学生接收最新前沿信息、扩大知识面的最有效的途径,也是进行交叉学科知识学习的便捷途径。

(五)学会研究性学习

研究性学习贵在创新学习。不仅要善于思考,还要力求在思考的基础上有所创新。通过思考,我们的认识发生了质变,从较为现象的东西转变到较为本质的东西,从较为部分的东西转变到较为整体的东西,逐步达到认识的深化。如果我们不但能掌握和运用知识,而且还可以提出许多不同的看法,并且在此基础上向更深更广的领域迈进,这就是创新。思考是创新的基础,创新是高一级的思考。对学生学习而言,创新性学习不一定是首创出前所未有的新知识、新见解,而包括了以下更多的内涵:在学习上能举一反三,灵活运用知识;有丰富的想象力,喜欢出"新点子";具有发散性思维,爱标新立异,发表与别人不同的见解;不轻易相信书本上的结论,而以怀疑的眼光审视一切;善于利用所学的知识解决日常生活中遇到的各种问题及喜欢小发明、小制作、小设计等。

科研创新能力是每一个大学生必须具备的能力。平时各种小论文的撰写、科研报告的形成、参与各类比赛以及毕业论文的写作等等,都是对我们科研能力的一种锻炼。

大学生参与科研活动的方式很多,最普遍的是开展团队运作的项目化实践活动,也有学生直接参与老师的科研项目。但最典型的是参加各种学科竞赛与学校的科研立项计划。大学生科研立项计划是指一些学校为了培养学生的创新科研能力,鼓励学生开展科研实践活动,设立专门基金予以资助的一项计划措施。该计划参照对教师科研项目的管理实施办法,

学生自己设计课题项目，写出研究计划，向学校提出立项申请。学校评估批准后立项，并给予一定的经费资助，并要进行中期检查、结题考核。课题可以个人申请，也可以团队申请，一般要求有老师做指导。

二、学会适应宿舍生活

在远离家乡、独自在外求学的漫长时光里，宿舍已成为我们最重要的归宿和寄托。在身心疲劳时，宿舍是放松心情的快乐家园；在寂寞难过时，宿舍是温馨的避风港湾。对于独生子女来说，宿舍更是我们的第二家庭。在宿舍里，我们不仅学会了与人相处，更培养了如兄弟、姐妹般的感情。舍友之情，是我们一辈子的精神财富。可以说，没有宿舍生活的大学是一种不完整的大学，没有舍友的人生是一种遗憾的人生。

"安居才能乐学"，宿舍本是我们成长的乐园、心灵的港湾，但近年来，舍友之间互相伤害的事件频频出现。"感谢舍友不杀之恩"更成了一种令人痛心的调侃。在一次次触目惊心的舍友相残的事件背后，我们不禁要问，是什么让他们之间的感情变得如此冷漠？是什么让他们因为一些微不足道的小事，就对自己的兄弟、姐妹怒从心头起、恶向胆边生？可能是他们的心中缺少了互相理解、缺少了些许包容，但我们相信，他们都是本性纯真的人。只是因为年轻，被懵懂蒙住了清澈的眼眸；只是因为冲动，让善良迷失了本来的方向。所以，宿舍生活看似简单，却也不易。因为罗丹说过，"生活中从不缺少美，而是缺少发现美的眼睛"。只要我们珍惜相遇的缘分，发现生活中的点滴之美，用心感受到同学之情，一切的相遇都会是一种美丽。

"室虽小而心宽"，宿舍是我们共同生活的地方，心若宽了，再大的问题也变小了；心若小了，最细微的琐事也变大了。"人不同而志和。"宿舍更见证了我们的成长，志若不和，则难以同席；志趣相投，才能风雨同行。"宽容、理解、合作、分享"，不仅是宿舍里的生活原则，更是人生的成功法则。新东方董事长俞敏洪先生在北京大学演讲时，就重点讲述了他的大学宿舍生活经历。当年他的各方面条件都不如人，但他从不悲观消沉，反而总想着能为大家做点什么，于是就每天默默地为同学们扫地、打开水，这一干就是四年。后来，当他陷入创业低谷时，很多当年比他优秀得多的同学纷纷回国支持他。他们给他的理由也让他十分意外，他们说："我们回来就是冲着你过去为我们打了四年水。"当年微不足道的付出，却最终换来了人生的辉煌。俞敏洪先生用他的经历告诉我们，"大学时代的第一个要点，你得跟同学们分享你所拥有的东西，感情、思想、财富，哪怕是一个苹果也可以分成几瓣大家一起吃，因为你要知道，这样做你将来能得到更多，你的付出永远不会是白白付出的"。反之，如果我们不懂得这些，可能看似暂时得到了一些，但实际上我们的人生将会失去更多。

相遇是缘，相知是分，在缘分的天空里，相逢是首歌；缘是天意，分是人为，缘分的歌手，正是你和我。正如张爱玲在《爱》中所说：于千万人之中遇见你所遇见的人，于千万年之中，时间的无涯的荒野里，没有早一步，也没有晚一步，刚巧赶上了，那也没有别的话可说，唯有轻轻地问一声："噢，你也在这里吗？"

在这个广大的世界上,一个人与另一个人相遇的可能性是千万分之一,成为朋友的可能性大约是两亿分之一。如果我们把很多看似平凡的事物都看成是来之不易的,我们便会倍加珍惜。

爱情问友情,世上有我了,为什么还要有你的存在? 友情笑着说,爱情会让人流泪,而友情就是帮人擦干眼泪。

(一)要有正确的宿舍认同观念

有人做过调查,有13％的同学认为自己和寝室不是一个整体,有着这种认同观念的同学与同寝室成员自然难以相处,很容易造成宿舍关系紧张,影响整个宿舍关系的和谐。同学们要有正确的宿舍认同观念,以"家"的认知程度来处理宿舍关系,要将宿舍当成"家",像对待家一样搞好宿舍内务整理及卫生清洁;将宿舍同学当成"家人",像对待家人一样对待同学,和蔼、友善、团结。要容忍室友的缺点,做到相互宽容;要加强沟通和交流,解决日常琐事中遇到的小矛盾小摩擦,真正做到相互理解、相互包容。

同学间,在同一事情的处理上出现分歧的时候,要冷静处理,试着站在对方的立场上思考问题、相互理解、相互包容。要理解他人,就要做到用心以对方所期望的方式来对待对方,而不是根据自己的想当然和希望来对待对方。请你仔细领悟下面几条:

(1)用别人对自己不好的方式来对别人,是小肚鸡肠;

(2)用自认为好的方式来对待别人,是自作多情;

(3)用希望别人对你的方式来对别人,是将心比心;

(4)用别人期望的方式来对别人,是善解人意。

真正做到相互理解是人际交往中很不容易的事情。常言道,知己难求。故而我们要抱着一颗平常心,真诚待人、多些宽容、少些计较,经常总结反省自己交往过程中的成败得失,多学习一些人际交往之道。

最易破坏宿舍关系的行为有:用别人东西不打招呼;不讲个人和公共卫生;挑拨离间,搬弄是非;深夜影响室友休息;偷窥室友日记、信件等私人物品。

(二)主动地互相关心和交流

当今社会进入了信息高度发达的阶段,很少有人再用传统的方式进行写信交流,QQ、微博、微信等多种媒介成为大学生进行交流沟通的主要手段,而这些交流沟通往往是利用互联网手机进行的,所以现在很多宿舍的几个人都是自己在自己的电脑前忙碌着,寝室却显得格外安静,许多同学把自己的心事、自己的感悟都上传到网上,却很少与同宿舍成员交流,一些同学有什么不顺心的事宁可在网上找一个陌生人交流,也不愿意与同宿舍成员沟通,这些现象在目前的大学校园是极为普遍的,这种行为习惯的养成也直接影响宿舍关系的建立,同宿舍人员没有良好的沟通,缺乏彼此的信任与交流,致使一些学生住得很近,心却很远。所以,同学们要加强与同学之间的交流沟通,这样才能增近彼此的感情,有利于宿舍关系的发展,从而有利于将来建立良好的职场人际关系。

三、学会适应班级

大学的班级与中学班级不同,中学的班级由老师管理,大学的班级则由大家自己管理。同学们自己组织活动、自己参与活动。没有固定的教室,上完一次课,就要再转换到下一个地点去上课,每个同学有自己的课程表,大家各自游走于不同的课堂。大家在各个班级间走动,班级的符号不再像中学那么清晰。大家有更多的时间和机会结交更多的朋友,分享更多的资源。

四、学会取舍

一位同学曾经这样描绘大学生活:在大学的日子里,他既要学业上有所成就,社会工作做得非常出色,更要找到梦中佳人。我们要肯定他,也祝福他。然而也要告诉他,要随时做好"取"和"舍"的准备。让我们想象一下,如果在一个山洞里你发现了许多宝物,该怎么办?是出去找工具,然后全搬走,还是挑最好的,其余留给以后的有缘人?这就是一个如何平衡取舍的问题。什么叫作"舍得"?即有所舍才会有所得。这里的"舍"有两层意思:一是该付出的就要付出;二是要学会选择,为了得到一些东西,你必须放弃另一些东西。学业、社团工作、爱情、娱乐都是大学生活的"宝藏",如果能一股脑儿带走,当然最圆满不过了,但每个人的能力、精力毕竟是有限的。我们必须想一想,如何取,才最有利于自己的发展;如何舍,才能让我们取得更好的大学"宝物"。在这里,我们很难告诉大家一定要如何去做,因为每个人的能力素质是不一样的,发展的目标也不一样,所以选择也会有所不同。大学可爱的地方,就是它像宝山一般,让大家依据自己所需在有限的时间内撷取自己的最爱。要全部搬走宝山是不可能的,只有学会合理"取"和"舍"的人,才是最聪慧的人。

五、改变不良的生活习惯

进入大学后,大家都离开了原来朝夕相处的父母,必须学会妥善、合理地安排好个人的学习、生活,培养良好的日常生活习惯,提高自我生活管理能力。大学生常见的不良生活习惯有:

1. 不良的作息习惯

不良的作息习惯,主要表现为:作息时间不规律,平时晚上不想就寝,早上睡懒觉不想起床;周末,从早上睡到下午,不能合理安排作息时间;平时上课经常迟到或旷课,而在考试前又只能"开夜车"进行复习。睡眠过多或过少或毫无规律,均会导致人日常的生物钟紊乱,也必然导致有关神经系统和肌体功能的紊乱,进而导致免疫力下降。如此身心疲惫,不仅容易生病,而且负面情绪不断加剧;不仅学习效率低下,而且心理上也将抑郁寡欢,长此以往,将导致心理疾患。

正确的作息习惯:一要做到昼醒夜眠;二要保证一天的睡眠时间不少于七八个小时。一般来说,学校制定的作息制度都是符合人体生物钟自身节律的,严格遵行即可。

2. 不良的饮食习惯

大学生刚刚离开家庭开始独立生活,生活自理能力较差,对饮食知识的认识不足,对不良饮食习惯的危害认识不够,再加上随心所欲、自由散漫等原因,大学生中不良的饮食习惯较为普遍,主要表现为挑食偏食、暴饮暴食、过分节食、狼吞虎咽、用餐无规律、不吃早饭、喜吃零食、迷信药品等。正常的饮食习惯:一是定时定量,形成规律;二是讲究营养结构的合理搭配。

3. 不良的运动习惯

生命在于运动,适量而有规律的体育运动对人的生理、心理健康均有重要的作用。由于或认知不足,或意志不够坚定,或时间安排不当等原因,大学生体育运动不足、运动与饮食关系处理不当的现象仍十分普遍。

(1)体育运动不足。据报道,按全国范围的体质调查结果推算,近60%的大学生对于体育运动"不参加"或"偶尔参加"。但是,大学生坐着学习、读书时间比较长,一般都在8小时以上,有的开起夜车来则更长,用脑力虽多,但肢体活动少。长期的端坐,使一部分肌肉、韧带、关节长时间承受过重负担,会引起有关肌肉的劳损。

(2)运动与饮食关系处理不当。主要表现为:刚吃过饭就进行运动。这会导致胃部供血不足,不利于对食物的消化吸收,容易引起胃不适或胃病,严重的还会引起胃下垂、胃穿孔等病症的发生。刚运动结束就进食除了会导致胃部供血不足引起的问题外,还会使扩张的血管突然受到冷的刺激,从而造成对心脏、心血管和胃等的伤害,严重时会引发心脏、心血管等方面的疾病。

> **健康小贴士**
>
> 心胸豁达,情绪乐观;
>
> 劳逸结合,坚持锻炼;
>
> 生活规律,善用闲暇;
>
> 营养适当,防止肥胖;
>
> 远离香烟,杜绝酗酒;
>
> 与人为善,自尊自重;
>
> 爱好清洁,注意安全。

良好的日常生活习惯有益于个人身心健康发育和成长,有利于高效率地学习求知。大凡学习成绩优秀、表现出色的大学生,都有着良好的生活习惯,用脑、作息、饮食、运动等均有科学规律。

六、遵守校规

入校时,同学们往往会拿到一本《学生手册》。其内容涉及广泛,有"学生守则"、"学籍管理"、"考场规则"、"奖学金评定"、"违纪处分"等诸多规定,规范领域涉及大学生活的方方面面。整体说来,校规内容可以归纳为三类:可以授予我们奖励的校规,可能给予我们惩罚的校规,能够给我们学业以指导的制度规范。

（一）奖励性规范是对我们的目标指引

现代大学的校规往往都设有奖学金、荣誉称号等奖励性规范。这类规范设立的目的是为了对优秀的学生给予奖励,并以此激励更多的学生。提前了解校规中的奖励性规范,可以使我们知道学校所提倡的行为和理念,可以使我们了解哪些行为方式是健康和积极的,可以使我们明确大学里学习、实践、生活等各方面的努力方向,使我们了解可以树立怎样的目标,而达到这样的目标需要具备怎样的条件等等。

（二）惩罚规范是对我们的底线要求

学生违纪处分条例等规则就是校规中的惩罚性规范。这些惩罚性规范明确了哪些行为为学校所禁止,对这类规范的触犯可能会有怎样严重的后果。上课迟到、旷课、考试作弊、盗窃、打架斗殴等行为都是违反校规的,可能受到不同程度的惩罚。根据情节轻重,可能受到批评教育或五种类型的处分:警告、严重警告、记过、留校察看和开除学籍。例如,有些同学还没有丢掉高中模拟考试时带上草稿纸的习惯,进入大学后的第一次考试,忽视了老师的警告,把草稿纸带进了考场以备演算之用。但许多大学的考场纪律都有明确规定,草稿纸不得带入考场,否则可能以违反考场纪律或作弊论处,而这类处分是相当严重的。步入象牙塔的同学们在中学时代往往并不真正了解什么是处分,更不知道受到处分会带来怎样的后果。实际上,在大学时代受到处分,可能会给自己今后的学业乃至人生带来严重的影响。许多同学在入校初期不明就里,违反校规受到处分,待到错失奖助学金评选、保研机会或不能获取学位时才明白自己当初轻浮之举的后果,然而悔之晚矣。总之,我们必须了解校规对大学生活的底线要求,避免错误的发生,以使自己在健康的轨道上顺利发展。

（三）学业制度等指导性规范助我们少走弯路

《学生手册》中大量的篇幅是关于学业制度、毕业要求等的制度规定,如学分规定、选修、免修、保研等。而这些规定往往是同学们在翻阅《学生手册》时容易忽略的。事实上,这类规范对于大学生涯规划所具有的指导意义非常重大。例如,不了解学校有关学分制的规定,就无法对自己的选课量进行适当安排。一个学期选择的学分过少,就很有可能达不到学校的基本要求而被提出警告或要求退学;选择的学分过多也可能造成学业负担过重而使考试出现红灯。几乎所有高校对于学位证书的取得都会有一个明确的制度规定,提前了解可以使我们少犯错误,顺利实现自己的目标。

七、合理规划日常消费

(一)大学生不合理消费表现

当前大学生在消费上出现无计划消费、结构不合理、攀比、奢侈浪费等问题。

1. 储蓄观念淡薄,财商需培养和加强

"财商"一词的提出者罗伯特·清崎曾经说过:"财商与你挣了多少钱没关系,它是测算你能留住多少钱以及能让这些钱为你工作多久的能力。"生活中,不少同学每月的消费超出计划范围,甚至有些同学还需要向别人借回家的路费,至于略有剩余的同学却想着如何把剩余的钱花完,很少同学有储蓄意识。可见,当前大学生的财商需要培养和加强。

2. 消费差距拉大,出现贫富两极

有调查显示,大学生月平均消费额,16％的同学在 500 元以下,19％的同学在 500—600元之间,22％的同学在 600—700 元之间,26％的同学在 700—800 元之间,10％的同学在800—900 元之间,9％的同学月消费 900 元以上。可见,大学生的消费差距增大,贫富差距也比较分明。

3. 消费结构存在不合理因素,女生更为突出

大学生消费的主要组成部分是生活费用和购买学习资料和用品支出。在生活费用中,其中饮食费用又是重中之重。但现在的女大学生的饮食费用很少,有些为了保持苗条身材控制自己的食欲,有的为了节约支出不顾营养需要只选择廉价的饭菜。

4. 过分追求时尚和名牌,存在攀比心理

有些同学为了拥有一款手机或者换上一款最流行的手机,情愿节衣缩食,甚至牺牲自己的其他必要开支;有些男同学为了一双名牌运动鞋,有些女同学为了一套名牌化妆品或者一件名牌衣服而不惜向别人借钱,甚至办理高息贷款以满足自己的欲望等等:都可以反映出某些学生不懂得量入而出,在虚荣心理的驱使下,他们极其容易形成无休止的攀比心理。

5. 无节制的网络虚拟消费

这个问题最主要表现在男生身上。部分同学在上了大学以后,就好像学习从此与自己无关,不能控制自己,受不了网络游戏的诱惑,沉迷于网络,有些甚至彻夜不归,在此项目上的花费大为增加,一般一个同学在网吧一天就要 30 元以上,这无疑增加了其经济负担。

(二)如何合理规划大学学习和生活消费

当代大学生是未来社会建设的栋梁,引导和培养大学生保持艰苦朴素、勤俭节约的消费观念,反对奢侈浪费,反对盲目攀比、过高消费等不良消费风气,在当前国情下具有非常重要的意义。

1. 改变认知,树立正确的消费观

正确认识不良消费心理的危害性,大力提倡艰苦奋斗、勤俭节约的传统美德,正确地处

理自身经济条件与消费需求的关系,以消除不良消费心理。

正确的消费观包括:首先,要制定一个消费规划,合理分配在各方面的花费,该花的就花,不该花的坚决不花;其次,应该注意自己的经济实力,不要攀比;再次,不应该都依赖父母,自己可以在课余从事兼职补贴自己的生活。

2. 提高财商素质

所谓财商,指一个人在财务方面的智力,即对钱财的理性认识与运用。财商是与智商、情商并列的现代社会三大不可缺少的素质。财商主要包括两个方面的内容:其一,正确认识金钱及金钱规律的能力,其二,正确运用金钱及金钱规律的能力。

3. 转移重心,将精力集中到学业上

有的大学生因考上大学从原来比较封闭的生活环境中走出后,生活的重心和注意力不再在学业上,而是为了社交、结交朋友,甚至为讨异性欢心而表现出高消费、享乐消费等畸形消费心理。要改变这种消费心理,必须转移生活的重心和注意力,将一切的精力首先集中到学业上,将学业上成绩的取得当作真正的享乐。

4. 回归现实,做生活中真实的人

大学生的骄傲在于人生的理想、学习的本领、为人的品质等有利于自身和社会的积极方面,而不是钱物的多少。所以,为克服日常消费中的摆谱、攀比、从众等虚荣心理,一定要从虚幻的虚荣心理中走出,回归现实,树立正确的荣誉观,做生活中真实的人。

思考题

1. 请说出至少 5 点大学与中学晚自习的不同,想想该如何利用好晚自习的时间。
2. 请说出至少 5 条可能影响到舍友或同学的行为,想想该如何避免。

第三节　校园安全宝典

安全防范意识,是人们在生产和生活过程中,对不安全因素及潜在危险具有预判和辨别能力的一种戒备和警觉的心理状态。人们具备和保持这种意识,就能有效调控自己的行为,并使之处于较为安全的范围内。反之,思想麻痹,缺少这种安全上的警觉意识,就很可能引发本可避免的悲剧。近年屡屡出现的大学生野外游泳溺水死亡,外出不打招呼出事,网络被骗和用工受骗,私拉乱扯和违规使用电器失火,以及误入传销组织和被社会上形形色色的人诈骗等,缺少安全防范意识是重要原因。

一、人身安全常识

(一)宿舍安全

(1)经常进行安全检查,如发现门窗损坏及时报告学校有关部门修理。
(2)就寝前要关好门窗,天热时也不例外,防止犯罪分子趁自己熟睡时作案。

（3）夜间上厕所时格外小心。如厕所照明设施损坏,应带上手电筒,上厕所前应仔细查看一下。

（4）如果有人敲门,千万不可盲目开门,应首先从门镜观察或隔门问清楚来人的身份。如果是陌生人,不应开门。如果发现有人想捅门或撬门进来,室内同学要大声呼救,并做好齐心协力反抗的准备。

（5）如果有人以推销员、修理工等身份要求开门,可以说明不需要这些服务,请其离开;如果有人以室友同事、朋友或远房亲戚的身份要求开门,也不能轻信,可以请其待室友回寝室后再来。

（6）周末或节假日,其他同学回家或者外出时,最好不要一人独自住宿。回宿舍就寝时,要留意门窗是否敞开,防止有犯罪分子潜伏伺机作案,如遇异常情况可请一两位同学同去,以确保安全。

（7）不邀请不熟悉的人到寝室做客,以防给坏人可乘之机。

（8）无论一人或多人在宿舍,当犯罪分子来侵时,你都要保持冷静的态度,做到临危不惧,遇事不乱,一方面呼救,一方面同犯罪分子做坚决斗争。（来自:安全管理网）

（二）女生夜间行路如何注意安全

（1）保持警惕。如果在校园内行走,要走灯光明亮、来往行人较多的大道。对于路边黑暗处要有戒备,最好结伴而行,不要单独行走。如果走校外陌生道路,要选择有路灯和行人较多的路段。

（2）陌生男人问路,不要带路。向陌生男人问路,不要让对方带路。

（3）不要穿过分暴露的衣衫和裙子,防止产生性诱惑,不要穿行动不便的高跟鞋。

（4）不要搭乘陌生人的机动车、人力车或自行车,防止落入坏人的圈套。

（5）遇到不怀好意的男人的挑逗,要及时呵责,表现出自己应有的自信与刚强。如果碰到坏人,首先要高声呼救,即使四周无人,切莫惊慌紧张,要保持冷静,利用随身携带的物品,或就地取材进行有效的反抗,还可以采取周旋、拖延时间的方法等待救援。

（6）一旦不幸受侵害,不要丧失信心,要重新振作精神,同犯罪分子做斗争,要尽量记住犯罪分子的外貌特征等,及时向公安机关报告,并提供证据和线索,协助公安部门侦查破案。

二、防骗防盗常识

（一）校园防骗

俗话说:"人在家中坐,祸从天上降",这句话的意思是说,灾难总是毫无征兆地发生的,让人猝不及防。和灾难一样,校园骗术也往往是"不期而遇"的。宁静美丽的校园并不是与世隔绝的安全地带,反而成为形形色色骗术屡屡得逞的"风水宝地"。

案例一

"熟人"频作案,骗你没商量

2011年3月20日、21日,武汉某高校连续发生两起陌生人进入学生宿舍,和学生套近乎,骗取学生信任,趁机盗走学生财物的案件。

3月20日晚8点,62栋一男生宿舍来了一个陌生人,此人进入一学生寝室后和寝室里的一位同学聊天,同寝室其他同学以为他是这位同学的老乡,均没在意。其间,一位同学因有事出门,回来后发现自己放在桌上的价值千余元的MP3不见了。该同学随即到学校保卫处报案。经过保卫处调查,和陌生人说话的同学既不熟悉陌生人,也不了解此人的真实身份。

21日上午8点,又一陌生人来到该校55栋某男生宿舍。当时,宿舍里有三名同学正在睡觉。此人在一个同学的床上坐了约半个小时,上铺睡觉的同学醒来后,以为他是下铺同学的朋友,主动打了个招呼,就继续睡觉。一个小时后,大家醒来发现,宿舍里的一台笔记本电脑和一部诺基亚手机不见了,这才恍然大悟:原来陌生人是小偷!

以同类方法在中国地质大学(武汉)作案的一个小偷就没那么"幸运"了。3月16日晚8时,该校信息工程学院邓同学在回宿舍拿东西的过程中,路过113寝室,正好碰见一名陌生的学生模样的男子从113寝室出来。邓同学当即询问:"你干什么?"陌生人回答:"找人。"邓同学又问:"找谁?"答:"找李健。"邓同学知道113寝室根本就没有叫"李健"的人,而且此时113寝室也没有灯光,觉得此人十分可疑,就一边招呼同学一起将陌生人留在113寝室,一边拨打校园110报警。

保卫处接警后,立刻赶往寝室,将陌生人带回调查,发现此人是武汉某高校城市建设学院大三的学生,经常在武汉高校学生宿舍进行盗窃。事发后,为表扬邓同学"防范意识强,警惕性高,为抓获这名惯偷起了关键作用",该校保卫处专门召开了一个现场表彰会,并给予奖励。

案例二

次品充上品,推销藏陷阱

3月13日,一名30岁左右的女子进入某高校北区学生宿舍,自称是湖南华泰公司的业务员,想在该校找人代销手抄笔记本、笔、笔芯,如果这些文具一个星期销不出去,可以原价退回。女子强调公司在该校只设一个代销点,学生如想做代理的话,按照批发价每本(支)5角钱算,必须预付1 600元,代销3 600本(支)。

该女子言辞恳切,且拿出盖有公司公章的销售协议书。于是,某宿舍苏同学与其签订了协议书,跟随女子到学校门口取货,并付了1 600元。之后,苏同学发现文具质量、数量均不符合要求,并且女子在该校联系的代销点不止一个,与其联系,对方已不回复。目前,此案已上报公安机关。

无独有偶,同一天下午4时,一女子进入另一高校女生宿舍,自称是雅芳化妆品公司的业务代理,在高校寻找代销点。女子将代销的前景吹得天花乱坠,一女同学经不起诱惑,拿出1 000元钱,购买了20套"雅芳"化妆品。之后,女同学发现化妆品的内包装盒制作粗糙,心存怀疑,于是拿到"雅芳"专卖店检验,发现所购均为假冒产品。与推销女子电话联系,对方接通之后马上挂了电话,之后再也无法拨通其电话。

案例三

出门遇"麻烦",双眼泪汪汪

3月12日晚,武汉某高校刘同学在学校门口被两女青年拦住,称她们在香港读书,此次来武汉旅游,因银行卡被吞,想借用他的电话卡打电话给她们在该校信息工程学院的网友。打完电话后,她们称网友不在,又向刘同学借银行卡,并当场打电话给家人,让家人将钱打到刘同学的卡上来。随后,她们又称晚上银行不能存钱,她们想去住酒店,需要押金1 500元,而且她们的家人也在电话中请刘同学帮忙。

刘同学相信了,取来1 000元交给她们(因刘同学卡上只有1 000元),并抄下了她们的身份证号码。3月14日,刘同学感到情况不对,便到学校保卫处报案。经查,两女青年提供的身份证号码根本不存在(系伪造)。

2004年9月11日是某高校开学的第一天。晚上,管理学院新生小李参加高中同学聚会后,独自从学校西二门进校时,一女生走过来和他打招呼。据女生说,她是从北京来武汉游玩的大学生,在武汉钱财被骗,连手机电板也一起被骗了,只剩一部带有摄像头的"三星"手机。她用仅有的几块钱打电话回家,父母准备给她汇钱,但她没有银行卡,所以想借小李的信用卡转一下钱。

小李觉得信用卡不好外借,便说没带。随后,女生接了一个电话,说是她哥哥打电话给她,她哥哥有个朋友正巧在武汉办事,让她打个电话给那个朋友。但她手机没电没法开机了,所以就借小李的手机打电话给她哥哥的朋友。女生打完电话后说,那个朋友正在开会,让她先去长城大酒店,到了再打电话给他。于是,女生便提出借小李的电话外出一段时间,等事情办好了再把手机还给他。小李担心她是骗子,便不答应。

女生见小李不信,就提出把她的"三星"手机押在小李这里。小李见女生急得都快哭了,又想这部"三星"手机比自己的手机更值钱,就把手机借给了她。小李在原地等了好一会,女生再也没有回来,后来发现所谓的"三星"手机只不过是一部模型机。

案例四

千里传危情,原是骗一场

娟娟是湖南邵东县人,现是华中科技大学 2002 级学生。4 月 24 日上午 9 点,娟娟的父亲突然接到一个电话,一男子自称姓张,是娟娟的班主任,说娟娟突患急性阑尾炎,已送到武汉市第一医院抢救,急需 5 千元医药费。着急的父亲赶忙打电话给娟娟,发现娟娟的手机关机;再打电话到娟娟寝室,无人接听。父亲救女心切,赶紧到附近的银行按照对方提供的账号汇了 5 千元钱。

不久,张某又来电称,娟娟检查出是尿毒症,有生命危险,急需 5 万元救命。父亲又汇了 5 万元。当日上午 11 点,娟娟的父亲再次打电话到她寝室,发现她好好地刚上完课回来,方知被骗。学校得知此事后,立即进行了调查。据学校反映,近期学校已发现了多起类似的骗局。专家指出,利用大学生离家远、信息渠道不畅和家人爱子心切的特点,向家长谎报学生病危或出现意外,骗取家长钱财,这是近来颇为盛行的校园骗术之一。骗子通过大学生的同学录、求职信等材料,能轻易地获得大学生以及家庭的联系方式,这样其行骗也就带有很强的隐蔽性和欺骗性,所以经常能轻易得逞。

因此,大学生一方面要注意保护个人及家庭的信息,不要轻易把这些信息透露给陌生人;另一方面平时也要多和家人交流,让家人了解自己的学习生活状况。记住:多和家人沟通联系,是防止家人因为自己受骗的最好武器!

(二)车站防骗

骗术一:当你正在售票厅徘徊发愁买不到火车票时,可能会过来一两个人对你说,有熟人或亲戚在铁路部门工作,只要多加一点手续费,就能帮你买到卧铺票。求票心切的你被带到"拿票"的地方后(多半是偏僻处),对方会拿出你想要的"卧铺票",你付了钱拿了票后认真一看,才发现只是一张加了价的座位票或是站票,甚至是假票。

骗术二:在车站周边消费后付账时,你给的是一张大额的人民币,经营者可能会故意少找一两元。你发现少了,对方会把钱拿过去再"认真"清点一遍,承认的确是少找了,补上一两元再交给你。其实,对方已经在第二次点钱时快速从中抽走了一部分。

骗术三:候车时,可能会和不认识的人聊天。这时你要注意了,会有一些不怀好意的人,在得知你的行程及家庭情况后,就打电话到你家,向你的家人假称你在火车站受伤或病重住院急需手术费,要立即汇款至他指定的银行账户,心急如焚的家人顾不上过多考虑就会汇款中招。

骗术四:你在火车站等车时,可能会碰到所谓的老乡或者假称与你同路的人,聊天当中取得你的信任后,再提出想看看你的火车票,你在毫无戒心的情况下把票给他,但是再回到你手中的就可能是一张废票了。

（三）校园防盗

1. 高校盗窃案件的特点

（1）时间上的选择性——作案主体在有人的情况下是不行窃的,作案必然选择作案地点无人的空隙实施盗窃。例如,上课期间,同学们都去教室上课了,作案人便会光顾宿舍;下班的时间或节假日期间,实验室、办公室、财会室、计算机室通常均处于无人状态,作案人便会乘隙而入。

（2）目标上的准确性——高校中内盗案件比较多。财会室、计算机室在什么位置,作案人都掌握得一清二楚;哪个学生有钱或贵重物品,常放在什么地方,有没有锁在箱子中或柜子里,钥匙放在何处,作案分子都基本上了解。不动手便罢,一旦动手,目标十分准确,常很快便十拿九稳地得手。

（3）技术上的智能性——高校中盗窃案件的作案主体,一般以高学历、高智商的人为多,有的本身就是大学生。他们智力超群、比较聪明,盗窃技能高于一般盗窃作案人员。他们经常会用你的钥匙开你的锁,或用易拉罐皮制作"万能"钥匙等,进行智能型违法犯罪活动。

（4）作案上的连续性——如上所述,正是由于作案人比较"聪明",所以其第一次作案很容易得手。"首战告捷"以后,作案人往往产生侥幸心理,加之报案的滞后性或破案的延迟性,作案人极易屡屡作案而形成一定的连续性。

2. 高校盗窃案件的行窃方式

（1）顺手牵羊——是指作案分子趁主人不备,将放在桌上、床上、走廊、阳台等处的钱物顺手牵羊而占为己有。

（2）乘虚而入——是指作案分子趁主人不在,房门抽屉未锁之机入室行窃。这类盗窃手段要比顺手牵羊者毒辣,其胃口也比顺手牵羊者更大,不管是现金、存折、信用卡或者是贵重物品,只要一让他看到,就会统统被盗走。

（3）窗外钓鱼——是指作案人用竹竿等工具在窗外将被害人的衣服钓走。有的甚至把纱窗弄坏,钓走被害人放在桌上、床上的衣物。因此,住在一楼或其他楼层靠近走廊窗户的同学,如果缺乏警惕很容易受害。

（4）翻窗入室——是指作案人翻越没有牢固防范设施的窗户、气窗等入室行窃。入室窃得所要钱物后,常又堂而皇之地从大门离去,因此窃贼有时不易被发现。

（5）撬门扭锁——是指作案分子使用各种工具撬开门锁而入室行窃。这种犯罪分子手段毒辣，入室后还继续撬抽屉或箱子上的锁，翻箱倒柜，盗走现金、各种有价证卡和各类贵重物品。采用这种方式的犯罪分子基本上都是外盗。

（6）用A的钥匙开A的锁——是指作案分子用A随手乱丢的钥匙，趁A不在宿舍时打开A的锁，包括门锁、抽屉锁、箱子上的锁，从而盗走现金和贵重物品等。这类作案人大都是与A比较熟悉的人。

3. 防盗的基本方法

（1）离开宿舍或教室时，哪怕是很短的时间，都必须锁好门，关好窗，千万不要怕麻烦。一定要养成随手关灯、随手关门、随手关窗的习惯，以防盗窃犯罪人乘隙而入。

（2）不要留宿外来人员。大学生应该文明礼貌、热情好客，但不能讲义气、讲感情而不讲原则、不讲纪律。如果违反学校学生宿舍管理规定，随便留宿不知底细的人，就等于引狼入室而将会后悔莫及。

（3）发现形迹可疑的人应加强警惕、多加注意。作案人到教室和宿舍行窃时，往往要找各种借口，如找什么人或推销什么商品等，见管理松懈、进出自由、房门大开，便来回走动、四处张望、伺机行事，摸清情况、瞅准机会后就撬门扭锁大肆盗窃。遇到这种可疑人员，同学们应主动上前询问，如果来人确有正当理由一般都能说清楚。如果来人说不出正当理由又说不清学校的基本情况，疑点较多，其神色必然慌张，则需要进一步盘问，必要时还可以请他出示身份证、学生证、工作证等身份证明。经核实身份无误又未发现带有盗窃证据的，可交值班人员记录其姓名、证件号码、进出时间后请其离去。如果发现来人携有可能作案工具或赃物等证据，可一方面派人与其交谈以拖延时间，另一方面打电话给学校保卫部门请其尽快来人做调查处理。

（4）注意保管好自己的钥匙，包括教室、宿舍、箱包、抽屉等处的各种钥匙，不能随便借给他人或乱丢乱放，以防不速之客复制或伺机行窃。如钥匙丢失，应及时更换新锁。

4. 几种特殊易盗物品的防盗措施

（1）现金。现金是一切盗窃分子图谋的首选对象。最好的保管现金办法是将其存入银行。尤其是数额较大时，更应及时存入银行并加密码。密码应选择容易记忆且又不易解密的数字，千万不要选用自己的出生日期做密码。这是因为，一旦存折丢失很容易被熟悉的人冒领。特别要注意的是，存折、信用卡等不要与自己的身份证、学生证等证件放在一起，以防被盗窃分子一起盗走后冒领。在银行存取款时，核对密码要轻声、快捷，切忌旁若无人、大声喊叫。发现存折丢失后，应立即到所存银行挂失。

（2）各类有价证卡。目前，大部分学校已广泛使用各种银行发行的信用卡进行账目结算，学生无须携带大额现金来校缴费，食堂也普遍使用各类磁卡买饭，电话磁卡也早已普及。这些有价证卡应当妥善保管，防止丢失或被人盗用。各类有价证卡最好的保管方法，就是放在自己贴身的衣袋内，袋口应配有纽扣或拉链。所用密码一定要注意保密，不要轻易告诉任何人，以防身边有"不速之客"。如果参加体育锻炼等项活动必须脱衣服时，应将各类有价证卡锁在自己的箱子里，并保管好自己的钥匙。

（3）贵重物品。如黄金饰品、手表、随身听、高档衣物等，较长时间不用的应该带回家中或托给可靠的人代为保管。暂不使用时,最好锁在抽屉或箱(柜)子里,以防被顺手牵羊、乘虚而入者盗走。寝室的门锁最好是能防撬的,易于翻越的窗户要加防盗网,门锁钥匙不要随便乱放或丢失。在价值较高的贵重物品、衣服上,最好有意地做上一些特殊记号,即使被偷走,将来找回的可能性也会大一些。

5. 发生盗窃案件的应对办法

一旦发生盗窃案件,同学们一定要冷静应对。

(1) 立即报告学校保卫部门,同时封锁和保护现场,不准任何人进入。不得翻动现场的物品,切不可急急忙忙地去查看自己的物品是否丢失。这对公安人员准确分析、正确判断侦察范围和收集罪证,有十分重要的意义。

(2) 发现嫌疑人,应立即组织同学进行堵截,力争捉拿。

(3) 配合调查,实事求是地客观回答公安部门和保卫人员提出的问题。积极主动地提供线索,不得隐瞒情况不报,学校保卫部门和公安机关有义务、有责任为提供情况的同学保密。

(4) 如果发现存折被窃,应当尽快到银行挂失。

三、交通安全常识

(一)乘车人怎样预防交通事故

(1) 不准携带易燃易爆等危险物品。

(2) 维护乘车(船)次序,不争先恐后。

(3) 汽车行驶途中,不要将头、手伸出窗外。

(4) 行驶途中,不要编结毛线。

(5) 车(船)未停稳,不要急于上、下车(船)。

(6) 乘坐飞机轮船时,应了解紧急疏散通道(门),熟悉救生衣的使用方法。

(7) 乘坐飞机时,要系好安全带,不要使用无线电话。

(8) 不要站在火车的车辆连接处或坐在船舷栏杆上。

(9) 乘坐小客车时,前座乘客应系好安全带。

(10) 乘坐二轮摩托车必须头戴安全头盔,不准倒坐和侧坐。

(二)行走怎样注意交通安全

(1) 在道路上行走,要走人行道;没有人行道的道路,要靠路边行走。

(2) 集体外出时,最好有组织、有秩序地列队行走;结伴外出时,不要相互追逐、打闹、嬉戏;行走时要专心,注意周围情况,不要东张西望、边走边看书报或做其他事情。

(3) 在没有交通民警指挥的路段,要学会避让机动车辆,不与机动车辆争道抢行。

(4) 在雾、雨、雪天,最好穿着色彩鲜艳的衣服,以便于机动车司机尽早发现目标,提前采取安全措施。

（三）横穿马路要注意什么

横穿马路，可能遇到的危险因素会大大增加，应特别注意安全。

（1）穿越马路，要听从交通民警的指挥；要遵守交通规则，做到"绿灯行，红灯停"。

（2）穿越马路，要走人行横道线；在有过街天桥和过街地道的路段，应自觉走过街天桥和地下通道。

（3）穿越马路时，要走直线，不可迂回穿行；在没有人行横道的路段，应先看左边，再看右边，再看左边，在确认没有机动车通过时才可以穿越马路。

（4）不要翻越道路中央的安全护栏和隔离墩。

（5）不要突然横穿马路，特别是马路对面有熟人、朋友呼唤，或者自己要乘坐的公共汽车已经进站，千万不能贸然行事，以免发生意外。

（四）交通事故损害赔偿责任是怎样分担的

交通事故损害赔偿实行过错赔偿原则，即有过错方赔偿，无过错方不赔偿，交通事故责任大的就应该多承担损害赔偿责任，交通事故责任小的就应该少承担损害赔偿责任，即通常说的"以责论处"。

交通事故责任者按以下规定承担赔偿责任：

（1）负全部责任的，承担损失的100％；

（2）负主要责任的，承担损失的70％—90％；

（3）负同等责任的，承担损失的50％；

（4）负次要责任的，承担损失的10％—30％。

事故责任者有3方及以上的，参照上述分担原则确定。

四、消防安全常识

（一）火灾逃生与自救

（1）火灾袭来时要迅速逃生，不要贪恋财物。

（2）宿舍成员平时就要了解掌握火灾逃生的基本方法，熟悉几条逃生路线。

（3）受到火势威胁时，要当机立断披上浸湿的衣物、被褥等向安全出口方向冲出去。

（4）穿过浓烟逃生时，要尽量使身体贴近地面，并用湿毛巾捂住口鼻。

（5）身上着火，千万不要奔跑，可就地打滚或用厚重的衣物压灭火苗。

（6）遇火灾不可乘坐电梯，要向安全出口方向逃生。

（7）室外着火，门已发烫时，千万不要开门，以防大火窜入室内。要用浸湿的被褥、衣物等堵塞门窗缝，并泼水降温。

（8）若所有逃生线路被大火封锁，要立即退回室内，用打手电筒、挥舞衣物、呼叫等方式向窗外发送求救信号，等待救援。

（二）火海逃生十三诀

(1) 逃生预演，临危不乱　　　　　(8) 善用通道，莫入电梯

(2) 熟悉环境，暗记出口　　　　　(9) 缓降逃生，滑绳自救

(3) 通道出口，畅通无阻　　　　　(10) 避难场所，固守待援

(4) 扑灭小火，惠及他人　　　　　(11) 缓晃轻抛，寻求援助

(5) 镇静辨向，迅速撤离　　　　　(12) 火已及身，切勿惊跑

(6) 不入险地，不贪财物　　　　　(13) 跳楼有术，虽损求生

(7) 简易防护，蒙鼻匍匐

（三）宿舍防火安全小常识

(1) 使用安全电器，应到正规商店购买电源插座、台灯，认准安全标志、出厂证明和检验合格证。

(2) 不使用热得快、电炉、电炒锅、电茶壶、电热毯等大功率危险电器；及时制止或举报其他同学使用类似威胁大家安全的电器。

(3) 在寝室内不可使用蜡烛等明火，不焚烧信件杂物。

(4) 离开寝室前取掉所有充电器、拔掉所有电源插头。

(5) 寝室内禁止吸烟。

(6) 留意宿舍楼内的消防器材放置地点和使用方法，熟悉宿舍楼内的安全通道，以防万一。

(7) 台灯应放在桌上使用，不能放在床头等处使用。

(8) 电源接线板不应放在床上，电线不要与床架等金属物接触。

附：

1. 电脑着火怎么办？

如果电脑着火，即使关掉机子，甚至拔下插头，机内的元件仍然很热，仍会进出烈焰并产生毒气，荧光屏、显像管也可能爆炸，应对的方法如下：

电脑开始冒烟或起火时，马上拔掉插头或关掉总开关，然后用湿地毯或棉被等盖住电脑，这样既能阻止烟火蔓延，也可挡住荧光屏的玻璃碎片。

切勿向失火电脑泼水，即使已关掉的电脑也是这样，因为温度突然降下来会使炽热的显像管爆裂。此外，电脑内仍有剩余电流，泼水可能引起触电。

切勿揭起覆盖物观看，灭火时，为防止显像管爆炸伤人，只能从侧面或后面接近电脑。

2. 不能用水扑救的五种火灾

电器。电器发生火灾时，首先要切断电源。在无法断电的情况下千万不能用水和泡沫扑救，因为水和泡沫都能导电，应选用二氧化碳、1211、干粉灭火器或者干沙土进行扑救，而且要与电器设备和电线保持 2 米以上的距离。

油锅。油锅起火时，千万不能用水浇。因为水遇到热油会形成"炸锅"，使油火到处飞

灭。扑救方法是,迅速将切好的冷菜沿边倒入锅内,火就自动熄灭了。另一种方法是用锅盖或能遮住油锅的大块湿布遮盖到起火的油锅上,使燃烧的油火接触不到空气缺氧熄灭。

燃料油、油漆。家中贮存的燃料油或油漆起火千万不能用水浇,应用泡沫、干粉或1211灭火器具或沙土进行扑救。

计算机。电脑着火应马上拔下电源,使用干粉或二氧化碳灭火器扑救。如果发现及时,也可以拔下电源后迅速用湿地毯或棉被等覆盖电脑,切勿向失火电脑泼水,因为温度突然下降也会使电脑发生爆炸。

化学危险物品。学校实验室常存有一定量的硫酸、硝酸、盐酸、碱,金属钾、钠、锂,易燃金属铝粉、镁粉等。这些物品遇水后极易发生反应或燃烧,是绝不能用水扑救的。

思考题

1. 请仔细观察校园及周边环境,想想存在哪些安全隐患。对于加强校园安全管理,你有什么好的建议?

2. 想想有没有见过或听过一些电信诈骗的真实案例。试分析人们上当受骗的原因,想想该如何避免发生这类事件。

第四节　大学生职业综合能力的培养

一、职业道德培养

职业道德是指人们在职业生活中应遵循的基本道德,即一般社会道德在职业生活中的具体体现。这是一个老生常谈的话题,却一直未能引起大学生的足够重视。事实上,如今很多用人单位都把道德品质列在人才标准的首位,这并不是冠冕堂皇的做法,而是用人单位真实的需求。华硕电脑中国业务群品牌总监郑威认为,企业开展校园招聘,有意去培养、磨练、打造一个人,因此可以接受一张没有工作经验的白纸,但道德品质决定了这张白纸材质的优劣。

下面以医学生为例,分析大学生应该如何提高自身的职业道德素质。

(一)如何培育职业道德

1. 树立正确的职业价值观

医学生职业价值观是在校医学生在学习和社会实践过程中形成的对医生这一职业的一种信念和态度,是对未来医学职业生活的一种职业价值取向。医学生所持有的职业价值观念导致出现目前的行为表现,也预示其未来工作中可能采取的行为模式和工作态度。医学生正确的职业价值观应包括:具有正确的职业价值取向,强调自我价值和社会价值的统一协调;树立科学的职业理想;确定合理的职业价值目标及规划科学的职业发展观。

2. 知行统一，重在实践

大学生日常行为中出现的问题，往往不是认知层面上的问题，即能否判断善恶、是非，而是怎样将社会的道德规范与自己的行为统一起来的问题。道德修养并不等于脱离自己的实际而熟记一些条条框框，决不能坐而论道，把修养的功夫凝固在脑子里甚至仅仅停留在嘴上。中国传统修养理论历来强调知行合一，学习做人的道理，并贯彻到自己的行动中去。离开了实践，道德修养就成为毫无意义的空谈。

3. 积善成德，持之以恒

加强思想道德修养，能使人们洁身自好、防微杜渐，也能使我们从身边的小事做起，多行善事，由此利国、利民、利他人。古人云"勿以恶小而为之，勿以善小而不为"，大学生持之以恒地从小事做起，就能真正地实践道德行为，提升修养境界。

4. 躬身内省，坚持"慎独"

内省，即指自觉地进行思想约束，内心时时反省检查自己的言行。内省是靠自觉性来约束的，不自觉或自觉性不高就难以真正进行内在的自我反省。曾子就提出"吾日三省吾身"，经常将自己的行为与修养目标对照一下，及时发现其中的差距，知过改错，是大学生应该十分重视的一种修养方法。"慎独"，既是一种崇高的道德境界，又是一种道德修养的重要方法。《礼记·中庸》说："莫见乎隐，莫显乎微。故君子慎其独也。"意思是说，最隐秘的事情，最能看出人的品质；最微小的事情，最能显出人的灵魂。慎独是进行品德修养的内在要求，是衡量一个人思想品质和道德水平的试金石。因此在进行品德修养的过程中要注意在"隐"和"微"的地方着力加强，从大处着眼，小处着手，按照道德规范去身体力行。只有经过艰苦的磨练，才能最终达到道德修养的目标，形成良好的道德品质。

5. 加强医学人文素质和医学伦理观修养教育

人文素质教育是通过文、史、哲等人文知识的传授、熏陶以及自身的实践，将人文知识、人文素养、人文精神等转化为人格、气质、修养。人文素质教育能提高医学大学生的知识水平，构建合理的知识结构和知识层次，使医学大学生能够从更深、更高的角度去体会医学这一知识领域，丰富医学的人文内涵，提高自己的人文气质和修养，加深对人类生存、死亡意义的解读。加强医学大学生的人文素质教育，其中一个很重要的途径就是要注意培养其读书兴趣，加强读书教育。

（二）古今中外医生职业道德要求

1. 医学生誓言

健康所系，性命相托。

当我步入神圣医学学府的时刻，谨庄严宣誓：

我志愿献身医学，热爱祖国，忠于人民，恪守医德，尊师守纪，刻苦钻研，孜孜不倦，精益求精，全面发展。

我决心竭尽全力除人类之病痛，助健康之完美，维护医术的圣洁和荣誉。救死扶伤，不辞艰辛，执着追求，为祖国医药卫生事业的发展和人类身心健康奋斗终生！

2. 南丁格尔誓言

余谨以至诚，于上帝及会众面前宣誓：终身纯洁，忠贞职守，尽力提高护理之标准；勿为有损之事，勿取服或故用有害之药；慎守病人家务及秘密，竭诚协助医生之诊治，务谋病者之福利。谨誓！

3. 杏林学子修身

大医精诚
——选自孙思邈《备急千金要方》

张湛曰："夫经方之难精，由来尚矣。"今病有内同而外异，亦有内异而外同，故五藏六腑之盈虚，血脉荣卫之通塞，固非耳目之所察，必先诊候以审之。而寸口关尺，有浮沉弦紧之乱；俞穴流注，有高下浅深之差；肌肤筋骨，有厚薄刚柔之异。唯用心精微者，始可与言于此矣。今以至精至微之事，求之于至粗至浅之思，其不殆哉！若盈而益之，虚而损之，通而彻之，塞而壅之，寒而冷之，热而温之，是重加其疾，而望其生，吾见其死矣。故医方卜筮，艺能之难精者也，既非神授，何以得其幽微？世有愚者，读方三年，便谓天下无病可治；及治病三年，乃知天下无方可用。故学者必须博极医源，精勤不倦，不得道听途说，而言医道已了，深自误哉！

凡大医治病，必当安神定志，无欲无求，先发大慈恻隐之心，誓愿普救含灵之苦。若有疾厄来求救者，不得问其贵贱贫富，长幼妍媸，怨亲善友，华夷愚智，普同一等，皆如至亲之想，亦不得瞻前顾后，自虑吉凶，护惜身命。见彼苦恼，若己有之，深心凄怆，勿避崄巇、昼夜、寒暑、饥渴、疲劳，一心赴救，无作功夫形迹之心。如此可为苍生大医，反此则是含灵巨贼。自古名贤治病，多用生命以济危急，虽曰贱畜贵人，至于爱命，人畜一也。损彼益己，物情同患，况于人乎！夫杀生求生，去生更远。吾今此方所以不用生命为药者，良由此也。其虻虫、水蛭之属，市有先死者，则市而用之，不在此例。只如鸡卵一物，以其混沌未分，必有大段要急之处，不得已隐忍而用之。能不用者，斯为大哲，亦所不及也。其有患疮痍、下痢，臭秽不可瞻视，人所恶见者，但发惭愧凄怜忧恤之意，不得起一念蒂芥之心，是吾之志也。

夫大医之体，欲得澄神内视，望之俨然，宽裕汪汪，不皎不昧。省病诊疾，至意深心，详察形候，纤毫勿失，处判针药，无得参差。虽曰病宜速救，要须临事不惑，唯当审谛覃思，不得于性命之上，率尔自逞俊快，邀射名誉，甚不仁矣！又到病家，纵绮罗满目，勿左右顾眄，丝竹凑耳，无得似有所娱，珍羞迭荐，食如无味，醽醁兼陈，看有若无。所以尔者，夫一人向隅，满堂不乐，而况病人苦楚，不离斯须，而医者安然欢娱，傲然自得，兹乃人神之所共耻，至人之所不为，斯盖医之本意也。

夫为医之法，不得多语调笑，谈谑喧哗，道说是非，议论人物，炫耀声名，訾毁诸医，自矜己德，偶然治差一病，则昂头戴面，而有自许之貌，谓天下无双，此医人之膏肓也。

所以医人不得恃己所长，专心经略财物，但作救苦之心，于冥运道中，自感多福者耳。又不得以彼富贵，处以珍贵之药，令彼难求，自炫功能，谅非忠恕之道。志存救济，故亦曲碎论之，学者不可耻言之鄙俚也。

杏林学子修身铭

医乃大道	救死扶伤	民生所系	性命存亡	学贯天人	道法阴阳
心存慈悲	旨归寿康	中华医药	上溯岐黄	博大精深	源远流长
济世活人	百代流芳	献身杏林	无尚荣光	匆匆岁月	万象无常
春华秋实	朝晖夕阳	百年树人	家国殷望	立志求学	珍惜时光
效法前贤	敬重师长	多问阙疑	不务空想	宁静致远	浮躁不臧
滴水穿石	百炼成钢	勤求医训	广采众长	博览群书	娴习临床
格物穷理	比类取象	胆大心细	智圆行方	理法方药	悉心参详
锲而不舍	入室登堂	立身处世	道德文章	品学兼修	庄敬自强
谦虚谨慎	豁达坦荡	有容乃大	无私则刚	敏行讷言	举止端庄
待人接物	古道热肠	交友三益	多闻直谅	诚实守信	不妒不谤
助人为乐	受恩莫忘	见贤思齐	当仁不让	崇尚俭朴	力戒排场
克己奉公	正气堂堂	修身养性	医家咸倡	恬淡平和	神清气爽
四体勤健	百脉通畅	生机蓬勃	气宇轩昂	缤纷世界	山色湖光
丰采人生	丹青乐章	洁身自好	歧途勿往	志趣高雅	身心健康
悠悠华夏	礼仪之邦	千载文明	大道泱泱	莘莘学子	奋发图强
敬持仁术	福泽四方	兼容并蓄	克绍弘扬	融会贯通	绝学乃昌
跬步千里	力行为上	任重道远	矢志不忘		

南京中医药大学杏林修身指导委员会
一九九八年三月二十日

二、专业能力

(一)什么是专业能力

大学生的专业能力主要指能胜任岗位工作的专业知识和专业技能。

专业知识需要基础知识打底,要能将扎实的基础知识和精深的专业知识相结合,掌握专业发展的动态和前沿;同时,要能以所学的专业知识为中心,将与专业相近的、有较大相关作用的知识连接起来,形成良好的知识结构,这样的人才才会受到社会上用人单位的欢迎。

专业技能的获得则需要在专业知识学习的基础上,经过反复的实践和体验,绝不能认为经过了专业学习就一定具有了相应的技能。大学生应当学会反省自己的技能清单,了解已掌握的技能与自己的职业目标之间的差距,自觉锻炼自己。

(二)提升大学生专业能力的途径

1. 在专业学习中积累

知识是能力的基础,勤奋是成功的钥匙。大学生在校期间思维活跃,精力充沛,接受能力强,正是学习知识、提升能力的黄金时期。在专业学习中,大学生不仅要能够掌握相关专业的具体知识,还要在老师的指导下了解和学会分析专业的发展历史及趋势,提高专业课的基本技能即职业技能,在专业学习中不断将理论与实践、学习与应用紧密地结合起来,将知识内化为自己的能力和素质,才能够达到一个专业领域内的从业者能够胜任工作的基本条件,这也是实现人生价值的基本条件。

2. 实践促进职业能力的发展

专业能力是在实践的基础上得到发展和提高的,一个人长期从事某一专业劳动,能促使人的能力向高度专业化发展。例如,心理专业的同学随着咨询经历的丰富和经验的增长,可以发展为心理咨询领域的专家,对来访者提供更为专业的咨询服务。从事口译工作的同学随着口译经验的不断丰富,会更好地根据场合、发言者身份及语言特点等因素,给出最为恰当且流畅的译文,而这在工作之初可能是一件非常困难的事情。所以说,一个人职业能力的发展只有在相关的不断工作实践中才能得到发展、提高和强化。

三、一般职业能力

一般职业能力主要是从事任何一种职业都会用到的能力,如语言表达能力、文字表达能力、逻辑思维能力、组织管理能力、社会适应能力、批判式思维的能力等。

(一)语言表达能力

语言表达能力是指运用语言文字阐明自己的观点、意见或抒发思想、感情的能力。语言表达是人们在互相交流过程中表达观点、获取和分享信息资源的最重要方式。

培养良好的语言表达能力,可尝试从以下几方面着手:

(1)努力学习和掌握相关知识。良好的语言表达能力是由良好的内在素质综合决定的,例如具备冷静的头脑、敏捷的思维、渊博的知识及较高的文化修养。因此,大学生应努力学习有关知识,积累经验,重视演讲学、逻辑学、沟通学、哲学、社会学、心理学等课程。

(2)学会运用相应的表达技能、技巧。如讲话时,恰当地运用手势、眼神、表情帮助表达;语言简练、表达准确、条理清楚,吐字清晰、音量适中,声调有高低变化,节奏有快慢之分;能运用排比、比喻等修辞方法及歇后语、典故等,使语言幽默生动;尊重他人,了解听者的需要,注意听众的反应。

(3)在校期间积极参加各种能增强口头表达能力的活动,如演讲会、辩论会、班会、学术交流活动、科创活动,要多讲多听,凡课堂上老师讲的或自己在书本上学到的知识都尽可能地用自己的话讲出来,既有利于加深理解,也有利于提高自己的口头表达能力。

锻炼语言表达能力要有刻苦精神,要持之以恒,只要勤于学习,大胆实践,善于总结,及时改进,语言表达能力一定能不断提高。

(二)文字表达能力

文字表达,是人们交流思想、表达思想的工具,是学好专业、成就事业的利剑。书面表达能力要求的是文句的逻辑性、艺术性和条理性。对一名大学生来说,表达能力在将来的工作岗位上是极为重要的。有的大学生在工作岗位上动手写东西很费劲,拿起笔来不知从何入手,写出来的东西,文字不顺,逻辑不通;有的连通知、申请都写不规范;有的外语不错,中文却不通等等。对于大学生来讲,如果缺乏文字表达能力,不会写或写不好读书笔记、实验报告,特别是毕业论文等,不仅会给专业学习、就业带来障碍,甚至会影响自己的事业发展和今后的前途。因此,大学生在校期间要加强锻炼,不断提高表达能力。

（1）要多读书,读好书,以增强自己表达思想的深刻性、观点的新颖性、内容的丰富性;要多实践,以培养自己思路的敏捷性,表达的条理性、准确性和生动性。

（2）要掌握语法及常用公文书写的规范,在书面用语结构、语法、标点等的使用方面做到游刃有余,对于日常生活或工作中常用到的计划、总结、报告、申请、备忘录、电子邮件等能熟练书写。

（三）逻辑思维能力

逻辑思维是人类思维发展的高级阶段,是人们在认识客观世界的过程中借助于概念、判断、推理等逻辑方法反映客观实际的认识过程,是用科学的抽象概念揭示事物本质,表述认识现实结果。它与形象思维能力截然不同。逻辑思维能力是保证我们的认识活动得以正常地、有效地进行的一种重要能力。

培养自己的逻辑思维能力要从以下几个方面进行:首先,要多参加一些辩论赛。思想在辩论中产生,通过辩论可以提升自己的逻辑思维反应能力。其次,多做些形象思维与逻辑思维的基本知识训练,来锻炼你的思考方法和逻辑思维能力。再次,选修哲学、文学、美学、艺术心理学、中国文化概论等人文课程,提高人文修养,学会理论分析,用分析的眼光看待问题。要富于挑战精神,打破一般思维的常规惯例,以宽阔的思路分析和解决问题,力破陈规。这样,通过日常的反复练习,逻辑思维能力肯定能有很大提高,在以后的学习工作中会自觉地运用进去。

（四）组织管理能力

组织管理能力是指为了有效地实现目标,灵活地运用各种方法,把各种力量合理地组织和有效地协调起来的能力。组织管理能力是一个人的知识、素质等基础条件的外在综合表现。组织管理能力包括计划能力、组织实践能力、决断能力、指导能力和平衡能力。

随着大学毕业生就业制度的改革,具有一定的交往能力和组织工作能力的大学生越来越受到用人单位的普遍欢迎。许多单位挑选大学生,在注重学生的学业成绩的同时,对学生是否担任过学生干部、从事过社会工作很感兴趣。因为,大学生将来无论从事何种工作,都离不开一定的组织管理。要把工作开展起来,把计划付诸实施,把他人的积极性调动起来,把大家的智慧发挥出来,没有一定的组织管理能力是不行的。大学也有各种各样的学生干部,大到学生会主席、社团负责人,小到班委、宿舍长、组长等,这些岗位都可以锻炼组织管理能力。有些同学可能对宿舍长、组长之类的"小官"不屑一顾,认为得到锻炼的机会不大。其实应该认识到,到任何一个职位要做好都不容易,应积极抓住每一个机会,在工作岗位上摔打、磨练、成长,能力强的可以要求更多的锻炼,能力一般的抓住现有的锻炼机会,从小事做起,得到的效果都是一样的。因此,在校大学生应积极参加班团组织和社团活动,尽量做些社会工作,不断增强自己的组织协调能力,以利于今后的职业发展。

（五）社会适应能力

人与环境的正确关系是既要适应又要改造，是适应与改造的辩证统一。适应就是改变自身以迎合客观环境的要求，改造就是改变客观环境使之符合自身发展的要求。对于一名21世纪的大学生，除了要具备扎实的专业知识、丰富的实践能力、良好的道德品质外，还要有较强的社会适应能力。这里所说的社会适应能力，一方面是指能够尽快适应自己未来的工作环境，另一方面也包括对当今世界发展趋势的了解，对我国目前基本国情、本专业发展现状和趋势的了解等。只有这样，从宏观的角度去认识世界，认识目前我们国家发展所处的时代阶段，从而更好地把握自己未来的职业发展方向，才能更好地将个人同国家、社会需要紧密结合，为社会贡献出自己的力量。

（六）批判式思维的能力

教育的目的是培养学生对既定价值的批判意识，使他们掌握理性的批判方法，并在批判的实践中最终形成批判的精神，不断地在生活中把自己从僵化的、先验的和抽象的价值观念中解放出来，追求和实现新的价值。

大学生面对大量的理论、概念，面对无穷的知识、信息，仅靠对学科知识简单的认知性掌握是不够的，必须具备批判性和创造性分析问题的能力，以适应未来的社会工作和生活。每一件事情都有多方看法，不是只有一个非黑即白的答案。不同的人有不同的意见，每个意见都值得了解和珍惜。不要被教条束缚，要学会用不同的观点来看问题。怎么样培养批判式思维能力呢？建议每碰到一个知识点的时候，不但要学会问"为什么"，还要学会问"为什么不"、"为什么一定是这样"、"为什么不可能是那样"，这会让你更深入地了解问题的本质。这几个问题能帮助你学到自学的能力、实践的能力和批判式思维的能力。古希腊哲学家德谟克利特说过"行动之先，以深思为佳"。思维是人类一切实践活动的先导，是一切科学活动的基础，科学的思维对人们的行动有极大的促进作用，有助于人们及时准确地把握问题的实质和关键，从而解决问题。批判式思维作为一种高品质思维、现代人的基本技能之一和现代教育的关键目标之一，其地位应当得到提高，其作用应当被广泛宣传，形成社会共识。

除此之外，学习能力、空间判断能力、形体知觉能力、颜色分辨能力、手的灵巧度、手眼协调能力、人际交往能力、团队协作能力以及遇到挫折时良好的心理承受能力等也属于一般职业能力。

四、身心素质培养

身心素质包括个人的身体素质和个人的心理素质两个方面。身体素质是指大学生应达到的健康体质标准，包括坚强的身体耐力、环境适应力、合理的生活习惯、清洁的个人卫生等；心理素质是指大学生应具备的坚定的意志力、较强的自我认识能力以及适应社会的应变力等。

（一）培养坚定的意志力

意志是人自觉地确定目的，并根据目的调节、支配行为，克服困难去实现预定目的的心理过程。坚定的意志，是通往成功道路上必备的要素之一。大学生已经成为法定的成年人，要有意识培养自己高度的自觉性、适应力、耐受力、自我控制力、善于明辨是非和独立自主的精神，使自己的行为自觉服从职业和社会的需要，遇到困难也会尽自己全力去克服，并充分发挥自身的创造性，坚持正确的、克服消极和错误的行为。

孟子说："天将降大任于斯人也，必先苦其心志，劳其筋骨，饿其体肤，空乏其身，行拂乱其所为，所以动心忍性，曾益其所不能。"这段话生动地说明意志力的重要性。爱因斯坦曾说过，完美的性格和钢铁般的意志比智慧和博学更重要，一个人如果没有顽强的意志，干什么都不会成功。大学生应具有较强的自觉性、果断性、顽强性和自制力，能够在实现目标的过程中机智地克服困难和坦然地面对挫折，采取理智的应付方法，化消极因素为积极因素。

提高挫折承受能力还应努力提高自身的思想境界，树立科学的人生观，积极参加各类实践活动，树立正确的竞争意识。竞争、合作、独立是人们活动的三种目标结构，每个人都应具备这三种能力。大学生应该尽可能地为自己创造参与合作的机会，除竞争外更多地学会合作，在最小限度的竞争中，最大限度地学会合作。如何培养自己的意志力呢？首先要强化正确的动机。人们的行动都是受动机支配的，而动机的萌发起源于需要的满足。其次是培养兴趣，激发意志力。再次是由易入难，制定目标和计划，将这个目标和学习计划联系起来，把最终要实现的目标分解成一个个具体的小目标。最后是坚持体育锻炼。体育锻炼不仅使你有健康的身体、充沛的精力，还能培养你的意志力。长期而艰苦的体育锻炼，定能使自己具备不怕苦、不怕难、知难而进、始终如一的意志品质。

（二）培养较强的自我认识能力

自我认识是对自己要有正确的认识和评价，能了解自己的优缺点，正视自己的弱点，能认识自己的能力、性格、兴趣与需要，摆正自己在群体、生活、事业中的位置，对人生大事做出正确选择。较强的认识能力包括敏锐的感知能力、较强的记忆力、良好的思维能力、丰富的想象力、清晰的表达能力和较强的理解能力。一个人只有客观地认识自己，容纳自己，自我意识良好，才能做到自知、自爱、自信、自立与自强。相反，如果一个人不能正确评价自己，就会缺乏信心，勇气不足，害怕别人发现自己的缺点，而不敢或者不能很好地参与社会竞争。

（三）锻炼适应社会的应变力

应变力是指处理突发事件的能力。在紧急情况下，如果事态得不到迅速控制，后果可能不堪设想。这就要求应对者具有一定的应变能力，要临危不乱和快速决断。

大家肯定都在思考，如何培养自己的应变能力，在大学的生活中会遇到很多突发的事情，都需要在实践中总结经验，提高应变能力。大学期间是充分锻炼自己的绝佳时期，要充分把握这个时期。在大学里要注意扩大个人的交往范围，很多学生大学的结交范围只局限于班级，甚至个别学生局限于小宿舍，使得个人的交往范围非常狭窄。不仅要提高自己在较小范围内的应变能力，更要扩大范围，学会应付更为复杂的社会问题。积极参加富有挑战性的活动。在富于挑战性的活动中，我们必然会遇到各种各样的问题和实际的困难，努力去解决问题和克服困难的过程，就是增强人的应变能力的过程。在工作、学习和日常生活中，遇事要冷静，学会自我检查、自我监督，有助于培养良好的应变能力。

（四）积极参加体育锻炼

我国大学生身体素质水平依旧不高，很多大学对体育锻炼不重视。大学生由于运动量不足，耐力、灵敏和协调性下降，肥胖现象增加。积极参加体育锻炼是提高大学生身体素质的唯一途径，可以从以下几个方面做起。

（1）上好体育课，参加一些体育社团，有目的地培养至少两项可以受用终身的体育特长；

（2）制订锻炼和健身计划，并严格执行，养成习惯；

（3）勇敢地参加体育竞赛，不要担心成绩差，准备竞赛的过程往往比竞赛名次更重要；

（4）认真对待学校组织的早操等集体体育活动。

思考题

1. 结合自己所学专业和拟从事的职业，谈一下应该如何践行职业道德。

2. 大学生专业能力需要在课堂学习和实践锻炼中共同来塑造，你对此将如何规划？

3. 现代大学生所缺乏的批判式思维能力如何在大学学习过程中得以强化？

4. 如何面对大学生活所遇到的挫折和考验？

第五节　大学生学业规划

大学生学业规划从属于大学生职业生涯规划，是职业生涯规划在大学阶段的体现。大学生学业规划通过让大学生在专业认知和自我能力认知的基础上，制定有效、具体、统一的学业目标，搭建专业知识结构框架，制定实现目标的步骤和方法，并及时对学业目标进行检验和调整，最终的目的是养成良好的专业素质。

一、制定学业目标

大学生学业规划的核心是制定有效、具体、统一的学业目标。生活和学习没有目标是很多大学生感到迷茫的主要原因之一。确定学业目标需要做到以下两点：一是分析自己所学专业将来可能的就业方向，结合自己的兴趣爱好，确定自己将来的职业；二是分析自己所选择的职业需要具备哪些专业素质和非专业素质，这些素质就构成了大学的学业目标体系，包括短期、中期和长期的目标。

二、确保学业目标的有效性

大学生学业规划的核心就是目标的制定。学业目标对于任何一个大学生来说都是尤为重要的。确定有效的目标对于充分调动大学生身上相应的性格特征起着十分积极和明显的作用。有效的目标能够将大学生身上的气质、性格、兴趣和特征等等有机地结合起来，推动大学生学业规划的进程。因此，在进行大学生学业生涯规划的时候，保证目标有效性十分关键。所谓目标有效性,简单来讲,就是指制定的目标是可以预见的,并且经过努力后是有一定的实现可能性的。具体来讲,应该有以下三个特点:

（一）目标具有阶段性

大学生的学业生涯具有非常明显的阶段性,那么与之相适应,大学生学业规划中制定的目标必然呈现出明显的阶段性。所谓目标的阶段性,实际上就是要在一个总体目标的指引下,把目标细化。总体目标就像灯塔,指引着大学生奋斗前进的方向。但是,为了能够实现这个总体目标,必然需要制定多个阶段性的分目标来给予保证。而对于一个大学生来讲,制定阶段性的分目标当然必须紧密联系四个学年的不同特征。

1. 一年级为试探期

大学生在试探期的主要任务是认识自己、了解自己,弄清楚我是谁、我想干什么、我能干什么、我应该干什么。在这个时期,大学生应该初步了解自己可能面临选择的职业,特别是自己未来所想从事的职业或自己所学专业对口的职业,提高人际沟通能力。然后结合对于职业的了解来分析获得职业的要求以及从事该项职业的要求,以便结合要求进行学业安排。

2. 二年级为定向期

大学生在定向期应该开始考虑未来是深造还是就业,要检验自己的知识技能,可以开始尝试社会实践活动,并要具有坚持性,最好能在课余时间后长时间从事与自己未来职业或本专业相关的工作。同时,要通过英语和计算机相关证书考试,并开始有选择地辅修其他专业的知识充实自己。

3. 三年级为冲刺期

确定考研的要全身心准备。考研的目标看似简单,但事实上要完成这样一个目标需要多个细小的目标和完整的计划。确定就业的要开始提高求职技能,搜集用人信息。

4. 四年级为分化期

在这个时期就可以检验自己确立的职业目标是否明确,前三年的准备是否已经充分。这一时期事实上是阶段性目标的收尾期。经过分化期的检验,基本上能够确定整个学业规划目标的实现程度。

（二）目标体现具体性

所谓确立具体化的目标,就是针对大学四年的不同阶段必须制定出明确的、实在的目标。比如说,有的大学生给自己一个目标:提高英语水平。那么究竟他现在的英语水平怎么样? 怎么样才叫提高了? 提高多少才是达到目标了? 如何检验他是真的提高了? 一个具体的目标必须是非常明确的。

（三）目标呈现统一性

大学四年虽然各个阶段有不同的目标,但是所有的这些必须形成一个统一的整体。也就是说,在这些看似散乱的目标当中,必须有一条主线将其串联,使其形成一个目标体系。比如拿辅修专业来讲,辅修不是跟风。一般来讲,这个辅修的专业必须是跟自己的总体目标相关联的。比如说,医学专业的学生可以辅修英语专业,因为参看外文文献对于医学生来讲是十分必要的。假设医学生辅修了中文专业，那基本上除非该生已经打算弃医从文了，要不然就是与目标有效性背道而驰的。统一是实现大学生学业规划中所制定的目标的内部保障。在把总体目标分解成一系列目标的过程当中，很容易偏离总体目标的方向，在检验和调整目标的过程中，也会出现与总体目标不统一的问题。因此，在设计目标体系时，在调整目标时，必须始终坚持目标的统一性。目标的统一性是保证目标阶段性和目标具体性发挥作用的有效内部因素。

（四）树立和强化"时间管理理念"

保证目标有效性不仅仅要看所制定的目标体系是否合理，如何科学地安排时间以保证目标实施措施和计划的顺利进行也尤为关键。也就是说，为了能够促进阶段性目标的完成，大学生应当树立起科学的"时间管理理念"，并且不断强化有效管理时间的理念。为此，可以在每学期初为自己制定一份相对详细和完善的时间表。建议可以将时间表细化为学期计划表和周计划表。严格按照所制定的时间表进行学习的过程，就是树立和强化"时间管理理念"的过程。

三、学业目标的检验和调整

社会和科学是在不断发展和进步的，任何一个目标体系的形成都不可能是一蹴而就的事情，必然是处于不断地调整和完善的过程中。所以目标的制定只能基于现有的知识水平。现在制定的目标很有可能在一段时间之后看起来显得比较幼稚，甚至显得落伍。因此，制定目标必然不可能制定"死目标"，而应该是可以根据自身的提高和社会的进步不断进行修正的。

目标的可调整性和可检验性是相辅相成的。一个可以检验的目标必然能够在目标实现过程中发现缺陷和不足，然后针对这些问题进行调整。因此，大学生在进行学业规划时，要建立起适合自己的目标调整和自检机制。每学年末对年初制定的目标进行检验，看其完成度和实际发挥的效果。并且结合自身特点的变化和老师的意见，对自己的目标达成度做好自评，并分析原因与障碍，及时反省并对下一学年的目标进行修正，变更实施措施与计划。

学业规划是大学生职业生涯规划的一部分，进行学业规划一定要融在职业生涯规划中进行，这样才会使学业规划有意义。职业生涯规划的理论与方法将在后面的章节中进行介绍。

实践任务
shi jian ren wu

制订一份英语能力提升计划，并和同学分析其是否具备可行性、具体性、可检验性、可调整性，以及是否与自己的职业目标具有统一性。

第二章

职业生涯规划

你是想一辈子卖糖水，还是想改变世界？
——苹果前 CEO 约翰·斯卡利的故事

1982 年 11 月，纽约。辛劳一天的人们正行色匆匆地离开摩天大楼里的办公室，涌入大大小小的超市、便利店，为即将到来的感恩节做准备。43 岁的职业经理人约翰·斯卡利透过办公室的玻璃窗眺望着楼下花园里的雕塑，初冬季节，纽约寒冷的空气里似乎有一丝萧瑟和凝重。

"该下班休息休息了，又一个温馨的感恩节。"斯卡利对自己说。

斯卡利对自己的状态非常满意。作为职业经理人，他几乎已经得到了普通人梦寐以求的一切：31 岁成为百事集团旗下百事可乐公司最年轻的市场营销副总裁，34 岁就成为《商业周刊》封面人物。凭借出色的营销业绩，斯卡利更是在 38 岁那一年成为百事可乐最年轻的总裁。几乎所有人都认为，他迟早会执掌百事的最高权力。

就在他伸着懒腰，打算离开办公室去享受感恩节假期的时候，电话铃响了。

这是一个猎头打来的电话。

作为百事王国事实上的继承人，斯卡利已经被大多数猎头归入了"无法触动"的一类。是谁，是哪家公司，居然会在这个时候来挖斯卡利的墙角？

打电话的猎头叫杰里·罗奇，纽约最著名的猎头之一，也是斯卡利的老朋友。斯卡利一听到罗奇的声音，就预感到今天的电话非同一般。以罗奇的资历和见识，没有极具诱惑力的职位，他是不会亲自给斯卡利打电话的。

"约翰，怎么样，想动动不？"罗奇试探着问斯卡利。

"杰里，你还不了解我吗？"斯卡利笑着说，"百事就是我的生命，我对其他任何机会都不感兴趣。"

"你知道吗？在西海岸，在硅谷，有一群才华横溢的小伙子。他们创建的公司叫苹果。如果所有传统公司在你面前都已经失去了诱惑力，你不觉得，苹果这样一家代表未来的公司，是你无论如何都会心动的吗？你难道不想到加州和这些来自未来的小伙子们聊一聊吗？"罗奇说道。

"苹果？"

斯卡利惊讶得说不出话来。他万万没有想到，自己这样一个在百事卖了许多年软饮料的职业经理人，竟会和一家年轻人开创的高科技公司扯上关系。斯卡利从没想过要离开百事。苹果是一家与百事截然不同的企业，有着他所不了解的员工和文化。最重要的是，斯卡利在百事的事业蒸蒸日上，苹果再诱人，也不值得拿自己的前途做赌注呀。斯卡利谨慎地告诉罗奇，他同意与苹果的年轻人见见面，聊一聊，但绝不是为了换工作。

就这样，斯卡利登上了飞赴西海岸的班机。12月20日，斯卡利来到苹果公司位于库比蒂诺的总部。在这里，斯卡利第一次见到了乔布斯。斯卡利还记得，乔布斯当时穿着蓝色牛仔裤，大方格子衬衫，挽着袖子，坐在办公室隔壁一间3米见方的小会议室里，和四五个人一起指指点点地讨论问题。

"史蒂夫，"斯卡利开门见山地说，"为什么你们来找我？为什么你们不去找 IBM 或惠普的人？你们怎么会想到要从软饮料业中寻找电脑公司的 CEO？我可一点儿都不懂计算机呀。"

"我们所做的是别人从未做过的事，"乔布斯说，"我们想建立的是完全不同的公司，我们真的需要你这样杰出的人才。我的梦想是世界上每个人都能拥有自己的苹果电脑。为了实现这个梦想，我们必须成为一家擅长市场营销的公司。而你，恰恰是最懂市场营销的。"

"我们已经是好朋友了。但我还是不得不说，我觉得，从一家软饮料企业请人去管理一家电脑公司，这事儿太不靠谱。"

乔布斯只是淡淡地说："好吧。但我希望你再多想想。"

经过几次交谈，斯卡利陷入了纠结。他的内心告诉他，他已经喜欢上了苹果。但从理智上，他又实在无法说服自己放弃已经得到的一切，去一个跟自己全无关系的地方重新打拼。这个选择对他来说，实在是太难了。

但在大陆的另一边，乔布斯可没有那么瞻前顾后，他已经认准了斯卡利就是苹果 CEO 的不二人选。3月20日，乔布斯再次飞赴纽约。与斯卡利共进晚餐后，两个人一起到中央公园散步。

"你的感觉到底如何？"乔布斯问。

"看到你们所做的一切，我真的非常兴奋。"斯卡利说，"你们真的是在改变世界。"

"那么，我想你就是我们要找的那个人。我想你过来和我一起工作，我可以从你身上学到很多东西。"

斯卡利对乔布斯说："史蒂夫，我真的很愿意成为你的顾问，为你提供一切可能的帮助。因为你是我遇到的最好的人。但我不想去苹果工作，无论薪水多高，我都不想去。"

乔布斯低下头看着地面，咬着嘴唇一言不发。这片刻的宁静让斯卡利感到浑身的不舒服。突然，乔布斯抬起头，用犀利的眼神看着斯卡利，说出了一句让斯卡利终生难忘的话：

"你是想一辈子卖糖水，还是想改变世界？"

斯卡利觉得，这句话像钟磬一样敲在心头铮铮作响。面对乔布斯的诚意，在一次可能改变世界的机会面前，他明白，自己无论如何也不能说"不"。

（摘自《乔布斯传——神一样的传奇》）

第一节　职业生涯规划概述

一、职业、职业生涯与职业生涯规划

（一）职业

职业是参与社会分工，利用专门的知识和技能，为社会创造物质财富和精神财富，获取合理报酬作为物质生活来源，并满足精神需求的工作。

职业与人类的需求和社会结构相关，强调社会分工，例如农、工、商、教育、医护、法律、会计等；职业具有其内在属性，不同的职业强调利用专门的知识和技能，例如教师需要一定的教学技能；职业强调创造物质财富和精神财富，在创造财富的过程中获得合理报酬；职业与个人生活相关，职业帮助个人获得物质生活来源，同时具有满足心理需要、获得成就感、获取社会地位等作用。

（二）职业生涯

职业生涯是以心理开发、生理开发、智力开发、技能开发、伦理开发等人的潜能开发为基础，以工作内容的变化，工作业绩的评价，工资待遇，职称、职务的变动为标准，以满足需求为目标的工作经历和内心体验；职业生涯是人一生中最重要的历程，是追求自我实现的重要人生阶段，对人生价值观起着决定性作用；职业生涯就是一个动态的过程，是指一个人一生在职业岗位上所度过的、与工作活动相关的连续经历，并不包含职业上成功与失败或进步快与慢的含义。也就从说，不论职位高低，不论成功与否，每个工作着的人都有自己的职业生涯。

（三）职业生涯规划

大学生职业生涯规划是指学生在大学期间进行系统的职业生涯规划的过程。它包括大学期间的学习规划、职业规划，职业生涯规划的有无、好坏直接影响到大学期间的学习生活质量，更直接影响到求职就业甚至未来职业生涯的成败。

按照规划的时间维度，职业生涯规划可以划分为短期规划、中期规划、长期规划和人生规划四种。

（1）短期规划。即两年以内的规划，主要是确定近期目标，规划近期应完成的任务。

（2）中期规划。一般涉及两年至五年内的职业目标和任务，是最常用的一种职业生涯规划。

（3）长期规划。即五年至十年的规划，主要是设定较长远的目标，以及为实现此目标应采取的具体措施。

（4）人生规划。是整个职业生涯的规划，时间长达 40 年左右，设定整个人生的发展目标和阶梯。

从字面上看，人的职业生涯规划从短期、中期、长期，直至整个人生规划，如同阶梯需要一步一步地发展。但是实际操作中，跨度时间太长的规划由于环境和个人自身的变化难以把握,而时间跨度太短的规划意义不大。所以,一般人们把个人职业规划的重点放在二至五年内的中期规划,这样既便于根据实际情况设定可行的目标,又便于随时根据现实的反馈进行修正和调整。

二、职业生涯规划的意义与作用

(一)职业生涯规划的意义

1. 找到人生的希望与意义

目标可以为人生带来希望和意义。职业生涯规划是一个帮助大学生寻找未来生涯目标,并为了达到目标而集中优势资源解决困难的过程。在生涯规划的过程中,大学生应不断地探索,逐渐理清生命的价值与意义,并利用行动去实现它。

2. 突破障碍、开发潜能与自我实现

米歇尔罗兹指出:职业生涯规划有突破障碍、开发潜能和自我实现三个积极目的。人最大的幸福,是能以自己选择的方式生活:择其所爱,爱其所选。这会使一个人以己为荣,呈现圆润、丰足、喜悦、智慧和充满创造力的气质。

(二)职业生涯规划的作用

1. 帮助你发掘自己的潜能,选择自己的职业发展道路

一份行之有效的职业规划可以帮助你正确认识自己的个性特点、潜在价值;引导你对自己的综合优势与劣势进行对比分析;帮助你发掘自己的潜能,从而确定自己的职业发展道路。

2. 确定职业目标

职业规划可以帮助你确定职业目标。职业锚清楚地反映出个人的职业追求与目标,同时,根据职业锚还可以判断个人达到职业成功的标准。例如技术/职能型职业锚的人,其志向和抱负在于专业技术方面的事业有成;而管理型的人,其职业成功在于升迁至更高的职位,获得更大的管理机会。因此明确自己的职业锚,可以帮助确定自己的职业目标及成功的标准,从而确定职业角色形象。

3. 增强发展的目的性和计划性,提升成功的机会

职业生涯发展要有计划、有目的,不可盲目地"撞大运",很多时候我们的职业生涯受挫就是由于职业生涯规划没有做好。好的计划是成功的开始,古语讲,"凡事预则立,不预则废"就是这个道理。

4. 有助于提高个人工作技能,提升应对竞争的能力

现今社会竞争十分激烈,要想在这场激烈的竞争中脱颖而出并保持立于不败之地,必须设计好自己的职业规划。有计划,有目的,并付诸行动,随着个人工作经验的丰富、知识的扩张,个人的职业技能将不断增强,个人的职业竞争力也将随之增强。

三、职业生涯规划启示录

（一）明确目标与方向

案例

朝着北斗星走，就能走出沙漠

比赛尔是西撒哈拉沙漠中一颗璀璨的明珠，每年有数以万计的旅游者来这儿旅游。可是在肯莱文发现它之前，这里还是一个封闭而落后的地方。这里的人没有一个走出过大沙漠，据说不是他们不愿离开这块贫瘠的土地，而是尝试过很多次都没有走出来。

肯莱文当然不相信这种说法。他用手语向这儿的人问原因，结果每个人的回答都一样：从这儿无论向哪个方向走，最后都还是转回到出发的地方。为了证实这种说法，他做了一次试验，从比赛尔村向北走，结果三天半时间他就走了出来。

比赛尔人为什么走不出来呢？肯莱文非常纳闷，最后他雇一个比赛尔人，让他带路，看看到底是为什么。他们带了半个月的水和食品，牵了两峰骆驼，肯莱文收起指南针等设备，只拄一根木棍跟在后面。

十天过去了，他们走了大约八百英里的路程，第十一天的早晨，他们果然又回到了比赛尔。这一次肯莱文终于明白了，比赛尔人之所以走不出大沙漠，是因为他们根本就不认识北斗星。

在一望无际的沙漠里，一个人如果凭借着感觉往前走，他会走出许多大小不一的圆圈，最后的足迹十有八九是一把卷尺的形状。比赛尔村处在浩瀚的沙漠中间，方圆上千公里没有一点参照物，若不认识北斗星又没有指南针，想走出沙漠确实是不可能的。

肯莱文在离开比赛尔时，带了一位叫阿古特尔的青年，就是上次和他合作的人。他告诉这位汉子，只要你白天休息，夜晚朝着北方的那颗星星走，就能走出沙漠。阿古特尔照着去做，三天之后，他果然来到了大漠的边缘。阿古特尔因此成为比赛尔的开拓者，他的铜像被竖在小城的中央，铜像的底座上刻着一行字：新生活是从选定方向开始的。

（资料来源：《读者》）

这个故事告诉我们，一个人无论他现在多大年龄，他真正的人生之旅，都是从设定目标的那一天开始的，以前的日子，只不过是在绕圈子而已。一旦设定了目标，就会少走许多的弯路。古语云："凡事预则立，不预则废。"运筹帷幄，决胜于千里之外，这是讲计划、计谋的重要性，职业生涯规划也不例外。

职业生涯规划中有两个重要的步骤都涉及目标的确定,一是人生的目标,二是各个角色的目标。设立目标和方向,就好比罗盘指针被磁化之前所指的方向是不确定的,但是指针被磁化具有特殊属性之后,它们就会永远指向北方——忠实于两极了。同样,树立大的方向后,无论迈出的是哪一步,都是朝着这个大方向,指向目标的。正如刚才的案例告诉我们的:"如果你不知道自己要到哪儿去,那通常你哪儿也去不了。"

(二)累积理想和成就

> **案例**
>
> 想象一下,你手里有一张足够大的白纸,现在,把它折叠 51 次,它会有多高?这个厚度大约是 2251799813685248 公里,超过了地球和太阳的距离!
>
> 折叠 51 次高度如此"可观",但如果仅仅是将 51 张白纸叠在一起呢?
>
> (资料来源:《人力资源》2009 年第 1 期)

这个案例告诉我们:因为没有方向,缺乏规划的人生,就像是将 51 张白纸简单叠在一起。今天做这个,明天做那个,每次努力之间都没有联系。这样一来,哪怕每件工作都做得非常出色,它们对整个人生来说却只不过是简单的叠加而已。如果将你的每一次努力进行有效的设计规划,那么它们的效率将成几何级数倍增,而非简单叠加。

(三)减少路径依赖

北森测评网、新浪网与《中国大学生就业》杂志三家机构曾共同进行了"当代大学生第一份工作现状调查",结果显示有 50% 的大学生选择在一年内更换工作;两年内,大学生的流失率接近 75%,比例之高令人震惊。许多没有进行生涯规划的大学生抱着"走一步算一步"和"骑驴找马"的心态开始了职业旅程,结果懵懵懂懂地踏入某个职业领域,产生了"路径依赖"。

> **案例**
>
> ### 永远的 4 英尺 8.5 英寸
>
> 现代铁路两条铁轨之间的标准距离是 4 英尺 8.5 英寸(合 1.44 米),为什么采用这个标准呢?原来,早期的铁路是由建电车的人所设计的,而 4 英尺 8.5 英寸正是电车轨的标准。
>
> 那么,电车轨的标准又是从哪里来的呢?追究下去,人们发现电车轨道标准来自马车的轮距标准。
>
> 马车又为什么要用这个轮距标准呢?原来英国马路辙迹的宽度是 4 英尺 8.5 英寸,所以,如果马车用其他轮距,它的轮子很快会在英国的老路上撞坏。

这些辙迹又是从何而来的呢？从古罗马人那里来的。因为整个欧洲，包括英国的长途老路都是由罗马人为他们的军队所铺设的，而4英尺8.5英寸正是罗马战车的宽度。

可以再问，罗马人为什么以4英尺8.5英寸为战车的轮距宽度呢？原因很简单，这是牵引一辆战车的两匹马屁股的宽度。原来是马屁股决定了千年后的现代铁路铁轨宽度。

故事到这里还没有结束，美国航天飞机燃料箱两旁有两个火箭推进器，因为这些推进器造好之后要用火车运送，路上又要通过一些隧道，而这些隧道的宽度只比火车轨道宽一点，因此火箭助推器的宽度要由铁轨宽度来决定。

所以，最后的结论是：美国航天飞机火箭助推器的宽度，竟然是由两千年前两匹马屁股的宽度所决定的。

（资料来源：http://blogger.org.cn/blog/more.asp？name＝hxxz&id＝25082）

从上边的故事里我们可以非常直观地感受到"路径依赖"所产生的巨大威力。路径依赖，指人们一旦选择了某一个制度，就好比走上一条不归路，惯性的力量会使这一制度不断"自我强化"，让你轻易走不出去，甚至"一条路走到黑"，即出现制度被"锁定"的情形。人们过去做出的选择决定了他们现在及未来可能的选择。好的路径会起到正反馈的作用，通过惯性和冲力，产生飞轮效应而进入良性循环；不好的路径会起到负反馈的作用，就如厄运循环，可能会被锁定在某种低层次状态下。

（四）降低机会成本

抱着走一步算一步的心态，往往也会陷入"机会成本"的泥潭。选择做一件事，会放弃另一件，那个被放弃的事件所带来的收益就是机会成本。在经济学上，机会成本用于考察为了得到某种东西所必须放弃的所有东西——远远不止金钱、时间、物品、劳务，它甚至包括一幅迷人的风景。你必须先有心理准备，机会成本包括的范围是如此之大，可能远远地超出你的想象。

职业生涯的发展如同爬树一样，一旦发现树上所结的果实并非自己所需或枝干已经腐朽时，唯一的选择就是退下来，换一棵树或者朝另一个方向继续爬。在旧树干上爬得越高的人，退下来的难度也就越大，而且越是等待观望，所付出的代价就越大。

四、职业生涯规划中的十个误区

误区一：性格内向，找个销售工作改变性格

镜头回放：Alex学的是程序设计，他一向比较内向、寡言、不善言辞。他觉得这样的个性不理想，便决定找一份销售或者客服的工作来改变性格，让自己有个大变化。但结果不尽如人意，每次拿起电话要跟陌生人沟通，心里便充满了抗拒，最终还是以辞职告终。

专家点评："性格是与生俱来的，工作对个人性格会产生一定影响，但并不会因此产生本

质的变化。"职业规划师洪向阳说,不少职场人希望通过工作来锻炼和彻底改变自己,会有一定作用,但与自己性格特质、能力特长等完全不相合甚至背道而驰的工作,不仅不能让你发挥所长做出成绩,还很有可能会让你消磨自信,导致更深的挫折感。

误区二:找本专业的工作,一定有优势

镜头回放:Lily的专业是工业设计,毕业后想去广告公司做设计。但几轮面试下来,她才知道自己掌握的软件、设计功底都达不到企业的要求。"本专业"还不及那种精通设计的业余爱好者,让她沮丧迷茫。

专家点评:一般状况下,找本专业工作在专业知识、技能上有一定优势。但现状是,大学生的专业学习不到位,且因为没有提前对未来的职业发展实施规划,在知识和技能的准备上很不充足,技能水平很难与用人单位的需求对接,常常无"优势"可言。大学生应尽早利用在校时间对未来的职业发展做好准备工作和前期探索,才能真正积累有用的优势。

误区三:调整心态,一定能喜欢上现在的工作

镜头回放:Tom毕业后进了银行工作。柜员的工作枯燥单调,完全不是他以前想做的。他不敢辞职,想了不少办法让自己对工作多一点积极性,但心里的抵触始终消除不了,严重影响了工作表现。

专家点评:喜欢一份工作,是因为这份工作满足了你的成就感、价值感,且不断刺激你追求新的目标。若眼下的工作根本不是你的兴趣所在,也不能满足你的自我成就感,即使在短时间内可以让生活有保障,也不会是长久发展方向。职场人选择职业时,一定要结合三方面进行综合决策,即自身的能力特长、职业价值观和当前的职业机会。通过全面的分析和判断才能找到合适、感兴趣、让自己全身心投入的好工作。

误区四:三四十岁才做职业规划,已经来不及了

镜头回放:Mary36岁,在一家小公司当副总,主要负责公司销售、客服方面的工作,繁忙且压力很大。家中还有一个4岁的孩子要照顾,总感觉吃力,想重新换一个方向工作,可她始终不敢迈步,觉得已经过了年龄,只能继续忍受着生活。

专家点评:"任何时候做职业规划都不会晚。"职业规划导师闫岭说,职业生涯漫长,不同阶段有不同的任务要完成,如果前一阶段的问题没有解决,拖沓到下一阶段只会加重发展的危机,且需要付出更多的成本。每个阶段都应该随发展及时调整职业规划方案,及时解决发展中的问题。

误区五:大学生只要学习,职业规划等工作以后再做

镜头回放:Bob高考成绩不够理想,被调剂了学校和专业,学了工商管理。但这个专业到底以后出来能做什么工作,他一点也没概念。眼看着大三就要过完了,家里父母都为工作的事焦急,他却慢条斯理地说:"还有一年,等毕业时再考虑也来得及,现在找了又不是马上就要去上班。"真等到毕业时,看到身边的人都陆续签约,他傻眼了,连自己能做什么都还不清楚。

专家点评:大学是个人职业生涯发展的预备阶段,需要充分利用好此阶段对未来的职业发展方向进行探索和尝试,并有针对性地学习和积累一些专业技能,多从实践中了解社会、职场以及自己的能力特长等,以便毕业时与职场"无缝接轨"。

误区六:年轻是资本,尝试越多工作越好

镜头回放: David 毕业一年,已经换了 3 份工作,做过外贸跟单员、销售和经理助理,可他都觉得不合适,做几个月就辞职。"趁年轻,我想多尝试不同的工作,其他的走一步看一步吧。"David 就这样不停地跳槽换工作,但始终定不下来。

专家点评:"裸辞"、"闪辞"似乎已成为职场新人的通病。工作中碰到一点阻碍和不顺心,就立马放弃,去尝试其他的新领域,一直追逐着"更好的工作",却不知道究竟什么才是自己需要的"好工作"。闫岭说,世界上没有完美的工作,毫无头绪地瞎跳槽、乱换岗位和行业,只会让自己的发展停滞不前,甚至倒退。

误区七:计划没有变化快,用不着规划

镜头回放:"计划总赶不上变化,没必要提前计划什么。"Bob 做 IT 工作做了三年,总是在新项目有需要时,才会临时突击学习可能需要的新知识。他有技术,但总显得不够火候,做了几年的技术,进步还是很缓慢,升职的事总是遥遥无期。

专家点评:越是知识和技能更新周期短的行业,越需要提前规划来提高自己对行业发展趋势的预见性。只有时刻准备着的人,才能在机会出现时,抓住发展的机遇。

误区八:想知道自己适合什么工作,只要做个测评

镜头回放: Sara 的行政助理工作做了不到一年,还是没能坚持下来。可自己到底适合做什么,工作三年了,她还是一头雾水。这次找工作前,她特意做了好几份职业测评,以希望从测试结果中找到合适的工作。但结果出来那么多"适合职业",难道自己要每个都去尝试一遍么? 还是迷茫。

专家点评:职业测评只能作为自我了解的辅助工具,并且需要专家根据测试结果,结合你个人的实际情况进行分析和解读才能起到解决问题的作用,切勿片面地理解和利用职业测评结果。

误区九:有了各种证书,就能找到好工作

镜头回放:从大三开始,Tom 就开始考各种证:ISO9001 质量管理体系认证、导游证、会计从业资格证等等。可是到毕业了,看着各种各样的工作,他也不知道找什么好,面试了几家公司,也无果而终。

专家点评:其实光有证书根本无用,企业用人更看重实际技能,判断你是不是真正能为企业创造效益。职业规划师方文怡认为,求职者最好先明确职业目标,有一个初步的职业规划,再有针对性地进行学习考证。

误区十:别人的成功轨迹,自己"依葫芦画瓢"

镜头回放: Jim 学的是经济学专业,但并不是太喜欢。在他认识的人中,有一位学长也

是经济学专业,但后来考了法学的研究生和律师资格证,读完书出来从事经济法律方面的工作,前途似锦。Jim 觉得这个方向不错,自己也去考法学硕士,可那些法律条文都背得头疼,更谈不上通过考试了,前景一片渺茫。

专家点评:"每个人的发展轨迹和经历都有其特殊性,尤其是职业发展上,个人的能力水平、价值观、性格特质等都在影响和左右最终的结果。"方文怡说,每个人的职业规划都必须量身定做,才能获得属于自己的成功。

思考题

畅想十年,与同班同学或宿舍同学讨论与分享:

(1) 你的十年畅想是什么?

(2) 你发现到每个同学对自己未来的期待不同吗?

(3) 你对于别人期待的生活方式有什么看法?

(4) 你是喜欢别人的生活方式,还是自己的?

(5) 你的理想与现实能配合吗?

(6) 要怎样才能实现你的理想生活呢?

经过畅想、讨论之后,将自己的感想写下来。

第二节　自我探索

一、自我认知

自我认知是对自己各个方面的深入了解与再认识,是对自身资源的整理与发掘的过程。自我认知帮助我们认识心理动力、性格特征、价值观等等,并把这些发现有机地融合到未来的职业选择中,引导我们走职业生涯发展的快速通道。

自我认识包括对客观的身体状态的认知,例如性别、长相、身高、体重等,对内在心理状态的认知,例如兴趣、性格、价值观等,以及对能力的认知,例如专业技能、学习能力等。

(一) 自我认识有哪些方面

自我概念包含了"我"的各个方面。一般而言,可以把对自我的认识分为以下几类:

1. 生理我

生理我是人的自然属性,是可直接测量和观察到的,包括高矮、胖瘦、美丑、黑白和健康状况等内容。认识生理我,是认识一切自我的前提和基础,是自我认知的最基本的内容,包括对自己身体特征、健康状况和生理状况的认识。

2. 心理我

心理我是一个人对自己心理属性的认识,是不可直接测量和观察到的,但可通过人的行为来进行反映,包括一个人的价值观、性格、兴趣和能力等多个方面。在职业生涯规划领域中,心理我对职业探索和定位起着重要的作用,可通过正式评估和非正式评估进行测量。但个人通过对自己的总结、回顾、他人的评价等也可以了解心理的我,心理的自我是自我探索中的重点领域。

3. 社会我

社会我包括人在社会中的地位、角色、权利、义务和责任等。社会的我是社会环境、家庭、学校等其他各种因素和自我互动的结果。每个人在社会上扮演各种不同的角色,因此社会上不同的人和团体对"我"有不同的认识和评价。

（二）自我认识的方法

1. 职业测评

职业测评是对大量的样本进行研究、测试和试验的结果,是了解自己、认识自己的一种常用和有效的方法。目前,国内外常用的测试方法有性格测评、职业兴趣测评、职业价值观测评、技能测试和动力测试等。

2. 自我归纳法

每个人都在不同程度地参与社会实践,有些人积极参与,有些人消极参与。积极参与社会实践,则从社会实践中获得能量,取得较大的成就,也积累了丰富的经验;消极地参与社会实践,机会较少,实践经验较少。通过对实践过程的自我归纳,总结过去发生的事情,哪些是成功的事件,哪些是失败的经历,从中归纳出自己的特长、兴趣、爱好和职业倾向。

3. 他人评价法

同学、朋友、老师和家人都不同程度地伴随着你的成长,是你在生活、学习和社会实践中的见证者。"当局者迷,旁观者清",多与他们沟通,借此来评估自己,了解他人眼中的你有哪些优点和缺点,兴趣、性格怎样等,多听听不同人对自己的评价,如果很多人都这样描述你,你可以思考一下自己是不是真的如他们所述。

二、兴趣探索

李开复在《做最好的自己》一书中讲道:"自己读高一的时候一心想做数学家,刚进入大学时又打算当一名出色的政治家,可到大二时发现自己无法全身喜欢数学与政治,学习成绩也只是在中游徘徊。与此同时,却疯狂地喜欢上计算机编程,终于,在大二的一天做了一个重大决定,放弃此前一年在全美排名前三的哥伦比亚大学法律系所修学分,转入该校默默无闻的计算机系学习。"他告诉自己,人生只有一次,不能浪费在没有乐趣、没有成就感的领域。那一天他心花怒放,精神振奋,并且要求自己大学后三年的每一门功课都要拿 A。李开复说,如果没有那天的决定,就不会有他在计算机领域取得的成就;如果不是那天的成就,他很可能只是在美国某个小镇上一名既不成功又不快乐的律师。

（一）兴趣与职业

兴趣是最好的老师,是成功的重要推动力。调查表明:兴趣与成功概率有着明显的正相关性。

兴趣是在需要的基础上产生的,在生活中发生发展起来的。人的需要是多种多样的,一种需要满足之后,还会产生新的需要,兴趣也会随着需要的变换而变化。

古人云:"学之者不如好之者,好之者不如乐之者。"这里的"好"与"乐"就是兴趣的程度不同。兴趣的发生发展一般经历这样一个过程:有趣—乐趣—志趣。有趣是兴趣的低级阶段,常与某人对某一事物的新奇感相联系。乐趣是在有趣的基础上定向发展而成,比较稳定、专一和深入。志趣是兴趣的高级阶段,当人的爱好和社会责任、理想结合起来时,他就会为之奋斗。

（二）霍兰德职业兴趣类型

表 2－1　霍兰德职业兴趣类型

类型	共同特征	喜欢的活动	典型职业
艺术型 A	有创造力,乐于创造新颖、与众不同的成果,渴望表现自己的个性。做事理想化,追求完美,不重实际。具有一定的艺术才能和个性。	喜欢的工作要求具备艺术修养、创造力、表达能力和直觉,并将其用于语言、行为、声音、颜色和形式的审美、思索和感受。	演员、导演、艺术设计师、雕刻家、建筑师、摄影家、广告制作人、歌唱家、作曲家、乐队指挥、诗人、剧作家。
常规型 C	尊重权威和规章制度,喜欢按计划办事,细心、有条理,习惯接受他人的指挥和领导,自己不谋求领导职务。通常较为谨慎和保守,不喜欢冒险和竞争。	喜欢要求注意细节、精确度、有系统、有条理,具有记录、归档、根据特定要求或程序组织数据和文字信息的职业。	秘书、办公室人员、记事员、会计、行政助理、图书馆管理员、出纳员、打字员、投资分析员。
企业型 E	追求权力、权威和物质财富,具有领导才能。喜欢竞争,敢冒风险,有野心、抱负。为人务实,习惯以利益得失、权力、地位、金钱等来衡量做事的价值,做事有较强的目的性。	喜欢要求具备经营、管理、劝服、监督和领导才能,以实现机构、政治、社会及经济目标的工作,并具备相应的能力。	项目经理、销售人员、营销管理人员、政府官员、企业领导、法官、律师。
研究型 I	抽象思维能力强,求知欲强,善思考。喜欢独立的和富有创造性的工作。知识渊博,有学识才能,不善于领导他人。考虑问题理性,做事喜欢精确,喜欢逻辑分析和推理,不断探讨未知的领域。	喜欢智力的、抽象的、分析的、独立的定向任务,要求具备智力或分析才能,并将其用于观察、估测、衡量、形成理论、最终解决问题的工作。	科学研究人员、教师、工程师、电脑编程人员、医生、系统分析员。
实用型 R	愿意使用工具从事操作性工作,动手能力强,做事手脚灵活,动作协调。不善言辞,做事保守。缺乏社交能力,通常喜欢独立做事。	喜欢使用工具、机器,需要基本操作技能的工作。	计算机硬件人员、摄影师、制图员、机械装配工、木匠、厨师、技工、修理工、农民。
社会型 S	喜欢与人交往、不断结交新的朋友、善言谈、愿意教导别人。寻求广泛的人际关系,比较看重社会义务和社会道德。	喜欢要求与人打交道的工作,能够不断结交新的朋友,从事提供信息、启迪、帮助、培训、开发或治疗等事务。	教师、教育行政人员、咨询人员、公关人员、护士、社会工作者。

三、能力探索

📷 **案例**

　　文华是某名牌师范大学中文系毕业生,性格文静,有较强的中文写作能力,但不善于语言表达和人际交往,现在某中学担任语文老师。在近两年的教学实践中,她发现自己并不适合做老师,虽具备相应的学历,但不具备应有的管理学生的能力,课堂上不能调动学生积极性,所带班级成绩也不理想,学校对她的工作表现也不甚满意,她自己也很苦恼。想转行从事其他能够发挥自己文字特长的工作,但具体向哪个方向转,还需要慎重考虑。

　　我们来分析一下,尽管文华不善管理学生,语言表达能力差,但本人文笔优美,文字能力强,其内心职业倾向是希望发挥自身的文字能力。因此,文华可以从事广告文案或媒体的文字编辑类工作,这些岗位对于管理能力、口头表达能力要求不高,有利于文华扬长避短,发挥优势。因此,了解一个人的能力类型,有利于个人进行职业选择。

（一）能力的含义与类型

1. 能力的含义

　　能力是指一个人顺利完成某种活动所必须具备的心理特征,它总是和人的某种活动相联系并表现在活动中。也就是说,只有从一个人所从事的活动中,才能看出他具备某种能力。比如在田径比赛中,一个人运动的幅度、频率以及节奏感都很强,我们会说他具有运动能力。音乐活动中,一个人善于把握音乐的旋律、曲调,歌声动听优美,我们可以说他具有较强的音乐能力。任何一种职业都要求从业者必须具备相应的能力,而且能力的强弱决定了人们工作效率的高低。

2. 能力的类型

　　从能力使用的普遍性来看,可以将能力分为一般能力和特殊能力。

　　(1) 一般能力,又称普通能力,是在许多基本活动中表现出来的,且各种活动都必须具备的能力。如:观察力、注意力、记忆力、想象力、逻辑推理能力、操作能力等。一般能力的综合体就是我们通常所说的智力,心理学中用智商(IQ)来衡量人的智力高低。

　　智商测试常用的量表有斯坦福-比纳智力量表、韦克斯勒智力量表等。研究发现,智力水平个人差异一般呈正态分布,即两头比例小,中间大,一般智力 100 左右的人占 46%,高于 130 和小于 70 的都小于 3%。研究表明,在科技、文化领域杰出的科学家、作家等,智商都在 130 以上;一般管理人员和行政人员的智商在 110 以上,智商低于 90 的只能从事简单工作。

　　(2) 特殊能力是指在某种专业活动中表现出来的能力。一般认为,计算能力、音乐能力、绘画能力、写作能力、动作协调能力、空间想象能力都是特殊能力。特殊能力是一般能力在职业活动中的延伸,是在职业实践中得到体现的能力。如专门从事纺织或色染工作的人,能分辨出常人分辨不出的颜色;专门从事天文观测的人,能跟踪速度很快的空中飞行物体,这是常人无法做到的。

(二) 职业能力与职业选择

职业能力是职业活动中需要具备的能力。职业能力直接影响职业活动效率和职业活动能否顺利完成。职业能力一般可分为专业知识能力(或称专业技能)、自我管理能力和可迁移能力(或称通用技能)。

1. 专业知识能力

专业知识能力是指那些需要通过教育或培训才能获得的特别的知识或能力。专业知识能力不能迁移,需要有意识的专门训练才能掌握。例如会计记账、IT 工程师编程、医生解释心电图等都需要专门的学习和培训才能掌握这些技能。专业知识能力是一个人成为职业化人士的基本条件。

2. 自我管理能力

自我管理能力是处理和改善自我世界的能力。这种能力通常被看作个性品质,而不是能力,这些特征能够帮助个体更好地适应环境。自我管理能力具有可迁移性,可以从非工作领域迁移到工作领域,并有助于推销自己,是一种重要的成功品质。研究表明,人们被解雇或离职更多的是因为自我管理能力不足而不是专业能力缺乏。

3. 可迁移能力

可迁移能力也被称为通用能力。专业知识能力通常与特定的工作领域有关,体现一定的专业技能,而可迁移能力是你在处理各种事情时都可能用到的一些能力,它可以迁移应用于不同的工作之中。另外,可迁移能力虽然与一般能力有相同之处,即它们都可以在各个领域中得到应用,但二者的本质区别在于一般能力与遗传因素有关,而可迁移能力主要靠后天学习与培养,可以通过后天的努力得到提高和增强。

著名心理学家和职业专家赫伍德·菲格勒提出了十种可迁移技能。如果能在生活、学习或社会实践活动中有意识地锻炼这些技能,对于个人的成长和职业成功会有很大帮助。这十种技能如下:

① 预算管理能力:表现为现有资源的最佳运用。

② 督导他人技能:表现为执行、实现能力。

③ 公共关系技能:表现为良好的营造氛围能力。

④ 应对最后期限的压力技能:表现为强烈的攻坚能力。

⑤ 磋商和仲裁技能:表现为合理适度的妥协共存能力。

⑥ 公共演讲技能:表现为公共引导和宣传方面的潜力。

⑦ 公共评论写作技能:也是公共引导和宣传的表现。

⑧ 组织、管理、调整能力:领导和资源协调能力的综合体现。

⑨ 与他人面谈的技巧和能力:个人交往潜力的集中表现区域。

⑩ 教学和督导能力:传授、散布方面的潜质。

职业规划中,我们常常夸大专业知识能力的重要性,但事实上,最需要关注和重视的是可迁移能力和自我管理能力。因为这些能力是一个人最能持续运用和最能依靠的潜力,是一个人成功最有力的保障。

四、气质类型探索

当你把双手的十指自然地交叉在一起时,看看是左拇指在上还是右拇指在上。左拇指在上属于"艺术型",一般大脑右半球功能比较占优势,富于情感,想象力丰富,多愁善感,具有文学家、艺术家的气质。右拇指在上则属于"思维型",一般是大脑左半球占优势,富于理智,善于思考,逻辑性强,具有思想家、政治家、科学家的气质。

这是近代心理学家设计的"探索自己气质"的最简单的自测方法,虽然不是百分百准确,但还是有一定的科学依据的。

(一)气质的含义

气质(temperament)是指在人的认识、情感、言语、行动中,心理活动发生时力量的强弱、变化的快慢和均衡程度等稳定的人格特征。人的气质差异是先天形成的,受神经系统活动过程的特性所制约。

气质这种心理现象具有以下特征:

① 气质反映的是心理活动在速度、强度、稳定性和指向性等动力方面的特征。

② 气质是一种典型的心理特征。气质使人的全部活动都带有相应的独特色彩,表现出与他人不同的典型特点。

③ 气质是一种稳定的心理特征。通常,它不会因为活动情境变化而变化。在环境和教育的影响下,可能表现出来会有所改变,但变化很慢,几乎看不出来。这就是所谓的"江山易改,禀性难移"。

④ 气质具有天赋型。气质是与生俱来的,孩子刚一落生时,最先表现出来的差异就是气质差异。例如,有的婴儿生下来哭声响亮,对外界刺激的反应迅速;有的则比较安静,对外界刺激的反应迟缓。

(二)气质与职业

心理学家一般将人的气质分为胆汁质、多血质、黏液质和抑郁质四种类型。这四种基本类型在情绪、行为方式及智力活动方面有着不同的表现。

对大多数职业而言,气质并不是决定职业适应性和职业成功的主要因素,它只有一定的辅助作用。但是在一些职业中,气质对职业的成功还是有较大影响的。如果从业人员不具备这些气质特征,或没有达到应有的水平,那么该项工作就无法很好地完成。例如,营销人员一般要求与客户交流较多,胆汁质和多血质的人就容易胜任岗位要求,而会计、出纳等岗位,黏液质和抑郁质的人就比较容易做出成绩。

表 2-2　四种气质类型特点与适合的职业

气质类型	特点	适合职业
胆汁质	行动迅速、精力充沛、思维敏捷、勇敢、爱表现自己，但往往给人不稳重、易冲动的感觉。	适合竞争激烈、冒险性和风险意识强的职业：运动员、企业改革者、航空者、勘探者、探险者、演说家、军人等。
多血质	反应敏捷、灵活、情绪外露、活泼开朗、新环境适应能力强，给人以颇有优越性或特殊才能的感觉。	相对有较广的工作选择范围，其外向的特点，使他们更适合于抛头露面和人际交往方面的职业：政治家、外交家、商人、管理者、记者、律师、公关人员等。
黏液质	理智、沉着、稳重、安静、吃苦耐劳、善于控制和忍耐，常给人呆板、执拗的感觉。	适合有条不紊、勤勤恳恳、需要长时间完成的工作：外科医生、法官、出纳员、会计、播音员、话务员、调解员、教师、人力人事管理主管。
抑郁质	内向、感情丰富细腻、情绪体验深刻、责任心强，但给人孤僻、怯懦、拘束、行动迟缓的感觉。	适合稳定性强、变动小或需要慎重、细致、周密思考的职业领域：校对、打字、排版、检察员、雕刻工作、刺绣工作、保管员、机要秘书、艺术工作者、哲学家、科学家。

五、自我性格探索

（一）性格的含义

性格是一个人对现实的稳定态度和习惯化了的行为方式，是一个人个性的核心成分。一个人对现实的稳定的态度决定了他的行为方式，而习惯化了的行为方式又体现了他对现实的态度。性格一经形成就比较稳定，并会在不同的情景下表现出来。但这种稳定并不是一成不变的，性格具有很大的可塑性，一个人生活环境的重大变化也会带来性格特征的显著变化。

性格不同于气质，它受社会历史文化的影响，也具有明显的社会道德评价的意义，直接反映一个人的道德风貌。所以，性格更多地体现人格的社会属性，而气质更多地体现人格的生物属性，个体之间人格差异的核心是性格的差异。

（二）性格类型与职业选择

瑞士心理学家荣格（Carl Gustav Jung）曾将人的性格类型划分为内向型、外向型两种。他认为，人的生命中存在一种能量——"力比多"（libido），它是人的一切行为变化的基础。根据"力比多"倾向不同，可以把人分为两种基本类型："力比多"面向客体，其兴趣、关心也面向他人或他事的倾向者为外倾型；"力比多"面向主体，将兴趣、关心面向自己的倾向者为内倾型。外向型性格的人对外界事物表现出关心和兴趣，善于表露情感，乐于与人交往；内向型性格的人对外界事物缺少关心和兴趣，不善于表露情感，不乐于与人交往。现实生活中，大部分人属于混合型，纯粹外向或内向的人不多。

我国的教育家和心理学研究人员根据我国的实际情况,将职业性格总结为九种基本类型。其特点及典型职业如下表所示:

表 2 - 3   性格类型与职业匹配

性格类型	性格特征	典型职业
变化型	在新的和意外的活动中感到愉快,喜欢有变化的和多样的工作,善于转移注意力。	记者、推销员、演员等。
重复型	适合连续从事同样的工作,按固定的计划和进度办事,喜欢重复的、有规律的、标准的工作。	纺织/机械/印刷工,电影放映员等。
服从型	愿意配合别人或按别人指示办事,不愿意自己独立做出决策、承担责任。	办公室职员、秘书、翻译等。
独立型	喜欢计划自己的活动,指导别人的活动或对未来的事情做出决定,在独立负责的工作过程中感到愉快。	管理人员、律师、警察、侦查人员等。
协作型	在与人协同工作时感到愉快,善于引导别人并想得到同事们的喜欢。	社会工作者、咨询人员等。
劝服型	通过谈话或写作等使别人同意自己的观点,对别人的反应有较强的判断力,善于影响别人的态度和观点。	辅导员、行政人员、宣传员、作家等。
机智型	在紧张和危险的情况下能自我控制、沉着应付,发生意外和差错时不慌不忙地出色完成任务。	驾驶员、飞行员、消防员、救生员等。
自我表现型	喜欢表现出自己的爱好和个性,根据自己的情感做出选择,通过自己的工作表现自己的思想。	演员、诗人、音乐家、画家等。
严谨型	注重工作过程的各个环节及细节的精确性,愿意按照一套规划和步骤将工作尽可能做得完美,倾向于严格、努力地工作,以看到自己出色完成工作的效果。	会计、出纳、统计员、打字员、图书管理员等。

性格与职业相对应能给自己良好的职业生涯准备前提条件,以保证个体以积极的心理状态和良好的职业适应性从事职业,使职业更加理性化。但我们不能过分强调性格对职业的影响。因为,大多数职业并不过分强调与性格之间的严格对应。同一职业领域不可能完全由具有某一性格类型的人来从事,而某一性格类型的人在很多岗位上都可能取得成功。

六、职业价值观探索

> 无奈的选择——有一个媒婆给一位姑娘说媒,称有两家的公子可供她选择:东家是富家公子,家里非常有钱,但为人鄙俗不堪;西家是一位书生,生得风流倜傥,但家境贫寒,吃饭有上顿没下顿。媒婆要这位姑娘从中选择一位。姑娘想了很久,才怯怯地对媒婆说,可不可以吃在东家,住在西家。

(一)价值观的含义

所谓价值观就是指一个人对周围事物的意义、善恶和重要性等方面的总评价和总看法。

人们在心中对各种事物的评价和看法有主次轻重之分,这种主次、轻重的排列次序,便构成了个人的价值观体系。价值观一方面表现为人的价值取向和价值追求,并凝结为一定的价值目标,就像人生的指南针,把握着人生发展的方向;另一方面又表现为价值尺度和准则,成为人们判断事物有无价值及价值大小的评价标准。

(二)职业价值观及类型

1. 什么是职业价值观

职业价值观就是人的价值观在职业选择上的体现,它是指人们对待职业的一种信念和态度,或是人们在职业生活中表现出来的一种价值取向。不同的职业选择能满足人的不同价值追求。如:科学家能满足人的社会声望、稳定、自主等价值追求,但无法满足人的权力、休闲等价值追求;自由职业者能满足人的成就、自主、不受约束等等价值追求,但对安定、升迁等价值需求难以满足。

2. 职业价值观的类型

关于职业价值观的种类有许多不同的划分方法,目前用得比较多的有以下几种:

(1)美国心理学家米尔顿·洛克奇(Milton Rokeach)于1973年在《人类价值观》的本质中总结了人的13种价值观偏好。

① 成就感:提升社会地位,得到众人认同,所作所为受到他人肯定,在工作完成或挑战成功时感到满足。

② 美感的追求:随时随地欣赏、探索周围人、物之美的一面,或任何自认为有意义的事物。

③ 挑战:运用聪明才智来解决困难,抛弃传统做法,以创新的方式处理事务。

④ 身心健康:工作时能免于焦虑、紧张、恐惧,能使自己保持心平气和的处世态度。

⑤ 收入与财富:工作能够明显、有效地改变自己的财务状况,使自己获得金钱可买到的东西(包括有形和无形)。

⑥ 独立性:工作能够拥有弹性,可充分掌控自己的时间与行动自由。

⑦ 爱、家庭、人际关系:关怀亲友,慷慨分享物质或经验,协助亲友解决问题。

⑧ 道德感:个人的是非判断能与团体组织的任务、目标、价值观不相冲突,且能紧密结合。

⑨ 享乐:享受生命,结交新朋友,与他人共享美好时光。

⑩ 权力:可以影响或控制他人,使他人依照自己的指令去行动。

⑪ 安全感:满足基本的需求,如衣食无忧,远离突如其来的危险或环境变化。

⑫ 自我成长:能够追求知性的刺激和成长,提升自我潜能、知识、历练,使人生更加成熟。

⑬ 协助他人:体会到自己的付出对团体的帮助,因自己的付出满足于他人而感到快乐。

(2)凌文辁、方俐洛等人将职业价值观概况为三大因素:

① 声望地位因素:容易成名成家、单位知名度高、较高社会地位、晋升机会多、有出国机会、单位规模大、单位在大城市等。

② 保健因素:劳保医疗退休金、职业稳定、福利好、有住房、职业环境优雅、收入高六个项目。

③ 发展因素：符合兴趣爱好、学以致用、能发挥自己才能、机会均等和公平竞争、交通便利快捷、自主性大、能提供受教育机会等。

（三）职业价值观探索

一般而言，价值观探索要经过下述三个阶段：

1. 选择阶段

① 完全自由选择。不存在任何人强迫你这样做，进而思考："我何时产生这种想法？"

② 在尽可能广的范围内选择。具体做法：辨别与问题有关的价值观；辨别其他可能有关的价值观；整理上述每一种价值观及其可能产生的后果。

③ 对各种途径产生的后果三思后进行选择。

2. 赞赏阶段

① 重视和喜爱做出的选择并感到满足。只有自己重视的价值观，才可能成为自身价值观真正的一部分。请考虑"我会为我的选择高兴吗"。

② 乐于向公众公布自己的选择。请回答"我会把我的选择告诉我的家人、同学吗"。

3. 行动阶段

① 根据自己的选择采取行动。如果一个人认为某种东西有价值，就会乐意为之付出时间、精力、金钱乃至生命，去尝试、实践、完成或拥有它，百折不挠，锲而不舍。

② 重复根据自己的选择所采取的行动。如果个人把某种观念、态度上升为自己的价值观，他就会在不同的时间和场合不断地表现在行为上，价值观将长期支配人的行动。

自我探索的非标准化评优技术请扫码阅读。

扫一扫可见"自我探索的非标准化评优技术"

思考题

分析思考不同个性的人如何进行职业选择。

第三节 职业探索

职业对一个人而言，既是谋生的手段，又是实现人生价值的舞台，选择一个适合自己的职业，将受益终生，并对于你一生的幸福都具有重要的作用。

一、职业的含义

职业作为一种社会现象，是社会分工的产物。人类要生存，社会要发展，首先要解决的问题就是需要有人从事各种社会劳动，如有的做工，有的务农，有的经商，有的从医，有的执教等，于是就形成了不同的职业。

那么什么叫作"职业"呢？从词义的角度看，"职业"一词，由"职"和"业"构成。"职"是指职位、职责、天职，"业"是指事业、行业。"职业"一词包括三层意思：一是有工作，即有事可为，有事可做；二是有收入，即获得金钱或其他形式的经济报酬；三是时间上的连续性。

职业是一种参与社会分工,利用专门的知识和技能为社会创造物质财富和精神财富,获得合理报酬,作为物质生活来源,并满足精神需求的活动。

我们可以这样理解职业定义中所包含的关系:

一是个人与社会的关系。与人类的需求和职业结构相关,强调社会分工。

二是知识技能与创造的关系。与职业的内在属性相关,强调利用专门的知识和技能创造物质财富和精神财富。

三是创造财富和获得报酬的关系。与社会伦理相关,强调创造了物质财富和精神财富,才有资格获得报酬,而且是获得合理报酬。

四是工作和生活的关系。与个人生活相关,强调物质生活来源,并设法满足精神生活。

职业对人生具有重要意义,它影响着人们的生活质量、发展前途、收益及社会地位,并影响着家庭生活。

二、职业的分类

(一)职业分类的形象描述

我们对职业分类做一个形象性的描述,如下:

(1)曙光职业。如心理咨询师、职业生涯辅导师。

(2)朝阳职业。如人力资源经理、市场营销经理。

(3)如日中天的职业。如IT界的编程人员。

(4)夕阳职业。如公交车售票员。

(5)黄昏职业。如送煤工、掏粪工。

(6)流星职业。如传呼台的传呼小姐,曾经有很多人做这项工作,但这个职业现在基本上不存在了。

(7)恒星职业。自从人类有文明记载以来,几乎是几千年来一直存在。

(8)昨日星辰。现在已经没有了。

你选择职业的时候,最好选择什么样的职业呢?

专家建议:大学生在选择职业时,尽量选择朝阳职业、如日中天的职业。如果你选择了一个曙光职业,则需要更大的勇气,因为你可能是这个职业的一个开拓者。而黄昏职业、夕阳职业尽量不要选择。

(二)我国职业分类

根据不同标准,有不同的分类方法。如从行业上分,可把各类职业划分为三个产业,即第一产业,包括种植业、养殖业和矿业;第二产业,包括建筑业和制造业;第三产业,主要指服务业。从工作特点上划分,可分为务实(使用机器、工具和设备的工种)、社会服务、文教、科研、艺术及创造、计算及数学(钱财管理、资料统计)、自然界职业、管理、一般服务性职业等十多种类型的职业。每一种分类方法,对其职业的特定性都有明确的解释,这对我们更好地掌握某一职业的特点、去选择适合自身的职业具有指导作用。

目前,我国不同部门公布的标准分类,主要有两种类型:

第一种:国家统计局、国家标准总局、国务院人口普查办公室供人口普查使用的《职业分类标准》依据在业人员所从事的工作性质的统一性进行分类,将全国范围内的职业划分为大类、中类、小类三层。《中华人民共和国职业分类大典》将我国职业归为 8 个大类,66 个中类,413 个小类,1 838 个细类(职业)。

8 个大类分别是:

(1) 国家机关、党群组织、企业、事业单位负责人。其中包括 5 个中类,16 个小类,25 个细类。

(2) 专业技术人员。其中包括 14 个中类,115 个小类,379 个细类。

(3) 办事人员和有关人员。其中包括 4 个中类,12 个小类,45 个细类。

(4) 商业、服务业人员。其中包括 8 个中类,43 个小类,147 个细类。

(5) 农、林、牧、渔、水利业生产人员。其中包括 6 个中类,30 个小类,121 个细类。

(6) 生产、运输设备操作人员及有关人员。其中包括 27 个中类,195 个小类,1 119 个细类。

(7) 军人。其中包括 1 个中类,1 个小类,1 个细类。

(8) 其他从业人员。其中包括 1 个中类,1 个小类,1 个细类。

在八个大类中,第一、二大类主要是脑力劳动者,第三大类包括部分脑力劳动者和部分体力劳动者,第四、五、六、七大类主要是体力劳动者,第八类是其他劳动者。

第二种:《国民经济行业分类和代码》由国家发展计划委员会、国家经济委员会、国家统计局、国家标准局批准,于 1984 年发布,并于 1985 年实施。这项标准主要按企业、事业单位、机关团体和个体从业人员所从事的生产或其他社会经济活动的性质的同一性进行分类,即按其所属行业分类,将国民经济行业划分为门类、大类、中类、小类 4 级。

门类共 13 个:

(1) 农、林、牧、渔、水利业;

(2) 工业;

(3) 地质普查和勘探业;

(4) 建筑业;

(5) 交通运输业、邮电通信业;

(6) 商业、公共饮食业、物资供应和仓储业;

(7) 房地产管理、公用事业、居民服务和咨询服务业;

(8) 卫生、体育和社会福利事业;

(9) 教育、文化艺术和广播电视业;

(10) 科学研究和综合技术服务业;

(11) 金融、保险业;

(12) 国家机关、党政机关和社会团体;

(13) 其他行业。

这两种分类方法既符合我国国情,也符合我国的职业现状,简明扼要,具有实用性。

☞ 扫一扫可见
职业分类详情

1993 年劳动部发布的《中华人民共和国职业工种分类目录》,将职业工种划分为 46 大类、4 700 多个工种,几乎覆盖了全国所有工人从事的工作种类。从职业指导的角度,可以把我国职业分为 11 大类、45 中类、126 小类。

职业分类详情请扫码阅读。

三、职业信息的内容和搜集途径

职业信息是对某种职业的各方面特征的描述,教育信息则是对于各类教育培训项目的介绍。了解职业信息能够使求职者更好地了解和认识某种职业。广义的生涯信息泛指所有和生涯发展有关的信息,其中包括职业信息、教育和培训信息、休闲信息以及建立和谐生活的信息等多方面内容;狭义的生涯信息一般只包括职业信息和教育信息两种。这里重点介绍职业信息的内容。

一个完整的职业信息应当包含以下内容:

(1)职业名称和代码:名称与代码表示这个职业的类别、属性。

(2)职业定义:对使用工具、从事的工作活动的说明,是职业信息中最重要的内容。通过这部分内容,读者可以对这个职业的规定任务有基本的了解。

(3)从业者教育程度:说明要从事该职业必须具备的学历和专业水平。比如,要在高校从事教学科研工作,那么至少应当具备硕士或以上学历。

(4)对从业者资格、水平及经验要求:有些职业除了要求正式的学位学历外,还要求具备一定的职业资格,获得能够证明专业水平的证书,或者具备一定的工作经验。比如,心理咨询员除了要求具备一定的学历外,还需要获得政府部门或者专业学会颁发的资格证书。

(5)能力和技能要求:描述这个职业所需要的能力和使用的典型技能。比如,建筑设计师需要较高的空间想象能力、推理能力、数字能力,需要具备一定的沟通、学习、设计等技能;野生动物研究者和考古人员除了需要具备专业技能外,还需要有很好的体能。

(6)职业人格特征:从业者需要具备的个性特征。不同的职业对于从业人员的人格有着不同的要求,如护士行业要求从业者有高度的责任心、稳定的情绪、宜人的个性等特点,那些情绪稳定性差、压力反应大的人则不太适宜从事这个职业。

(7)雇佣和发展前景:职业信息中应当提供某个国家或地区从业人员的数量、职位空缺的数量以及未来需求增减的趋势、进入该行业后未来的职位升迁路径等内容,还应对诸如技术发展、全球化等因素对该行业未来发展的影响做出预测。

(8)职业环境:工作场所的条件,包括工作的物理环境和人文环境。物理环境包括室内和室外的基本条件,如温度、湿度、照明等;人文环境包括上级的管理方式与风格、同事之间的关系类别、客户对象的特点、出差时间的长短与频次等。

(9)职业报酬:工资及各种福利待遇。

(10)相关的职业:与此职业属于同一类别、拥有相似的特征或者处在同一个产业链中的相关职业。

职业信息的搜集方式请扫码阅读。

扫一扫可见职业
信息的搜集方法

思考题

谈一谈你对职业的认识。

第四节　职业生涯目标的确定

📷 **案例**

目标的力量——哈佛试验

哈佛大学曾做过一项著名的"目标对人生的影响"的跟踪调查,在一群智力与年龄都相近的优秀青年人中进行了调查,调查结果如下:

3％的人有自己清晰的长远目标;

10％的人有清晰但比较短期的目标;

60％的人只有一些模糊的目标;

27％的人没有目标。

25年后,哈佛大学再次对他们做了跟踪调查,结果令人吃惊:那3％的人几乎都成了社会各界的精英、行业领袖;10％的人也都是各专业领域的成功人士,生活在社会的中上层,事业有成;那60％的人基本上属于社会大众群体,生活在社会中下层,事业平平;那27％的人过得很不如意,工作不稳定,常常怨天尤人。(结果如表所示)

表2-4　哈佛大学"目标对人生的影响"调查

类型	25年前目标			25年中目标是否改变	25年后目标设计者的结果
	有与无	清晰与模糊	长期与短期		
3％的人	有	清晰	长期	从未改变	成为创业者、行业领袖、社会精英
10％的人	有	清晰	短期	有改变	成为各行业的专门人才,生活在中上层
60％的人	不清楚	模糊	—	—	生活安稳,没有特别的成就
27％的人	无	—	—	—	生活在社会底层,常失业,靠救济为主,他们抱怨社会

(资料来源:《大学生职业生涯规划》马晓华著)

调查结果说明:目标对人生有巨大的导向作用。目标是指引我们获取生活中想要获得的东西的路标。只有树立了目标,才能明确奋斗方向,目标犹如海洋中的灯塔,引导你避开险礁暗石,走向成功。

人的一生是非常短暂的,在实现愿望、满足需求、主宰命运的人生海洋里,职业生涯是最为重要的组成部分,生涯规划从本质上讲是对生命意义的追寻和生活目标的实现。当代大学生们正是胸怀远大理想的时候,你们拥有年轻的资本,有充足的时间和充沛的精力,要认真规划自己在大学时期的发展,享受一段充实、均衡、成功的大学生活;同时还要学习规划自己的未来,找准下一步的发展方向。如果还不尽快考虑为自己找准人生的方向,做出努力,等到告老还乡的年龄恐怕一切已迟……

设定目标是人类重要的高级行为。马克思曾说过:"蜜蜂建筑蜂房的本领使人间许多建筑师感到惭愧,但是最蹩脚的建筑师从一开始就有比灵活的蜜蜂高明的地方,是他在用蜂蜡造蜂房之前,已经在他头脑里把它建好了。他不仅使自然物发生形式变化,同时他还在自然物中实现自己的目的,这个目的就是他所知道的,是作为规律决定着他的活动的方式和方法。"目标是旗帜,是方向,也是职业生涯规划的核心。事实上,职业生涯规划就是为了实现一定的目标和目标体系进行的方案制定与实施的过程。

进行职业生涯目标确定时掌握一定的基本原则和策略可帮助我们在目标确定过程中少走弯路,但更重要的是,职业目标确定的确定,必须考虑个体、环境等因素。这些因素会影响目标的确定,有时甚至是决定性的力量。所以,职业目标确定必须从自身实际出发,综合考虑个体因素、环境因素、社会经济发展等因素,只有这样,目标确定才能更科学。

个人在进行职业生涯目标确定时,应力求做到掌握全面信息,知己知彼,同时还需要借助一些常用的确定目标工具或方法,帮助我们化繁为简、去伪存真,在众多备选方案中把最优的方案选择出来。随着社会学、心理学、管理学、运筹学等相关学科的发展和应用,特别是一大批心理学理论在职业生涯发展领域的拓展和应用,职业目标确定的理论和工具也日益成熟,为科学理性地进行职业生涯目标确定提供了重要的支撑平台。下面将对当今发展得比较成熟可靠、简单易行的几种常用目标确定方法进行介绍。

一、平衡单法

目标确定平衡单法是一种价值量化目标确定方法,经常被应用于问题解决和职业咨询中,用以协助咨询者系统地分析每一个可能的选项、判断分别执行各选项的利弊得失,然后依据其在利弊得失上的加权计分,排定各个选项的优先顺序,从而执行最优先或偏好的选项。

1. 平衡单法的基本操作步骤

(1) 列出可能的职业选择方案;

(2) 从本人或他人角度考虑出发,列出物质和精神方面的因素;

(3) 给予各因素权重,按照自己的真实想法对各方案所对应的因素进行评价并给予一定的分值;

(4) 合计各个选择方案的因素总分,得分最多的方案,即当前的最优方案,排出职业选择的优先级。

2. 目标确定平衡单法示例表格

比如某同学在毕业时面临出国、读研和就业三项选择,他综合考虑了各项影响因素和权重后,利用目标确定平衡单法做出了自己的最终选择。

表 2 - 5　平衡单法示例表

因素方案		权重	出国		读研		就业	
			得分	加权得分	得分	加权得分	得分	加权得分
本人物质方面	1.							
	2.							
	3.							
	4.							
	…							
个人精神方面	1.							
	2.							
	3.							
	4.							
	…							
他人物质方面	1.							
	2.							
	3.							
	4.							
	…							
他人精神方面	1.							
	2.							
	3.							
	4.							
	…							
总分								

二、职业生涯规划的五个"What"法

许多职业咨询机构和心理学专家进行职业咨询和职业规划时常常采用的方法就是有关五个"what"的归零思考的模式:从自己是谁开始,然后依次问下去,共有五个问题:

(1) Who are you?

(2) What do you want?

(3) What can you do?

(4) What can support you?

(5) What can you be in the end?

回答上述五个问题,可以找到它们之间的最高共同点,你就有了自己的职业生涯规划。

第一个问题"我是谁"是指应该对自己进行一次深刻的反思,想想自己到底是怎样的一

个人,最好把自己的优点和缺点都列出来进行分析。

第二个问题"我想干什么"是对自己职业发展的心理趋向的检查。每个人在不同阶段的兴趣和目标并不完全一致,有的甚至是很不相同,但兴趣会随着年龄的增长而逐渐稳定,并最终确定自己的终身理想。

第三个问题"我能干什么"是与自己的能力和潜力有关的问题,一个人职业的定位最根本的还要归结于他的能力,而他职业发展空间的大小取决于自己的潜能。对于一个人的潜能的了解应该从以下几个方面着手:对事物的兴趣,做事的判断力,以及知识结构是否全面、是否及时更新等。

第四个问题"环境支持或允许我干什么",这种环境支持包括本地的各种状态,比如经济发展、人事政策、企业制度、人事空间等,在人为的主观方面包括同事关系、领导态度等。两个方面要综合起来看。有时,我们在做职业选择时常常忽视主观方面的事,没有将一切有利于自己发展的因素调动起来,从而影响了自己的职业发展。明晰了前面四个问题,就会从各问题中找到对现实有关职业目标有利和不利的条件,列出不利条件最少的、自己想做而且又能够做的职业目标,那么对第五个问题有关"自己最终的职业目标是什么"自然就有了一个清楚明了的框架。

三、SWOT 分析法

SWOT 分析法是企业战略决策、市场营销分析中最常见的方法之一,即在职业选择中通过对自己的优势(Strength)、劣势(Weakness)、机会(Opportunity)和威胁(Threat)进行分析,对各种机会进行评估,以便选择出最佳方案的一种职业评估和选择方法。SWOT 分析法中所指的优势和劣势主要是基于个人本身特点的分析,而机会和威胁主要是基于外部的环境因素,包括社会、行业和组织内部的环境因素的分析。

1. 优势分析:主要是分析自己出色的地方,特别是与竞争对手相比的优势方面

(1)你曾经做过什么?

即你已有的人生经历和体验,如在学校期间担当的职务,曾经参与或组织的实践活动,获得过的奖励等。这些可以从侧面反映出一个人的素质状况。在自我分析时,要善于利用过去的经验选择、推断未来的工作方向和机会。

(2)你学习了什么?

在学校期间,你从学习的专业课程中获得过什么? 接受过什么培训? 自学过什么? 有什么独到的想法和专长? 专业也许在未来的工作中并不起多大作用,却在一定程度上决定你的职业方向。

(3)最成功的是什么?

你可能做过很多事情,但最成功的是什么? 为何成功,是偶然还是必然? 通过分析,可以发现自我性格优越的一面。

2. 劣势分析:主要是与竞争对手相比落后的方面

(1)性格弱点

性格弱点如不善交际、感情用事等。一个独立性强的人会很难与他人默契合作,而一个优柔寡断的人很难担当企业管理者的重任。卡耐基曾说,人性的弱点并不可怕,关键要有正

确的认识,认真对待,尽量寻找弥补、克服的办法,使自我趋于完善。

(2)经验或经历中所欠缺的方面

也许你曾多次失败,就是找不到成功的捷径,需要你做某项工作,而你之前从未接触过,这都说明经历的欠缺。欠缺并不可怕,怕的是自己还没有认识到,而一味地不懂装懂。

3. 机会分析:有利于职业选择和职业发展的一些机会

(1)对社会大环境的认识与分析

当前社会政治、经济、科技、文化发展趋势中有利于所选择的职业发展吗? 具体在哪方面有利?

(2)对自己所选组织或单位的外部环境分析

组织在本行业中的地位与发展趋势如何? 面对的市场怎样? 有无职位空缺? 需要具备哪些条件?

(3)人际关系分析

哪些人可能对自己的职业发展进行帮助? 作用如何? 会持续多久? 如何与他们保持联系?

4. 威胁分析:存在潜在危险的方面

单位要重组? 走向衰落? 新来的上司对自己有敌意? 新同事或竞争对手实力增强? 领导层发生变化? 单位的效益上升还是下降?

通过这样步步追问,一幅清晰的职业生涯机会前景图就呈现在你的面前。要注意的是,运用 SWOT 法进行职业生涯机会评估时,要尽可能考虑全面,权衡各种发展机会,然后从中选出最优的发展机会。

四、生涯人物访谈法

生涯人物访谈,是通过与一定数量的职场人士(通常是自己感兴趣职业的从业者)会谈,而获取关于职业信息的一种探索活动。通过生涯人物访谈获得的信息可以检验和印证以前通过其他渠道获得的信息,并了解与未来工作有关的特殊问题或需要,如潜在的入职标准、核心素质要求、晋升路径和工作者的内心感受等,这些信息对于自己的职业目标确定具有至关重要的作用。同时,生涯人物访谈还可以拓展自己的职场人脉,对今后职业的发展会有所一定的帮助。

生涯人物访谈的基本步骤如下:

1. 自我梳理

在对自己的进一步了解和评估的基础上,找出自己最想了解的问题。对自己了解得越多,问题的指向性就越明确,生涯人物访谈就会越专业,访谈的效果就会越好。

2. 选择访谈人物

结合自己的兴趣、技能、工作价值观、教育背景和已掌握的专业知识列出未来可能从事的 3—5 个职业,然后在每个职业领域内寻找 3 位以上的职场人士作为访谈对象,生涯人物可以是自己的亲人、老师和朋友,也可以是他们推荐的其他人,或借助于行业协会、校友会等机构获得。

3. 准备访谈提纲

提前准备一份采访的问题提纲是非常必要的,题目量不宜太多,一般5—10个足够,题目尽量简洁明晰。以下提纲可供参考:

问题 1. 您是如何找到这份工作的?

问题 2. 您认为做好这份工作应该具备哪些知识、技能和经验?

问题 3. 您认为什么样的个人品质、性格和能力对这个职业来讲是最重要的?

问题 4. 在行业内先从什么样的工作岗位做起,能学到最多的知识,最有益于发展?

问题 5. 据您所知,从事这个工作的人将来发展前景如何?

问题 6. 平常在单位里您每天都做些什么?

问题 7. 您在做这份工作时,什么是最成功的,什么最有挑战性?

问题 8. 从事这份工作实现了您的人生价值吗? 您对现在的工作满意吗?

问题 9. 据您所知,有什么杂志、行业网站或其他渠道能帮助我深入了解这个职业?

问题 10. 对于一个即将进入该领域的人,您有什么建议?

4. 开展访谈

采访方式最好是面谈,一般控制在30分钟为宜。面谈前,采访者一般可以用了解到的关于被访者的好消息轻松打开话题,之后就可以按设计好的问题开始访谈。在被访人物谈趣正浓时,采访者不要打断,给生涯人物留出提供其他信息的机会。访谈过程中要做好记录。在访谈结束时,请生涯人物再给自己推荐其他相关的生涯人物。这样就可以以滚雪球的方式拓展自己的访谈人脉。

注意事项:第一,采访前为自己准备个"30秒的广告",因为在访谈过程中被访人物可能会想了解采访者的职业兴趣和求职意向;第二,想进行谈话录音时要征得被访者的同意;第三,访谈要守时、简洁、不浪费他人时间;第四,访谈结束后,要通过合适的方式表示感谢,可以向被访者赠送小礼物。

5. 职业信息的加工和目标确定

在一个职业领域采访3个以上的生涯人物后,就可以按照之前对该职业的认知进行比较,找出主观认识与现实之间的偏差,确定自己是否适合这一行业、职业或工作环境,是否具备从事该职业所具备的能力、知识与品质,进而确定自己的职业目标。

案例

职业生涯人物访谈案例

"海到尽头天为岸,人到山顶我为峰",梦想照耀的分子药理学研究之路

——对话殷武

背景介绍

殷武,毕业于江苏省泰兴中学,1993年考入南京中医药大学中药学专业。现任南京大学分子药理学教授、博士生导师。

核心问题

1. 请介绍一下您的大学学习经历。

2. 您为什么会选择您现在的研究方向？

3. 海外的学习经历对您的成长有何意义？

4. 您在就业的过程中有哪些体会？

相关问题

5. 您有什么建议可以给正在求学的学弟学妹？

人物访谈记录

一、基本资料

访谈时间：2016年7月13日上午

访谈对象：殷武老师

对象简介：南京大学分子药理学教授

访谈形式：当面访谈

访谈地点：南京大学分子药理学实验室

二、访谈记录

1. 李文岚：殷老师，您好！很感谢您百忙之中对我的指导，请简单介绍一下您在南京中医药大学的学习经历。

殷武老师：老实说，当时对自己的高考成绩比较失望，班上很多平时不如我的同学考得都比我好。因此从进入大学的第一天起，我就经常提醒自己，我已经比别人落后了，进入大学，如果再不努力，我与他们的差距会越来越大，大到连我自己都无法想象……在这样的危机感驱使下，我一直勤奋地学习着。大学4年，我每年学习成绩总分均排在第一，多次获得一等奖学金。

2. 李文岚：您当时对自己的未来是如何规划的，为什么后来会选择分子药理学方向？

殷武老师：那时，我只知道认真学习，对自己的职业规划其实并不清楚，并不知道将来究竟去什么样的地方、从事什么样的工作。我想，这可能是很多刚进入大学的同学都会有的迷惘。后来，有一次我的本科毕业论文指导老师让我参加了一个江苏省学术会议。看到台上专家学者神采飞扬地讲述自己的最新研究成果，尤其是药物作用机制方面的最新工作进展时，我震惊了！我一方面很羡慕他们的学术风范，另一方面也很惭愧，因为很多最新的技术与知识我其实一点也不懂！这次会议让我反思，虽然多次获得奖学金，但我的学习还是太浅薄了，学到的知识其实很多已经过时了。尤其是从那时起，我发现自己对从分子与细胞层次研究药物作用机制有着很深厚的兴趣。为了在这一方面有更好的发展，本科毕业时我没有选择立即工作，而是继续读研究生。最后以总分第一名的成绩考取本校硕士研究生，师从著名教授蔡宝昌。当时蔡老师刚从国外留学回来，给我带来了国外药学研究的很多最新知识，并鼓励我去南京大学修读细胞生物学与分子生物学的课程。从那时起,我渐渐选择了分子药理学作为我毕生从事的研究方向。

3. 李文岚:海外的学习经历对您的成长有何意义?

殷武老师:在蔡老师的悉心指导下,我努力学习,以优异的成绩获得了硕士学业,毕业论文也获得了江苏省优秀硕士论文。硕士读完后,我感觉自己的研究功底还不是很扎实,于是选择了继续留在蔡老师的实验室攻读博士学位。那时候,随着研究课题的深入与知识面的拓宽,我越发感到自己需要一个更为广阔的空间。在2001年,我获得了去美国参加联合培养博士生的机会,进行分子药理学的系统学习。在美国的2年,是我最艰苦的岁月,但同时也是我最有收获的一段经历。我要面对科学与语言的双重困难,生活也一度很不顺利。但是每每想到自己是多么不容易争取到这个学习机会,以及对分子药理学研究的热爱,我以坚强的毅力坚持了下来。在美国2年不到的时间里,我发表了多篇SCI论文,学成回国后即获得了博士学位。

4. 李文岚:请您介绍一下您的就业体会吧。

殷武老师:博士毕业后,我仍然没有选择留在学校任教,而是想给自己一个新的挑战。于是我进入南京大学生命科学学院生物学博士后流动站进一步深造。在博士后期间,我发表了一些质量较高的科学论文,被聘为南京大学副教授。现在已拥有了自己独立的实验室,在35岁左右被聘为南京大学教授、博士生导师。获得多项人才项目,承担多项国家级重要课题等,成果发表在多个著名国际刊物上。

5. 李文岚:您有什么建议可以给正在求学的学弟学妹?

殷武老师:说实在话,我对自己的评价是资质平平,有时很笨,智商与情商都不太高。但我始终坚信自己一定能变得更好!回顾这一路走来的历程,有太多的辛酸与苦涩。但就是那么一点点倔强让我能够坚持下来。人生就像登山,每到一个新的高点,会欣赏到意想不到的美丽风景,会吸引你继续攀登。但想要登上下一个高峰又要付出更多的代价。其实,我们不要去膜拜与模仿别人,因为成功不可复制。但我们一定要学会与自己较劲,今天要比昨天更好,明天又要比今天更强。另外,一个人一定要有独立的意识与精神,越早越好!不论每个学科、每个专业,都有它的高峰,山顶处的风景都很迷人。一定要自尊,自强,与众不同。整个自然界,整个社会,无处不存在着优胜劣汰的自然法则。唯有独立、自尊与自强才能使自己立于不败之地,才能立于事业的顶峰。

以上愚见,与学弟学妹们分享与共勉!莫道前路无知己,天下何人不识君。希望大家都能走出一条艰辛而又幸福的人生道路!

职业生涯人物访谈报告

"你长大了想做什么?""我长大了想当科学家。"这是每一个人童年时都可能会经历过的问题和答案。带着对科学家的敬意,满怀对科学研究工作的憧憬,我踏入南京中医药大学,开始了我的征程,开始追寻我的梦!

我的职业目标是能成为一名优秀的药理学研究专家。征程路途中,职业规划是我的导航,而我的梦想导师为我的职业规划点亮了一盏前进的明灯。

访谈了殷武老师后,我对我的职业目标以及所需要的能力素质有了深入的了解。从殷武老师的身上我真的学到了很多的东西,不仅仅是对于工作的激情,更是对于成功的态度,都给我留下了深刻的印象。"不论每个学科、每个专业,都有它的高峰,山顶处的风景都很迷人。"殷武老师的话让我明白了如何用心去热爱自己选择的专业,如何选择自己要攀登的山峰。"人生就像登山,……想要登上下一个高峰又要付出更多的代价。"殷武老师的话又让我明白了如何在每个阶段做好该做的事情,那就是一定要"自尊,自强,与众不同"!

"海到尽头天为岸,人到山顶我为峰。"梦想照耀着殷武老师的分子药理学研究之路,殷武老师执着的精神也照亮了我奋斗的前程!

思考题

试述职业生涯规划的基本步骤。

第五节 职业生涯发展规划书的制订

把经过深思熟虑制订的职业生涯发展规划,以文字、表格、图形等形式表达出来,形成一套完整的方案,即职业生涯规划书。撰写职业生涯规划书的过程,也是一个制订和审视自己职业生涯发展规划的过程,可以帮助我们进一步理清思路、明确发展目标、细化阶段任务、认识不足和努力的方向。因此,职业生涯发展规划书的重要性越来越为人们认识并认可。

一、大学生职业生涯规划的五个步骤

1. 自我探索

自我探索就是要全面了解自己。一个有效的职业生涯设计必须是在充分且正确认识自身条件与相关环境的基础上进行的。

2. 职业探索

职业生涯规划还要充分认识和了解就业市场、感兴趣的职业及用人单位的相关信息。

3. 职业目标确定

确立目标是制订职业生涯规划的关键,通常目标有短期目标、中期目标、长期目标和人生目标之分。

4. 计划的制订与实施

制订实现职业生涯目标的具体行动方案,用具体的行为措施保证目标实现。没有行动,职业目标只能是一种梦想。要制定周详的行动方案,更要注意去落实这一行动方案。

5. 评估与修正

整个职业生涯规划要在实施中去检验,看效果如何,及时诊断生涯规划各个环节出现的问题,找出相应对策,对规划进行调整与完善。

二、大学生职业生涯规划的方法

1. 定向

就是确定自己的职业方向。方向定错了,则南辕北辙,距目标越来越远,还要走回头路,付出较大代价。因此,职业生涯决策决不能犯"方向性错误"。一般情况下,职业方向由本人的专业确定。但现实社会中,"学非所用"、"用非所学"的专业不对口的情况也比比皆是,不足为奇。对大学生来说,职业定向需要冷静的头脑和十足的勇气,根据自己的兴趣、理想、专业去选择自己未来的职业方向。在这里,专业已经淡化到次要的地位。如果有可能,大学生最好不要让理想屈从于专业,主要看是否适合自己。

2. 定点

就是确定职业发展的地点。有的人毕业后去了南方,去沿海发达城市;有的人选择去西部,去基层,到祖国最需要的地方去。我们在选择时,一定要综合考虑。有些城市,经济发达,薪水高,但竞争激烈,压力大。另外,观念差异、气候等因素也要考虑。

3. 定位

就是确定自己在职业人群中的位置。择业前要对自己的水平、能力、薪资期望、心理承受能力等进行全面分析,做出较准确的定位。不可悲观地把自己定位过低,也不要高估自己,导致期望值过高,一旦不能如愿以偿,失望也就越大。如果刚一毕业,就被大公司选中,那是你的运气,如果没有这么好的机遇,也不要气馁。不要过分在意公司的名气、薪资的高低,只要这家公司、这个专业岗位适合你,就应去试试。要确立从基层做起,逐步积累经验,循序渐进,谋求发展的理念,这样对你的一生都有好处。

4. 定心

就是稳定自己的心态。无论做什么事,都需要定心。要调整好"先就业,再择业"、"干一行,爱一行"的心态。不要心神不定,朝三暮四,否则一事无成。人的一生必然会有高低起伏,成功与挫折总是结伴而行。个人的职业生涯也不例外,实现职业理想与目标的过程中,难免也会有磕磕碰碰和意想不到的困难。对大学生来说,就是要保持一种平常心态,敢于直视就业过程中的困难和问题,不以物喜,不以己悲,始终坚定地按照自己的正确计划去实现理想。

三、大学生职业生涯规划应遵循的原则

大学生职业生涯规划必须将自己的实际情况与社会的现实相互结合,并遵循以下四个原则。

1. 择己所爱——选择自己喜欢的职业

什么是最好的工作? 找工作,没有最好的,只有最适合的。从事自己喜欢的工作,本身就会有一种满足感,工作也会变得妙趣横生。兴趣是最好的老师。调查一再表明:兴趣与成功率有着明显的正相关关系。你在设计职业生涯时,务必注意:考虑自己的特点,正视自己的兴趣,择己所爱,选择自己喜欢的职业。

球王贝利曾说:"我热爱足球,足球就是我的生命。"正是抱着对足球的热爱和执着,贝利步入足坛,把足球作为他终生的职业目标,也正是足球给他带来无穷的乐趣、荣誉和财富。

在制定职业生涯规划时,必须考虑自己的特点,珍惜自己的兴趣、特长,选择自己喜欢的职业,这样会对自己产生内在的激励作用。

2. 择己所能——选择自己能发挥优势的职业

尺有所短,寸有所长。你也许兴趣广泛,掌握多种技能,但所有技能中,总有你的长项。有些人善于与人打交道,有些人则更适于管理机器物品。你在设计自己的职业生涯时,千万要注意:选择最有利于发挥自己优势的职业,即择己所长。

马克·吐温作为职业作家和演说家可谓名扬四海,取得了极大的成功。但你也许不知道,马克·吐温在谋略成为一名商人时栽了大跟头,吃尽苦头。他最初投资开发打字机,最后赔进去5万美元,一无所获;他看见出版商因出版他的作品赚了大钱,心里很不服气,也想发这笔财,于是开办了一家出版公司,经商与写作毕竟风马牛不相及,马克·吐温很快陷入了困境,出版公司破产倒闭,本人也陷入债务危机之中。

3. 择世所需——选择社会需要的职业

社会需求不断变化,旧的需求不断消失,同时新需求不断产生,昨天的抢手货可能在今天会变得无人问津,今天的热门职业,明天不一定会还如朝阳般生机勃勃。几年前社会上突然兴起了呼啦圈热潮,男女老少清晨黄昏都摇摆起来,市场上呼啦圈紧俏,商贩争相进货,厂家竭力生产。没想到呼啦圈热得快也冷得快,几个月后,人们的新鲜感消退了,商店的呼啦圈堆积如山,盲目跟风的厂商因此叫苦不迭。随着现代化技术的革新,新的机器代替了手工操作,很多职业也逐渐消失,如铁匠、钢笔修理工等。

4. 择己所利——选择对自己有利的职业

一个不得不承认的事实是,职业对你而言,依然是一种谋生的手段,在谋取个人幸福的同时,也创造了社会财富,为社会做出了贡献。但你谋求职业的第一动机很简单,即个人生活得幸福,利益倾向支配着你的职业选择。

择业时,首先是考虑自己的预期收益,这种收益要求你实现幸福的最大化,也就是使收益最大化。个人预期收益在于使自己由低到高的基本需求得到最大的满足,而衡量其满足程度的指标,表现在收入、社会地位、职业生涯的稳定性与挑战性等方面。不同的人有不同的偏好,每个人都会尽可能满足自己所有的需求。

四、职业生涯发展规划书的常见结构与内容

（一）自我探索（基本情况）

（1）职业兴趣——喜欢干什么？

（2）职业价值观——最看重什么？

（3）职业能力——能够干什么？优势能力是什么？弱势能力是什么？

（4）性格特征——适合干什么？

（二）环境分析

（1）家庭环境分析（经济状况、成长经历、家庭社会地位、社会关系等）；

（2）学校环境分析（学校特色、专业学习、实践经验等）；

（3）社会环境分析（就业形势、就业政策、竞争对手等）；

（4）职业环境分析（行业、职业、企业、地域等）。

（三）目标设定

综合第一部分（自我探索）及第二部分（环境分析）的主要内容，得出本人职业定位的SWOT分析：

内部环境	优势因素(S)	弱势因素(W)
外部因素	机会因素(O)	威胁因素(T)

结论：＿＿＿＿＿＿＿＿＿＿＿＿＿＿＿＿＿＿＿＿＿＿＿＿＿＿＿

我的最终职业目标：＿＿＿＿＿＿＿＿＿＿＿＿＿＿＿＿＿＿

（四）计划实施

职业生涯目标确定后，应制订相应的行动计划并付诸实施，这是实现目标的唯一途径。需要对职业生涯目标分解后的各个阶段逐个制订计划并实施；在制订计划时，需结合之前对自身的评估情况，做到有的放矢；而且还要对可能遇到的困难或挫折做好充分的心理准备，并制订备选的行动计划和方案；最后还要保证各阶段的实施计划具有一定的连贯性，以便按照各阶段计划实施之后使个人的综合素质能得到逐渐提高。

时间	总目标	分目标	计划内容	策略与措施
大一				
大二				
大三				
……				

（五）评估与修正

大学生由于对社会环境了解得不深，加上职场环境复杂多变，所制定的职业生涯规划难免与现实有出入，这就需要对职业生涯目标和规划进行评估，并做出适当的修正，以更好地符合自身发展和社会需要。职业生涯规划的评估与修正过程是对自身的不断认识的过程，也是对社会加深认识的过程，是使职业生涯规划更切合实际的有力手段，也是一份完整的职业生涯规划不可或缺的组成部分。

职业生涯发展规划书案例
一名中医学专业学生的职业生涯规划书

目录（略）

一、知己——自我认知

1. 个性特征

自我评价

优点：坚定坚强、独立乐观、坚信"世上无难事，只怕有心人"；擅长知识的永久性记忆；乐于处理复杂的事情；擅长写作、编辑等文字工作；能够与老师、同学和谐相处，并能从老师、同学那里获得新知。

缺点：有时较为偏激任性，有一种把自己的感受强加到别人身上的感觉；过于追求完美；有时过于细心认真，导致做事优柔寡断。

父母评价

优点：喜欢钻研，勤奋刻苦，耐心细心，适合学医。

缺点：有时过于任性，爱钻"牛角尖儿"，抓住死理儿不放。

老师评价

优点：内心强大，能够经历挫折的打击；善于思考，能够把复杂的事情处理得井井有条；年纪虽小，但是经历丰富，思想很成熟，你的经历一定可以造就你的人生；勤奋自律，有干大事的潜质。

缺点：学习、工作不善于劳逸结合。

同学评价

优点：稳重细心，让人有安全感；思想深刻，善于发现事物内部的根本原因；很有大学教授的范儿，能把一件事情说得很清楚，并且能让别人很舒服地接受；有时能够突发奇想，拥有无限的创造力；温厚的谦谦君子，无论到哪里都是一颗明亮但不耀眼的明星。

缺点：平时一般不怎么爱说话；有时候想得太多。

综合评价：喜欢刻苦钻研但又不缺乏与人交流的能力，适合从事与这两方面都有关联的职业，如医生。

2. 职业价值观

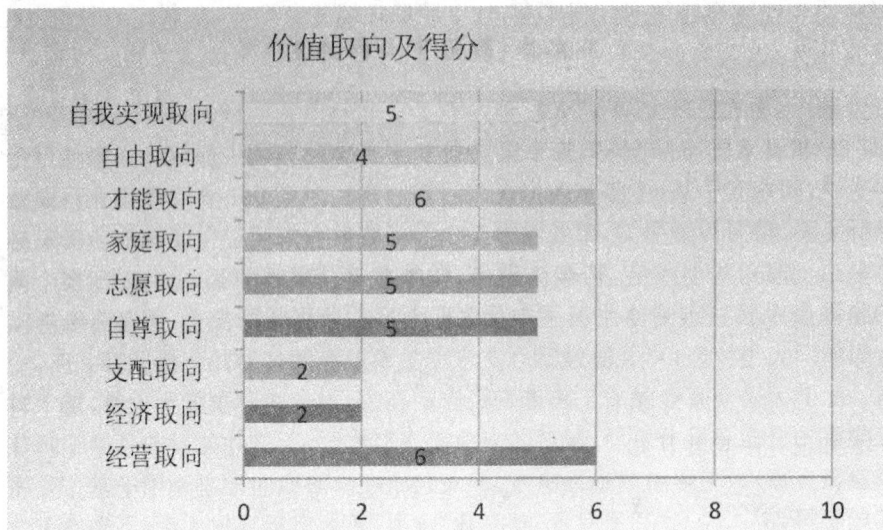

职业价值观小结：由上图可以看出，我在对待职业方面没有特别明显的价值取向，分数较为平均，职业价值观较为正确。比较注重才能的发挥，不过分追求金钱财富、权势地位。

3. 职业兴趣

自我感观的职业兴趣

① 以医生作为自己的第一职业，能够留在三甲医院里工作。

② 能够大学后继续深造，吸收时代前沿的知识。

③ 以律师（医学方向）作为自己的第二职业，以英语作为第二语言。

职业兴趣测评报告

① 职业兴趣得分

职业类型	得分
管理型	2
社会型	4
传统型	6
艺术型	2
研究型	5
实际型	7

② 职业兴趣类型结构

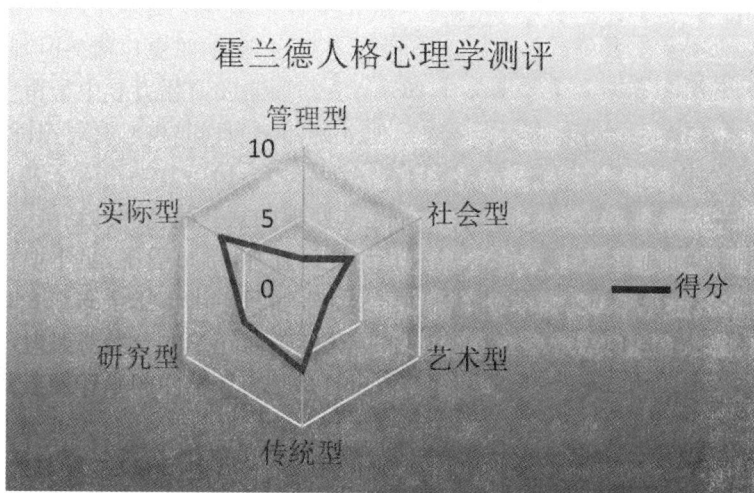

职业兴趣小结：喜欢从事实际、传统和研究性质的职业，工作环境相对安静、工作相对稳定。

4. 职业能力

① 专业知识能力：目前仍处于大一阶段，还有很长的路要走。现在已经学习了一些中医学基础课程，例如，中医基础理论、中医诊断学、人体解剖学、组织学与胚胎学、生理学、生物化学等。

② 社会实践能力：参加科普宣传活动、生命缘青年志愿者活动（义诊、义教）。

③ 其他能力：英语四级、计算机二级。

5. 自我认知小结

针对以上我的个性特征、职业价值观、职业兴趣以及职业能力这四个方面的综合分析，我认为医生这一职业非常适合我。

二、知彼——环境评估

1. 行业分析

① 医药行业是永不衰落的朝阳产业，医生负有救死扶伤的社会重任，无论什么时代都需要医生。

② 目前医药行业的就业趋于饱和，医学生的就业比较困难，而医学生普遍希望留在三甲大医院里工作，更加剧了这一情况。

③ 中医学与西医学相比，目前中医在医院规模、人才数量、资金支持、医院资产等方面都处于劣势。但近年来国家加大对中医学的传承与支持，有望进一步促进中医的发展。

④ 中医学本科毕业生目前就业感觉处于尴尬境地,比较大型的医院都招聘研究生以上学历的毕业生;一些社区医院、乡镇医院非常需要中医学本科毕业生,但是因为发展平台有限,大多数本科毕业生又不愿意去。

2. 职业分析

⑤ 职责素描:精湛的医疗技艺;善于与病人沟通;拥有以病人为中心的人文情怀。

⑥ 职位分层:实习医生;医师;主治医师;副主任医师;主任医师。

⑦ 转型机会:律师(医药方向)、销售(医药方向)

3. 职业环境分析

⑧ 从工作上来说:江苏省具有比其他省市浓厚的中医氛围,江苏各个地级市经济发展水平均较高,有很多的就业机会。

⑨ 从生活上来说:城市功能齐全,设施完善,能够带给人更多生活上的便利。

⑩ 从交际上来说:优秀的人群更庞大,交际的范围更广。

4. SWOT 分析

	自身因素	外界因素
S(优势)	1. 有做医生的热情,并相信自己一定能做好 2. 有扎实的专业基础与临床操作技能 3. 有参加各种义诊义教的经历,乐于与病人沟通 4. 家人朋友的支持	1. 中医有进一步发展的趋势,中西医结合有良好的发展前景 2. 江苏省有着较为浓厚的中医氛围 3. 学校、附属医院为自身提供教学与实习基础
W(劣势)	1. 没有专业的老师带领学习中医,临床技能可能欠缺 2. 非江苏籍人,落户、买房有一定的困难	1. 长三角地区医学生就业的饱和,就业竞争激烈 2. 生活节奏快,压力大
O(机会)	我还有四年的学医历程,还有必要读研究生	辅导员的建议以及老师的帮助
T(威胁)	1. 读书时间较长,有可能受到家庭与婚姻的影响 2. 需要很强的忍耐力与承受寂寞的能力	1. 医院招聘需要有一定的临床操作技能和经验 2. 医学知识更新速度很快 3. 对英语与计算机水平的要求高

5. 最终目标路线

制定原则:医生职称、内在主线原则(价值观、兴趣、技能)。

目标选择:35 岁左右成为一名副主任医师。

6. 我的职业规划路线图

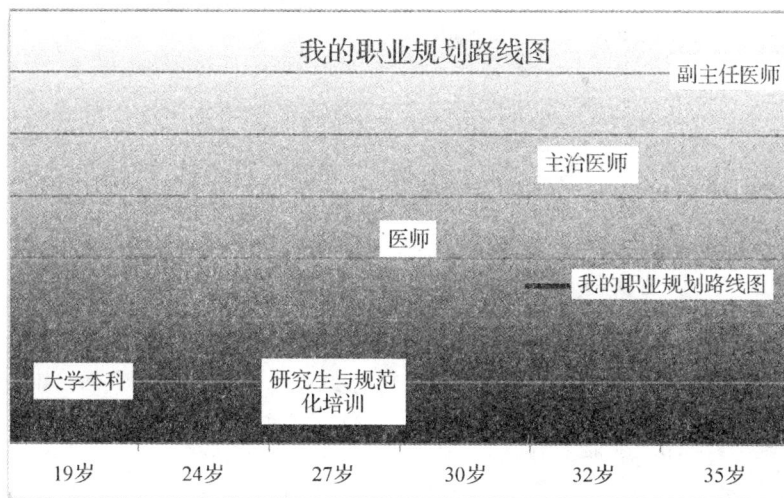

三、行动——分期计划

1. 职业预备期

以掌握扎实的医学理论知识与临床技能为目标,并培养良好的身体素质。

提高方面		内容
思想政治方面		已成为中共正式党员;多阅读人文书籍,提高人文素养;关注时政,了解党的相关文件与大政方针,提高对党的认识,加强党性修养
学业方面	大一	学习中西医基础,人格解剖学、组织学与胚胎学、医古文、中国医学史、中医基础理论、中医诊断学、生理学、生物化学
	大二	学习中药、局部解剖学、病理学、药理学、内经,注重动手实践,学习各种病案,通过全国四六级英语考试
	大三	多翻阅临床医案,多与老师交流沟通,学习中西医结合眼科学、耳鼻喉学、伤寒论、温病学、诊断学基础
	大四	注重临床实践,多和导师学习;挖掘自身长处,为选科做好准备,学习中西医结合儿科学、妇产科学
	大五	以实习为主,除了掌握基本临床技能,还要学会与医患家属沟通,与同行科室交流,了解就业市场,掌握人才竞争机制
社会实践方面		1. 课外学生班团委及社团:班级生活委员、生命缘青年志愿者协会 2. 参加竞赛项目:＊＊中医药大学校级学术论文大赛;挑战杯竞赛 3. 假期社会实践:科普宣传活动、一附院志愿者、医院实习

2. 职业初期

考取研究生,进行医师规范化培训,掌握医患沟通的技巧和扎实的临床技能,虚心向同行与老师学习,做一名合格的医师。

3. 职业中期

进一步丰富临床技能,发表相关科研论文,提高自身的独立性与自主性,加强学术的交流与沟通,争取做主治医师。

4. 职业远期

副主任医师。

四、修正——评估调整

1. 风险预测及应对

现实是未知和多变的,订出的目标计划随时都可能遭遇风险而夭折。另外,计划制订出来固然好,但更重要的在于其是否能被实践并达到预期目标。所以,风险需要预测,目标需要管理,计划实施要评估!

风险一:研究生毕业后,三甲医院并不招聘应届研究生。

应对方案:降低标准,现在二甲或社区医院及乡镇医院工作,积累经验后再向三甲应聘。

风险二:遭遇"职业瓶颈"。

表现一:职业倦怠。

应对方案:谁也不是永远转动的机器,面对来自同行与领导的"重压",学会悄悄把压力不断地转化与释放,适时放松自己。忌发牢骚,不当"牢骚族"与"抱怨族",学会开朗地面对生活。

表现二:家庭情感危机。

应对方案:以医生职业为重的同事,通过多种途径抽出时间关心爱人与孩子,做一个好丈夫。

2. 目标管理与修正

在大学生涯中,每个周、每个月,每半年、每一年、每次重要活动、每个生活的感悟都要记录下来。

3. 计划实施评估

每隔一个月修正学习计划,但要保证总的方向不变,只是在原有基础上做一些微调。

实践任务
shi jian ren wu

运用职业生涯规划的有关知识,为自己做一份详细的职业生涯规划书。

第三章

中医药院校主要专业职业发展分析

第一节　中医学专业职业发展分析

一、中医学的形成与发展

中医学是西方医学系统之外另一个独立的医学体系,是在阴阳五行理论指导下,从动态整体角度研究人类生命活动中健康与疾病转化规律及其预防、诊断、治疗、康复和保健的综合性科学。它作为世界医学起源的传统医学,在悠久的历史长河中,对人类的生存发展一直起着重要作用。最早形成体系的传统医学主要有以下三种:古巴比伦医学、印度医学、中国医学。前两种从年代来看,比中国医学还要早,但从发展情况来看,都已濒临消亡,仅剩下一些单方、验方和支离破碎的理论,医学文献亦已寥寥无几。唯有中国医学,两千多年来历经沧桑,以其旺盛的生命力自立于古今学科之林,传承不辍,久盛不衰。2003年,在用中医温病学理论抗击肆虐全国的非典型性肺炎的战役中,中医学又一次显示了独特的疗效与优势。

随着西方现代医学开始由单纯"生物学模式"向"生物—心理—社会"医学模式转变,人们发现传统中医学的基本理念和方法与未来医学发展方向非常一致。世界开始重新审视并日益重视中医学的发展,尤其是传统的中医养生康复理论,正逐步受到科学家的重视。2010年11月16日,针灸学被列入联合国非物质文化遗产名录。世界各国也掀起了了解、学习、研究传统中医药学的高潮。传统中医药学与现代医学、现代生命科学与现代技术相结合使中医药学迎来新的发展机遇和高潮。

二、中医学及相关专业人才培养目标

(一)中医学(中西医结合、中医全科医学)

培养具有扎实的中医学、现代医学和自然科学知识,毕业后能在各级中医院、中医科研机构及各级综合性医院从事中医、西医和中西医结合临床医疗、科学研究和教学工作的医学高级专门人才。

(二)中医学(针灸推拿)

培养具有扎实的中西医理论基础和自然科学知识,掌握针灸推拿专业知识和实践技

能,能在医疗、科研机构等单位从事中医、针灸、推拿临床医疗和科学研究工作的医学高级复合型人才。

(三)食品卫生与营养学

培养系统掌握营养学基本理论知识和实践技能,受到中西营养方法基本技能的训练,具有营养治疗、营养管理、膳食设计及相关科研工作的基本能力,能在各级各类医院、运动队、学校等集体供餐部门及餐饮食品企业等部门,从事营养治疗、指导、管理及相关科学研究工作的高级专门人才。

(四)康复治疗学

培养具备扎实的康复医学基础理论和较强的康复治疗技术,具有中西医结合特色优势,能够在各级医疗、康复机构、疗养院开展康复评价和康复治疗工作,在康复医学工程研究机构、公司从事研发工作的康复治疗师。

三、中医学及相关专业职业发展分析

(一)临床工作

大多数中医类毕业生会选择从事临床类工作,目前临床类工作也是本科中医药类毕业生主要的就业途径。随着国家事业单位人事制度的改革,作为临床工作的载体和平台,各级医院也出台相应政策来规范用人。

1. 事业单位用人招考制度,形成"逢进必考"的就业局面

随着国家事业单位用人制度的改革,各省、市、区、县各级医院对应届本科毕业生均实行用人招考制度,考试一般由省、市卫生局统一组织,内容涉及理论笔试、技能操作以及专业面试等,主要考核毕业生的基本知识、基本技能和临床应变及解决实际问题的能力。

2. 逐步淡化"编制"概念,实行人员绩效工资制度,人员聘用制、"同工同酬"现象逐步普及

随着国家医疗体系改革的深入推进,以及事业单位用人制度改革,传统的"单位编制"概念逐步淡化,各级医院逐步开始全面实施"人事代理"、"同工同酬"、"绩效工资"等制度。

3. 用人需求日趋专业化、综合化、高层次化

当前各级医院均处于快速发展时期,对于各级各类人才有着一定的需求,但为更好地创造品牌效应,各级医院对于人才的专业对口、学历层次、综合能力有着具体要求。这种现象一定程度上加重了"学历通货"、"学历贬值",对本科生就业形成了一定的压力。

4.“执业医师”制度以及“各级医疗考核制度”的全面推行,形成医学毕业生“终身学习”的特点

随着执业医师法的颁布,执业医师制度在我国全面推行。目前各级医院均对毕业生考取执业医师证提出了具体要求。毕业生如果不能按时获取相应资格,则可能造成单位的解聘。另一方面,各级医院逐步开始实行“全科医师规范化培训”,对本科医学毕业生综合能力的要求逐步提高。毕业生在单位试用期、轮转期时间延长,各级各类考试不断,造成了医学毕业生特有的“终身学习”的特点。

5. 全科医师规范化培训

高等院校医学专业本科生毕业后拟成为社区卫生服务工作的医师,通过毕业后的全科医师规范化培训,成为合格的全科医师,具有高尚的职业道德,能以人为中心、以维护和促进健康为目标,向个人、家庭与社区提供医疗、预防、保健、康复、健康教育和计划生育技术指导六位一体的基层卫生服务,达到全科医师任职资格标准,成为社区卫生服务团队的学科骨干。

（二）科研工作

由于本科生专业水平限制,目前国内科研单位吸收医学类本科毕业生较少,主要涉及岗位也局限于基础的实验员,且需要一定的科研工作经验。

（三）教学工作

与科研行业相似,目前国内统招院校因需要树立品牌形象,大力发展院校科研教学工作水平,已基本不录用医学本科毕业生。多数院校的教学科研岗位均要求博士研究生的学历,部分高水平院校还需要海外教育经历。另一方面,国内逐步发展的民办、高职、专科院校,由于正处于发展上升期,对于教学研究人员的学历和水平要求也有了一定的提高,对于本科生的用人计划有一定程度的缩减。

（四）中医养生保健行业

世界卫生组织1996年在《迎接二十一世纪的挑战》报告中指出:21世纪的医学,将从疾病医学向健康医学发展,从重治疗向重预防发展,从对病源的对抗治疗向整体治疗发展,从对病灶的改善向重视生态环境的改善发展,从群体治疗向个体治疗发展,从生物治疗向心身综合治疗发展,从强调医生的作用向重视病人的自我保健作用发展,从以疾病为中心向以病人为中心发展。

《黄帝内经》中有句名言:“圣人不治已病治未病。”“治未病”被认为是最先进、最超前的预防医学。唐代名医孙思邈又发展为“上工治未病,中工治欲病,下工治已病”。实践证明,中医在养生保健方面具有不可替代的作用和优势。普及中医养生知识,增强全民保健意识,提高国民身心素质,是使我国的总体健康水平达到世界前列的根本之策。此外,中国已经进入老龄化社会,今后老年公寓、老年医疗以及与老年人需求有关的社会服务机构将大量出现。社区服务、全科医生、家庭护理等现代卫生服务形式,可为中医药大学生就业提供广阔

的平台。国家正在大力推广社区医院、乡村医院,中医相关专业的毕业生在基层有着广阔的就业空间。健康产业的发展,将给中医药院校学生提供良好的就业空间。一是与健康有关的原有行业将进一步发展壮大,提供更多的就业机会。如从事中医药医疗、护理等工作。二是新兴的行业将发展起来,成为吸纳毕业生就业的新的空间。如从事养老服务、健康管理、健康教育、健康培训,新建立的保健院、足疗中心、康复医院、治未病中心、体检中心、体育健身中心、药膳药浴中心等。健康产业的发展,将使中医学、中药学、针灸推拿学、护理学等专业的学生有更多施展才华的空间。

（五）走向海外中医药行业市场

在西方国家,中医药和针灸目前仍然被归类为"替代医学"的范畴,并占有较重要的地位。随着疾病谱的改变,多种慢性疾病、肿瘤、艾滋病等应用现代医学的效果欠佳,越来越多的患者开始寻求"替代医学"来治疗自身的疾病。中医药、针灸等"替代医学"正日益受到西方世界的重视,许多大学医学院都设立"替代医学"研究中心。就美国而言,目前已经有超过100所的高等院校开设了诸如针灸、按摩、草药等"替代医学"课程。"替代医学"正在逐渐与目前的西方主流医学相汇合,而形成统一的"整合医学"的潮流。造就符合时代需要的国际化中医药人才,以适应中医药国际化发展的需要,对于推动中医药走向世界、带动整个中医药事业蓬勃发展都有着积极的作用。

四、执业医师资格考试

执业医师资格考试的性质是行业准入考试,是评价申请医师资格者是否具备从事医师工作所必需的专业知识与技能的考试。医师资格考试分实践技能考试和医学综合笔试两部分。考试分为两级四类,即执业医师和执业助理医师两级,每级分为临床、中医、口腔、公共卫生四类。中医类包括中医、民族医和中西医结合,其中民族医又含蒙医、藏医和维医三类,其他民族医医师暂不开考。到目前为止,我国医师资格考试共有 24 种类别。

扫一扫可见执业医师资格考试详情

执业医师资格考试详情请扫码查看。

五、卫生行业的职业阶梯

医药卫生行业有着明显的职业阶梯,各职业阶梯中不同层面的职称因其任职条件、岗位职责不同,待遇也相差甚远。进入该行业的专业技术人员,只要通过不懈努力,都有较大的发展空间,也能获得相应的收入待遇。

以医学专业为例介绍医师的职业阶梯,下图所示是从医学生开始,经过 5—7 年在校学习与毕业实习,并经过职业医师资格考试后可以进入的职业岗位群,同时展示的是从低到高经过的职称系列和可能经过的职位阶梯情况。

主任医师　副主任医师　主治医师　住院总医　住院医师

医院管理、科研

病房　手术室　门诊　急诊　ICU　社区　其他

工作岗位

业务副院长　医务处处长　大内科主任　内科主任　科室主任

职称职务

经考试取得执业资格

医生职业双阶梯模式

实习医生

医学生

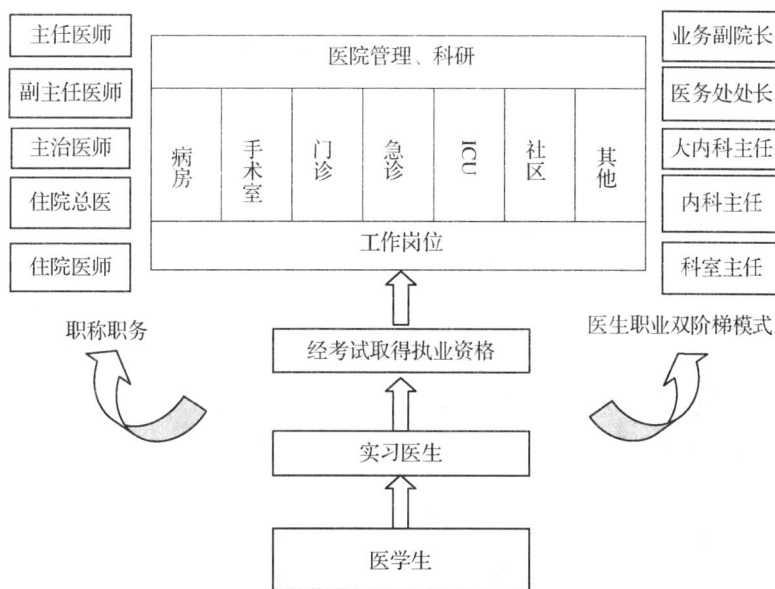

图 3-1　医生职业双阶梯模式

卫生类职称的晋升条件和岗位职责请扫码阅读。

六、住院医师规范化培训

住院医师规范化培训,是指高等院校医学类专业本科及以上学生,即临床医学类、口腔医学类、中医学类和中西医结合类学生,在 5 年医学院校毕业后,以住院医师身份接受的系统化、规范化培训。住院医师规范化培训按内科、外科、全科、儿科、精神科等不同专业方向进行,全科医生规范化培养是住院医师规范化培训的重要组成部分。住院医师规范化培训属于毕业后教育,主要模式是"5+3",即 5 年医学类专业本科教育后,进行 3 年住院医师规范化培训。培训在省级及以上卫生计生行政部门认定的具备良好临床医疗和教育培训条件的培训基地进行,以在临床有关科室轮转为主,培训对象在经验丰富的上级医师指导下从事临床诊疗,接受理论与实践紧密结合的教育培训,着重培育和提高临床医疗预防保健康复能力,达到能够独立、正确、规范地处理临床常见问题,并为今后具备处理复杂疑难问题的能力奠定基础,培训内容主要包括医德医风、临床实践技能、专业理论知识、政策法规、人际沟通交流等。完成培训并通过过程考核和结业考核者,可获得全国统一的住院医师规范化培训合格证书。

住院医师规范化培训详情请扫码阅读。

第二节　药学类专业职业发展分析

一、中药学及相关专业形成与发展

中药是中华民族传统药物的总称。中药的认识和使用以中医药理论为基础,具有独特的理论体系和应用形式,充分反映了中华民族历史、文化、自然资源等方面的特点。

中药历史悠久,起源可追溯到 5000 年前的新石器时代。当时人类依靠采食植物和渔猎维持生活。在寻找食物的过程中,逐渐对有关自然产物的药效或毒性有了一定的了解,并在觅食时有意识地辨别、选择,以避免中毒或用以解除某些病证,药物就因此而产生。"神农尝百草,日遇七十毒,得茶而解之"的传说,生动而形象地反映了人们认识药物的过程。饮食方式的改进,如火的应用,烹调术的进步,酒、醋的发现,催生了早期药物加工、应用技术,出现了炮炙、配伍和汤剂、酒剂等。"药食同源"是对中药起源的概括。

随着人类进入知识经济时代,中药学已成为一门研究中药基本理论和各种中药来源、采制、功效、主治以及使用方法等知识的学科。中医药院校的专业设置也从单一的中药学向药学、中药制药、药物制剂、生物制药、制药工程、中药资源与开发、食品质量与安全等多学科发展。在中医药全球化的潮流下,完全自主的中药产品知识产权、丰富的中医药人才资源、丰富的中药材资源,是中药学发展的独特优势。让大量的中药、中成药产品进入国际市场,获得国际专利,也是我国应对全球化竞争的一个重要举措。

二、中药学及相关专业人才培养目标

(一)中药学

培养掌握中医药基础理论和临床用药的基本知识,受到系统的中药学专业的基本技能训练,具备中药鉴定、中药炮制、中药制剂生产与质量控制评价等方面的基本技能,能从事中药的临床应用、制剂调配、生产技术、质量检验、行业管理、专业市场营销、新药开发、产品研制等方面工作的高素质、创新性、应用型中药专门人才。

(二)药学

培养掌握化学、生物科学、药学等方面的基础知识,受到系统的药学专业的基本技能训练,具备药物研究与开发、药物生产、药物质量控制和药物临床应用等方面的基本能力,能在药品生产、检验、使用以及研究领域从事药品生产技术、药品质量控制、药物临床应用和药物研究与开发等方面工作的高素质应用型人才。

(三)制药工程

培养适应制药产业发展和我国现代化建设需要,掌握药学和化学工程技术基础知识,具

有药品及其他相关化学品的技术开发和工程设计能力,能够在医药或化工相关企业、科研院所单位从事产品研发、工程设计、生产、管理等工作的工程师后备人才。

（四）药物制剂

培养掌握药学、药剂学和药物制剂工程等方面的基本理论知识和基本实验技能,受到药物制剂研究和生产技术的基本训练,具有药物制剂研究、开发、生产技术改造及质量控制的基本能力,能够在药物制剂及其相关领域从事药品的研究、开发、工艺设计、生产技术改进与质量控制等方面工作的高素质应用型专业人才。

（五）中药资源与开发

培养在学习中医药基本知识的基础上,接受系统的中药资源与开发的基本理论与技能的培养和训练,具有中药资源的调查研究与保护、中药材栽培技术与基地管理、中药材初加工与饮片炮制、中药材质量检测与评价、中药材及中药新产品开发的基本能力,能在相关中药和资源管理部门、药物研究单位、医药企业研发部门、药品监管单位、中药材生产基地等,从事中药资源研究、中药材生产加工、质量监控检测、产品开发利用、资源经营管理等方面工作的高素质应用型人才。

（六）生物制药

培养系统掌握生物制药的基本理论知识和基本实验技能,受到应用基础研究和技术开发的科学思维和科学实验的良好训练,具有较好的专业素养及初步的教学、研究、开发与管理能力,能在科研机构或高等学校从事科学研究或教学工作,能在医药、农药、食品和生物化工等行业的企业、事业和行政管理部门从事生物药物的应用研究、技术开发、生产管理和行政管理等工作的高级专门人才。

（七）中药制药

培养系统掌握中药制药、工艺设计与制剂生产质量控制的基本理论和基本知识,系统接受中药制药技术的技能训练,具有对中药新产品、新工艺、新技术、新剂型进行研究、开发和设计的初步能力,并具有对中药制剂的生产和技术改造进行监控、管理的能力,能够在中药制剂生产、工艺设计与产品研发、质量控制相关领域从事中药生产、工艺研究、技术应用与质量管理等工作的专门人才。

（八）食品质量与安全

培养掌握食品原料、生产加工、产品质量控制基本技能和食品标准与食品管理法规,能在食品加工、检验、流通、监督管理部门从事食品质量与安全控制或监督管理,或在高等院校、科研机构从事食品质量相关工作的高级应用型人才。

三、中药学及相关专业职业发展分析

（一）药学行业的就业状况

医药行业是按国际标准划分的15类国际化产业之一，被称为"永不衰落的朝阳产业"。它包括医药工业和医药商业，其中医药工业按原材料，又可分为化学制药业、中药业、生物制药业及医疗器械业。我国的药学事业近几年的发展也是非常迅猛的，许多药品都得到了国际市场的认可，也与外国企业建立了合作关系。药学相关专业毕业学生在职业发展、薪资待遇等方面均较以往有较大的提升，就业前景普遍看好。主要表现在：一是我国还是大学生资源比较缺乏的国家；二是药学在世界各大经济领域可以说是发展最快的门类之一，医药公司的年经济效益增长率已经高于国家的经济增长速度，发展形势良好；三是医药关系着每个人的健康，越来越受到国家和社会的重视，国家支持中医药行业的发展。因此只要药学类大学生做好职业生涯规划，确立目标和方向，并积极为此做好准备，就一定能实现自己的职业梦想。

（二）药学行业内职业发展分析

药学专业的就业方向十分广阔，与药品相关的各个领域（主要包括药品研究开发部门、生产部门、管理部门、营销及使用部门）都需要药学专业的毕业生，具体而言有医院、科研院所、药厂、医药公司、国家药品管理机关等单位。总体来看，药学类毕业生供小于求，各医药公司、制药企业是吸收毕业生的大户，制药业对人才的需求是稳中有升。药学专业毕业生主要从事各类药物开发、研究、生产质量保证和合理用药等方面的工作，也有很多人从事药品销售代理。在岗位方面，毕业生到制药企业从事生产和销售居多，这方面人才也是企业招聘的主体。

简而言之，药学专业学生毕业后可从事一切与药物有关的工作，具体包括以下几个方面的发展路线：

1. 研发领域路线

如果你是一位专业成绩很优秀、热爱自己专业的毕业生，喜欢扎扎实实做些事情，又不适合也不愿意自行创业或做销售员的工作，那么你可以在研发路线里发展。

发展路线1：进入药检部门、制药公司、研发公司（所、机构、院校），先从做研发员（报批专员）开始，做职员或自行创业或与他人合伙创业（开小型新药转让公司）。

发展路线2：研发员（报批专员）——临床验证方向。此时需要注意的是，有更多的企业选择学术推广性比较强、有技术和专利或中药行政保护的项目。这些项目都是需要做大量临床验证的，这给做研发或有医院客户关系的业内人士提供了一个很好的机会。

由于本科生专业水平限制，目前国内科研单位吸收医学类本科毕业生较少，走研发路线需要具备一定条件：有较好的医、药学教育背景（最好本科以上），或拥有研发报批、临床验证工作背景和经验，同时要熟悉新药注册政策和报批程序及业界新动态。

2. 生产管理领域路线

如果你热爱本专业，性格沉稳，属于企业型人才，可以应聘医药生产领域发展。

具体发展路线：进入生产型企业—生产主管（MBA等提升）—生产厂长（或生产总经

理)—生产管理咨询顾问或合伙创业。

所需条件：与生产管理相关的教育背景，工作后可再研读 MBA 或进修其他管理课程，为日后开一家医药生产管理咨询公司或合伙创业积累经验和学识。

3. 医药营销领域路线

随着人们对医药服务要求越来越高，国内外医药企业竞争的日益加剧，对医药人才的需求每年成倍增长，医药营销专业技能型人才严重缺乏，供不应求。由于我国《药品管理法》及相关法律法规的施行，医药营销行业从业者必须是医药营销或药学专业的人才，而且必须持证上岗。

4. 执业药师领域路线

主要包括在医院药剂科从事制剂、质检、临床药学等工作，或在医院中药房从事中药的进口、发药等工作，还有在药店从事药品的监控、管理与销售工作。

有很多同学对于中药师和执业药师区分不清楚，在这里简单向同学们简单介绍两种资质认证的情况。

中药师：为贯彻国家人事部、卫生部《关于加强卫生专业技术职务评聘工作的通知》等相关文件的精神，自 2001 年起，全国卫生专业初、中级技术资格以考代评工作正式实施。通过考试取得的资格代表了相应级别技术职务要求的水平与能力，作为单位聘任相应技术职务的必要依据。适用人员范围：经国家或有关部门批准的医疗卫生机构内，从事中药学专业工作的人员。专业及级别范围：中药学专业分为初级资格（含士级、师级）、中级资格。考试科目设置：初、中级卫生专业技术资格考试设置"基础知识"、"相关专业知识"、"专业知识"、"专业实践能力"等 4 个科目。

执业药师：全国执业药师资格考试由国家人事部、国家食品药品监督管理局共同负责。执业药师属于行业准入制考试，执业药师实行注册制度。执业中药师可以从事中成药、中草药、非处方的西药方面的工作。凡从事中药（中药材、中成药、中药饮片、中医药保健品）生产、经营活动的企事业单位，在其关键岗位必须配备有执业中药师资格的人员。

5. 药品保健品检验领域路线

经过事业单位招聘考试，进入药检所系统，从事药物的质量鉴定和制定相应的质量标准检验，力图在本行业内进而从事管理工作。随着国家对药品、保健品质量的重视，检验行业也有巨大的发展，但对毕业生的专业水平要求较高，因此有向高学历招聘的趋势。

（三）医药相关行业发展

与医药相关行业发展前景也很广阔，主要有从事医药网站（招商、招聘、广告、信息出售、各类群发）工作、医药杂志的编辑、中等医药专业技能学校的专业老师等。

执业药师考试详情请扫码阅读。

扫一扫可见
执业药师考试详情

第三节　经管类专业职业发展分析

一、经管类专业形成和发展

伴随着我国中医药事业的发展和中医药院校多学科发展的趋势,近年来我国不少中医药院校都设置了经管类相关专业。从目前来看,主要为市场营销和公共事业管理(卫生事业管理、医疗保险、医院管理等方向),有些院校还设置了国际经济与贸易、药事管理、电子商务等专业。这些专业在专业培养目标、业务培养要求、课程模块设置方面与综合性院校相比既有很强的相似性,又有中医药院校独特的特点。因此,相关专业学生在培养方案、就业取向、职业发展方面都有其不一样的地方。

二、经管类专业人才培养目标

(一)国际经济与贸易专业

本专业旨在培养适应我国经济与社会发展需要,掌握经济学基本原理和国际贸易基本理论、基本知识与基本技能,通晓国际贸易业务运作方式,具备国际经济贸易及国际营销管理方面的知识和能力,能在中外企业从事国际贸易、国际市场营销与管理的应用型专业人才。

(二)市场营销专业

本专业旨在培养掌握市场营销和工商管理基本理论、知识和技能,具备市场调研和研发的能力,能在(医药)企业、卫生服务机构从事营销调研、市场策划、广告策划、市场开发、品牌管理、产品管理、销售管理、市场维护等岗位工作的高素质应用人才。

(三)公共事业管理(药事管理)

本专业培养具有药学、管理学、法学等自然科学和社会科学的知识与技能,掌握药品研发、生产经营与使用,医药知识产权保护及药品监督管理等不同环节的基本知识和相关法律法规,能够运用医药法规、药物经济学、药品质量管理等法律、经济和管理方法从事各类药品管理活动,能适应现代医药事业建设与发展需要,能在各类医药企业、药品监督管理及医药相关机构从事药事管理相关工作的复合型专业人才。

(四)公共事业管理(卫生事业管理方向)

通过学习现代公共事业管理基本理论和基本知识,辅之经济学与医药学基本知识,接受一般管理方法、管理人员的基本素质和基本能力的培养和训练,掌握现代公共管理与卫生事业管理的理论、技术与方法等方面的基本知识以及实际应用的能力。学生具备经济学和医药学知识,在医药卫生管理方面具备较强的实践技能,熟悉相关政策法规,可以在公共事业单位、卫生服务性企业领域,尤其在医疗卫生机构、卫生行政部门等单位从事管理工作。

（五）公共事业管理（医疗保险方向）

培养通过系统的公共事业管理基础理论、技术与方法等知识的学习,具备相应的经济学和医药学知识,在医疗保险方向具备较强的实践技能,熟悉专业相关的政策法规,可以在公共事业单位、公共服务性企业等领域,尤其在医疗保险部门、商业性保险机构、医疗卫生等单位从事管理工作的应用型专业人才。

（六）信息管理与信息系统

培养具有信息管理和信息系统知识与应用能力及一定的医药学基础知识,能在各级卫生管理机构、医疗科研机构、大型医药企业、医药院校、图书馆、新闻出版机构从事医药科技信息管理、信息服务、信息研究利用以及卫生情报分析、管理工作的专门人才。

（七）电子商务

培养具有现代经济管理理论知识、计算机科学技术知识及应用能力,掌握商务活动技术、商务安全技术、商务智能技术和移动商务技术等方面的技能,能够在企事业单位、政府部门及有关组织从事电子商务系统的策划、开发、管理等工作的专门人才。

三、经管类专业职业发展分析

中医药院校经管类相关专业与其他普通高校经管类专业相比较,在课程设置和专业计划上有很大的相似性,因此学生在职业发展和就业取向上也具有很大程度的类似性。另一方面,中医药院校的经管类专业又打上了中医药背景的烙印,这一点在课程设置和就业方面也有明显的体现。

（一）市场营销

在现代市场经济社会,市场营销对于企业打开市场、扩大销售,乃至进一步扩大再生产具有十分重要的意义。有些医药企业的营销人员大部分从其他专业或行业发展过来,所以医药企业急需那种具有系统营销知识和医药背景技能的人才。好的医药代表、产品经理、营销总监等营销管理人员将会是医药企业争夺的重点。从职业发展路径来看,纵向上,销售专员经过一定的销售业绩、职业培训和一定的年资之后,可向上发展为销售部地区经理、销售部经理、营销总监。销售专员也可以横向发展为市场部经理/高级产品经理、营销总监。

（二）卫生事业管理

卫生行业由于其特殊性,一般对进入卫生行业从事管理工作的人员都有着较高要求。卫生管理人员必须具备医学科学、管理科学、人文和社会科学的完整的三维知识结构。相关专业毕业生除了可以到政府机关、企业、公共事业单位就业,尤其适合到医疗卫生机构、卫生行政部门等单位从事管理工作。这些机构包括各级卫生行政组织,如各省(自治区、直辖市)卫生厅,地级市、县、乡镇、区卫生局。卫生服务组织包括各级、各类医院、疗养院、社区卫生服务中心、卫生院、疾病预防控制中心、卫生监督所等部门。

进入卫生行政组织要经过各级公务员招考,并且要通过报名、审核、笔试、面试、体检、政审等一系列环节。目前进入医院、疾病预防控制中心等事业单位从事卫生管理工作通常也要参加卫生部门统一组织或医院单独组织的事业单位招考,同样需要经过笔试、面试、体检、考察、公示、聘用等一系列程序才能进入此类卫生服务组织。这些招考信息通常会通过卫生行政部门、医院、人力资源与社会保障部门网站公布。一旦成为卫生行业管理人员,其职业发展通常会按照公务员晋升制度或事业单位管理类人才职称评审制度规定晋升。

(三)医疗保险行业

商业保险在我国尚属朝阳行业,具有广阔发展前景。商业保险分为财产保险、人寿保险和第三领域保险三类。其中第三领域保险就是健康保险和意外伤害保险。健康保险包括医疗保险、失能保险和护理保险。其中,最常见的医疗保险包括了疾病医疗保险和意外医疗保险。

有医学背景的医疗保险专业学生从事商业保险尤其是人寿保险和健康保险方面相对其他院校的医保专业学生有着较大优势。国内这两方面公司主要是外资保险公司和本土保险公司。外资保险公司有美国友邦保险、中德安联寿险等。外资公司对于商业保险的理解以及业务水平要高于本土的公司,但是由于其成本控制严格等因素,工作氛围和薪水外的其他福利可能不及本土公司。本土保险公司主要有中国人民健康保险股份有限公司、中国人寿保险公司等。本土较大的保险公司基本都是国有或国有控股企业,中资保险公司对中国市场更为了解,培训方面也更适合中国市场。但本土的保险公司尤其是健康保险方面基本上兴起不久,有很多挑战,同时也伴随很多机遇。

医药院校医疗保险专业毕业生进入保险公司后适合的具体就业部门有:① 产品开发部:负责客户需求分析研究、提出健康保险创新的可行性分析报告,进行新产品培训等。② 健康管理部:制定医疗服务标准、流程和实务,并监督实施。③ 核保核赔部:客户需要购买一份医疗保险时,你需要运用你的医学、金融、法律等知识,审核客户的风险,防止欺诈,平衡个别客户健康状况所带来的额外风险。④ 个险销售部:负责公司个险业务、市场开拓、业务培训、营销队伍发展及管理。⑤ 团险销售部:负责厂矿企业、学校、机关等单位团体的保险业务。

(四)国际经济与贸易

随着我国加入 WTO,加上经济全球化的进程加快,外贸事业呈现快速上升趋势,直接造成了对外贸人才需求的热潮。国际经济与贸易专业学生毕业后可在外向型企业、外贸公司、政府对外经济贸易管理部门、相关事业单位和科研院所从事国际经济与贸易的业务、管理、调研和宣传策划工作。

单一性的人才已无法满足社会的需求,同时掌握几项技能的复合型人才已日渐成为趋势。中医药院校国贸专业学生由于具有良好的医药知识背景,在医药营销、医药贸易方面相对于其他院校的该专业学生更具有优势。从外贸人才需求结构来看,外销员、商务谈判人员、单证员、跟单员、报关员等仍将是外贸人才的主体。

1. 外销员

外销员即外贸公司的业务员,是外贸企业中从事进出口贸易磋商、谈判、签约等工作的人员,有时可能还要兼顾运输、保险、报关、报检等业务。这类人员通常需要国际贸易及相关专业毕业,英语口语一定要相当流利,有国际贸易经验,熟悉海外市场,熟悉国际贸易整个流程,具备良好的市场开拓能力和人际交往能力。从业人员参加国际商务师考试,取得相关资格证书,是外经贸从业人员上岗和从事进出口业务的必备条件。

2. 商务谈判人员

根据目前世界经济发展的趋势来看,国际商务谈判人才会是一个重要需求,主要涉及的领域有信息通讯、生物工程与医药、环境保护、新材料与新能源等专业,与市场开发领域的招商引资、海外融资、上市与开拓海外市场等活动。国际贸易的成交金额动辄数百万美元,对企业来说,国际商务谈判师是外贸企业中不可或缺的人物,特别是有职业证书和实际经验的国际商务谈判人才在猎头市场中往往是一将难求。

3. 单证员

国际贸易实施过程中的各个环节,无一不是通过各种单据凭证来维持。因此,外贸企业对单证员的需求量较大,而现如今的从业人员中,持专业证书的在 10% 左右。因此,拥有单证员证书者成为就业市场上的"抢手货"。此外,国际贸易单证操作技能是每个外贸业务工作者必备的基本功,大学生进入外贸、外资企业从事外贸工作,一般都从单证操作员做起,因此,求职前最好先考张国际商务单证员证书。

4. 跟单员

外贸跟单员是我国商务行业继国际商务从业资格(外销员)、国际货代员、国际商务单证员职业资格培训考试后的第四个岗位培训与认证考试,是外贸行业又一热门职业。跟单员的主要工作是在企业业务流程运作过程中,以客户订单为依据,跟踪产品(服务)运作流向并督促订单落实,跟单员是各企业开展各项业务,特别是外贸业务的基础性人才之一。

5. 报检员

2007 年,报检员开始实行全国统考,规定各地检验检疫机构颁发的现有报检员证书将停止使用。没有参加报检员资格全国统一考试获得报检员资格证书的人员将不再具有报检资格,不得从事报检业务。

6. 报关员

目前,在所有从事外贸的企业、专业报关行、代理报关行中,我国专业报关员仅有 75 000 人左右。现有的人才数量与外贸行业需求相比严重失衡,缺乏专业报关人才成为制约我国国际贸易发展的一个瓶颈,如今报关员已经成为中国最热门行业人才之一。

四、相关资格考试介绍

(一)国际商务师考试

国家商务专业人员实行职业资格制度,纳入全国专业技术人员职业资格制度,分为执业资格和从业资格。国际商务师为执业资格,是从事国际商务专业工作关键岗位的必备条件,外销员为从业资格,是从事国际商务职业的基本条件。

国际商务师考试是由人事部与商务部共同组织的全国性考试。该考试每年举行一次,包括两个科目:"国际商务理论与实务"、"国际商务专业知识"。国际商务执业资格考试分 2 个半天进行,即上午(8:30—11:30)考"国际商务理论与实务",下午(2:00—5:00)考"国际商务专业知识"。

合格证书是由各省、自治区、直辖市人事部门颁发人事部统一印制,人事部、商务部共同用印的中华人民共和国外销员从业资格证书或中华人民共和国国际商务师执业资格证书。职业资格证书全国范围有效。有效期一般为 4 年,有效期满前 3 个月,持证者应到注册登记机构再次办理注册手续。注册登记内容变更,应及时到原注册登记机构办理变更手续。

(二)国际商务单证员考试

国际商务单证员证书是从业资格证书。证书颁发机构为商务部中国对外贸易经济合作企业协会。证书的有效期暂定为 5 年,不需要进行年审。考试工作由商务部中国对外贸易经济合作企业协会组织,经过商务部人教司批复,由中国外经贸企业协会领导,全国国际商务单证培训认证考试中心负责实施。

报考条件:

(1)具有一定的国际商务单证实践经验或已接受过国际商务单证业务培训的从事国际商务单证业务的在职人员。

(2)具有高中以上学历并有志从事国际商务单证工作的求职人员或在校学生。

报名流程:

(1)国际商务单证员全国统一考试实行网上报名。报名网址为全国国际商务单证考试中心,网上报名时间一般从 3 月左右开始,考试、资格确认同时进行。在规定日期内,考生可到中国对外贸易经济合作企业协会指定的当地考试点办理报考资格确认手续,逾期未办理报考资格确认者不能参加考试。

(2)确认报考资格时,考生应持本人身份证、学历证书原件和复印件以及全国国际商务单证员考试报名表,并交免冠同底版 2 寸蓝底彩色证件照 3 张(用于报名表、准考证主证和合格证书,考试不合格者,照片不予退还)。证件不全或照片不符合要求者,不予办理报考资格确认手续。

(3)考生报考资格被确认后,应交纳考试费,每科 80 元,两科共 160 元,另外每科交纳报名费 20 元。因故未参加考试或考试不合格者,所交费用不予退还。

考试科目:

国际商务单证基础理论与知识、国际商务单证操作与缮制两科。每科满分为 100 分,60 分以上为合格。凡两门科目考试成绩通过者获得中国外经贸企业协会颁发的国际商务单证员证书。单科考试成绩通过者,其合格成绩可保留至下一期。

(三)报检员资格考试

报检员资格全国统一考试主要测试应试者从事报检工作必备的业务知识水平和能力。考试合格人员取得报检员资格证书,可注册为代理报检单位报检员或自理报检单位报检员。

报检员资格全国统一考试教材分为基础知识篇、国际贸易篇、基础英语篇和法律法规篇,在内容上主要突出从事报检工作应具备的基础知识和基本技能,以及解决报检业务实际问题的能力。2010 年新版教材在 2005 年版教材的基础上,对近几年来国家法律法规和检验检疫报检业务的变化、要求进行了较大的更新和补充。考试大纲可在质检总局网站和报检员资格考试网站下载。

第四节 护理学专业职业发展分析

一、护理学的形成与发展

(一)中国古代护理学

早期的中医药学与护理学合二为一,密不可分。"三分治,七分养",是我国古代对医学与护理学的关系所做出的高度概括。中医药学为护理学的起源提供了丰富的理论和技术基础。

早在殷商时期,甲骨文便记载了十几种疾病及其处理方法。西周时期医学分科更细,反映在诊疗活动中,提出观察体温、面色等护理行为。春秋战国时期医学发展迅速,名医扁鹊总结出"望、闻、问、切"的诊病方法以及针灸、汤药、热敷的治病方法。《黄帝内经》阐述了许多生理、病理现象,治疗和护理原则。东汉张仲景的《伤寒杂病论》总结了药物灌肠术、舌下给药法、胸外心脏按压术、人工呼吸和急救护理等医护措施。名医华佗提倡强身健体、预防疾病的方针和措施。唐代孙思邈的《千金药方》记载了导尿术,并提出"凡衣服、巾、帊、枕、镜不宜与人同之"的预防、隔离观点。宋代记载了口腔护理的重要性;明清时期记载了蒸汽消毒衣物、焚烧艾叶、喷洒雄黄酒等消毒空气方法。

(二)近现代护理学

19 世纪中叶,英国的南丁格尔开创了护理学专业,在英国伦敦建立了第一所护士学校,为近代护理教学奠定了基础,是近代护理事业的创始人。我国近代护理学的形成和发展,在很大程度上受到西方护理学的影响。1993 年,北京协和医科大学开始招收护理硕士研究生。2004 年,北京中医药大学率先招收中医护理专业硕士研究生,填补了中医护理专业研究生教育的空白。南京中医药大学高等护理教育始于 1986 年,2005 年护理学成为硕士学位授权点,2009 年开始招收中西医结合护理学博士研究生。

（三）护理专业的未来发展趋势

1. 护理人员将成为卫生保健的重要力量

当前世界医疗卫生事业发展的趋势,已由以医疗为主转变为更加重视预防和保健工作。作为卫生保健工作的主要力量,护理人员已经开始走出医院,面向社区。现在,许多医院已开放家庭病床,满足院外患者的基本治疗和护理需求。护理的职能已从单纯的护理病人延伸到预防疾病、维持健康的更广阔的领域。

2. 护士将是健康教育的主要力量

全民健康,健康教育先行。许多发达国家都把健康教育作为护士的一项基本职业要求。美国要求注册护士把为病人提供必要的医疗知识、指导其促进康复作为主要工作任务之一;英国把培养护士的健康教育技能作为继续教育的主要内容;日本更是把病人对保健服务的满意率作为评价护理质量的标准。健康教育在我国传播和应用的历史并不长。目前护理专业开展健康教育主要是在医院,少量在社区。随着社区卫生服务的不断壮大,护士在健康教育中将发挥更重要的作用。

3. 护士将成为医生和其他保健人员平等的合作者

现代护理已不再是一项附属于医疗的技术性职业,护理专业成为健康服务系统的一个独立的分支,平行于医疗专业及其他健康服务专业。因而,护士成为健康服务系统中的重要一员,成为医生的合作伙伴、健康服务的参与者,在为服务对象提供健康服务时,具有一定的相对独立性。

4. 对多学科知识和护理技能提出了更高的要求

科学技术的发展,对护理人员无论在知识上、技术上还是个人修养上都提出了更高的要求。高素质护理人才应具备以下条件:处理复杂临床问题的能力;健康指导能力;与人有效合作的能力;文明举止,与人沟通的能力;独立分析和解决问题的能力;评判性思维能力;获得信息和自学的能力;一定的科研能力。

5. 护理科研更加突出专业

护理科研包括护理理论的探讨、护理实践的提高和改进,特别是运用可靠的科学证据来指导临床护理工作。现代护理向着四个研究方向发展:从单纯的医院内临床护理研究向医院外社区护理方向的研究发展;从单纯的疾病观察及护理的研究向预防保健方向的研究发展;从单纯生理、病理角度护理的研究向心理治疗及康复护理的研究发展;从单纯疾病和病人护理向对病人整体和健康人护理的研究发展。

二、护理学专业人才培养目标

（一）护理学

培养既能掌握现代护理学知识和技能,又能掌握中医辨证施护、整体护理,具有一定的人文社会科学和自然科学基础理论和知识,基础扎实、知识面宽、能力强、素质高、富有创新精神,毕业后能从事护理临床、护理科研、护理教育、护理管理、社区护理等工作的中西医结合高级护理人才。

（二）护理学（涉外护理）

培养既能掌握现代护理学知识和技能,熟练运用公共英语、护理专业英语以及涉外护理知识,又能掌握中医辨证施护、整体护理,具有一定的医学、人文社会科学和自然科学基础理论和知识,基础扎实、知识面宽、能力强、素质高、富有创新精神,毕业后能从事涉外护理、护理临床、护理科研、护理教育、护理管理、社区护理、专业外文编辑翻译出版等工作的高素质国际型护理人才。

三、护理学专业主要就业途径

（一）护理学专业就业的主渠道

除了在传统的医院就业以外,随着我国人口结构向老龄化转变,将来从事老年医学的人才将逐渐走俏,保健医师、家庭护士将成为热门人才。另外,专门为个人服务的护理人员的需求量也将增大。同时,护理人才又是国际紧缺的人才之一。如护士在美国平均年薪达5万美元,而美国缺护士30万人。在澳洲,护士最容易找工作或获得升迁,同时,只要拥有了澳洲注册护士的资格,就等于拿到了通向英联邦国家工作的"绿卡"。英、法、德等西方发达国家也对护士有许多优惠的政策。因此,有深厚的专业知识、较高的综合素质和流畅的国际交流语言的护士在国际上的就业、发展前景十分广阔。

目前,国内很多大中城市的医院都设有涉外门诊,而一些合资医院以及"洋"医院更是如雨后春笋般扎根于北京、上海等地,具有外语基础的护士成了香饽饽。所以,护理学专业的学生在校期间,除了学好护理学、护理人际沟通等专业知识外,如果还能好好学习外语,具备良好的外语沟通能力,就业选择将更加宽泛。

（二）医药相关行业发展

医药相关行业发展前景也很广阔,毕业生可以从事医药网站工作、临床验证工作,或者成为医药杂志的编辑、医学院校专业老师等。

四、护士执业资格考试

护士执业资格考试是为贯彻国家人事部、卫生部《关于加强卫生专业技术职务评聘工作的通知》等相关文件的精神,于2001年开始正式实施的。通过考试取得的资格代表了相应级别技术职务要求的水平与能力,是单位聘任相应技术职务的必要依据。

护士执业资格考试范围:
(1) 适用人员范围:《护士执业资格考试办法》第十二条规定,在中等职业学校、高等学校完成国务院教育主管部门和国务院卫生主管部门规定的普通全日制 3 年以上的护理、助产专业课程学习,包括在教学、综合医院完成 8 个月以上护理临床实习,并取得相应学历证书的,可以申请参加护士执业资格考试。

(2)专业及级别范围:从 2011 年起,全国卫生专业技术资格考试专业目录取消护理学(初级士,原专业代码 003),报考该专业的考生必须参加全国护士执业资格考试。

(3)护士执业资格考试科目包括专业实务和实践能力两个科目,采用纸笔作答方式进行。一次考试通过两个科目为考试成绩合格。

申请人为在校准应届毕业生的,应当持有所在学校出具的应届毕业生毕业证明,到学校所在地的考点报名。学校可以为本校准应届毕业生办理集体报名手续。

☞ 扫一扫可见护士
执业资格考试详情

护士执业资格考试详情请扫码阅读。

第五节　英语专业职业发展分析

一、英语专业介绍

英语(English)是联合国的工作语言之一,也是事实上的国际交流语言。英语(文字称为英文)属于印欧语系中日耳曼语族下的西日耳曼语支,由古代从欧洲大陆移民大不列颠岛的盎格鲁、撒克逊和朱特部落的日耳曼人所说的语言演变而来,并通过英国的殖民活动传播到世界各地。英语是世界上最广泛的第二语言,世界上 60% 以上的信件是用英语书写的,50% 以上的报纸杂志是英语的。

英语专业是全国高校里开设最多的专业,约有 85% 的高校开设英语专业。多数高校的英语专业越来越体现出本校主干专业的特性,如中医药院校的英语专业旨在培养掌握深厚的英语语言基础、具备扎实的英语听说读写译等方面的专业技能和良好的科学素养,同时又具备基本的中医药学和现代医学知识的,能在教育、科研、医药、经贸等部门从事英语教学、翻译、文秘、管理等工作的复合型高级英语专业人才。

英语专业主干课程主要有基础英语、高级英语、报刊选读、视听、口语、英语写作、翻译理论与实践、语言理论、语言学概论、主要英语国家文学史及文学作品选读、主要英语国家国情等。大一大二所学内容比较广泛和基础,大三阶段开始选修第二外语,如日语、韩语、德语、法语、俄语和西班牙语等,据学校具体情况而定。修业年限是四年,毕业时符合规定的授予英语语言文学学士。

二、英语专业相关资格证书

作为全国开设较早、开设高校最多的专业之一,对英语专业学生的相关技能认证已经较为完善,专业类职业资格证书也比较多。主要有:

1. TEM - 4(Test for English Majors-Band 4)

Test for English Majors-Band 4,即英语专业四级考试(TEM - 4),全称为全国高校英语专业四级考试,自1991年起由教育部实施,考查全国综合性大学英语专业学生。考试内容涵盖英语听、读、写、译各方面。

TEM - 4具有封闭性,只有英语专业的学生才能参加考试,其他专业学生不能参加。本考试的目的是全面检查已学完英语专业四级课程的学生是否达到教学大纲所规定的各项要求,考核学生运用各项基本技能的能力以及学生对语法结构和词语用法的掌握程度,既测试学生的综合能力,也测试学生的单项技能。

2. TEM - 8(Test for English Majors-Band 8)

Test for English Majors-Band 8,即英语专业八级考试(TEM - 8),全称为全国高校英语专业八级考试,是对英语专业高年级学生英语水平进行衡量的一种外语水平考试,是目前我国体现最高英语水平的等级考试,已日益成为就业单位衡量英语专业学生英语水平的重要指标。

目前,社会上对大学英语的四六级证书(CET - 4/6)的承认相对广泛,不过,英语专业四级和八级证书的"含金量"比四六级高出一截,这一点,也是一个不争的事实。在证明英语能力证书方面,国内考试范围之内,最高的级别证书当属专业八级。如果你手中能够拥有这样一张证书,那么,你在今后的求职、加薪、跳槽、职称评定等各个方面的优先权可想而知。

3. TEM - 4/8 Speaking and Interpreting Test

TEM - 4/8(英语专业四、八级考试)方式是笔试,与之相对应的是 TEM - 4/8 Speaking and Interpreting Test,即英语专业四、八级口语与口译考试。两项考试均为每年一次,采用录音考试形式,考生在语言实验室内根据录音考题的要求回答问题,并将答题的内容录制下来送至口试办公室进行统一评分。但目前来看,专四专八口试的"含金量"并没有专四专八笔试高,用人单位较为看重的是商务英语考试和上海中高级口译考试。

4. BEC(Business English Certificate)

Business English Certificate,商务英语考试(BEC),指的是剑桥商务英语资格考试,是剑桥系列考试中专为学习者提供的国际商务英语资格证书考试。该考试主要考查真实工作环境中英语交流能力,被欧洲乃至全球众多教育机构、企业认可,将其作为入学考试或招聘录用的英语语言水平要求,是求职者有力的语言能力证明。

参加BEC考试不需要任何特殊资格,报名不受年龄、性别、职业、地区、学历等限制。适用人群为具有初、中、高级英语水平者,且以从事商务工作为学习目的。任何人(包括学生、待业人员等)均可持本人身份证到当地考点报名。在华工作的外籍人员和现役军人亦可持本人有效身份证件及两张照片报名参加考试,也可持工作证和单位介绍信报名。

5. SIA(Shanghai Interpretation Accreditation)

Shanghai Interpretation Accreditation,上海外语口译证书考试,是上海紧缺人才培训工程重要项目之一,由上海市高校浦东继续教育中心(PCEC)负责组织实施。SIA 主要分英语中级口译考试、英语高级口译考试、日语口译岗位资格证书考试、英语口译基础能力考试等四类。

上述四种考试都有笔试和口试部分,对笔试、口试全部合格者颁发上海市外语口译岗位资格证书,笔试合格者可办理上海市外语口译笔试合格证书;对英语口译基础能力笔试、口试全部合格者颁发上海市英语口译基础能力合格证书。

6. CATTI(China Accreditation Test for Translators and Interpreters)

China Accreditation Test for Translators and Interpreters,即全国翻译资格考试翻译专业资格(水平)考试,是受国家人力资源和社会保障部委托,由中国外文出版发行事业局(China Foreign Languages Publishing Administration)负责实施与管理的一项国家级职业资格考试,已纳入国家职业资格证书制度,是一项在全国实行的、统一的、面向全社会的翻译专业资格(水平)认证,是对参试人员口译或笔译方面双语互译能力和水平的评价与认定。

该考试分7个语种,分别是英、日、法、阿拉伯、俄、德、西班牙等语种。四个等级,即资深翻译,一级口译、笔译翻译,二级口译、笔译翻译,三级口译、笔译翻译;两大类别,即笔译、口译,口译又分交替传译和同声传译两个专业类别。

该考试是一项面向全社会的职业资格考试,凡是遵守中华人民共和国宪法和法律,恪守职业道德,具有一定外语水平的人员,不分年龄、学历、资历和身份,均可报名参加相应语种二、三级的考试。获准在华就业的外籍人员及港、澳、台地区的专业人员,也可参加报名。

三、英语专业职业发展分析

随着中国融入全球经济一体化步伐的加快,中国和世界的联系也日益加强,国家对外语类人才的需求逐年攀升,特别是作为全世界通用语言的英语,在一个较长的时期内,仍会继续保持自己良好的就业前景。综合起来看,英语专业就业大致集中于以下几个方面:

1. 教育培训类

我国从小学开始就已经设立英语课,小升初、中考、高考、考研等逢考必有英语,因此教育行业对英语师资需求量巨大。英语专业的学生在选择当教师时,需要注意的是,部分地区对中小学教师招聘有一定的门槛:如必须先参加全市的招教考试后才能到各中小学去应聘,或必须取得教师资格证后才能去应聘等。这就要求英语专业的毕业生在校期间应及早做好职业规划,了解每年的招聘动态,参加相关资格认证,为就业做好充分的准备,不能临时抱佛脚,贻误战机。

培训行业一定程度上依托于教育行业,随着英语教育的全民化,家长及学生个人也认识到英语对升学就业的重要性,因此少儿英语培训、中小学英语培训、出国留学英语培训等课外培训近年来火爆异常。众多高端的英语教育机构已把竞争的焦点放在了师资力量的竞争上,对优秀教师的争夺正趋于白热化。我国目前紧缺的并不是会讲几句外语、能听懂几句外国话的人,而是比较高级的英语人才。对于纯粹英语专业的学生来说,应该在扩大自己视野的基础上向更专业的方向发展以增强专业竞争力,如考取相关专业资格证书、多参加学科性的专业竞赛等。

2. 外贸文秘类

随着我国经济的持续、稳定、健康地发展和外向型经济比重的加大,社会上各行各业对涉外商务人才的需求日益旺盛,英语人才已成为各行业、各领域的基础人才、骨干人才和通用人才。值得注意的是,当前用人单位更青睐既精通英语又懂商业贸易、市场营销、经济管理的复合型人才,所以英语专业的同学在学好英语的同时,应通过各种途径广泛地涉猎一些外贸、营销、管理、文秘方面的知识,让自己成为一个复合型人才。

外贸文秘类的英语职位主要有:外贸跟单员、外销员、货代员、报关员、报检员等,以及文秘等办公室工作人员。

3. 翻译

做翻译工作是每一个英语人的巨大挑战,也是每一个英语人英语水平的试金石。对于一名翻译(笔译、口译、同声传译),只要每月能保证翻译的速度和质量,收入将非常可观。

值得注意的是,做翻译的要求也相对较高,做翻译首先要具备一个良好的语言基础。这个语言基础包括他的外语、中文基础。在掌握外语条件的语言基础条件的同时也应该注意在中文基础上的提高。这一点来说非常重要的。其次,要有广博的知识,对很多知识要有了解,有一些专业翻译,科技、法律、医学方面的翻译,要对专业知识有一个充分的了解,才能"恰如其分"地进行中英文翻译。最后,翻译是个实践性非常强的工作,一个合格的翻译都是经过一个相对比较长时间的专门学习和严格训练的过程。必须得经常去做,才能够做到,光靠在校学习的理论是不够的。

4. 其他

英语专业的同学也可以选择出国留学或国内考研进行深造。

综上,英语专业的学生可以在国家机关、外事、外贸、外企、各类涉外金融机构、商务管理公司、专业翻译机构、出版、新闻、旅游、高级宾馆酒店等部门,承担商务管理、商务翻译、外贸洽谈、经贸文秘、英语编辑、英语记者、驻外商务代理、涉外公关、涉外导游等工作;也可在中学、中专、职高、技校和英语语言培训中心、大中专院校及科研部门等从事教学和科研工作。

第六节　计算机科学与技术专业职业发展分析

一、计算机科学与技术专业介绍

计算机科学与技术专业是以信息领域为背景,数学与信息、管理相结合的交叉学科专业。其专业特色在于加强基础学科和专业理论的教学,使本专业学生既具有扎实的数学及计算机的理论基础,又具有一定的数学建模和计算机编程能力,能够运用数学知识和计算机软件解决信息技术领域中的实际问题。

二、计算机科学与技术专业人才培养目标

本专业培养具有良好的数学基础,系统地掌握计算机科学与技术,包括计算机硬件、软件与应用的基本理论、基本知识和基本技能与方法,了解中医药与现代医学的基本知识;具有计算机软件应用、科研、开发能力,能够胜任计算机应用系统开发、维护和中医药现代化科学研究,能力强、知识面广、素质高、具有创新精神和能力的复合型人才。

三、计算机科学与技术专业职业发展分析

随着计算机技术广泛深入地应用于人类社会生活,以及全球信息产业的迅速崛起,二十一世纪的中国将向知识经济时代迈进,教育、科研、社会、经济等各个领域需要越来越多的信息与计算科学的人才。尤其是随着"互联网+"时代的到来,"互联网+中医药"更是为中医药院校的计算机科学与技术专业毕业生提供了广阔的发展舞台。计算机科学与技术类专业毕业生的职业发展路线基本上有两条路线:

(一)纯技术路线

1. 智慧医疗

"智慧医疗"是最近兴起的专有医疗名词,是一套融合物联网、云计算等技术,以患者数据为中心的医疗服务模式。智慧医疗采用新型传感器、物联网、通信等技术结合现代医学理念,构建出以电子健康档案为中心的区域医疗信息平台,将医院之间的业务流程进行整合,优化了区域医疗资源,实现跨医疗机构的在线预约和双向转诊,缩短病患就诊流程、缩减相关手续,使得医疗资源合理化分配,真正做到以病人为中心的智慧医疗。在不久的将来,医疗行业将融入更多人工智慧、传感技术等高科技,使医疗服务走向真正意义的智能化,推动医疗事业的繁荣发展。

2. IT 企业

计算机科学与技术专业的毕业生进入 IT 企业是一个重要的就业方向。毕业生可以在这些企业非常高效地从事计算机软件开发、信息安全与网络安全等工作。

3. 高等院校、科研单位

计算机科学与技术专业的毕业生可以在大专院校和科研单位从事教学和科研工作,可以继续从事信息科学与计算数学的教学和研究工作,也可以凭借其出色的数学建模能力和计算能力解决实际应用问题。

4. 继续深造

信息行业的特点是技术更新快,对人才提出了更高的要求,所以要求从业人员不断补充新知识。

同时,本专业的毕业生不仅具有扎实的数学基础和良好的数学思维能力,而且掌握了信息与计算机科学的方法与技能,更具有中医药与现代医学的基本知识,因此继续深造的可选择领域将变得非常广泛,既可以继续攻读计算数学、计算力学、信息科学、自动控制、金融信息等专业和研究方向的硕士学位,也可以攻读具有中医药行业特色且与信息与计算关系比较紧密的某些专业。

(二)由技术转型为管理

这种转型尤为常见于计算机行业,比方说编写程序,是一项脑力劳动强度非常大的工作,随着年龄的增长,很多从事这个行业的专业人才往往会感到力不从心,因而由技术人才转型到管理类人才不失为一个很好的选择。

调查显示,项目管理技能的需求获得了 40％高管们的认可。据美国放贷公司 Quicken Loans 软件工程副总裁杰米·汉米尔顿(Jamie Hamilton)称,对项目管理职位的需求部分是因为应用与应用之间越来越紧密的联系增强了现有项目的复杂性。

第七节　心理学专业职业发展分析

一、心理学发展概况

心理学是一门研究人的心理现象及其发生发展规律的科学,它既研究个体的心理现象,也研究群体的社会心理现象。对人心理的探究既离不开数据证明的定量研究,也离不开对社会文化、家庭背景、个人成长经历的考察,所以心理学是一门兼有自然科学和社会科学性质的交叉学科。

自古以来,人们就对心理现象有着浓厚的兴趣。古希腊哲学家如柏拉图、亚里士多德等,中国古代思想家荀子、王充等都有不少关于心灵的论述。在西方,两千多年前,古希腊哲学家、医生,被誉为西方医学之父的希波克拉底把人分为四种类型,即胆汁质、多血质、黏液质和抑郁质,并解释说,这四种类型是由人体内四种液体所占的比例不同造成的。后来,罗马医生盖伦提出了气质的概念,把希波克拉底的分类叫作人的气质类型。由于他们对气质类型的划分比较符合实际,所以至今还沿用这四种气质类型的名称。在中国古代,孔子说:"性相近也,习相远也。"即认为人生而具有的本性是相近的,后天生活才造成人和人之间很大的差别。在人性的善恶问题上,孟子主张所有的人都是性善的;荀子主张所有的人都是性恶的;世硕主张人性是有善、有恶的;告子主张人性都是无善、无恶的。对于先天遗传和后天环境对人的发展的影响的争论,中国已有两千多年的历史。

古代的心理学思想还可以举出许多有价值的观点。但是,那时对心理现象的研究用的是思辨和总结个人经验的方法。用这种方法获得的结果,只能说是一种心理学思想,不具备实证的性质,因而并不能使心理学成为一门独立的学科。在 19 世纪以前,心理学一直隶属于哲学的范畴。直到 19 世纪中叶,对心理现象的研究引进了实验方法,才使心理学成为一门实证科学,并最终从哲学中分化出来,成为一门独立的学科。

二、心理学专业人才培养目标

本专业培养的学生需掌握心理学基本理论、基本知识和专业技能,掌握一定的医学心理学的临床技术、方法和手段以及其他应用心理学的知识及实践技能,接受心理学科学思维和科学实验的基本训练,形成良好的科学素养;主要从事心理咨询与治疗、心理卫生保健、心理健康教育、企业人力资源培训和心理学应用研究等工作。

三、心理学专业职业发展分析

有人的地方就需要心理学。我国心理学发展的现状及社会需求的现状,给了心理学专业一个广阔的发展空间。

（一）医院和诊所

临床心理学和医学心理学的学生，可以去医院或心理诊所从事心理咨询和治疗的工作。但是以中国现今对心理医生的需求，再加上去医院需要有行医执照，难度比较大。

（二）企业人力资源管理

企业人力资源管理是帮助企业进行人力资源的运用和规划管理，这将是心理学专业一个很大的就业趋势。据统计，有 40％的心理学专业学生都进入了企业的人力资源管理工作，负责企业的招聘、人事起用、人力资源的规划管理等工作。

（三）市场研究

市场研究以市场为基础对象，通过调查、统计，深入挖掘各行业的潜在情况，并进行分析研究，为企业发展提供指导性信息。心理学专业的学生具有很强的观察分析能力，是市场研究职业的主力军，可以从事猎头（人才中介）人才测评、企业咨询、公司策划设计等工作。

（四）大中小学心理教师

近年来学校对于学生的心理健康问题越来越重视，纷纷开设心理学的相关课程，各级学校均一定程度上加大了心理教辅人员的配备。这无疑扩大了心理学专业学生的就业面。

（五）公务员

根据历年公务员的招聘情况来看，教育行政部门、公安系统、监狱、劳教所、司法局、边检站等单位对心理学毕业生人数需求较多，这是心理学专业学生就业的一个途径。

四、相关资格证书

（一）心理医师资格证书

目前几乎所有的三甲医院都有心理咨询室，但是此类医院对学生素质要求也是很高的，因为在医院必须有执业医师资格。心理医师的资格认证由国家卫计委进行，以医疗工作者为主要认证对象。

（二）心理咨询师证书

心理咨询师是协助求助者解决各类心理问题、具有国家人力资源和社会保障部颁发的从业资格证书的人，主要解决人们的心理健康问题。

目前国内心理咨询师分为三个等级：一级、二级、三级。但是由于国内心理咨询师行业发展较晚,一级心理咨询师考试一直是一个缺失项,二级心理咨询师为目前等级最高的心理咨询师。想要成为心理咨询师,可以通过心理咨询师职业资格考试获取,每年的 3 月和 9 月是报名时间,5 月以及 11 月是心理咨询师考试的时间。

心理咨询师三级申报条件(具备以下条件之一者):

(1)在校三年级专科生、四年级本科生(仅限心理学专业);

(2)心理学、教育学、医学专业大专以上学历者;

(3)任何专业本科以上学历者。

心理咨询师二级申报条件(具备以下条件之一者):

(1)心理学、教育学、医学专业硕士以上学位者;

(2)心理学、教育学、医学专业中级及以上专业技术职称,连续从事心理咨询满 3 年者;

(3)取得心理咨询师三级职业资格证书后,连续从事心理咨询满 3 年者。

第八节　其他职业发展途径

一、考研升造

近些年,大学生考研呈现出狂热的趋势。从全国中医药院校的报考情况来看,虽然有院校和专业的不同,但每一年应届毕业生的报考率都在 60%—80%。考研俨然已经成为本科毕业生的必由之路。

考研方向主要有本专业考研和跨专业考研两种。本专业考研是大多数考生的选择,不用多说。下面主要谈一谈跨专业考研。在跨专业考研的时候必须考虑的问题是跨专业考研的难度。自己在原来专业里真正感兴趣的东西沉淀了多少基础,要选择的专业每年竞争的难度到底有多大,这一点是跨专业考研同学必须考虑的。而且从冷门跨到热门,或者跨到完全不相干的专业,比如你原来学生物,现在你非要学金融,你原来学医学,现在非要学管理、会计,这样面临的难度比较大,不是光凭热情和勇气就能解决问题的,需要提前做好准备。这两个方面,大家必须结合起来去考虑。

二、志愿服务项目

(一)苏北计划

"大学生志愿服务苏北计划",简称"苏北计划",由江苏省委组织部、省教育厅、省财政厅、省人事厅、团省委共同组织实施。志愿者服务期满后,鼓励其扎根基层,或者自主择业。

(二)西部计划

"大学生志愿服务西部计划",简称"西部计划",它是由共青团中央、教育部、组织部门、人事部门于 2003 年根据国务院有关要求共同组织实施的。计划从 2003 年开始,按照公开招募、自愿报名、组织选拔、集中派遣的方式,每年招募一定数量的普通高等院校应届毕业生,以志愿服务的方式到西部贫困县的乡镇从事为期1—2年的教育、卫生、农技、扶贫以及青年中心建设和管理等方面的工作。

1. 支教

本专项行动志愿者主要在西部地区贫困县的乡镇中小学校从事为期1—2年的教育和教学管理工作。

招募对象:应届高校毕业生、在读研究生,师范类专业优先选拔。

服务地区:西部地区招募的志愿者原则上在本省(区、市)开展服务;东部地区招募的志愿者原则上到对口支援的西部省(区、市)开展服务;中部地区招募的志愿者原则上到西部省(区、市)开展服务。

2. 支医

本专项行动志愿者主要在西部地区贫困县的乡镇卫生院以及部分县级医院、防疫站从事为期1—2年的医疗卫生工作。

招募对象:医学类专业应届高校毕业生、在读研究生。

服务地区:西部地区招募的志愿者原则上在本省(区、市)开展服务;东部地区招募的志愿者原则上到对口支援的西部省(区、市)开展服务;中部地区招募的志愿者原则上到西部省(区、市)开展服务。

3. 支农

本专项行动志愿者主要在西部地区贫困县的乡镇农业(林业、水利)技术站从事为期1—2年的农业科技、扶贫工作。

招募对象:农业、林业、水利等专业的应届高校毕业生、在读研究生。

服务地区:西部地区招募的志愿者原则上在本省(区、市)开展服务;东部地区招募的志愿者原则上到对口支援的西部省(区、市)开展服务;中部地区招募的志愿者原则上到西部省(区、市)开展服务。

三、人才选拔

(一)大学生村官

大学生村官是指到农村(含社区)担任村党支部书记、村委会主任助理或其他村"两委"职务的具有大专以上学历的应届或往届大学毕业生。工作多为社区(村)事务。大学生村官政策的萌芽,可以追溯到1995年江苏省丰县的"雏鹰工程"。1995年,为解决"三农"问题,江苏省率先开始招聘大学生担任农村基层干部。自2008年3月开始,全面启动选聘大学生到村任职工作。大学生村官到农村基层工作以后,充分利用自己的所学和特长,积极为建设农村、服务农民、发展农业做出贡献,同时自身也得到了锻炼和提高,成为新农村建设的骨干力量。

（二）选调生

选调生是各省、自治区、直辖市党委组织部门有计划地从高等院校选调的品学兼优的应届大学本科及其以上学历毕业生的简称，这些毕业生将直接进入地方基层党政部门工作，作为党政领导干部后备人选和县级以上党政机关高素质的工作人员人选进行重点培养。2000年，中央组织部发布了《中央组织部关于进一步做好选调应届优秀大学毕业生到基层培养锻炼工作的通知》，对进一步做好"选调生"工作提出了明确要求。

选调生与各单位招录的机关类国家公务员都是国家公务员，但是大部分省、自治区、直辖市的选调生比其他公务员少一年的试用期，因此选调生的工资定级比其他公务员要快一年。同时，选调生的个人档案名义上属于地方党委组织部门管理，而公务员档案一般属于人事部门公务员局管理。

（三）公务员考试

公务员，是指依法履行公职、纳入国家行政编制、由国家财政负担工资福利的工作人员。公务员职位按职位的性质、特点和管理需要，划分为综合管理类、专业技术类和行政执法类等类别。国务院根据《中华人民共和国公务员法》，对于具有职位特殊性、需单独管理的，可增设其他职位类别。中国从 20 世纪 90 年代开始引入公务员考试，在进入 21 世纪之后，该项考试趋于成熟和稳定。每年都会在 10 月份国庆过后发布招考公告，一般来说公共科目笔试时间都在 11 月底（11 月的最后一个周日），如果遇到其他较为重要的会议或者活动，可能会推后到 12 月初举行（如 2008 年国家公务员考试就是在 12 月初举行的）。这里有一点要特别注意的是，每年年底举行的考试都是下一年度的公务员考试，比如 2009 年 11 月底举行的公务员考试就被称为 2010 年公务员考试，这点对于考生选取参考书和教材尤为重要。

四、携笔从戎

（一）招考士官

士官是相对于军官和义务兵而言的，是我军的重要组成部分，是指从服役期满义务兵中选取，或者直接从非军事部门具有专业技能的公民中招收，并被授予相应军衔的志愿兵役制士兵。士官招收工作的总体安排是：5 月底前完成报名，6 月组织体检、政审和专业审定，7月底前签订协议书、办理入伍手续，8 月 1 日批准入伍，原则上 8 月 10 日前到达部队。办理入伍手续前，应招士官本人要和县级人民政府征兵办签订《从普通高等学校毕业生中直接招收士官协议书》，表示本人同意入伍并任职为现役士官，愿意履行相应义务，并享受有关权利和待遇。

（二）入伍服义务兵役

为了做好大学毕业生应征入伍这项工作，教育系统配合征兵系统在每年 6 月份高校毕业生离校前开展预征工作。国家也出台了很多优惠政策,鼓励高校毕业生应征入伍,投身军营、献身国防、报效祖国。

五、出国留学

随着社会经济的发展,以及国际交流的深入,越来越多的学生选择了出国留学继续深造。出国留学之前,一般都需要做足大量充分的准备工作,才能做到万无一失。主要有以下几点:

(一)语言准备

出国留学要有良好的语言基础,高中生可以在国内也可以在国外考托福或雅思,而大学生必须先考过托福或雅思才能出国。对研究生来说,在考过托福或雅思的基础上,如果学的是理工科则要考 GRE,然后根据学校和专业的不同要求来决定是否要增加专业类的考试,而学商科的话要考 GMAT。英语成绩不好的同学可以适当参加英语培训。

(二)经济准备

出国留学费用主要包括公证费、体检费、签证费、学校申请费、学校注册费、学费、生活费和旅费等等,其中学费和生活费占据所有费用的大部分比例。另外,还需考虑人民币与外币的汇率以及通货膨胀等因素。

(三)其他准备

(1)对留学意向国家的政治、经济、文化背景和教育体制、学术水平进行较为全面的了解。

(2)全面了解和掌握国外学校的情况,包括历史、学费、学制、专业、师资配备、教学设施、学术地位、学生人数等,要特别注意该校国际学生有多少,其中有多少中国学生在读。此外,还要落实该学校颁发的文凭是否受到我国的承认。

(3)该学校的住宿、交通、医疗保险情况如何。

(4)该学校在中国是否有授权代理招生的留学中介公司。

(5)留学签证情况。

(6)该国政府是否允许留学生合法打工。

(7)本专业在该国的就业情况。

(8)毕业之后可否移民。

六、自主创业

创业就是创业者对自己拥有的资源或通过努力能够拥有的资源进行优化整合,从而创造出更大经济或社会价值的过程。联合国教科文组织把"创业教育"誉为"第三本教育护照",认为是继学术性、职业性能力之后,证明一个人的事业心和开拓能力的"第三本教育护照"。

在漫长的历史长河中,中医药学作为传统中华文化的组成部分,也孕育了中华民族不断创新、勇于创业的进取精神。为了更好地普救患者之苦,传统中医药学在发展过程中逐渐形成了"医、药、商"三位一体的创新创业格局,并涌现了一批历经几百年而不衰、蜚声海内外的中华传统老字号和著名品牌,如"同仁堂"、"九芝堂"、"胡庆余堂"、"云南白药"、"季德胜蛇药"等。这些中医药老字号、传统名牌历经几百年的风雨,在现代科学技术飞速发展的今天,仍在人类的卫生保健事业中发挥着重大的作用。

进入新世纪,国家对大学生创业教育更加重视,对大学生创业也出台了很多的激励和优惠政策。大学生创业也是云蒸霞蔚、方兴未艾。创业已成为广大杏林学子实现梦想的舞台、事业腾飞的翅膀。

思考题

1. 结合自己所学专业,分析未来可能的职业发展途径及对自身素质的要求。
2. 从你所学专业毕业以后,还需要考哪些资格证?

大学生创业基础——我的未来无极限

第四章
中医智慧与创业概述

第一节　中医药传统创业文化

中医药孕育于上古时代,漫长的新石器时期、原始的农耕文化催生着中华大地医学的产生。中医药奠基与形成于春秋战国至秦汉时期,中世纪,中医药得到了稳定发展。明清时期,中国封建社会走向成熟并渐趋停止,中医药的发展也随着时代的发展有所起伏。新中国成立后,在党和政府的正确领导下,中医药事业重新焕发了生机。远从《黄帝内经》、《伤寒论》、《神农本草经》、《本草纲目》、《普济本事方》、《雷公炮制论》,近到《中国医学大辞典》、《中药大辞典》,更能让我们理解中医药的发展史是一部自强不息、敢为人先的创业史! 中医药发展过程中,涌现出来一批批古圣先贤,他们的创业故事更是让后人敬仰和思慕。中医药的发展史更是一部矢志不渝、奋力拼搏的中医药创业人才的成长史!

一、中医药传统创业文化

古代的中国,老百姓和官员等看病,均依赖于中医诊所、药铺等中医服务机构,以及走街串巷的"郎中"。中医药老字号,是其中规模最大、技术最优的中医服务机构,具有诊疗疾病、研制药物、销售药物三大社会功能。以同仁堂、胡庆余堂、陈李济、九芝堂、鹤年堂等为代表的一批批中医药老字号历经岁月蹉跎,百折不挠,艰苦创业,逐渐形成了"医、药、商"三位一体的创新创业格局,创造了中医药文化生命力的奇迹。中医药老字号创业文化的内涵结构可以从精神、制度、行为和物质四个维度加以理解。

1. 精神文化——厚德载商

精神文化包括观念形态和文化心理,是造就中医药老字号基业长青的核心文化。如同仁堂"同修仁德,济世养生"的企业精神,"修合无人见,存心有天知"的自律意识,"以义为上,义利共生"的经营哲学,"炮制虽繁,必不敢省人工;品味虽贵,必不敢减物力"的质量观等文化;胡庆余堂的"戒欺"文化;陈李济的"同心济世"文化;九芝堂的"药者当付全力,医者当问良心"文化。

2. 制度文化——依序遵行

制度文化是观念形态的转化,成为连接中医药老字号创业文化硬软外壳的桥梁。如同仁堂设立了一条严格的"族规"——分店不称同仁堂,仅可在店名前冠以"乐家老铺"四个字;"采办务真"、"修制务精"和"真不二价"是支撑胡庆余堂"戒欺"文化的铁定规则;陈李济最早实行"职业经理人"和"董事会"制度,商号从一开始就采取了资本合作制度,实行"两姓合股经营,两族轮流选任司理"。

3. 行为文化——德行合一

行为文化是一种处在浅层的活动,构成中医药老字号创业文化的软外壳。如中医药老字号坚持分赴各省及关外选用产地、季节、货色真实的地道药材;制作工艺精益求精,针对不同药物,注重药性,不惜工本,专制制药工具,如金铲银锅;当顾客对药品微露不满时,立即收回原药或投入香炉以焚之,并准定在一两天内赶制好药调换;坚持为贫困病人、赶考考生无偿送药。

4. 物质文化——寓意释义

物质文化属于表层,最为具体实在,构成中医药老字号创业文化的硬外壳。如字号,富有特色的店铺设计,牌匾楹联,独特的产品、技艺,店员的绝活,字号故事等。如同仁堂特设"下洼子门"方便患者;胡庆余堂自设养鹿园;鹤年堂在每一品种的包装内都放有"图说内票",票上印有药名、产地、气味、主治何病和药的图形,体现出中医药老字号独特的物质文化。

【阅读材料】中华老字号北京同仁堂

北京同仁堂是全国中药行业著名的老字号。创建于 1669 年(清康熙八年),自 1723 年开始供奉御药,历经八代皇帝 188 年。在 300 多年的风雨历程中,历代同仁堂人始终恪守"炮制虽繁,必不敢省人工;品味虽贵,必不敢减物力"的古训,树立"修合无人见,存心有天知"的自律意识,造就了制药过程中兢兢小心、精益求精的严细精神,其产品以"配方独特、选料上乘、工艺精湛、疗效显著"而享誉海内外,产品行销 40 多个国家和地区。

二、中医常用思维方式在创业中的应用

1. 整体观念——不谋全局者,不足以谋一隅

创业者一要有市场观念。在市场经济下,创业者只有通过市场调研和预测才能了解消费者需求,只有通过市场销售活动才能使产品的使用价值转化为价值,进而实现创业企业经济效益。二要有竞争观念。市场经济是一种竞争性经济,只有竞争能力强的企业才能在市场角逐中取得成功,得到发展。三要有信息观念。企业经营成功是正确的经营决策执行的结果,而决策的正确性取决于信息的数量和质量。四要有信誉观念。信誉是企业最重要的"无形财产",因为企业信誉能转化为企业的产品信誉。五要有效益观念。在市场经济下,创业企业是自负盈亏的经济实体,赢利是衡量企业经营成果的一个主要指标。

2. 上工治未病——风险预防与控制意识

创业者要认真分析自己创业过程中可能会遇到哪些风险,这些风险中哪些是可以控制的,哪些是不可控制的,哪些是需要极力避免的,哪些是致命的或不可管理的。一旦这些风险出现,应该如何应对和化解。

3. 司外揣内——透过现象看本质

就是学习探索本质的能力,如在选择项目的时候,要透过项目表面去挖掘深层次的市场顾虑问题。

4. 揆度奇恒——知常达变

创业过程中要善于观察一般的规律和特殊的变化,知常达变才能及时发现问题。

5. 辨证施治——具体问题具体分析

要求对于创业过程中所表现的"证"辨别清楚,予以适当的"治疗",突出了具体问题具体分析。

6. 治病求本——善于解决根本问题

抓住问题的根本,从根本上解决问题。避免"头痛医头、脚痛医脚",盲目抓瞎。其他还有"四诊合参"、"取象比类"、"痛则不通,通则不痛"等诸多中医学思维方式,对大学生创业思维训练给予有益启示。

第二节　创业概述

一、创业的内涵

(一)创业的概念

《现代汉语词典》对"创业"的解释是:创办事业。而"事业"是指人所从事的,具有一定目标、规模和系统,并对社会发展有影响的经济活动。《辞海》对"创业"的解释是:创立基业。"基业"是指事业的基础。由此可见,创办事业是创业的本质。

创业有广义和狭义之分。广义的创业是指人类的创举活动,或指带有开拓、创新并有积极意义的社会活动。只要是人们以前没有做过的,对社会产生积极影响的事业,都可以说是创业。从大的方面看,建设具有中国特色的社会主义事业,开创了中国的千秋大业。从小的方面讲,开创家业也是创业。个人开办一个餐馆,在淘宝网上开一个小店,都是创业的一种形式。一个人根据自己的性格、兴趣、知识和能力等选择自己的角色、职业和工作岗位,在这一岗位上创造性地发挥自己的特长和才干,实现个人价值并为社会带来财富的活动,都属于创业,因而职业也有创业的涵义。

狭义的创业特指个人或团队自主创办企业,我们将其定义为:创业个人或创业团队通过寻找和把握各种商业机会,投入已有的知识技能和社会资本,调动并配置相关资源、创建新企业,为消费者提供产品或服务,具有创新或创造性的、以增加财富为目的的活动过程。创业是就业的另一种表现形式,创业者不但为自己创造就业机会,而且还主动地为他人创造就业机会。

(二)创业的分类

1. 根据创业动机,可分为机会型创业和就业型创业

(1)机会型创业,是指创业的出发点并非谋生,而是为了抓住、利用市场机遇。它以市场机会为目标,能创造出新的需要,或满足潜在的需求,因而会带动新的产业发展,而不是加剧市场竞争。

(2)就业型创业,指为了谋生而走上创业之路。这类型创业是在现有的市场上寻

找创业机会,并没有创业新需求,大多属于尾随型和模仿型,因而往往小富即安,极难做大做强。

虽然创业动机与主观选择相关,但创业者所处的环境及其所具备的能力对于创业动机类型的选择有决定性作用。因此,通过教育和培训来提高创业能力,就可增加机会型创业的数量,不断增加新的市场,减少低水平竞争。

2. 根据创业者数量,可分为独立创业与合伙创业

(1) 独立创业,指创业者独立创办自己的企业。其特点在于产权是创业者个人独有的,企业由创业者自由掌控,决策迅速。但它需要创业者独自承担风险,创业资源准备比较困难,还受个人才能的限制。

(2) 合伙创业是指与他人共同创办企业。与独立创业相反,其优势在于资源准备相对容易,风险均摊,决策制衡,可以发挥集体智慧。但缺点在于权力多头,决策层级多,响应速度慢。

3. 根据创业项目性质,可分为传统技能型、高新技能型和知识服务型创业

(1) 传统技能型创业,指使用传统技术、工艺的创业项目,它具有永恒的生命力。尤其是中医中药、酿酒、饮料、工艺美术品、服装与食品加工、修理等与人们日常生活紧密相关的行业中,独特的传统技能项目表现出了经久不衰的竞争力,许多现代技术都无法与之竞争。国内外均是如此。

(2) 高新技术型创业,指知识密集度高,带有前沿性、研究开发性质的新技术、新产品项目。

(3) 知识服务型创业,指为人们提供知识、信息的创业项目。当今社会,信息量越来越大,知识更新越来越快,各类知识性咨询服务机构将不断细化和增加,如律师事务所、会计事务所、管理咨询公司、广告公司等等。这类项目投资少、见效快。如北京有人创办剪报公司,把每天主要媒体上与业务企业有关的信息全部收集、复印、装订起来,有的年收入达100万元,且市场十分稳定。

4. 根据创业方向或风险,可分为依附型、尾随型、独创型和对抗型创业

(1) 依附型创业,可分为两种情况:一是依附于大企业或产业链而生存,为大企业提供配套服务。如专门为某类企业生产零配件,或生产、印刷包装材料。二是特许经营权的使用。如利用麦当劳、肯德基等的品牌效应和成熟的经营管理模式,减少经营风险。

(2) 尾随型创业,即模仿他人创业,"学着别人做"。其特点,一是短期内只求能维持下去,随着学习的成熟,再逐步进入强者行列;二是在市场上拾遗补缺,不求独家承揽业务,只求在市场上分得一杯羹。

(3) 独家型创业,指提供的产品或服务能够填补市场空白。大到商品独创性,小到商品的某种技术的独创性。如新生产的洗衣粉比市场上卖的环保性好且去污力强,改革开放后首家搬家服务公司、婚介公司等。独创型企业也有一定的风险性,因为消费者对新事物有一个接受的过程。独创型创业也可以是旧内容新形式,比如产品销售送货上门,经营的商品并无变化,但在服务方式上改变了,从而更具竞争力。

(4) 对抗型创业,指进入其他企业已形成垄断地位的某个市场,与之对抗较量。这类创业风险最高,必须在知己知彼、科学决策的前提下,抓住市场机遇,乘势而上,把自己的优势

发挥到淋漓尽致。如针对 20 世纪 90 年代初外国饲料厂商在中国市场大量倾销合成饲料的背景,希望集团运用对抗型创业,建立了西南最大的饲料研究所,定位于与外国饲料争市场,取得了成功。

此外,依据创业主体,可将创业分为大学生创业、失业者创业和兼职者创业;根据创业的融资形式,可分为独资创业、合资创业、引进各类(风险)投资基金创业等;根据创业者与事业的关系,可分为个人创业、家族创业、合伙创业、参与创业等;根据创业机遇的选择,可分为先学习后创业、先深造后创业、先就业后创业、边学习边创业、休学创业等;根据创业的行业领域,又可以分为餐饮、娱乐、批发零售、广告艺术设计、装饰装潢、信息咨询、法律服务、电子信息技术、金融衍生服务等等各行业领域的创业。

大学生在实际创业时,应根据自身情况,综合各种因素,选择合适的创业领域和创业类型。

案例

柴卉和她的远程医疗服务平台

柴卉,南京中医药大学 2010 届毕业生,获医学硕士学位,现任南京郎格尼健康信息咨询有限公司总经理。公司业务主要是搭建远程医疗平台,为基层医疗机构患者提供在线诊断、会诊咨询、转诊等服务。目前服务网络已经遍布江苏省,建立了远程医疗分诊点 20 余所,服务基层患者近千名,为基层患者节约了交通费、食宿,省去了各种重复检查等,2015 年营收超过 200 万。柴卉曾获 2014 年南京市青年大学生创业特等奖,其远程医疗服务平台获 2015 年江苏省级优秀创业项目,江苏电视台、南京电视台、《南京晨报》、《金陵晚报》都相继做了跟踪报道。

柴卉经过长达六个月对国内外医疗市场的调研,发现了基层癌症患者就诊困难的现实问题。她结合自己所学的专业知识、海外留学生临床带教工作背景和三年的企业工作经验,将创业项目定位在让远程医疗服务于基层癌症患者上,在导师的推荐下和原来的工作中结识了她的合作伙伴,创办了远程医疗服务平台。团队成员不仅优势互补,而且还共同具有"敢拼敢闯的魄力","拒绝平庸生活,敢于创造自己的一片天"的创业精神。

柴卉创业团队选择的创业项目不仅抓住了市场需求,还与"互联网+医疗"的时代大背景紧密相连,与国家远疗服务政策相匹配,前景广阔。柴卉和普通的创客们一样,在创业初期也面临着管理经验不足、人力资源匮乏、资金紧缺等一系列问题。但她的团队一方面"节流"——节约资源与能量,精打细算用好每一分钱;另一方面"开源"——拓展自己的业务、增加客户来源。同时,团队懂得充分整合各种资源,如母校的支持、天使投资基金的支撑、南京市大学生创业办公室的帮助等,帮助自己在创业初期站稳脚跟。

二、创业的意义

(一)创业对社会的意义

1. 创业可以增加社会财富,促进经济发展和社会繁荣

创业过程是增加社会财富的过程。企业在生产经营的过程中,为社会创造了财富,增加了自身的社会价值,并大大增加了国家的财政税收。企业的产品和服务拉动了国内市场需求,满足了人民生活的需要,丰富了市场,促进了社会经济繁荣。创业还改变了传统的产业格局,催生了很多崭新的行业,加速了经济结构的调整。在创业过程中,社会资源得到优化配置,市场体系不断得到完善,市场竞争活力得以保持。

2. 创业可以实现先进技术转化,促进生产力提高和科技创新

创业是新理论、新技术、新知识、新制度的孵化器,也是新理论、新技术、新知识、新制度形成现实生产力的转化器。

企业内的创业活动是获得并强化创新能力和核心竞争力的重要途径。例如,TCL 本是一个家电企业,由于内部的团队创新,开发了新的手机产品,为企业在通讯产品市场找到了发展机会和新的利益增长点,促进了集团的良性发展。

3. 创业可以提供就业岗位,缓解社会就业压力

我国人口众多,就业问题一直是一个关乎民生的大问题,解决就业问题是我国的一个长期任务。与此同时,随着经济体制改革,国有、集体企业下岗分流、减员增效,这些企业的就业空间大幅缩减,而私营和个体经济成为就业的主渠道。

中小型创业企业不仅解决了创业者本身的工作岗位,同时也为需要工作的人们提供了大量的工作岗位,扩大了就业范围,降低了失业率,大大缓解了社会就业压力,从而稳定了社会秩序。

4. 创业可以激发整个社会的创新意识和创业精神,有利于观念的转变

在美国,创业革命使得"为自己工作的观念"深深扎根于美国文化中。在我国,近年来如火如荼的创业大潮让无数人进入了经济和社会的主流,对于形成创新、宽容、民主、公正、诚信等观念和文化具有积极作用。

(二)创业对创业者的意义

1. 创业可以主宰自己,充分发挥自己的才干

许多上班族之所以感到厌倦,积极性不高,重要原因之一是给别人"打工",个人的创意、想法往往得不到肯定,个人的才能无法充分发挥,愿望得不到实现,工作缺乏成就感,行事有诸多的约束。而创业完全可以摆脱原有的种种羁绊,摆脱在行为上受制于人的局面,创业者可以充分施展自己的才华,发挥最大的潜能,使自己的人生价值得到更好的体现。

2. 创业可以帮助个人积累财富,一定程度上满足个人对物质的追求欲望

工薪阶层的收入有高有低,但都是有限的,没有太多提升的空间。而摆脱这些烦恼的最佳途径就是开创一份完全属于自己的事业,它提供的利润是没有极限的,可任你想象。根据

统计资料,美国福布斯富人榜前四百名富人中,有 75% 是第一代的创业者。而中国富豪榜中,以创业起家的也不在少数。

3. 创业能够使个人有机会和实力回馈社会,具有极高的成就感

创业者创造的企业一方面为社会提供了产品或服务,一方面为个人、社会创造了财富。企业融入社会再生产的大循环之中,从多个环节为国家和社会做出了贡献,使得创业者个人能够从中收获巨大的成就感。

4. 创业使个人能够从事喜欢的事业并从中获取乐趣

创业者选择创业项目,通常都会从个人感兴趣的领域着手,将其与自己的知识技能、专业特长等结合起来。而做自己喜欢做的事本身就是一种享受。

5. 创业使个人从挑战和风险中得到别样的享受

创业充满挑战和风险,同时也充满克服种种挑战的无穷乐趣。在创业过程中,创业者可以感受到无穷的变化、挑战和机遇,这是一个令人兴奋的过程。创业者可以通过征服创业过程中的重重困难来丰富自己的人生体验。

总之,创业是实现人生理想和价值、获得自身全面发展的有效途径。

三、创业与创新的关系

创业与创新两个范畴之间有着本质上的契合,内涵上的相互包容和实践过程中的互动发展,在实践活动中具有一致性和关联性。

1. 创新是创业的基础

创新是创业的源泉。创新的价值从某种程度上讲,就在于将潜在的知识、技术和市场机会转化为现实生产力,实现社会财富增长,造福人类社会。而实现这种转化的根本途径就是创业。创业者在创业过程中需要具有持续旺盛的创新精神、创新意识,才可能产生富有创意的想法或方案,才能不断寻求新的思路、新的方法、新的模式、新的出路,最终获得创业成功。

2. 创业推动着创新

创业是一个从无到有的实践,在本质上是人们的一种创新性实践活动。无论是何种性质、类型的创业活动,它们都有一个共同的特征,即创业是主体的一种能动的、开创性的实践活动。正是在这样的意义上,创业从本质上体现着创新的特质。

创业不断推动并深化创新。创业可以推动新发明、新产品或新服务的不断涌现,创造出新的市场需求。进一步推动和深化科技创新,推动经济增长,并提高了企业以及整个国家的创新能力。

创业者可能不是创新者或发明家,但必须具有能发现潜在商业机会并敢于冒险的特质;创新者也并不一定是创业者或企业家,但科技创新成果经由创业者推向市场,使潜在价值市场化,创新成果才能转化为现实生产力。

117

第三节 创业热潮回顾

一、国内创业发展历程

1. 第一阶段(1978年12月至1984年10月)

标志:1978年12月,党的十一届三中全会重新确立解放思想、实事求是的思想路线,工作重心转移到经济建设上来,实行改革开放。

(1)"温州模式"

第一波创业热潮首先诞生在浙江省的温州。电视剧《温州一家人》的故事就发生在那个年代:改革开放的春风率先吹绿了中国南方,个体经济如雨后春笋般遍地开放。《温州一家人》写的不仅仅是温州商人,不仅仅是浙商,更是中国改革开放的一个缩影,创业家庭的一个典型,体现出一个时代的记忆,是一种草根创业精神,一种"敢为天下先"的冒险和闯荡精神。如1983年,温州创办了全国第一个专业市场——永嘉桥头纽扣市场;1984年,集资兴建了中国第一座农民城——龙港农民城。

温州模式的主要标志:① 家庭工业:小商品;② 专业化市场:大市场。

1982年,个体工商企业超过10万户,约占全国总数的1/10,30万推销员奔波于各地。

(2)苏南模式

1983年,费孝通在江阴提出"以工养农"、"乡镇企业"的概念。华西村就是全国农村走共同富裕道路的典型产物,在计划经济条件下,是不很容易的。苏南乡镇企业踏尽千山万水、吃尽千辛万苦、说尽千言万语、历尽千难万险的"四千四万"精神更是那个年代的赞歌。

不仅仅在温州,不仅仅在江阴,那个时代,中国南方,特别是广州的珠三角,也是中国创业的前沿地区。

2. 第二阶段(正式起步阶段,1984年10月至1992年春)

标志:1984年10月,党的十二届三中全会《关于经济体制改革的决定》;1986年12月,国务院《关于深化企业改革增强企业活力的若干规定》。全民所有制小型企业可积极试行租赁,承包经营;全民所有制大中型企业要实行多种形式的经营责任制。

许多人从"个体户"身上看到了创业的光辉前景,纷纷"下海"经商,创办企业。

(1)科技人员下海

柳传志,时任中科院科技干部。1984年,由中科院计算所投资20万元,柳传志等11名科研人员创业联想公司。2010年,联想控股综合营业额1 470亿元,总资产1 149亿元,员工总数42 000人,其中,国际员工7 000人,标志性的事件就是收购了IBM的PC业务。

(2)机关干部下海

王石,1980年进广东省外经委,负责招商引资工作;1983年,进入深圳特区发展公司工作;1984年,组建深圳现代科教仪器展销中心,并任总经理,开始他的创业生涯。2010年,万科公司销售金额1 081.6万元,净利润72.8亿元,并连续三年问鼎全球住宅企业销售冠军。

3. 第三阶段(1992 年春季到 1999 年年底)

标志:1992 年春,邓小平发表南方谈话,提出"三个有利于"的判断是非标准。

深圳成为当时创业的前沿阵地。本阶段,政府机关、事业单位的"下海人员"猛增。与此同时,国有企业的改革也进入攻关阶段。众多国有企业调整产品结构,下岗失业人员激增,导致本阶段以创业实现再就业的人员猛增,创业范围得到拓展。本阶段,创业的范围突破制造和传统服务业,涉及金融,教育、互联网等新兴领域。现今互联网的几个巨头就诞生在这个时期,如阿里巴巴、腾讯、网易等。

4. 第四阶段(纵深发展阶段,1999 年年底到 2014 年年底)

标志:1999 年 8 月 30 日,全国人大常委会九届第十一次会议通过《中华人民共和国个人独资企业法》,形成与社会主义初级阶段基本经济制度相适应的思想观念和创业机制。

本阶段为民间投资创业打开了绿灯,人们再一次爆发了创业冲动和创业热情,我国创业进入纵深发展阶段,创业在更大范围、更广阔空间展开,形成了全民创业热潮。

(1)留学生创业

本阶段高科技领域成为创业热点,大批海归留学人员归国创业成为引人注目的特色。中国海外留学人员回国创业的已有 80 多万人,海外留学人员回国创业已成为一股潮流。

(2)大学生创业

本阶段典型特征之一是大学生创业。大学生创业逐渐被社会所接受,同时也肩负着提高大学生毕业就业率和维护社会稳定等重任。

创业在更大范围、更广阔空间展开,进入全面创业的时代。

5. 第五阶段(大众创业、万众创新,2014 年年底起)

标志:2014 年 12 月,中央经济工作会议。

世界经济进入低速发展的"新常态",中国经济也开始步入产能过剩阶段,所以,产业结构升级具有至关重要的意义。因此,大学生创业就不能仅仅是最简单的复制和模仿,必须和时代的精神结合,引入新的形式和内容。

创业与创新结合,走"创意型创业"之路就是一种值得鼓励的方向。清华大学雷家骕教授认为,"创意推动型创业是凭借创意而主动创业,经济总体上过剩情况下,唯创意推动型创业才能激发、挖掘市场的潜在需求,甚至创造新的需求,实现创业的商业价值!"我们面临着三个世界:一个是人类的主观世界,一个是物质的客观世界,一个是互联网的虚拟世界。这三个世界的交集处是构思新颖的创意。

众所周知,18 世纪,世界工业化从西欧国家起步,历经 200 多年,到 20 世纪七八十年代,当世界工业化进入第三次工业革命前期时,中国的改革开放刚开始起步,但中国只用了 30 年的时间,几乎走过了世界工业化 200 多年产业发展的各个主要阶段,完成了西欧国家所经历的工业革命时期、后工业化时期和信息时代的各阶段任务。当前世界工业化正处于第三次工业革命的成熟阶段,中国以改革开放的强劲动力推动工业化进程赶超世界工业化,时至今日,中国在产业发展的阶段特征上已逼近世界工业化的前沿。

二、国外创业发展历程

自20世纪50年代以来,在新技术革命的推动下,一大批现代高新技术创业企业不断诞生和成长,并且充分引领了世界范围内的创新和创业潮流。其中美国硅谷地区创业活动的发展最具有代表性,在第二次世界大战以来,至少有4次主要的技术浪潮影响了美国硅谷的发展,每一次浪潮都建立了人才、供应商、金融服务提供者的创新网络,而这种网络又有助于产生下一次技术浪潮。

1. 第一次技术浪潮从20世纪50年代开始

第二次世界大战,尤其是由朝鲜战争所引发的美国国防工业对电子的大量需求,为惠普等电子类企业的发展带来了巨大的推动力。进入冷战阶段后,美国国防部门投入了大量的资金用于开发先进技术,以保持在军备竞赛以及太空技术中的领先地位。为了能够获得稳定的技术来源,美国国防部门同时资助不同的公司开发新技术,这无疑直接推动了硅谷的技术基础设施和配套行业的建设,促进了技术的创新和扩散。

2. 第二次技术浪潮发生在20世纪六七十年代

集成电路的发明推动了半导体工业的急剧发展。在这一阶段,包括英特尔和国家半导体公司在内的45家公司创建于硅谷。这些企业的发展充分带动了一种创新的文化,成为代表性企业。

3. 第三次技术浪潮发生在20世纪80年代

在国防和集成电路技术浪潮建立的技术基础上,微处理器和个人计算机的兴起带来了硅谷的第三次技术浪潮。包括苹果公司在内的20多家计算机公司在这一时期先后创立。随后又带动程序设计及应用软件的开发,这在很大程度上又推动了计算机产业的发展。曾经,IBM等行业巨头在整个80年代都处于硅谷的前列。

4. 第四次技术浪潮发生在20世纪90年代

计算机网络技术的发展,推动了计算机向互联网方向发展,并产生了商业化发展。局域网和互联网的发展使得越来越多的用户可以在互联网上共享各种信息资源,网景、思科、亚马逊、微软等企业的竞争,客观上又促进了网络的流行和互联网企业的兴起。随着互联网技术的发展,众多拥有技术背景的创业者借助互联网以及IT技术挖掘全新商机,带动了硅谷地区又一波的创业浪潮,并一直持续到了今天。

☞ 扫一扫可见
新词汇延伸阅读

通过数次技术创新浪潮,硅谷已经充分形成了以行业集群方式发展的创新经济,并带动了创业活动的蓬勃发展。

第四节 "互联网十"创新创业时代

关于"互联网十"的内涵,2015年7月,国务院在《国务院关于积极推进"互联网十"行动的指导意见》中给出权威界定,即认为"互联网十"是把互联网的创新成果与经济社会各领域深度融合,推动技术进步、效率提升和组织变革,提升实体经济创新力和生产力,形成更广泛的以互联网为基础设施和创新要素的经济社会发展新形态。"互联网十"带来的新商业模式和业态,将激发社会和市场的潜力、活力,逐步成为中国经济提质增效升级的"新引擎"。

一、"互联网+"的本质

"互联网+"的本质是传统产业的互联网转型升级,具体来说,就是利用大数据、智能化、移动互联网、云计算和物联网等与传统产业的结合,实现传统产业的"四化":标准化、信息化、网络化和数据化。

这里讲的"标准化"不同于与消费者需要个性化的产品或者服务相对应的"标准化",这种"标准化"是指依据生产模具批量生产出来的标准化产品,而这里的"标准化"主要是指适应互联网时代的信息化、网络化和数据化的要求而建立的标准化,其中包括为适应消费者个性化要求而必须实施的"标准化"。"标准化"主要解决信息的标准、计量和管理问题。

企业"信息化"是指企业以业务流程的优化和重构为基础,在一定的深度和广度上利用计算机技术、网络技术和数据库技术等信息技术,控制和集成化管理企业生产经营活动中的各种信息,实现企业内外部信息的共享和有效利用,以提高企业的经济效益和市场竞争力。"信息化"涉及企业管理理念的更新、管理流程的优化、管理团队的重组和管理手段的创新。"信息化"主要解决内部信息互联和共享问题。

企业"网络化",总体来说,就是实现企业全面的互联网化,将企业变成网络化的企业;具体来说,就是面对网络化的市场,让企业上网,把现实企业的所有东西全部搬到网络上去,包括工作网络化(网络化办公)、产品网络化(网货)、营销网络化(网络营销)、商务网络化(电子商务)、生产网络化(云制造)和组织网络化(网络型组织)等。"网络化"主要解决内外部信息互联和共享问题。

企业"数据化"就是通过采集和整理数据,形成标准化的、开放的、非线性的、通用的数据对象,并基于不同形态与类别的数据对象,实现相关数据应用,开展相关经营活动。数据化可分为四类:第一种是个人行为的数据化。通过移动终端把个人自身的行为进行数据化,如位置数据、健康数据、消费数据等,并将这些数据上传至云端,这些存在云端的数据可以还原个体生活、可以预测个体需求、可以实现数据的再利用。投资智能硬件和可穿戴设备的公司,其目的就是通过掌握用户的个人数据,进行商业模式的创新。第二种是人与人关系的数据化。智能手机的随时、随地和实时在线,能够更准确地通过时间、地点和连接关系这三个维度去把你和你希望连接的人的关系数据化。基于这个机会诞生了大量的移动互联网的应用,比如微信、陌陌、脉脉等。第三种是人与物关系的数据化。人与物的数据化,就是通过移动设备的"桥梁作用"连接人与物,然后将人与物的关系数据化。如滴滴打车把用车服务实时化,美团让订餐团购实时化等。第四种是物与物关系的数据化。物与物关系的数据化是物联网的重要内容,这一领域目前更多体现在智能家居方面。"数据化"主要解决信息的编码、储存、挖掘和分析问题。

案例

"互联网＋中医药"标准化

"互联网＋"时代对中医药标准化工作的促进至少有以下三方面：一是促进评价机制建设。目前中医药标准制定工作成果卓著，已经制定国家标准33项，行业或行业组织标准400余项。在现有评价方法的基础上，基于互联网，开发中医临床诊疗指南评价应用软件将提升评价工作的效率，实现实时评价、医生和患者两个维度的评价、及时数据分析等功能，为指南修订、完善提供依据。二是扩大问卷调查范围，提高调查效率。问卷调查是中医药标准制定过程中最基础的工作，而互联网最大的优势即高效率的信息交互和数据共享，这对扩大问卷调查的样本量，基于大数据科学分析，提高问卷调查基础工作的效率有很大帮助。三是有利于中医药标准的实践，标准化是信息化的基础，信息化是标准化的重要表达形式。基于中医临床诊疗指南的部分诊断、治疗或康复指导工作，可实现信息化或人机交互，大大提高诊疗效率，缓解"看病难、看病贵"的压力，一定程度改善相对紧张的医患关系。

二、互联网思维

互联网思维，就是在（移动）互联网＋、大数据、云计算等科技不断发展的背景下，对市场、用户、产品、企业价值链，乃至对整个商业生态进行重新审视的思考方式。互联网思维系统的九大要点如下。

1. 用户思维

用户思维，是指价值链各个环节都要"以用户为中心"去考虑问题。应用遵循的规则：一是得"草根"者得天下。成功的互联网产品多捉住了"草根一族"的需求。如QQ、百度、淘宝、YY、小米，无一不是携"草根"以成霸业。二是兜销到场感。一种情况是按需定制，厂商提供满足用户个性化需求的产品即可，如海尔的定制化冰箱；另一种情况是在用户的到场中去优化产品，如淘品牌"七格格"。品牌的传播需要粉丝，粉丝是最优质的目标消费者，一旦注入感情因素，有缺陷的产品也会被接受。如电影《小时代》。三是体验至上。好的用户体验应该从细节开始，并贯穿于每一个细节，能够让用户有所感知，而且这种感知要超出用户预期，给用户带来惊喜，贯穿品牌与消费者沟通的整个链条。

2. 简约思维

互联网时代，信息爆炸，用户的耐心越来越不足，必须在短时间内吸引用户。应用遵循的规则：一是专注，少就是多。如苹果、网络鲜花品牌RoseOnly。大道至简，越简单的东西越容易传播。二是简约就是美。在产品设计方面，要做减法。外观要简练，内在的操作流程要简化。如Google首页、苹果的外观。

3. 极致思维

极致思维，就是把产品、服务和用户体验做到极致，逾越用户预期。应用遵循的规则：一是打造让用户尖叫的产品。要抓准用户的痛点、痒点或兴奋点，要做到自己能力的极限，要自然形成口碑传播。二是服务即营销。阿芙精油是著名的淘宝品牌，有两个细节体现出企业对服务体验的极致追求：① 客服 24 小时轮流上班，使用 Thinkpad 小红帽札记本工作，由于使用这种电脑切换窗口更加便捷，可以让消费者少等几秒钟；② 设有"CSO"，即首席惊喜官，每日在用户留言中寻找潜在的推销员或专家，找到之后会给对方寄出包裹，为这个可能的"意见领袖"制造惊喜。再如海底捞的服务理念。

4. 迭代思维

"迅速开发"是互联网产品开发的典型方法论，是一种以人为焦点，迭代、循序渐进的开发方法，允许有所不足，不停试错，在连续迭代中完善产品。应用遵循的规则：一是小处着眼，微创新。如 360 安全卫士当年只是一个安全防护产品，后来也成了新兴的互联网巨头。二是精益创业，快速迭代。如 Zynga 游戏公司每周对游戏进行数次更新，小米 MIUI 系统坚持每周迭代，就连雕爷牛腩的菜单也是每月更新。

5. 流量思维

流量意味着体量，体量意味着分量。应用遵循的规则：一是免费是为了更好地收费。互联网产品大多用免费计谋尽力争取用户、锁定用户。当年的 360 安全卫士，就用免费杀毒入侵杀毒市场。免费是最昂贵的，不是所有的企业都能选择免费计谋，因产品、资源、时机而定。二是坚持到质变的"临界点"。任何一个互联网产品，只要用户活跃数量到达一定水平，就会开始形成质变，从而带来商机或价值。如 QQ。

6. 社会化思维

社会化商业的焦点是网，公司面临的客户以网的形式存在，这将改变企业生产、销售、营销等整个形态。应用遵循的规则：一是利用好社会化媒体。如一个智能手表品牌，通过 10 条群发，近 100 个微群讨论，3 千多人转发，11 小时预订售出 18698 只 T－Watch 智能手表，订单金额 900 多万元。这就是朋友圈社会化营销的魅力。二是众包协作。众包是以"蜂群思维"和层级架构为焦点的互联网协作模式，维基百科就是典型的众包产品。小米手机在研发中让用户深度到场，实际上也是一种众包模式。

7. 大数据思维

大数据思维，是指对大数据的认识，对企业资产、关键竞争要素的理解。应用遵循的规则：一是小企业也要有大数据。用户在网络上通常会形成信息、行为、关系三个层面的数据，这些数据的沉淀，有助于企业进行预测和决议。一切皆可被数据化，企业必须构建自己的大数据平台，小企业也要有大数据。二是你的用户是每个人。在互联网和大数据时代，企业的营销策略应该针对个性化用户做精准营销。如银泰网上线后，买通了线下实体店和线上的会员账号，在百货和购物中央铺设免费 wifi。当一位已注册账号的客人进入实体店，它的手机连接上 wifi，与银泰的所有互动记录会逐一在后台呈现，银泰就能据此判别消费者的购物喜爱。这样做的最终目的是实现商品和库存的可视化，并到达与用户之间的沟通。

8. 平台思维

互联网的平台思维就是开放、共享、共赢的思维。平台模式最有可能成就产业巨头。全球最大的 100 家企业里，有 60 家企业的主要收入来自平台商业模式，包括苹果、谷歌等。应用遵循的规则：一是打造多方共赢的生态圈。未来的平台之争，一定是生态圈之间的竞争。

百度、阿里、腾讯互联网三大巨头围绕搜索、电商、社交各自修建了壮大的产业生态,所以后来者如 360 实际上是很难撼动的。二是善用现有平台。你若不具备构建生态型平台实力的时间,那就要思考怎样利用现有的平台。马云说:"假设我是 90 后重新创业,前面有个阿里巴巴,有个腾讯,我不会跟它挑战,心不能太大。"三是让企业成为员工的平台。互联网巨头的组织变革,都是围绕着怎样打造内部"平台型组织"。如阿里巴巴 25 个事业部的分拆、腾讯 6 大事业群的调整,都旨在发挥内部组织的平台化作用。海尔将 8 万多人分为 2 000 个自主经营体,让员工成为真正的"创业者",让每个人成为自己的 CEO。

9. 跨界思维

随着互联网和新科技的发展,许多产业的界限变得模糊,互联网企业的触角已无孔不入,如零售、图书、金融、电信、娱乐、交通、媒体等等。应用遵循的规则:一是携"用户"以令"诸侯"。如阿里巴巴、腾讯相继申办银行,小米做手机、做电视,都是由于这些企业一方面掌握用户数据,另一方面又具备用户思维,自然能够携"用户"以令"诸侯"。二是用互联网思维,勇于破坏式创新。

真正的互联网思维是对传统企业价值链的重新审视,具体体现在战略、业务和组织三个层面,以及供研产销的各个价值链条环节中,并且将传统商业的"价值链",改造成了互联网时代的"价值环"。"价值环"以用户为中心,战略制定和商业模式设计要以用户为中心,业务开展要以用户为中心,组织设计和企业文化建设都要以用户为中心。战略层、业务层和组织层都围绕着终端用户需求和用户体验进行设计。

其中,在业务层面,用户端和供应链端连接起来,形成了一个闭环,将不断地实现价值动态传递,用户将需求反馈至研发生产,研发生产形成产品或服务,再传递到销售端,销售端通过接触用户又形成了二次的循环。这种经过互联网思维改造的"价值环"模式,将给传统商业生态和商业理论带来深刻的影响。"价值环"要求我们必须持续不断地关注用户需求、聆听用户反馈并且能够实时做出回应,这是未来企业建立商业模式的基础。

📷 **案例**

"互联网+"思维改造传统婚纱摄影

靓拍网为传统婚纱摄影带来了互联网融合新模式,通过三个触点实现业务对接,全面推进行业升级换代。第一,互联网聚合效应实现商家与用户互联。随着"85 后"、"90 后"进入适婚年龄,新生代人群的互联网使用习惯正在影响着婚纱摄影行业的发展走向,他们通过互联网找寻个性的、有意思的婚纱照,摄影商通过互联网连通了目标用户,并且实现个性化定制,降低获取客户、沟通成本,提升经营效率。第二,创新互联网模式优化用户体验。互联网把用户从线上引流至线下,用户通过互联网获取商家信息,一切可以在线上操作的均避免去门店的麻烦,从下单到拿到照片,只需进店一次,省去大量繁琐的流程,传统的选衣和修片环节,用户也只需在家完成,最大限度简化流程,实现用户的极致体验。此外,靓拍网作为全国首个免费婚纱摄影平台,通过全额返还实现免费拍婚纱,拍摄费用每月返还给用户,保持用户黏性,实现用户需求的深度挖掘,与用户做成一辈子的朋友而不是只做一次就完结的生意。第三,大数据沉淀实现服务扩展延伸。以靓拍网为代表的互联网婚纱摄影平台,通过免费婚纱摄影这个切入点,以每月返还的形式,实现用户低频到高频的转变,并以此沉淀用户大数据,为此延伸的婚庆、旅游及婚后生活消费,如生育、护理、母婴、理财等关联性产业将是很大的一片市场。

三、"互联网十中医药"

中医药至今发展了几千年,事实上已经形成了信息含量极其庞大、内容极其丰富的"大数据库"。中医学子有义务把几千年来先祖们留下的宝贵经验理解好、分析好、运用好。具体而言,可以分为"互联网+中医"和"互联网+中药"两部分。比如,互联网对中药药品质量的提升会有较大的促进作用。像中药饮片,讲究道地药材的产地,中药的信息化系统可以扫出每一类药的产地原料等,甚至对每一种药进行溯源。而"互联网+中医",优化中医院诊治流程,提升信息管理水平。

"互联网+中医药"主要体现在利用云计算、物联网、移动互联网等新技术,提供在线预约诊疗、候诊提醒、划价缴费、诊疗报告查询、药品配送等便捷服务。积极推进智慧医疗,发展自动化、智能化的中医药健康信息服务。借助智能穿戴、智能传感、智能居家等,把东西联通在一起;对数据进行采集、清理、挖掘、提炼,进而产生"智慧";以及个性化、双向化、金融化、平台化、一体化等。

"互联网+中医药"的创业公司大致可以归为以下几类:

1. O2O 模式

如今这个年代的 O2O 像拥有魔法一样,吸引资本、吸引眼球、吸引智慧。同样,在互联网中医领域,O2O 模式亦表现得尤为突出。尤其是自 2014 年年底以来,推拿按摩异军突起。有行业统计数据显示,2014 年年底以来成立的推拿 O2O 公司已接近百家,2015 年以来的融资总额则超过 7 000 万美元。在近期,以提供诊疗服务的 O2O 平台亦开始兴起。例如,"看中医"在 2015 年 8 月完成了 800 万人民币的天使融资。

2. 在线咨询、问诊

尤其是在进入 2015 年后,像"冬日中医"、"把把脉"等中医在线咨询、问诊平台开始增加,并且在近期都已经获得了天使轮融资。基于中医本身所具有的特性,在线问诊平台大多是针对一些普通病、常见病等一般人"可扛可治"的疾病。同时,这类平台大多也都具有预约挂号的功能。

3. 传统中医馆互联网化

在新形态的互联网中医创业公司兴起的时候,不能忽略原有中医馆在互联网背景下的蜕变和创新。例如,位于杭州的百年老店胡庆余堂,自 2009 年就开始尝试电子商务,先后在天猫、京东、1 号店等设立旗舰店,主要销售胡庆余堂产品。

4. 中药企业＋互联网

与西药企业积极拓展医疗服务一样,中药企业也在利用互联网切入中医服务。例如,康美药业依托于多年打造的产业链推出"智慧药房",使得参与合作的中医医院可以通过智慧药房的系统,将患者的电子处方发送至该系统,由该企业完成药品的调配、中药煎煮与配送,把以前在医院繁杂的取药过程和回家后煎药的麻烦直接简化成"收快递"一样简便。这种模式对传统中医医院药房流程,是一个"带有大规模生产性质"的改革,中药饮片从企业药房进入流水线,进行定时煎煮,比在医院药房煎煮的时间更精确,煎出来的药质量比较好,而且能够安全送到家,使患者能够及时地服用。现在康美药业旗下拥有康美中药网、康美云健康服务平台等,尤其是,康美医院取得了网络医院的资质,可以开展远程医疗服务。

第五章

中医药院校大学生创业实务指导

第一节　创业准备

创业准备是创业者进入创业实践前所经历的物质力量和精神力量的聚集过程。它为日后的创业实践奠定物质和思想基础,也是创业前的"模拟"演练。创业准备充分与否,对创业者事业的成败起着决定性的作用。大学生创业前必须做好充分的准备,培养自己的创业素质。

一、创业观念

创业观念是指人们在创业方面的思想意识,也就是指人们对创业的意义、目的和行为的看法,包括以下三个方面:创新观念、赚钱观念和服务观念。

创新观念就是要求创业者对创业有一种新的认识,要有一种新的观念,要适应就业从计划经济包分配到市场经济的自主择业双向选择的观念转变。

不要将赚钱作为创业的唯一目标。创业的根本就是谋求对社会的意义,但我们不反对创业为个人谋求利益,只不过不要把赚钱当作唯一目标。

创业的同时要树立一种服务观念,服务社会、服务人民,要以你的产品,以个人的服务造福于民,取信于民,让人民满意、社会满意,在创业中实现自己的社会价值。

二、创业知识

创业者的知识素质对创业起着举足轻重的作用。在知识大爆炸、竞争日益激烈的今天,单凭热情、勇气、经验或只有单一专业知识,要想成功创业是很困难的。创业者需要有创造性思维,要做出正确决策,还必须掌握广博知识,具有一专多能的知识结构。具体来说,创业者应该具有以下几方面的知识。

1. 国家关于创业的政策、法律方面的知识

创业活动总是处在宏观的社会背景之下的,政府对于创业的态度、政策及法律直接影响创业者的创业环境。当前,为鼓励大学生创业,政府出台了一系列优惠政策,颁布和完善了相关的法律法规,为大学生创造了一个良好的创业环境,在注册登记、金融贷款、税费减免、员工待遇等方面都为大学生创业提供了方便。此外,《公司法》、《合伙企业法》、《中华人民共

和国个人独资企业法》等相关法律的出台也为大学生创业提供了法律保障。大学生在创业准备期，一定要熟悉相关政策、法律的内容，为我所用，从而为自己的创业提供方便。

2. 创业所在领域的专门知识

我们说创业要选择自己擅长的行业，因为在这个行业，创业者往往具有丰富的专业知识。创业者一旦进入一个行业，就必须尽可能多地掌握这个行业的专门知识。只有对本行业的供需状况、市场前景以及从事本行业的专业知识和技能了然于胸，才能避免盲目性和投机性，争取最大的成功概率。在一个自己完全不了解的行业创业或者不具备所从事行业的专业知识，要想获得成功是不可想象的。

3. 相关的商业知识

创业在某种程度上也是一种商业活动，所以创业过程中对相关商业知识的储备也必不可少，其中包括：

(1) 合法的开业知识。例如有关私营及合伙企业、有限公司的法律法规，怎样进行验资，怎样申请开业登记，哪些行业不允许私营，哪些行业的经营须办理有关行业管理手续，怎样办理税务登记，纳税申报有哪些规定和程序，如何领购和使用发票，银行开户程序和有关结算规定，成为一般纳税人有哪些条件，如何纳税，怎样获得税收减征免征待遇，怎样进行账务票证管理，国家对偷漏税等违法行为有哪些制裁措施，增值税率及计征方法，工商管理部门怎样进行经济检查，行业管理部门如何进行行业管理和检查等。

(2) 营销知识。例如市场预测与调查，消费心理、特点和特征，定价策略，产品促销策略，销售渠道和方式，营销管理等。

(3) 资金及财务知识。例如货币金融知识，信用及资金筹措知识，资金核算及记账知识，证券、信托及投资知识，财务会计基本知识，外汇知识等。

4. 社会知识及其他知识

创业也是一种社会性的活动，与整个社会有着千丝万缕的关系。创业者同时也是一个社会人，需要在社会上同各种人交往，获取资源，求得发展。对创业者而言，无论是融资、销售，还是宣传、合作，都离不开整个社会，甚至很多时候，创业者自身拥有的社会资源和人际关系，会对创业活动形成关键性的影响，所以创业者还应具备公共关系、人际交往等社会知识。所谓世事洞明皆学问，人情练达即文章。一个深谙世事的创业者在社会中可能如鱼得水、游刃有余，而一个不食人间烟火的创业者在复杂的社会中注定要遭遇人际壁垒甚至铩羽而归。

三、创业能力

创业能力是大学生创业素质的一个重要方面，是创业者顺利完成创业活动所必须具备的心理特征。它总是和创业活动相联系并表现在具体的创业实践之中，是决定创业成功与否的关键因素。创业能力是一种综合能力，与创业的成败直接相关。它既包括专业能力，也包括经营管理能力；既包括创新能力、学习能力、认知能力、信息处理能力，也包括人际沟通能力、社会协调能力、公关能力等。大量的事实与经验表明，科学合理地配置人、财、物以及时间、空间的能力，发现机会、把握机会、利用机会和创造机会的能力，收集信息、加工处理和分析信息的能力，学习能力，良好的社会公关能力等，都是创业者创业能力的具体表现，是创业能否成功的重要影响因素。总的来说,创业能力可以概括为以下 3 种。

1. 专业能力是创业的前提能力

专业能力是指企业中与经营方向密切相关的主要岗位或岗位群所要求的能力。劳动者在创办自己的第一个企业时,应该从自己熟悉的行业中选择项目。当然,创业者也可借助他人特别是雇员的知识技能来办好自己的企业,但在创办自己的第一个企业时,如果能从自己熟知的领域入手,就能避免许多"外行领导内行"的尴尬局面,大大提高创业的成功率。创业者应具备的专业能力主要体现在以下 3 方面。

（1）创办企业中主要职业岗位的必备从业能力;

（2）接受和理解与所办企业经营方向有关的新技术的能力;

（3）把环保、能源、质量、安全、经济、劳动等知识和法律、法规运用于本行业实际的能力。

2. 方法能力是创业的基础能力

方法能力是指创业者在创业过程中所需要的工作方法,是创业的基础能力。创业者应具备的方法能力主要体现在以下 9 个方面。

（1）信息的接受和处理能力。搜集信息、加工信息、运用信息的能力是创业者不可缺少的能力,是创业者信息商数。创业者不但应具备从一般媒体中搜集信息的能力,随着科技进步和网络技术的普及,还应该具备从网络中获取信息的能力。

（2）捕捉市场机遇的能力。善于发现机会、把握机会、利用机会、创造机会,是成功企业家的主要特征。

（3）分析与决策能力。通过消费者需求分析、市场定位分析、自我实力分析等过程,根据自己的财力、关系网、业务范围,依据"最适合自己的市场机会是最好的市场机会"的原则,做出正确决策,才能实现自己的创业目标。

（4）联想、迁移和创造能力。从别人的企业中得到启发,通过联想、迁移和创造,使自己的企业别具特色,并通过这种特色使自己的企业在同业市场中占有理想的份额。

（5）申办企业的能力。创办一个企业,需要做好哪些物质准备,需要提供什么证明材料,到哪些部门办哪些手续,怎样办等,均为创业者应具备的能力。

（6）确定企业布局的能力。怎样选择企业的地理位置,怎样安排企业内部布局,怎样考虑企业性质等,都是创业过程中不可回避的问题。

（7）发现和使用人才的能力。一个成功的创业者,肯定是一位会用人的企业家,他不但能对雇员进行选择、使用和优化组合,而且能运用群体目标建立群体规范和价值观,形成群体的内聚力。

（8）理财能力。这不仅包括创业实践中的资金筹措、分配、使用、流动、增值等环节,还涉及采购能力、推销能力等。

（9）控制和调节能力。成功的创业者,要对规划、决策、实施、管理、评估、反馈所组成的企业管理的全过程具有控制和运筹能力。

3. 社会能力是创业的核心能力

社会能力是指创业过程中所需要的行为能力,与情商的内涵有许多共同之处,是创业成功的主要保证,是创业的核心能力。创业者具备的社会能力主要体现在以下 6 个方面。

（1）人际交往能力。创业者不但要与消费者、本企业雇员打交道，还要与供货商、金融和保险机构、本行业同仁打交道，更要与各种管理部门打交道，因此，创业者必须具有较强的人际交往能力。

（2）谈判能力。一个成功的企业，必然有繁忙的商务谈判，谈判内容可能涉及供、产、销和售后服务等多个环节，创业者必须善于抓住谈判对手的心理和实质需求，运用"双胜原则"，即自己和对方都能在谈判中取胜的技巧，使自己的企业获利。

（3）企业形象策划能力。在激烈的市场竞争中，在公众中树立良好的企业形象，是创业成功的主要条件。创业者应善于借助各种新闻媒体和渠道，宣传自己的企业，提高企业知名度。

（4）合作能力。创业者不但要与自己的合作者、雇员合作，也要与各种和企业发展有关的机构合作，还要与同行的竞争者合作。创业者要善于站在对方的角度，理解对方，体谅对方，要善于与他人合作共事，和睦相处。

（5）自我约束能力。创业者要善于根据本行业的行为规范，来判断、控制和评价自己和别人的行为；要善于根据自己的创业目标，约束和控制自己与目标相悖的行为和冲动。

（6）适应变化和承受挫折的能力。一个企业要想在竞争激烈、变化多端的市场中立足并发展，其管理者必须具有适应变化、利用变化、驾驭变化的能力。经营过程中，有赔有赚、有成有败，企业家必须具有承受失败和挫折的能力，具有能忍受局部、暂时的损失，而获取全局、长期收益的战略胸怀。

以上是创业者成功创业所应具备的各种素质。当然，这并不是要求创业者必须完全具备这些素质才能去创业，现实生活中，要求创业者全部具备这些素质显然也是不切实际的，但创业者本人要有不断提高自身素质的自觉性和实际行动。通过不断的学习和改造，促进自身素质的不断提高。哈佛大学拉克教授讲过这样一段话："创业对大多数人而言是一件极具诱惑的事情，同时也是一件极具挑战的事。不是人人都能成功，也并非想象中那么困难。但任何一个梦想成功的人，倘若他知道创业需要策划、技术及创意的观念，那么成功已离他不远了。"

第二节　创业项目

一、想法产生

1. 问题
（1）自身的问题

📷 **案例**

励志胖子为减肥而创业的故事

Apple 前雇员 Michael Grothaus 为何抛弃 Apple，自立门户？舍弃高薪，舍弃良好的工作环境，更舍弃了美味可口的餐厅美食，这是为何？这都是因为他要减肥。为了减肥，他创办了属于自己的公司，开发了帮助自己减肥的产品SITU。

为了减肥，大胖子 Michael Grothaus 也是拼了！他发现市面上没有一款专注于膳食平衡或健康追踪的应用，至少对于他而言没有。他明白他所需要的产品要能够帮助他减肥并保持健康，但没人制造出此类产品。当关注自身健康需求，而市面上又无法满足时，就得自己创造科技。这正是他的一个契机。

（2）别人的问题

案例

埃温·马里昂·考夫曼的创业故事

埃温·马里昂·考夫曼（Ewing Marion Kauffman）的制药公司——马里昂实验室（Marion Laboratories）是全球最大的制药公司之一。这位时年 34 岁的年轻人在听自己的医生客户说很多孕妇饮食中都缺钙之后，发明了公司的第一种药。因为有这样的远见和市场需求的存在，他从堪萨城的餐厅里收集磨砺壳，把其中的钙提取出来并制成药丸，从而发明了钙片。

2. 变化
变化主要来自以下几个方面：
（1）产业结构变化

案例

IT 巨头频频布局医药圈

继第四波"信息网络时代"之后，当前已经到来的是"健康保健时代"，而健康产业也将成为继 IT 产业之后的全球"财富第五波"。2015 年 1 月 13 日，刚公布百亿定增计划的广药白云山与阿里健康签署了战略合作意向，将在医药电商等领域建立深层次合作关系。而就在前一天晚间，马云旗下的云锋投资也现身白云山的定增案，成为广州国资系统之外，唯一的战略投资者。

（2）城市化加速

案例

金域检验的成长故事

在推进农业转移人口市民化的过程中，这些人口将享受到城市的基本公共服务，其中医疗服务是关键领域之一。从 2007 年 3 月投资康龙化成，到后来的金域检验、滇虹药业、博能华骨科、鸿翔一心堂、康众医疗、伊美尔、凯因科技、贝瑞和康,君联资本从数量和产业链上一步步扩大对医疗健康的布局。其中金域检验是一家第三方医学检测机构,为多家医疗机构服务。2005 年到 2012 年,金域检验营业额自不到 1 亿元一路攀升到 10 多亿元,连续六年实现年增长率超50%,目前已经成为国内最大的第三方医学检验机构。

（3）政府政策的变化

案例

民营医院的快速发展

2010 年国家发布《关于进一步鼓励和引导社会资本举办医疗机构意见的通知》,从税收、设备购置、医保资格、人才的晋升等桎梏民营医院发展的根本问题上给予政策的支持。中国医院协会民营医院管理分会发布《民营医院蓝皮书:中国民营医院发展报告》显示,2013 年全国民营医院已经发展到 10 166 所,比2012 年同期增加 1 302 所,同比增长了 14.69%;全国民营医院机构数量占全国医院数量的比例由 2012 年同期的 39.60% 提高到 43.24%,已然呈现公立医院数量在逐渐减少、民营医院迅速增加的发展趋势。

（4）居民收入水平的提高

案例

医疗保健市场的预测

随着居民收入水平提高,人们滋补保养的意识也不断增强,城镇居民由寻医治病转向注重养生保健,医疗保健器材、滋补保健品迅速进入普通居民家庭。美国风险投资机构 Canaan Partners 负责人朱莉·帕帕奈克(Julie Papanek)日前表示,在经历了 2014 年的小幅震荡后,2015 年的医疗保健市场将迎来更大变化。帕帕奈克预测,2015 年,美国医疗保健系统的核心将在五个方面发生重要变化,分别是保险、医药、供应商、医疗服务和支付方面。

（5）消费结构升级

案例

肌肤食品连锁店

随着"80后"、"90后"逐渐成为社会经济消费的主力军,社会经济消费的所表现出来的特征也逐渐与"80后"、"90后"身上的特征相接近。据全国消费数据调查权威机构反映,现在的个人消费中,用于个人健康与发展的消费明显高于基本生存消费,消费结构从原来的以满足生存所需的消费占据大部分比例渐渐向以提高生活质量为主的消费倾斜,普通都市女性的月消费清单中化妆品消费比重提升就是一个很明显的例子。肌肤食品助力消费结构优化升级,鼓励天然、营养护肤,倡导健康、时尚的生活方式。

（6）人们思想观念的变化

案例

个性化定制的养生服务机构

丰泉莹玉是国内首家提出并实现养生个性化定制的养生服务机构,并指出养生必须个性化定制,区别于市面上普遍存在的标准化养生产品。丰泉莹玉提供的个性化养生定制服务可根据每个人的身体条件的不同(如身高、体重、年龄、工作环境、排便状况、月经情况等)进行个性化的调配,而市面上在售的养生产品基本上都是统一口径的标准化产品,这样的产品三十岁的人喝了可能有效,但四十岁的人喝了就不一定有效。

（7）人口结构的变化

案例

智能老人医疗监护系统

随着我国人口老龄化,老人占人口比例越来越重。智能老人医疗监护系统,是将物联网技术、移动通信技术与互联网技术、动态信息数据实时管理分析技术完美结合的远程医疗监护管理系统。在家庭布置网络化监护系统,身体健康信息传感器,将居家老人的身体健康状态,实时地传输到后台医疗监控中心,实时监测老人的身体状态;能够辅助智能家庭完成老人日常基本生活,能够为智能家庭的老人提供精神陪护等。

3. 创造发明

案例

一种天然调味品的制备

在追求食品安全和健康的时代背景下,传统调味品的安全隐患被广泛关注。为改善传统调味品食用副作用及生产污染的弊端,南京中医药大学学生邵刚团队合理选材,科学组方,开发了一种天然养生调味品,以此引领调味品行业的革命。该调味品一改往前市面上主要调味品如味精、鸡精、蘑菇精、蔬之鲜等以化学原料谷氨酸钠(谷氨酸钠在120℃的温度下会形成焦化谷氨酸钠,焦化谷氨酸钠不仅鲜味很低,而且具有一定的毒性,是致癌物质)为主要配料,由天然、安全、健康的白茅根、金银花、香菇、竹笋、牡蛎、大茴香、小茴香、肉桂等八味药材组成,不仅具有调味增鲜的作用,还具有调理脾胃、益气健身、提高免疫力、缓解亚健康的功效。

4. 竞争

弥补对手的缺陷和不足就是机会。

案例

一款便携式胰岛素注射仪

胰岛素注射属浅层注射,有挑起皮肤动作,使用现有胰岛素注射仪进针角度需要人工调节,不易掌握,在操作过程中易因为误操作而折断。2012年,天津工业大学机械学院学生赵超设计出一款便携式胰岛素注射仪,对传统胰岛素注射笔进针方式、进针时间、笔芯容量和材质等都进行了改进,其智能化的功能设计和简单便捷的操作方式特别能够满足空巢老年糖尿病患者的治疗需求。该设计荣获了"天津市工业品外观创业设计大赛电子产品类银奖",并获专利授权。

5. 民间偏方

案例

民间偏方的转化——太太口服液

河南新乡一个老中医治疗妇女面部黄褐斑的中药,一个用5 000元买来的民间偏方,被转化成"太太口服液"后,用3年形成8 000万的市场销售额,6年达到3亿元的市场销售额,8年后,企业成为首批上市的民营高科技企业,10年构筑起一个名称为"健康元"的销售额 10 亿元、资产 20 亿元的药业及保健品王国——太太口服液,中国 90 年代兴起的保健品市场里的传奇品牌之一,成为在单一产品及品牌基础上支撑起一个企业帝国的创业神话。

6. 新知识、新技术

案例

育儿类 APP

2012 年,喜羊羊之父苏永乐投资近 3 000 万,踏入 App 市场,目前已推出以收费形式为主的 200 款儿童领域 APP;10 月,科大讯飞育儿 App"开心熊宝"正式登录 APP Store;亲贝网也推出了自己的育儿 App"童趣"……在 2013 年 6 月的 WWDC 开发者大会上,苹果宣布 iOS7 将增加"儿童应用"类别——这一类别能让家长们在图书、教育、游戏和娱乐等应用类别中寻找到适合孩子的应用。另外,从迪士尼、BBC 等媒体巨头到 TocaBoca、NosyCrow 等独立小公司也都非常活跃。

数据显示,目前国内现有 5 000 多款儿童教育类 App,大致可分为有声故事类、认知学习类、游戏互动类和创意学习类四种。

二、项目类型

(一)产品

产品是指能够提供给市场,被人们使用和消费,并能满足人们某种需求的任何东西,包括有形的物品、无形的服务、组织、观念或它们的组合。产品一般可以分为五个层次,即核心产品、形式产品、期望产品、附加产品、潜在产品。

(1)核心产品是指整体产品提供给购买者的直接利益和效用;

(2)形式产品是指产品在市场上出现的物质实体外形,包括产品的品质、特征、造型、商标和包装等;

(3)期望产品指顾客购买产品时希望和默认的一组属性和条件;

(4)附加产品是指整体产品提供给顾客的一系列附加利益,包括运送、安装、维修、保证等在消费领域给予消费者的好处;

(5)潜在产品层即该产品最终可能会实现的全部附加部分和新转换部分。

📷 **案例**

宝洁公司的产品定位

宝洁公司的产品,飘柔的"洗发、护发二合一"、海飞丝的"去头屑"、潘婷的"头发护养专家"、沙宣的"专业美发用品"、舒肤佳的"杀菌及长时间抑制细菌再生"、碧浪的"强力去污":他们都对消费者承诺了一个重要的利益点,同时取得了消费者的认可。

(二)服务

📷 **案例**

海底捞你学不会

海底捞的历史,满打满算,不过二十年。从四川到全国,遍地开花,甚至成为川味火锅的一个代表。怎么去理解海底捞现象?黄铁鹰的《海底捞你学不会》做了一次尝试。

海底捞虽然是一家火锅店,但它的核心业务不是餐饮,而是服务。在海底捞,顾客能真正找到"上帝的感觉",甚至会觉得"不好意思"。如曾有个顾客和女友去海底捞吃火锅,女友和他说你胃不好,这些不要吃。过了会,服务员就悄悄端了一碗热腾腾的养胃粥上来,微笑着说:您胃不好,可以喝粥。顾客和女友大受感动,对海底捞顿生好感。海底捞的服务已经征服了绝大多数的火锅爱好者,顾客会乐此不疲地将在海底捞的就餐经历和心情发布在网上,越来越多的人被吸引到海底捞,一种类似于"病毒传播"的效应就此显现。

海底捞这种特质,很稀缺、很宝贵,它可能是未来企业中越来越重要的东西。这种特质,能让从海底捞的员工,上到管理者,下到服务员,以及所有就餐的顾客,都对它充满赞赏和自豪!这正是海底捞不一样的企业 DNA。研究海底捞的服务和管理,对创业者有着很好的借鉴意义。

三、创业机会

好的创业机会特点:一是它很吸引顾客,抓住了用户的"痛点";二是它能在你的商业环境中行得通;三是它必须在机会之窗存在的期间被实施(机会之窗是指商业想法推广到市场上所花的时间,若竞争者已有了同样的思想,并把产品已推向市场,那么机会之窗也就关闭了);四是创业者必须有资源和技能才能创立业务。

【阅读材料】用户的"痛点"

什么叫用户"痛点"？用户"痛点"的本质，是用户未被满足的刚性需求。如最近几年特别火的"怕上火喝加多宝"这句广告词，挖出了中国人普遍的痛——上火。用户的"痛点"，就是创业最好的出发点和切入点。以创业者这个用户群体为例，公司宝解决的是创业者在公司注册上的痛点，知果果、快法务、绿狗网等这些互联网法务公司解决的是创业者的商标注册痛点，开干、三点一刻、思创客等公司解决的是创业者的传播痛点，一见、狮吼、起风了等公司解决的创业者的视频 BP 痛点。与痛点相比，现在很多创业项目要解决的问题其实只是一些锦上添花的东西。

案例一

护士上门项目：一个护士上门做护理的医疗健康创业项目，主要是帮助妈妈科学育儿、科学生产，让孩子健康成长。整个项目的定位是希望每个有新生儿的家庭都有一名家庭医生，让孩子和妈妈都健康成长。项目主要通过护士上门做健康护理，普及育儿知识，提供家庭环境监测、孩子智力检测、母亲产后抑郁防范等服务。简单地说，这个项目主要是解决四个方面的问题：一是做好预防护理工作，解决孩子、家长的心理问题；二是对常见问题给出解决意见；三是对突发事件进行处理；四是从心理和生理方面对孩子和家长普及成长教育知识。现在的到家服务、O2O 服务群雄混战，打车、外卖、生鲜、按摩推拿等与生活相关的服务都加入了互联网元素，这种与医疗健康相关的行业也已经结合互联网和大数据，所以现在做这样一个项目与同类的到家服务和月子中心相比，如何体现该项目优势呢？

一个好的创业项目首先是要抓住用户的"痛点"，把握用户需求，更重要的是要把用户的"痛点"转化成服务，给用户提供优质的服务。那么如何去把握用户需求做到高频服务呢？给创业者的建议：第一，该项目应该找准自身的服务特色，垂直定位，到底主要解决哪一方面的问题，应更偏向于精神层面和实际解决问题的层面，而不只是简单的月嫂概念。第二，从合伙人组成和团队搭配上来看，应该引入专业的合伙人，组建专业团队，这样能有效地完善服务，解决问题，也能够让用户更加放心。第三，还应该形成一套标准化的服务流程，包括对护士、医生的培训体系、评价体系，对用户需求的分析等；收费问题：价格标准化是品质服务的保证，解决用户的信任和平台的信用问题。第四，整个项目的核心在线下服务，如果线下用户的体验有问题，那就很麻烦了。重点是搭建线下的标准体系，树立品牌口碑，未来可持续产生黏性。

案例二

食品安全检测平台,这个项目的创业者为了让用户在外面吃饭、购买食材的时候快速检测食物,同时又便于携带,做了一个以智能光谱为切入点的食品安全检测平台。原理是任何物质发出的光谱都是不一样的,产品在对食材检测的时候,获取食材光谱数据,然后与云端数据进行对接,快速地分析检测出食材的相关健康安全数据。目前第一代产品已经出来,正在研发第二代产品,想做一个体积更小、价位在 500—3 000 元的光谱仪检测器。整个项目前期以智能光谱检测设备为切入点,完善现有功能模板,搭建安全平台,后期形成标准的服务。后续也会开发 App,加入一些社交元素和开放模板,智能终端与智能手环、智能可穿戴设备相对接,根据不同行业应用开发不同功能,收集使用人群的健康数据,建立数据库,进行延伸服务。

对于该项目,主要要思考的问题:第一,这个产品主要是哪些人群用?现在中国市场有多少人愿意使用这个产品?在市场上怎么去普及产品?现在中国大多数人生活工作都很辛苦,大家愿不愿意在吃饭的时候还搞得这么麻烦?人生活得过于精致的时候,会变得很累,这对于用户和产品来说都是很有压力的。所以这个项目是不是真正解决了用户的强需求?第二,产品目前的价位是否合适。一般接触食材的人是老人和阿姨,对于他们来说,这个产品价位还是有压力的,而且对于这一类的人群来说,他们对于智能产品的认知不高,在使用过程中可能不熟悉。第三,对于一个智能硬件产品,还有一个标准化的问题。产品的概念很好,但是到最后还是得面临谁给代工、能不能达到标准化的生产以及供应链的管理等问题,这些都是需要考虑的问题。第四,在食品检测过程中,这一套安全标准是否具备科学性,有没有得到权威认证,这是一个信任机制的问题。

四、创业形式

(一)大学生创业常规实践形式

1. 互联网创业

(1)网上开店,即在网上注册成立网络商店;

(2)网上加盟,以某个电子商务网站门店的形式经营,利用母体网站的货源和销售渠道。

这种创业模式主要有以下优点:门槛低,成本少,风险低,方式灵活,特别适合初涉商海的创业者。

2. 加盟创业

加盟创业以其分享品牌、分享经营、分享资源等诸多优势,逐渐成为备受青睐的创业新方式。加盟创业的最大特点是利益共享,风险共担。

加盟创业要经过以下步骤。（1）选准行业。（2）找对品牌。（3）查看直营店业绩。（4）查看是否具有完善的加盟机制。（5）查看是否具有健全的培训体系。（6）对总部与加盟店进行实地考察。（7）对合同文本仔细阅读。（8）提升创业能力。

3. 概念创业

对具有强烈的创新意识而又缺乏资源的创业者来说,概念创业无疑是一条实现梦想的捷径。但需要注意的是,创业需要创意,然而创意绝不等同于创业,概念创业要求点子必须标新立异,但这些超常规的想法还必须具有可操作性。注意以下三点:（1）科学分析;（2）多方咨询;（3）积极行动。

4. 工作室创业

工作室创业的好处是手续简便,实际上很多工作室没有也无须办理任何手续,也没有办公场地等费用支出,在家即可投入"生产"。

工作室创业要求个人拥有较新的创意或较强的专业技能,因为大部分工作室都是以"大脑"或技术为产品,性价比是在市场上制胜的关键,但价格便宜也要以高质量产品为支撑才能维持经营。

（二）中医特色创业实践形式

1. 中医医疗机构

目前国家鼓励社会资本以多种形式举办中医医疗机构,并鼓励有资质的中医人员(特别是名老中医)开办中医诊所或个体行医,允许符合条件的药品零售企业举办中医坐堂医诊所。开设中医诊所可以弥补中医院数量的不足,尤其是邀请名医名家坐诊,可以满足不同地区群众对高水平中医医疗保健的需求。

2016 年 2 月 22 日,经李克强总理签批,国务院印发《中医药发展战略规划纲要(2016—2030 年)》。《纲要》指出,改革中医医疗执业人员资格准入、执业范围和执业管理制度,根据执业技能探索实行分类管理,对举办中医诊所的,将依法实施备案制管理。《纲要》还指出,改革传统医学师承和确有专长人员执业资格准入制度,允许取得乡村医生执业证书的中医药一技之长人员在乡镇和村开办中医诊所。也就是说,只要取得了乡村医生执业证书,并在中医药方面有一技之长,就可以在乡镇和村开中医诊所。关于社会资本办医,《纲要》指出,鼓励社会力量举办连锁中医医疗机构,对社会资本举办只提供传统中医药服务的中医门诊部、诊所,医疗机构设置规划和区域卫生发展规划不作布局限制,保证社会办和政府办中医医疗机构在准入、执业等方面享有同等权利。

📷 **案例一**

南京市仙林地区第一家中医门诊——轩德堂中医诊所

南京仙林大学城内高楼林立,居民众多,对中医药医疗服务有着强烈的渴求。但由于地处新城区,中医医疗机构缺乏,大学城内的居民和师生长期得不到高水平的中医医疗保健服务。南京中医药大学基础医学院2008届毕业生孙龙同学见此情景，萌生了自主创业的念头，于 2008 年 11 月成立了仙林地区第一家中医门诊——轩德堂中医诊所。该诊所聘请几十位专家坐诊，每年接诊患者万余人次，极大地解决了附近居民的中医保健需求。目前诊所也正在向集"传统文化、医疗技术、中药开发、药膳保健"于一体的中医药保健集团目标前进。孙龙同学也被评为"南京市栖霞区创业领航行动典型代表"，受到了社会的广泛赞誉。

📷 案例二

4 名大学生创办乡镇中医骨伤医院

2008 年，成都中医药大学的李冬平大学毕业后来到简阳灵仙乡卫生院工作。他抱着"来到这里，一方面是为群众提供基本的医疗服务，另一方面，是想借助乡卫生院这个平台，搞运动医学的临床实践，让心中的梦想起飞"的理念。工作刚开始，他积极协助院领导争取资金，成立了专属于他的专业科室。后来，他又动员 3 名同学先后来到灵仙乡，建起中医骨伤医院，引进运动医学理念和诊疗技术，给群众带来了健康。经过几年奋斗，4 个大学生开创了基层骨科医院品牌，并先后培训省内外学生 30 余名，不少外地患者也慕名前来就诊。

2. 养生保健服务机构

在现代医学快速发展的今天，中医在我国医疗保健、科研、教学、学术创新等诸多方面有其独有的特色和优势，显示了不可替代的作用。长久以来，历代名医利用他们的聪明才智总结出了一套很有特色的治疗和保健的方法，如中医拔罐、中医膏药、中医刮痧、中医火疗、中医气功、中医推拿、中医药茶、中医药酒、中医药浴、中医针灸、自然疗法……中医养生、健康保健学是发展极其广阔的新兴产业，随着人们生活品质的提高，市场巨大，利润也超出一般行业，是创业者非常好的选择！

📷 案例一

"90 后"女生做中医正骨日入两千　创业 1 年赚近 10 万

在电子科技大学中山学院的龙腾孵化基地中，有一个名为嘉林工作室的创业项目。从外表上看，它与周边的项目并无太大的差别，其室内摆设甚至比周边其他的项目更简单，只有三张床、两张办公桌、几把小凳子和一些保健设备。然而，每天前来消费的人接连不断，且都是经过朋友介绍而来。"90 后"女生魏嘉林是"店主"，也是"主治医师"。从 2013 年 5 月开始，他们便在龙腾落户，主要从事中医正骨服务。据粗略统计，该创业项目前期投资共 2 885 元，截至 2014 年 2 月，纯利润已达 9 万多元。由于口碑较好，他们的生意也越做越旺，如今她和搭档每天的纯收入约有 2 000—3 000 元。

案例二

大学生月子护士第一人

2003 年 7 月，李秀丽从淄博万杰医学院高级护理专业毕业。媒体一篇《有专业护理知识"月嫂"凤毛麟角》的报道，引起了她的注意。凭着年轻人的闯劲，加上较高的专业知识和从小养成的爱心耐心，她考取了"护士资格证"和"护士执业证"，拿到了月嫂证、育婴师证，她一手创办了青岛市专业母婴月护机构——"小护士月子护理中心"。

3. 中医药产品生产加工
（1）中药材种植

案例

女硕士放弃大型国企回村助乡亲种中药材致富

赵红艳 2009 年硕士毕业于广西中医学院，同学中有不少去了大城市，还有些在大型国有药企工作，当时她也被福瑞达录取了。一个偶然的机会，赵红艳得知县南边有一个专门种植中药材的农业公司，亲自跑去看过之后，最终放弃了大型国企，留在县里推广中药种植、加工、培训。先后被市农业局授予"济南市十大优秀农业科技专家"和"十大现代农业巾帼创业标兵"称号。今年，赵红艳还当上了"济南市三八红旗手"。

（2）中药材加工

案例一

台湾女生研发"艾草美食"

"艾草蛋糕、艾草绿豆糕、艾草饼干、艾草布丁、艾草牛排、艾草麻薯……"柯宜君研发的艾草美食已达到 10 多种。柯宜君一直跟美食很有缘，本科在台湾读的是食品科学专业,2010年来到南京后,经过一年的准备,第二年开始在南京中医药大学起了中医。结合中医知识,她开始了她的养生食品研发历程。2012年4月,柯宜君创立"柯宜君食品行",入驻校大学生创业实践园,主要研发中医药养生糕点和中西餐药膳。凭着优选食材和浓浓的台湾味,这家食品行如今在学校里已小有名气,不少同学会到这里选购甜品和蛋糕。

📷 案例二

钟爱天然植物提取物开发的创业者

2004年,还在中国药科大学读研三的刘东锋,不顾老师和家人的反对,和一个同学以2 000元资本合伙开始了创业之路。刚开始创业的时候,由于资金不足,他并没有做植物提取物方面的产品,而是做植物提取物方面的技术转让。2007年6月,他开始从事天然植物提取物与医药、保健产品研发、生产、销售,先后研发出了芍药苷、熊果酸、斑蝥素、丹皮酚、栀子苷、葛根素等多种植物提取物产品,广泛应用于医药、保健品、食品、化妆品和日化等多个领域。如今他在栖霞区金港科技创业中心创立的南京泽朗医药科技有限公司,形成了中药材种植、提取加工、中成药研发等整条产业链,2011年销售额已达2 000多万元。

（3）中药制药行业

📷 案例

"80后"大学生回乡创业发展中药饮片带村民致富

几年前,郭惜光从西北农林科技大学工商管理专业毕业后应聘到一家药企公司,从一名普通的销售一步步做起。由于业绩出众,他被升任为西北片区市场经理,而在这时他选择了离开,不是另谋高就,而是回到了家乡宝鸡,与他的父亲一起走上了宝鸡市向源中药饮片有限责任公司的二次创业之路。现已把一个小型药材厂做成了宝鸡市中药饮片生产的龙头企业,并带动宝鸡周边区县农民走上药材种植的致富路。回顾近十年创业路,"80后"的郭惜光说,中药是国粹,把企业做成陕西乃至全国的知名药企是他最大梦想,中药这条路他会一直走下去。

4. 医疗器械研发
（1）诊断仪器:中医专家系统、脉象仪、舌相仪、痛阈测量仪、经络分析仪。
（2）治疗仪器:电子穴位测定治疗仪、综合电针仪、电麻仪、定量针麻仪、探穴针麻机、穴位测试仪、耳穴探测治疗机。

（3）中医器具：针灸针、小针刀、三棱针、梅花针、负压罐、刮痧板。

案例

脉象 APP 的发明

2014 级中医诊断硕士研究生王静（化名）带来的脉象 APP 被认为前景甚好，收获 5 个"赞"。在研究中医四诊（望、闻、问、切）客观化的过程中，她和她的团队收集了大量脉象、血压的 PWV 数据，如何利用这些数据是她的创意项目的初衷。"在切脉时，我们会根据自己的经验来诊脉；如果利用大数据，某种意义上来说诊脉将会更客观。"据王静介绍，这套脉象 APP 将会由一个实时检测脉动智能手环和一个脉动评估的移动终端组成。"到时候，患者的脉动将会实时传送到后台，为患者的病情发展提供预警。"

5. 保健产品研发

案例

"戴个香草袋，不怕五虫害"——中药香囊的研制

中药香囊源自中医里的"衣冠疗法"，制作精美的香囊不仅是保健品，同时也是工艺品。佩戴在身上，或悬挂于室内、车内，别有一番古朴清新的气息。在"非典"流行时，南京中医药大学"国医大师"周仲瑛教授就亲自开方，配置了包含 15 味中药，具有芳香辟秽、疏风祛邪、清热解读、化湿和中功效的中药保健香囊。可以提高机体的免疫功能，增加抗病能力，对上呼吸道病毒、细菌等感染性疾病有良好的预防作用。该中药香囊目前已经是南京中医药大学壹宝利健康科技有限公司的主要经营产品。

6. 医药产品贸易

案例

从贫困生变成一名创业先行者

南京中医药大学药学院 2002 级中药药理学 1 班白发平同学，江苏中药材网（网站 www.xuefengchina.com）负责人，2007 年江苏省十佳青年，《风流一代》封面人物。作为一名来自西部的贫困学子，白发平同学面对经济困境不气馁，不妥协，利用自己的专业优势，自主创业，想方设法自己解决困难。经多方努力，白发

平创建了自己的公司———雪峰医药公司,进行道地中药材的开发和经营,同时代理销售亳州药材公司的中药饮片;成立了江苏中药材网,并在易趣和淘宝网上建立了自己的药材销售店铺。2007年,他的业务已达到年销售额18余万元的规模,他也从当初的贫困生变成了一名创业先行者。

7. 中医药文化传播

案例

创办微中医(APP+网站+微信)

微中医是由深圳思邈科技有限公司创建的移动互联网平台,由业内资深互联网人创办,旗下项目"微中医"(APP+网站+微信)旨在打造在线中医第一品牌,传播中医中药文化。目前该项目得到多家投资机构认可,已入选3W深圳孵化器优质项目和梦想行动家3.0项目,完成初期融资,进入快速发展阶段。

总之,中医药创业项目涉及中医医疗服务、中药种植生产与贸易、中医药医疗与保健的设备器械、中医药预防(含治未病)、中医药保健(含保健技术、保健品、保健食品等)、中医药养生、中医药养老、中医药文化产业、中医药旅游、中医药国际服务贸易,以及其他衍生、外延的健康产业、产品和服务。

第三节 市场分析

一、进行市场调研

(一)创业前的市场信息调研

1. 行业状况研究

主要研究所关注行业的现状、发展趋势及生存条件等方面内容,需要密切注意新技术在本行业的运用,也要关注与本行业相关的行业动向。

2. 消费者研究

主要了解消费者的需求、消费者的消费习惯与态度、消费者的满意度、消费者的媒体接触习惯与方式、消费者的生活形态与价值观、产品概念测试、广告及媒体研究等等。

《精益创业》这本书提出MVP(Minimum Viable Product,简称MVP,即"最小化可行产品")概念。也就是说,在市场不确定的情况下,可以通过设计实验来快速检验你的产品或方向是否可行。如果你的假设得到了验证,再投入资源大规模进入市场;如果没有通过,那这就是一次快速试错,应尽快调整方向。通常意义上讲,创业要解决两件事。第一,你要知道用户的需求是什么;第二,你能为这样的需求提供什么样的解决方案。

3. 竞争对手研究

主要了解行业内主要竞争品牌的知名度、市场占有率分析、竞争品牌市场行为分析(包括主要经营者的变动及其他动向)。竞争不仅来自同行业同类的产品,还来自替代品、新加入的竞争者等多方面的威胁。

（二）市场分析常用工具

1. SWOT 分析模型

SWOT 分析模型于 20 世纪 80 年代初由美国旧金山大学的管理学教授韦里克提出,是一种对企业的优势、劣势、机会和威胁的分析。在分析时,应把所有的内部因素(包括公司的优势和劣势)都集中在一起,然后用外部的力量来对这些因素进行评估。这些外部力量包括机会和威胁,它们是由竞争力量或企业环境中的趋势所造成的。这些因素的平衡决定了公司应做什么以及什么时候去做。可按以下步骤完成 SWOT 分析表:

（1）把识别出的所有优势分成两组,分的时候应以下面的原则为基础:看看它们是与行业中潜在的机会有关,还是与潜在的威胁有关。

（2）用同样的方法把所有劣势分成两组。一组与机会有关,另一组与威胁有关。

（3）建构一个表格,每个占 1/4。

（4）把公司的优势和劣势与机会或威胁配对,分别放在每个格子中。SWOT 表格表明公司内部的优势和劣势与外部机会和威胁的平衡。

在你的企业计划中,一定要把以下步骤都写出来:

（1）在某些领域内,你可能面临来自竞争者的威胁;或者在变化的环境中,有一种不利的趋势,在这些领域或趋势中,公司会有些劣势,要把这些劣势消除掉。

（2）利用那些机会,这是公司真正的优势。

（3）某些领域中可能有潜在的机会,对这些领域中的劣势加以改进。

（4）对目前有优势的领域进行监控,以便潜在的威胁可能出现的时候不感到吃惊。

2. 波特五力分析模型

五力分析模型是由波特(Porter)提出的,它认为行业中存在着决定竞争规模和程度的五种力量,这五种力量综合起来影响着产业的吸引力。它是用来分析企业所在行业竞争特征的一种有效的工具。该模型涉及的五种力量包括:新的竞争对手入侵,替代品的威胁,买方议价能力,卖方议价能力以及现存竞争者之间的竞争。决定企业营利能力首要的和根本的因素是产业的吸引力。

扫一扫可见波特五力分析模型详情

波特五力分析模型详情请扫码阅读。

二、选择经营场所

对于那些刚刚开始创业的人来说,SOHO(Small Office& Home Office,指小工作室或家庭办公室)办公也许是一个好的开始,但当你已经需要成立一个公司,开始走上真正的创业之路的时候,有一个真正属于自己的正规的办公场所显得十分重要。

创业企业都需要有经营场所,企业的选址与未来的经营发展有着很大的关系。对于创业者来说,将创业的地点选在哪个城市、哪个区域是一件先决性的事情。尤其是以门店为主的商业或服务型企业,店面的选择往往是成功的关键。好的选址等于是成功了一半。

大多数创业者都会选择在熟悉的市、地(家乡或者学习的城市等)开展创业,在选址上优先考虑的因素是不同的。

在选择经营场地时,各行业的考虑重点各不相同,其中有两项因素是不容忽略的,即租金给付的能力和租约的条件。经营场地租金是最固定的营运成本之一,即使休息不营业,也得支出。有些货品流通迅速、空间要求不大的行业,如精品店、高级时装店、餐厅等,负担得起高房租,就设于高租金区;而家具店、旧货店等,因为需要较大的空间,最好设在低租金区。

案例

如果餐厅的铺位在以下不同的地点——火车站附近、小区里、偏远郊区、商务区写字楼边、繁华闹市、某条普通的马路边:

(1) 这些地段的餐饮特点是什么?

(2) 应该开一家怎样的餐饮店?

分析:火车站附近:优点是人流量大,客源稳定,缺点是铺位租金偏贵,人员素质复杂,消费层次不均匀,在消费层面无法确定的情况下,只能以中低价位的餐饮为主。

小区里:优点是租金便宜、人流量固定,客源多为小区住户,发展方向只能是做口碑博回头客,前提是餐厅推出的菜式必须兼具特色、性价比高、菜量适中。

商务区写字楼边:消费层次均匀,租金适中,餐饮价格易定位,客源稳定,也以做口碑为主,餐饮配送和制作时间要求以快为主,聘请一定数量的服务人员来满足配送和快速提供餐饮的时效要求。

繁华闹市:人流量大,消费层次界限明显,不同层次的消费定位都能保证一定数量的客源,铺头租金贵。

偏僻的地方:人流量少,铺头便宜,铺面面积大,消费层次应以有车一族为主,消费定位应走中高档路线,主要做口碑菜式,对厨师的等级和菜式的特色要求比较高。

某条普通的马路边:租金水平适中,人员数量要求不多,对厨师要求不高,以快速便捷性餐饮为主。

......

三、分析营销机会

分析营销机会是市场营销管理过程的首要步骤,它包括管理营销信息和衡量市场需求,分析营销环境,分析消费者市场及其购买行为、行业市场及其购买行为、行业与竞争者,确定细分市场和选择目标市场。

（一）市场细分

市场细分就是根据构成整体市场的不同消费者的需求特点、购买行为、购买习惯等，将整体市场划分为若干个具有某种相似特征的消费者群体（称为细分市场或子市场），以便选择确定自己的目标市场的过程。

也就是按某种共性特征区分具有相似特征的顾客群，比如，可按照顾客年龄、收入、性别等划分。比如，运动鞋市场可按购买者的年龄分为中老年、青少年和儿童运动鞋三个子市场，也可按顾客性别分为男式鞋与女式鞋两个子市场。

市场细分的方法：可用地理、人口统计、消费者心理及行为等变量来细分消费者市场，用人口统计变量、操作变量、购买途径、情境因素、个人特色等变量来细分工业品。

市场细分要有效，必须具备四个条件：可衡量性、可接近性、足量性、可行动性。

（二）选择目标市场

在市场细分基础上，根据自身优势选择一个或若干个子市场作为自己的目标市场。比如选择老年、青年运动鞋市场。

（三）市场定位

市场定位的方法有七种：属性定位、利益定位、使用与应用定位、使用人定位、竞争者定位、产品类目定位、质量与价格定位。

四、构建商业模式

（一）商业模式的概念

商业模式就是企业探求所经营业务的利润来源、生成过程和产出方式的系统方法，并且围绕企业如何营利这个核心来配置企业资源和组织企业内外部所有活动的一个行为过程。通过企业商业模式的设计，企业可以清晰明确如何营利。简单地说，就是关于企业"做什么，如何做，怎样赚钱"的问题。

（二）商业模式的类型

商业模式可以有很多种形式，归纳起来大致可分成以下几种类型：

1. 产品营利模式

是指在一个生意的日常经营管理中，经营者始终以产品作为利润的生成和产出的载体，企业所有经营要素均是围绕产品差异化来进行培育和配置的。

2. 规模营利模式

是指企业或者商业在发展过程中，把扩大市场空间或者经营范围作为对抗竞争、获取利润的基本保障的生意经营思路。如手机零售连锁经营即规模营利模式的一种。

3. 服务营利模式

是通过提供顾客需求的服务，或在产品中增加或创新服务的方式来为产品增值，从而更有效地满足顾客利益的一种营利模式。这在零售行业中应用较为广泛，零售行业本身不能为顾客提供决定产品的质量等物质价值，但是能够决定产品到达消费者手中的方式和途径，服务的水平、形式、内容往往能够为产品增加价值，在营利要素的占比中，服务是实实在在的。

4. 其他营利模式，如渠道营利模式、品牌营利模式、产业联盟营利模式等

营利模式类型很多，关键在于企业经营者设计适合本企业内外部环境的营利模式，而且一个企业的营利模式可以采用很多种营利模式，可以取多种营利模式的长处综合而成。

一个创业者必须依靠自己的知识与经验完成思考，即如何有效地为顾客创造价值。这里有两个支撑点：一是效率，企业的效率；二是价值，顾客的价值。这两个支撑点，构建了企业的业务逻辑，也就是这里所说的"商业模式"。这样，创业者就完成了从"形而上之道"到"形而下之器"的思考。

扫一扫可见
企业 22 种赢利模式

【阅读资料】《发现利润区》总结出企业 22 种赢利模式请扫码阅读

五、制订营销计划

现代的市场营销管理从本质上来说是一种观念、一种态度或者一种企业思维方式，它的核心是正确处理企业、顾客和社会三者之间的利益关系。要达到市场营销的成功，应该有机结合 4P、4C、4R、4S、4V、4I 市场营销策略。（请扫码阅读详细资料）

扫一扫可见
市场营销策略

在此以宝洁为例，来看看在市场营销过程中对于 4P、4C、4R、4S 策略结合的实际运用。

首先对于 4P 中的产品要素来说，号称"没有打不响的品牌"的宝洁公司自 80 年代进军中国市场以来，从"海飞丝"洗发水开始，接连推出了飘柔、潘婷、舒肤佳、碧浪等产品。宝洁对于这些洗洁产品很注重突出其产品特点。对于潘婷来说，强调它拥有的维他命 B5 的独特功能，从发根彻底渗透至发尖，营养头发。而对于舒肤佳以杀菌为突破口，宣传不仅要去污，而且还要杀灭皮肤上的细菌。对于碧浪，就是强调它对于顽固蛋白质污渍的去污能力，并且打出了浸泡 30 分钟，不必搓揉就能干干净净的产品新特点。

对于 4P 中的价格和 4C 中的成本因素，宝洁以消费者愿意付出的成本为定价原则。宝洁最初打入中国市场时是以高品质、高价位的品牌形象进入的，虽然当时中国消费者的收入并不高，但宝洁仍将自己的产品定在高价上，价格是国内品牌的 3 到 5 倍，但要比进口品牌便宜 1—2 元。而这正切中了我国消费者崇尚名牌的购买心理，消费者愿意以较高的价格购买其产品，这使宝洁拥有强大的竞争力，得以从洗发水用品市场上的众多品牌中脱颖而出。而现阶段，宝洁继续保持其高品质，价格却更为大众化。

对于 4C 消费者、便利、与消费者沟通环节和 4R、4S 市场营销策略以消费者和顾客为出发点来说，宝洁做到了尽一切可能了解消费者需求，使顾客满意。

第四节　组建团队

一、团队的定义

一个团队是少量人的组织,这些人具有互补的技能,对一个共同目的、绩效目标及方法做出承诺并彼此负责。

团队定义的理解:

表 5-1　团队定义

少量成员	◆ 2—25 人,8—12 人为最佳
互补技能	◆ 技术和功能方面的特长 ◆ 解决问题和决策技能 ◆ 人际技能
对一个共同目的和绩效目标做出承诺	◆ 一个共同的目的使团队揉成一个整体 ◆ 团队将各种任务转换为具体而可衡量的绩效目标 ◆ 具体的绩效目标有助于团队跟踪进步
共同的方法	◆ 能把个人的技能与提高团队业绩联系起来 ◆ 参照目的与目标,不断调整成员行为
彼此负责	◆ 在实现团队目的、绩效目标和方法的过程中,团队成员逐步形成默契的配合 ◆ 彼此承诺和信任

二、团队角色

1. 一般团队角色

英国管理学家梅雷迪斯·贝尔宾博士认为:一个团队并不是一堆有职位头衔的人,而是一群有着被他人所理解的团队角色的个人。团队成员寻求特定的角色,且在最接近他们本质的角色中表现得最有效率。公司作为一个团队,更是由不同的角色组成。一项国际性研究表明,团队中一般有八种不同的角色,它们是实干者、协调者、推进者、创新者、信息者、监督者、凝聚者、完美者。团队中缺乏角色类型造成的影响如表:

表 5-2　缺乏角色及其影响

缺乏	结果	缺乏	结果
实干者	会乱	信息者	封闭
协调者	领导力弱	监督者	大起大落
推进者	效率不高	凝聚者	人际关系紧张
创新者	思维会受局限	完美者	太粗

案例

《西游记》中,唐僧、孙悟空、沙和尚、猪八戒去西天取经的故事,大家都耳熟能详,许多人会被这个群体中四位性格各异、兴趣不同的人物所感染。为什么这四个在各方面差异如此之大的人竟能容在一个群体中,而且能融洽相处,一块去西天取经? 难道这真是神灵、菩萨们的旨意,而绝非凡人力所能及吗? 其实,这四个人分别扮演了不同的角色。唐僧起着凝聚和完善的作用,孙悟空起着创新和推进的作用,猪八戒起着信息和监督的作用,沙和尚起着协调和实干的作用。这个由不同角色组建的团队,虽然也有分歧、有矛盾,但是,他们有着共同的目标和信念,那就是去西天取经。在关键时候,他们总能相互理解和团结一致,最后形成了一个有力量的团队。

2. 创业团队角色

企业的创办者不可能万事皆通,他可能是技术方面的天才,但对管理、财务和销售可能是外行;他也可能是管理方面的专家,但对技术一窍不通。因此,建立一个由各方面的人才组成的合作团队,对创办企业是十分必要的。一个平衡的、有能力的创业团队,应当包括具有管理和技术经验的经理,财务、销售、工程以及软件开发、产品设计等领域的专家。

【阅读资料】创业者一生要扮演的四个角色:诗人、科学家、记者和拳击手

猎云网 2015 年 8 月 15 日报道　一个创业公司面临的最大的挑战就是想清楚从哪里起步。企业家认为,除非他们现在有所创新,否则他们的想法会被时代淘汰或者被竞争者所抄袭。然而,这种思维过程类似于花费一个月的时间进行马拉松式的训练。

是的,这是可以做到的,但是这样会使你陷入快速破产和失败的危险。我们需要的是一个可以帮助新的创业者开发新焦点的当代指南。伟大的创业导师对这场斗争了如指掌,最优秀的导师懂得安抚学生一通后告诉他们在创业阶段应该把焦点放在哪里,比如,迭代的核心理念,一个简单商业模式的创建,或指导构建最小可行产品(MVP)。

基于我们与导师,还有起步时混乱的经验,现开发了一个线性的补救办法,所有的企业家都可以利用它来提高成功的机率。我们把该理论命名为"诗人、科学家、记者、拳击手的创业家精神"。

【诗人】

"一个诗人往往是积极热情的,他的脑海里充满了无数的创意,如若无法吐露自己的心声,他便辗转反侧、难以入眠。"

诗人,这是创业四阶段进程的第一步。那个闻名的"苹果"砸到你头上的一刹那,便是这第一个阶段发生的时刻,然后你脑海里突然涌现出了一个伟大的想法。这一经验伴有失眠的迹象,而且你还可能患有想把你的想法告诉别人,却又担心别人会偷袭的偏执与妄想混合症。一旦你意识到你已经进入了诗人的阶段,那么是时候引导你内心的 Walt Whitman,并把你的想法写在纸上。用墨水把你的想法记录在纸上,这是建立一个真正了解你自己想法的重要组成部分。

现在,如果你打算开始一场革命,就不要担心你的语气或声音,只需要全身心地投入书写。写下你的价值、你的视野、你的目标,并着重阐释你的想法会改变人们生活的原因与途径。一旦你不能从你的大脑获取其他的东西,那么是时候该去充实自己了。

【科学家】

"科学家的目标是寻找客户的核心价值,去除多余的功能,并开始尝试测试它。"

第二步,成为一个科学家,包括开发和发布自己的MVP。科学家必须用批判的眼光,去回顾诗人的作品,推断核心理论,并决定测试这个想法需要的前提条件。在这里,可行性是关键要素,这意味着科学家仅能提取一些能测试诗人理论的必要因素。然后科学家在工程师的帮助下,建立一个测试实验。本实验应该包括核心理念,并引导MVP的开发和交付。一旦MVP开始运行,你应该召开记者会并在现场讲述这个故事。

【记者】

"不像诗人和科学家,记者是公正的、中立的,并专注于客户的声音。记者在采访时不针对个人,而是为了了解更多并试图捕捉他人的思想。"

第三步,成为一个记者。现在是时候去倾听第一用户(也被称为早期采用者)的声音并向他们学习了。你不再站在你的讲坛宣讲你产品的效用,相反,你需要询问和倾听用户是否和你一样体会到了产品的效果。在采访用户的时候,向用户询问一些能够得到启发的开放性问题是很重要的。然后,记者利用所有从用户那里收集来的知识,去拟定公司更大的故事——一个关于适销产品以及它将如何适应和改变你正打入的市场的故事。

现在你已经通过科学和新闻验证了最初的想法,接下来你需要做足准备,将你的想法推向市场。

【拳击手】

"拳击手知道在一场又一场的战斗中,他都必须快速、专注、强劲。他总在失败后站起,他的头高高昂起,手高高举起。"

成为拳击手是创业者的最终目标。当你到达了这一点,配备好你的武器,你将面对很多重量级的对手。如同任何一个伟大的斗士,知己知彼百战不殆。拳击手会成为处理事件、客户、投资者、孵化器和公关关系的专家。作为你将要战斗的提醒器,你可以把未来可能遇到的对手的照片挂在墙上——拳击手迫不及待地想要使出第一拳。拳击手走向拳击场的那一刻,就没有回头。12次回合转战是为了让你的产品进入市场。每次回合,你可以赢,也可以输。但每一次你回归时,你需要与你的导师探讨,使你的产品适应下一次战斗的形式。

鉴于战斗的本质,你会一直饱受着在任何一轮都会被淘汰出局的风险(例如,你可能发现你所进入的市场已经饱和,或者你的产品将无法生存),或者相反,你可以狠狠地打击你的对手(例如,你可能得到了来自大型公司的收购要约)。

作为一个经验丰富的专家,你知道这些都是创业战斗中的风险和回报,战斗可能会提前结束,但你要为所有12轮回合做足准备,决一雌雄。不管结果如何,拳击手总是一次次爬起来;不管胜利或失败,拳击手一直为未来做斗争。

三、组建合作团队

创业团队的组建主要有两种模式：一是以个人为主导，寻求其他团队成员。即一个人想到了商业点子或有了商业机会，然后去开始组成所需要的团队。二是群体性创业，创业之初即合作伙伴，创业团队的成员主要来自因为经验、友谊或共同兴趣而结缘的伙伴，合伙一起发现商业机会。组建创业团队的原则有：

（1）创业团队应有相近的价值观。对经营理念、创业项目的理解应一致。

（2）创业成员需要具备多项能力。创业初期人手不多的情况下，每个创业成员都有可能一个人做几个人的事情，需要具备多项能力，至少能够承担一项智能性管理工作，如人力资源管理、财务管理、法务管理等。

（3）优势互补。从人力资源管理的角度来看，建立优势互补的创业团队是保持创业团队稳定的关键。在创建一个团队的时候，不仅要考虑相互之间的关系，更重要的是要考虑成员之间的能力或技术上的互补性。在建立创业团队的时候，"主内"与"主外"的不同人才，耐心的"总管"和具有战略眼光的"领袖"，技术与市场等方面的人才，都应该尽可能地考虑进来，保证团队成员的异质性。如果一个团队里能够有提出建设性的可行性建议的和能不断地发现问题的批判性的成员，对于创业将大有裨益。

（4）有创业的心理准备，对创业事业有信心。创业是一项艰难而充满风险的事业，创业团队成员需要有过硬的心理素质和抵抗挫折的能力。作为创业企业核心成员的领导者还有一点需要特别注意，那就是一定要选择对团队项目有激情的人加入团队，并且要使所有人在企业初创时就要有每天长时间工作的准备。任何人才，不管他的专业水平多么高，如果对创业事业的信心不足，将无法适应创业的需求。自力更生、吃苦耐劳、坚持不懈、负责有信、乐观向上应该是创业团队必备的素质，只有这样的团队才是有战斗力的团队。

（5）组建创业团队的"415"原则。企业创始阶段原则上创始股东不超过4人，1个控股大股东持有超过50%的股权。创始股东过多，利益和沟通成本太高，不利于后续投资资金的进入。1个带头大哥，要能在个人利益、股东利益、公司利益间做好平衡和取舍，要能让大家信服和持续追随，要打造自己的独特人格魅力。超过50%的股权保障从法律上对企业所有权和决策权的控制。

【阅读材料】大学生"友情股"成为创业障碍

中关村某科技园相关负责人接受北青报记者采访时说："我理解国家鼓励的是大学生的创新思维，鼓励他们通过创业勇于创新，而不是鼓励他们凭头脑一热就创业，甚至把父母的钱和自己的学业拿来冒险。"

这位负责人说，大学生创业有足够的热情，但往往对一些现实情况缺乏准备。他遇到的最典型例子是，创业初期学生团队要先进行股权设置，但学生团队常常是好同学、好朋友，往往出于友情把股权均分，每人持股一样多。这属于股权结构不合理，对企业运营来说是一个大忌——按照企业管理的惯例，管理团队中必须有一个人持股50%以上，并对企业管理有决策权,也就是担任 CEO(首席执行官)。如果一个团队的成员持股都一样多,在日常管理中就谁都说了算,其实谁都说了不算——没有一个最终决策的人。"我见过不少学生创业团队,在初始阶段过去后,因为股权结构不合理、意见纷争而走不下去。"

来源:《北京青年报》2015 年 5 月 15 日

四、常用组织管理方法

当创业企业发展到一定规模,进入成长期,很多企业就会出现组织成长滞后于业务成长的现象,这对企业的发展很不利。

(一)头脑风暴法的应用

头脑风暴(Brain storming)指一群人(或小组)围绕一个特定的兴趣或领域,进行创新或改善,产生新点子,提出新办法。它是由美国奥斯提出的,是一种激发集体智慧产生和提出创新设想的思维方法。

头脑风暴的好处:提高创造力;更好的社交圈和更好的职员关系;让人更愉快的工作环境;创造新的市场;新产品和服务,更好的产品和服务,更好的管理;更少的冲突和争论,生产力和可信度的提高。

头脑风暴的方法步骤:

1. 人数要求

一般 3—4 人为宜,人数不可过多,过多的话会造成信息泛滥,无法进行有效筛选,影响整体效率。

2. 说明目的

一定要说明进行头脑风暴的目的,想要达成的结果,以及后续的支持等等,这关系到一个想法能否实现。

3. 会议控制

需要会议组织者进行会序控制,说明会议的时长,同时做好记录。抛出问题后,让成员自由发言,不要轻易否定或是打断对方的思路,待所有成员发言完毕后,再将你整理的问题二次抛出,继续讨论,此时可以适当打断对方谈话,寻根究底,挖掘出深层次的想法。对于跑题的要主动把谈话牵引回主题。

4. 利用道具

谈话时最好善于利用道具,最好的就是卡片,将任务的整体思路按照工作的流程标记出来,随时变化推演,以免大家忘记要点。

5. 总结

对各自提出的想法予以评定,并提出相关问题供大家思考和调查,有了理想方案可以进入下一步,没有理想方案继续寻找。

6. 必要结束

会议定多长时间就要多长时间结束,即使没有出现理想的结果。漫长的等待是浪费企业资源,不如再去寻找各自思路,准备进行下一阶段的讨论。

头脑风暴的应用案例：让核桃自动裂开

某蛋糕厂为了提高核桃裂开的完整率，对"如何使核桃裂开而不破碎"进行了一次小型的头脑风暴会议，会上大家提出了近100个奇思妙想，但似乎都没有实用价值。其中有一个人提出："培育一个新品种，这种新品种在成熟时，自动裂开。"当时认为这是天方夜谭，但有人利用这个设想的思路继续思考，想出了一个核桃被完好无损取出而简单有效的好方法：在外壳上钻一个小孔，灌入压缩空气，靠核桃内部压力使核桃裂开。

【阅读资料】向顶级设计公司IDEO学习如何进行"头脑风暴"

IDEO是谁？1982年，它为苹果设计了一款鼠标，让鼠标真正开始量产；1986年，它设计了第一台折叠式电脑，成为笔记本电脑的鼻祖。它很早就提出了以用户为中心的设计理念：UCD(User Centered Design)。它不相信来自一般市场调研的数据，而是让设计师深入体验用户，去发现一些连用户自己都说不清的真实需求。

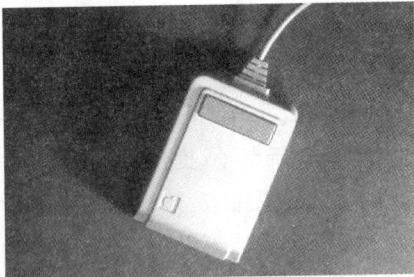

IDEO员工不多，却来自全球。公司内组建不同的工作室，每个工作室偏重的方向略有不同，而员工可以根据自己的兴趣爱好自由选择工作室，几年之后可以再重新选择更换工作室。每个工作室再根据不同的项目的需求快速组建项目组，每个项目团队尽量避免同一学科的成员过度集中，而是由不同学科的成员组成，有人类学家、心理学家、历史学家、科技工程师等。

他们有"七条原则"：

1. 暂缓评论(Defer Judgment)

先不要急于对别人的观点发表是非对错的评论，这样会打击出点子人的积极性，打断群体思维的联想和延展，也是对提出点子的人的不尊重。

2. 异想天开(Encourage Wild Ideas)

中国人总是怕自己说错话，在别人发言时，脑子里想的是"我要怎么讲是对的"，"我要怎么讲才能体现我的水平"。这是因为我们缺乏允许异想天开存在的环境，只有让异想天开大行其道，才能鼓励每个人真正去思考设计，而不是思考自己的水平和对错。

3. 借"题"发挥(Build on Ideas of Others)

有些时候别人会提出来很疯狂的点子，你自己虽然是专家，知道行不通，但在座的很多不是专家，说不定听到这个疯狂的点子会得到启发、获得灵感，在这个疯狂点子基础上，提出更实际的方案。所以，只有在"暂缓评论"的环境下，才能让更多的人借"异象天开的点子"发挥，因此，前三个规则是鼓励出好点子的环境基石。

4. 不要离题(Stay Focused on Topic)

每一次讨论，要定一个明确的题目。不然的话，异想天开的结局是不能收敛。

5. 一次一人发挥(One Conversati on at a Time)

讲话的时候，一次一个人讲，不要七嘴八舌的，这样没办法做记录。

6. 图文并茂(Be Visual)

鼓励大家在想点子的时候,把这个点子用图案的方式画出来,不是很会画图也没关系。这是因为,有时收集了很多很多点子贴在墙壁上,也许有几百个,你过几天再回去看,如果只有文字的话,有的时候会想不起来这到底是什么,而画图可以帮助记忆。

7. 多多益善(Go for Quantity)

在一个小时之内,鼓励大家尽量讲,要讲究速度。IDEO 公司内部一般一个小时可以汇集 100 个点子。如果与客户一起合作进行头脑风暴的话,因为企业文化和习惯的不同,这个数字会相对少一些。

后四条,是确保头脑风暴的速度和质量。

IDEO 公司的每一个会议室白板上方,都贴着这样的七项原则。当然,好的流程、规则并不能保证有完美的头脑风暴,因为最终的执行还是靠人。

所以,完美"头脑风暴"还需要选择对的人,并点燃他们的激情!

(二)"六顶思考帽"的运用

"六顶思考帽"是由英国学者爱德华·德·博诺(Edward de Bono)博士开发的一种思维训练模式,或者说是一个全面思考问题的模型。传统的思维方式是对立而单一的思维,在同一时间内考虑多个方面的事情,而且这多个方面是相互冲突的,每一方都试图批判对方的观点。而"六顶思考帽"提供了"平行思维"的工具,即同一个时间从一个角度和侧面进行思考。每一位思考者都将自己的观点同其他人同等对待,而不是一味地批驳其他人的观点,避免将时间浪费在互相争执上。

所谓"六顶思考帽"是指使用六种不同颜色的帽子代表六种不同的思维模式。任何人都有能力使用以下六种基本思维模式:

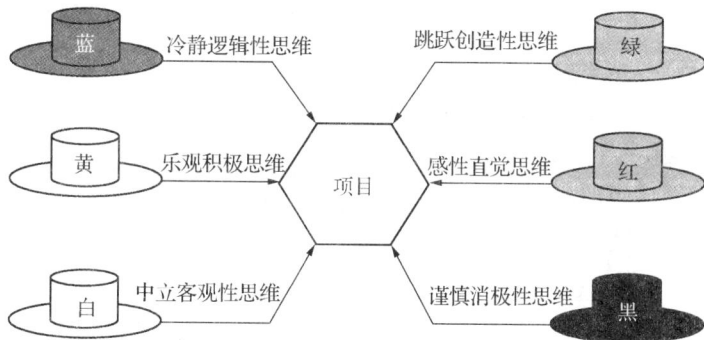

图 5-1 六顶帽子的运用

(1)白色思考帽。

白色是中立而客观的。戴上白色思考帽,人们思考的是关注客观的事实和数据。

(2)黄色思考帽。

黄色代表价值与肯定。戴上黄色思考帽,人们从正面考虑问题,表达乐观的、满怀希望的、建设性的观点。

（3）黑色思考帽。

戴上黑色思考帽，人们可以运用否定、怀疑、质疑的看法，合乎逻辑地进行批判，尽情发表负面的意见，找出逻辑上的错误。

（4）红色思考帽。

红色是情感的色彩。戴上红色思考帽，人们可以表现自己的情绪，还可以表达直觉、感受、预感等方面的看法。

（5）绿色思考帽。

绿色代表茵茵芳草，象征勃勃生机。绿色思考帽寓意创造力和想象力。它具有创造性思考、头脑风暴、求异思维等功能。

（6）蓝色思考帽。

蓝色思考帽负责控制和调节思维过程。它负责控制各种思考帽的使用顺序，它规划和管理整个思考过程，并负责做出结论。

"六顶思考帽"的主要功能在于为人们建立一个思考框架，使人们在这个框架下按照特定的程序进行思考，可以极大地提高团队与个人的效能，降低会议成本（节省会议与决策时间），使我们将思考的不同方面分开进行，取代了一次解决所有问题的做法。推荐一个懂得如何运用六顶思考帽的主持人，带领大家将思考过程分解成六个重要的环节和角色，每一个角色与一个特别颜色的帽子相对应，然后在脑海中想象按照一定的顺序一顶顶地换上不同颜色的帽子，就会很轻易地做到集中分析信息（白帽）、利益（黄帽）、直觉（红帽）以及风险（黑帽）等，使人们可以依次对问题的不同侧面给予足够的重视和充分的考虑。如同彩色印刷设备一样，先将各种颜色分解成基本色，然后将每种基本色印刷在相同的纸张上，最终得到对事物的全方位"彩色"思考。

最著名的运用是1984年的奥运会。美国人尤伯罗斯经营了这届奥运会，首次运用六顶神奇的思考帽子。借助此种创新思维方法，他一改历届奥运会赔钱的状况，营利1.5亿元。

案例

某物业管理公司接手新楼盘不久，小区内频发汽车轮胎被扎破、一楼住户玻璃被砸碎等现象，业主意见很大，物管公司的负责人压力更大。一般思维走向是，物管公司急于排查目标，寻找搞破坏活动的人或报警。但这次，物管公司老总请教了专家，在专家指导下，他们运用六顶思考帽的思维方法：首先对近期发生的各种不正常现象进行描述，找出许多令业主不满意的地方。再运用"黄帽"思维，分析这些现象产生的原因。此后再用"绿帽"思维，发动员工集思广益，提出办法，如增加夜间巡逻，关键处安装电子眼、设立警示标志；整改业主不满意的做法；加强与业主的沟通等。再用"蓝帽"思维方法去组织规划、管理、实施，取得了很好的效果。

在此，尤其要推荐创业团队运用六项思考帽来指导商业模式的研判和讨论，创业团队往往需要进行大量的创造性思维，团队之间往往需要大量的思辨和讨论，如果没有统一的思辨维度，那么往往难以达成共识。

虽然爱德华·德·博诺将思考分为六种中性的颜色，但是并不是说我们在思考每一件事情时，每一顶帽子都必须戴一遍，这依据事情的性质和程度而定。比如在做一个投资决策时，前期的数据与信息收集、整理（白色帽子），关于投资的收益（黄色帽子）和投资的风险（黑色帽子）等方面将会作为重点进行思考，而投资者个人的情绪（红色帽子）将被更多的理性思考所代替。

（三）罗伯特议事规则

如何高效率地开会是门大学问，建议创业者花一点时间学习一下《罗伯特议事规则》。《罗伯特议事规则》是一套用来平衡各方利益的会议机制，1876年，由美国陆军军官亨利·马丁·罗伯特（Henry Martyn Robert）总结英美各种会议的规则写就。

下面列出《罗伯特议事规则》的一些基本原则供创业者参考：

（1）同时只能有一个议题：一旦一个提议被提出来以后，它就是当前唯一可以讨论的议题，必须先把它解决了，或者经表决同意把它先搁置了，然后才能提下一个提议。

（2）意见相左的双方应轮流得到发言权：辩论的时候有人请求发言，主持人应该先问他持的是哪一方的观点，如果其观点与上一位发言人相反，那么他有优先权（比如有若干人同时要求发言）。

（3）主持人必须请反方表决：必须进行正、反两方分别的表决，缺一不可。不可以正方表决后，发现已经达到表决额度的要求，就认为没有必要再请反对方表决。

（4）反对人身攻击：必须制止脱离议题本身的人身攻击。禁止辱骂或讥讽的语言。

（5）辩论必须围绕当前待决议题：如果发言人的言论显得与议题无关，而且其他与会成员已表现出了对此的反感（如嘘声），发言人的发言应该得到制止。

（6）拆分议题：如果一个待决议题可以被分成若干小的议题，而且与会成员倾向于就其中小的问题分别讨论，可以提议将议题拆分。例如，将选举两个骑士的一个议题拆分成两个议题分别表决。

（7）改变一个既成决议，比通过一个新决议需要更大的努力。这是为了避免类似出席人数的变化这样的因素所可能导致的组织决策的不稳定。

（8）在一届会议期间，一旦会议对某一议题做出了决定，同一个议题，或者本质上的同一个议题，不能再次讨论，除非发生了特殊情况。

（9）如果对某个议题做了暂时性的处理，并没有形成最终决定，那么不可以引入任何一旦通过就会干扰到会议再对原议题讨论时的立场的提议，无论新提议对原提议有正面还是负面的影响。

成功的会议有四大标准：会议有议（议题）、议而有决（决策）、决而有行（行动）、行而有果（结果、效果）。

第五节　财务规划

天津商务职业学院钱伟荣教授归纳："创业与就业的重要区别还在于：你是拿固定还是剩余？就业就是拿固定的，不管你挣多少，你都是拿这些钱，企业亏不亏跟你没关系，你一定能够拿到固定的钱，如果不给你，你还可以打官司。但是创业不一样，你是拿剩余的，剩余哪里来？是你先要投入，你要承担风险。"因此，创业者有效进行财务规划是创业公司的核心和灵魂。

一、财务预测

创业公司里最最重要的财务预测就是预测它的"现金流"。这里的"现金流"可理解为创业公司里的钱要像流水那样进进出出，不能断，一定要进来得多出去得少，只有这样，公司才算是健康的公司。当然，在创业公司的收入没有进来之前，公司必须准备足够的资金来保持团队正常运营，一直支撑到公司产生销售收入、产生现金流的流入为止。要是自备的资金撑不到那一天，那么创业者就必须预测到哪一天公司的现金流会中断，创业者必须在那一天到来之前找到投资人，让投资款流进公司的账上，这样才能保持创业公司持续发展。

一句话，"现金流"是创业公司的命脉。预测创业公司的"现金流"是一份细软活儿，以下三方面的细节将决定创业公司的财务预测（现金流预测）是否合理、真实、可信。

1. 收入的基本假设

预测收入的逻辑很简单，需要有产品服务的定价以及客户人数。把这二者放在时间的框架中看它们如何增长，这便是"收入的预测"。

（1）产品定价。无论公司做的是产品还是服务，都得有基本的定价。假设公司生产的是MP3播放器，第一步，将零配件加上公司希望的利润便得出可能的定价；第二步，和市场上的同类产品比较一番，比 iPod 便宜一些，比山寨机昂贵一些，最后定价就出来了。如果算出来发现这个价格比你的生产成本还低，那你的生意就没法做，这里面肯定存在着严重问题。

（2）客户人数。对于创业公司来说，什么时候进来第一个客户，客户人数到底有多少，这些都是令人头痛和迷茫的问题。计算客户人数，万万不可使用"市场占有率"之类的百分比，因为创业公司都是小公司，小本经营，得精打细算。仍以一家 MP3 播放器公司为例：（A）如果用分销方法去销售，就不妨向分销商打听，成熟的分销商可以不费吹灰之力地告诉你，他每月大概可以卖出多少个你的 MP3 播放器。（B）如果采用直销，那你必须考虑广告的投放。比如你在《消费者电玩》杂志上做广告，杂志发行量 10 万份，一般的广告有效率是 2‰或 3‰，所以一期《消费者电玩》杂志最多可能带给你 300 个客户。

（3）时间框架。有了产品定价和客户人数的假设之后，再把它们放进一个时间框架里去。一般来说，投资人会要求创业者必须做 3—5 年的预测。

创业公司的财务预测最忌讳按"年"来计算。创业公司大多数是短命的，能活上三年都算是命大的了。创业公司的财务预测必须用"月"来计算，怀胎十月、满月、周岁、进钱、打平、产生利润……这些都是创业公司里程碑式的宝贵时刻。

一旦把数字化整为零"按月"来计算，无论收入还是支出的预测，数字都会立刻让创业者对财务预测比较有感觉和把握。比如公司需要 3 个月时间设计开发产品，外加 3 个月时间测试、改进、量产，然后正式投入市场，所以，公司收入进来最早也要在第 7 个月，也许分销商还有 90 天的账期,这样的话,收到钱可能要到第 10 个月;接下来是第 11 个月,收入应该有所增长,再下个月,继续增长……按月来做预测,相对会精准很多,因为 30 天以内能做多少事情,还是可以比较容易测算出来的,而如果"按年"来算,往往只能信口开河地瞎报数字。按月做出来的财务预测不仅可以拿出来和投资人讨论细节,令人信服,更重要的是,还可以用它来对照和指导公司每个月的日常运营,如果每个月都能达到预测的数字,到了年底,完成整年计划就不在话下了。

2. 成本

(1) 固定成本包括人员工资、房租、保险、职工福利费、办公费等。

(2) 可变成本包括原材料、包装、运输、直接人工成本等。

(3) 销售成本包括广告、销售、客户服务的成本。

(4) 设备投入包括装修、办公家具、电脑、服务器、生产设备等。

(5) 税务。

和收入一样,成本也是在时间框架里一点点发生的。如果公司将成本细化到每个月,创业者马上会发现很多成本并不是在公司开张那天一次性付出的,比如你预计需要 30 台服务器,但是它们并不需要在第一天就全部到位,而是随公司网站的流量增加一台台增购的,说不定公司要到第二年、第三年的时候才会达到 30 台服务器,而那时候你公司的收入也许早就进来了,因此创业公司没有必要一下子融很多钱。再比如,广告费(创业公司的广告主要是促销广告)支出,也不是第一天就一笔几十万、几百万地打出去,广告费在公司的预测中应该是"销售费用",出这笔钱的目的是为了产生销售收入,因此每一笔广告费花出去,就必须有一笔销售收入随之流进公司里来,不然广告费就是打了水漂。在实际操作中,一个月的广告费打了出去,销售收入却没有进来,那么下个月的广告支出就必须立刻停下来。

3. 分析和调整

创业者把每月的收入预测和成本预测对应着放入同一个时间框架中,就出现了一幅美妙的创业公司命脉图:现金流。那么,要卖出多少产品或者提供多久的服务才能收回成本,这是创业者最为关心的问题之一。企业的经营无法收回成本或者不能营利,会极大地打击创业者的信心。因此,财务预测中还需要收支平衡的分析,即盈亏分析。盈亏分析帮助创业者发现一个平衡点,在这一平衡点上,企业的销售收入足以能够抵消其成本。超过这个平衡点,企业就开始营利了。

收支平衡点的基本公式:

$$单位毛利 = 单位售价 - 单位固定成本$$
$$销量 = 固定成本 \div 单位毛利$$

加入可变成本的收支平衡点公式是:

$$估计的单位可变成本 = 年度可变成本 \div 年度销量$$
$$盈亏平衡时的销量 = 年度固定成本 \div (单位毛利 - 估计的单位可变成本)$$

需要提醒第一次创业的创业者,在任何时候都要保证创业公司的账上有不少于 6 个月的现金储备。原因有二:

(1) 创业公司只要账上还有钱,有现金流,公司就能继续运营;

（2）完成一轮融资，通常需要 6 个月时间，创业公司需要有足够的现金储备，让公司能坚持到投资人的钱进来的那一天。

二、财务报表

财务报表是为了了解企业而服务的。对于创业者，应该从哪几个方面来适时了解自己创办的企业呢？答案是至少在三个方面：一是企业财务状况，二是企业的经营成果，三是企业的现金流量。具体地说，一是要搞清楚企业目前有多少钱和欠人家多少钱。二是要搞清楚这一段时间是赚了还是赔了，如果赚了，赚多少；如果赔了，赔多少。三是要搞清楚这一段时间经手了多少实实在在的现金，收了多少现金，支出去多少现金。要搞清楚这三个方面的问题，就要看懂三张财务报表，第一张是资产负债表，第二张是利润表或损益表，第三张是现金流量表。

那么，这三张表是什么关系？在会计学上，叫"勾稽关系"。"勾稽关系"主要有两种，一种是表内的"勾稽关系"，另一种是表间"勾稽关系"。第一种很简单，就是表内各项目之间的加加减减，看一看加减得对不对，汇总是否有误等；第二种较复杂一点，就是，一张报表的某一项或几项，与另一张报表的某一项或几项，有一个确定的关系，可以通过一定的公式来验证。

现金流量表反映的是企业在一段时期内，流入、流出企业的资金有多少，分别是从哪里流入的，又因为什么原因流出了企业，这段时期内，到底是流入企业的多，还是流出企业的多，用流入的减去流出的，结余是多少，这个结余在财务上就是现金净流量。

利润反映了你赚钱的能力，而现金净流量反映了你未来存活下来的可能性。因此，对于企业来说，一方面要以权责发生制来编制报表，计算出利润，来看一看你有多大的赚钱的能力；另一方面，也要以收付实现制来编制报表，计算出现金净流量，来看一看你未来是否有可能存活下去，活得是否潇洒。

☞ 扫一扫可见财务报表的"勾稽关系"

现金流量表将主要的视线关注到企业里对现金流量有重大影响的三类活动上：一类是经营活动，就是我们通常说的产品和服务的业务活动，如，产品或服务的销售，生产及采购活动，以及与之有关的其他活动等。第二类是筹资活动，无外乎两个地方，一个是股市上，一个是债市上，这也是资金的两个来源，一个是以股本的形式，二是以负债的形式，这就要看资金需求的多少及资金成本的大小了。第三类活动，就是投资活动，将圈来的钱，或自己赚来的钱，投到哪里去，可以再赚到钱，这个就要考虑投资项目的回报率及风险等问题。

创业者要根据对生产经营计划、营销计划的分析与预测，结合市场分析和公司财务环境，做出 1—3 年的公司预计资产负债表、利润表和现金流量表。要强调的是，创业者的预测要尽量真实可信。在公司启动的前两年，建议给出以月度为基础的利润表和以季度为基础的资产负债表和现金流量表，其后只需提供年度报表即可。

第六节　融资渠道

创办一个新企业，首先要确定资金需求。资金是一家企业的血液，有钱不能使企业必然成功，但是没有钱对企业来说只有死路一条。

一、所需资金类型

确定所需资金,应考虑三个方面的问题:开办企业所需资金、企业运营所需资金和企业人员的相关支出。

1. 企业开办资金

企业开办资金是指企业创办之初发生的支出。业务一旦开展,发生的费用就不再是开办资金。企业开办资金包括:仪器设备、初始库存、初始房租和水电费、营业执照和各类许可证、某些法律费用、开业典礼、广告宣传等。

2. 营运资金

企业自开始营业产生足够维持企业正常运转的资金之前,都需要运作资本投入。具体地说,营运资金包括库存、铺货、广告宣传、薪酬、税金、维修、保险、月租金及水电费等。

3. 人员支出

这部分包括创业团队和公司员工必需的各项支出,包括工资、社会保险、办公及必要的公司活动、培训等支出。

二、常见融资渠道

对于创业者来说,无论是在创业初期,手握项目却没有资金的时候,还是遭遇突发事件现金流中断的时候,抑或需要大笔投入度过成长阶段的时候,能够通过各种手段筹集到资金的能力,将成为现代创业者必备的基本素质。

1. 自筹资金

对于一般创业者来说,由于处在起步阶段,贷款能力有限,相当一部分资金需要依赖自有资本,通常会依靠多年积蓄以及向亲朋好友借钱的方式。这是一种最简便可行的方式。

但是,在自筹资金的过程中,创业者必须注意以下几个问题:

首先,无论亲戚朋友给予的资金有多少,原则上,经营事业必须保证自己拥有主导权,也就是说,自己应该投入最大的股权,否则的话,创业者在企业经营过程中就会由于过多地受到他人的制约而缺乏魄力。所以,创业者要想事业顺利,自己就必须拥有足够的资金,这是创业者首先必须具备的经济观念。

其次,创业者自己必须是具备"储蓄性格"的人。那些下个月的薪水还没有领到、这个月薪水就花光的人,或者是到处向人三千、两千借钱的人,都不够资格自己经营事业。现在,这种储蓄性格也是很多银行在贷款给客户的时候都要事先考察的一个项目。具备充分储蓄性格的人,自然就具备了偿还能力,这也就是所谓的信用基础。只有具备了这样的信誉,别人才会敢借钱给你。所以,每个月能够持续积蓄一部分资金的人,两三年间也就能积累一笔不少的资金了。这样,不仅自己有了比较充足的资金储备,而且也为能够顺利地从亲戚朋友那里借到钱打下了一个良好的信誉基础。

2. 合伙入股

创业社会化是一种趋势,一个人往往势单力薄,几个人凑在一起会更有利于创业资金的筹集。另外,合伙创业不但可以有效筹集到资金,还可以充分发挥人才的作用,而且有利于对各种资源的利用与整合。对于资金力量不够雄厚的百姓创业者来说,这种合伙经营的方式还可以有效地分解风险,如果创业不成功,由此带来的风险会由几个人共同分担,相对一个人创业来说个人的损失就要小得多。

虽然合伙投资可以解决资金不足的困难,但也应当注意一些问题:

一是要明晰投资份额。大家在确定投资合伙经营时应确定好每个人的投资份额。平分股权的方式并不一定是最好的选择,因为如果平均进行股份额度分配,必将导致各股东之间权利和义务的相等,这样反倒不利于很好地分工、明确责任,从而会使主要经营目标难以实现,为以后的矛盾埋下祸根。二是合伙人之间必须加强信息沟通。很多人合作总是因为感情好,你办事我放心,所以就相互信任。但假如因此而不注意交流沟通,就容易产生误解和分歧,不利于合伙基础的稳定。三是要事先确立章程。俗话说没有规矩,不成方圆。做企业就应该亲兄弟明算账,把丑话说在前头,不能因为大家感情好,或者有血缘关系,就没有企业章程,章程是行为准则,是经营依据,没有它也就没有了依据,是合作的大忌。

3. 众筹资金

众筹翻译自国外 crowd funding 一词,即大众筹资或群众筹资,由发起人、投资人与平台构成,是一种门槛非常低的募资方式,目前中国国内的众筹可以分为四大类,即产品众筹、公益众筹、股权众筹、债权众筹。众筹的起源是赞助梦想,一个创新项目从创意到推向市场,需要经过一个较长的过程,同时伴随着较大的风险。目前国内的众筹具有三点特征:第一是排他性,即处于众筹期限内的产品仅在单一渠道发售,在其他渠道享受不到相同的产品回报和服务回报;第二是预售性,即出资人先付款,筹资人经过一段时间的生产制造或进行服务前期准备工作后,再给予出资人产品回报或服务回报;第三是资金有下限,即众筹项目的成立需要募集的资金到达一定的规模下限,否则项目不能成功启动。

案例

1 间咖啡馆 145 个老板

长沙解放东路上有一家咖啡店,一走进店门,迎面而来一面巨大的照片墙便彰显出它的与众不同。"照片上的人都是这家咖啡店的股东,由于面积有限,好多人的照片还没挂上去,我们现在有 145 名股东。"服务员向记者介绍,这家名为"很多人咖啡馆"的咖啡店正是以众筹形式创办起来的。这还得从两年前说起,当时网友"小兔崽子"通过豆瓣上传了一条开设咖啡馆想法的帖子,迅速获得上百人的响应,大家你出几千元我出几千元,就这样,当年 7 月,这家当时拥有 120 个股东、注册资本 60 万元的咖啡馆开张了,并取名为"很多人咖啡馆"。"很多人"股东以"80后"、"90 后"为主,他们来自全国各地,每人注资从 3 000 元至 30 000 元不等。"经过两年的努力,我们的咖啡馆现在已基本实现收支平衡,却也经历了很多酸甜苦辣。""很多人咖啡馆"发起人李婷说,咖啡馆实行民主管理,有专门的 5 名董事会成员,3 名监理会成员和 1 名法人代表。这 8 个人组成核心管理小组,一般性经营问题他们说了算,如果遇到大事需其他股东参加,采用目前国际上流行的"罗伯特议事规则",每个问题由一人提议,然后展开每人有两次发言机会的讨论,最后举手表决。

4. 争取政策性扶持资金

作为国民经济重要组成部分的中小企业,由于受到资金和规模的限制,经常会在企业发展过程中遇到各种困难。所以,我国各地政府每年都会拨出一些扶持资金,支持这些企业的正常发展。

5. 从银行或金融机构贷款

银行或其他金融机构是正规金融部门,它们在向借款人贷款时有严格的条件和审查程序:首先,它们通常要求你填一份贷款申请表,并在表后附上你的创业计划。其次,银行一般需要贷款抵押品或质押品,如私人房产、银行存单、有价证券等。如以私人房产作抵押,还要办理房产价值评估以及公证等手续。而且,银行或金融机构为了降低风险,一般不会按抵押品的实际价值给你贷款。它们通常要确保抵押资产的价值高于你的贷款和未付利息额。如果你的企业失败了,你将失去这些个人资产。可见,向正规金融部门贷款是不易的。即便是你有抵押品,借贷机构还是会提出不同的利率和贷款条件。

6. 寻求天使投资、风险投资

"天使"最早是对 19 世纪早期美国纽约百老汇里面进行风险性投资以支持歌剧创作的投资人的一种美称。现在,天使投资人特用来指用自有资金投资于早期创业企业的富裕的个人投资者,其所从事的投资活动称为天使投资。

天使投资虽是风险投资家族的一员,但与常规意义上的风险投资相比,又有着以下几点不同之处:

(1) 投资者不同。天使投资人一般以个体形式存在。

(2) 投资金额不同。天使投资的投资额相对较少,在中国,每笔投资额约为 5 万美元到 50 万美元。

(3) 投资审查程序不同。天使投资对创业项目的审查不太严格,大多都是基于投资人的主观判断或喜好而决定,手续简便,而且投资人一般不参与管理。

(4) 天使投资更注重提供增值服务。

风险投资包括三种:个人非专业投资(天使投资)、机构非专业投资(一般的银行、保险公司的投资)、机构专业投资(风险投资基金)。这三种按名称就能明白,天使投资是有钱有精力的个人投资,最后一个风险投资基金是那种大型、有潜力的项目。风险投资简称 VC,主要是针对以高新技术为基础,生产与经营技术密集型产品的投资。

7. 自力更生,自主发展

对于很多创业者来说,顺利解决创业后的后续资金问题,无疑是一个至关重要的问题,解决不好,可能会导致自己辛苦创立的事业前功尽弃。虽然通过前面几点的论述我们知道,创业者获取资金的途径有很多种,但并不一定对每个创业者来说都有效。所以,拓宽思路,积极发觉自身内在的潜力,发展多种经营,靠自己的力量筹措资金,对创业者来说恐怕还是最直接,也是最有效的办法。

第七节 注册登记

一、市场主体登记分类

（一）公司

1. 概念

依法设立，由股东出资，独立承担民事责任，以营利为目的的企业法人。法人分为企业法人、机关法人、事业法人、社团法人、农民专业合作社法人等。

2. 公司类型

(1) 有限责任公司（国有独资公司、一人公司）。

(2) 股份有限公司（上市股份有限公司、非上市股份有限公司）。

3. 责任

股东以其认缴的出资额为限对公司债务承担责任。（有限责任）

公司以其全部资产对公司债务承担责任。（无限责任）

（二）非公司企业法人企业

由企业主管部门申请设立的企业法人，包括全民所有制企业，集体所有制企业，联营企业，中外合资、中外合作、外资企业，私营企业，其他企业。

（三）合伙企业

合伙企业是指自然人、法人和其他经济组织依法在中国境内设立的，由两个或两个以上的合伙人订立合伙协议，为经营共同事业，共同出资、合伙经营、共享收益、共担风险的营利性组织。分为普通合伙企业和有限合伙企业。普通合伙企业的合伙人对企业债务承担无限连带责任。有限合伙企业的普通合伙人对企业债务承担无限连带责任，有限合伙人以其认缴的出资额为限承担有限责任。

（四）个人独资企业

个人独资企业是指依法在中国境内设立，由一个自然人投资，财产为投资人个人所有，投资人以其个人财产对企业债务承担无限责任的经营实体。

（五）个体工商户

有经营能力的公民，依法登记从事工商业经营的，为个体工商户。个体工商户可以分为个人经营和家庭经营。

（六）农民专业合作社

农民专业合作社是在农村家庭承包经营基础上，由同类农产品的生产经营者或者同类农业生产经营服务的提供者、利用者，自愿联合、民主管理的互助性经济组织。农民专业合作社以其成员为主要对象，提供农业生产资料的购买，农产品的销售、加工、运输、贮藏，以及与农业生产经营有关的技术、信息等服务。农民须占成员总数的 80%，农民专业合作社不是企业。

二、注册登记程序

（一）登记申请提交

（1）直接到企业登记场所。
（2）邮寄、传真、电子数据交换、电子邮件。
（3）网上登记。南京工商局官网→网上办理→网上登记。
登录：南京工商局官网→服务办事指南→表格下载。

（二）审查、受理、决定

（1）登记机关对申请人提交的申请材料进行审查。
（2）材料齐全、符合法定形式的予以受理。
（3）对受理的申请材料，做出是否准予登记的决定。
申请人申请→受理材料→决定是否受理。

三、市场主体注册登记事项及要求

（一）名称

名称由"行政区划＋字号＋行业＋组织形式"四个要素组成。注意禁止使用的字号，如：同行业相同、相似、相近名称；容易引起公众误解的名称；违反国家法律、法规的名称；阿拉伯数字；党政机关、社会团体、国际组织的名称。

（二）类型

（1）有限责任公司、股份有限公司。
（2）全民所有制企业、集体所有制、联营等。
（3）个人独资企业。
（4）合伙企业［普通合伙（特殊的普通合伙）、有限合伙］。
（5）个体工商户。
（6）农民专业合作社。

（三）住所

（1）主要办公所在地。

（2）通讯地址。

（3）行政管辖、诉讼管辖地。

登记要求：① 工业、商用等非住宅类建筑,包括酒店式公寓、农村集体土地的村民住宅等均可作住所登记；② 除附件外的经营行业,住宅性质的房屋均不能作住所登记；③ 提交住所使用证明或租赁协议。

南京市工商登记制度改革方案对住所的规定：

（1）工业、商业等非住宅类建筑、独立住宅类建筑(集体村民住宅、酒店式公寓),工商部门可以登记；

（2）非独立住宅从事无污染、不扰民、无安全隐患的经营项目,征得单元业主同意,且经居委会、村委会、镇、街道盖章确认后,工商部门可以登记；

（3）利用住宅进行餐饮、加工、生产等会产生污染、扰民的经营项目,工商部门不予登记。

（四）法定代表人

企业法定代表人指依法代表法人行使民事权利、履行民事义务的主要负责人、行使职权的负责人。

1. 法定代表人（公司、非公司法人）

法定代表人特征：

（1）法定代表人是由法律或法人的组织章程规定的。

（2）法定代表人是代表法人行使职权的负责人。

（3）法定代表人是代表法人进行民事活动的自然人。法定代表人只能是自然人,且该自然人只有代表法人从事民事活动和民事诉讼活动时才具有这种身份。

思考：外国人可以当内资公司的法定代表人吗? 非股东的人可以当法定代表人吗?

2. 负责人（分公司、非公司法人分支机构）

通常指分公司及非公司企业的负责人。

3. 投资人（个人独资企业）

通常指个人独资企业的投资人自己。

4. 执行事务合伙人或委派代表（合伙企业）

受委托的一个或数个合伙人对外代表合伙企业,执行合伙事务。

5. 经营者姓名（个体工商户）

通常指个体工商户的业主自己。

（五）注册资本

注册资本也叫法定资本,是公司制企业章程规定的全体股东或发起人认缴的出资额或认购的股本总额,并在公司登记机关依法登记。

（1）实行注册资本认缴制。（实收资本不再是登记事项,无须提交验资报告）

（2）取消公司注册资本最低限额。（一元注册公司成为可能）

（3）取消首次出资比例限制。

（4）取消货币出资占比。

（5）取消股东出资额、出资方式、出资比例、出资期限的登记。

（六）经营范围

经营范围是企业从事经营活动的业务范围。

（1）一般经营范围：可以直接经营的项目。如电子产品、日用百货销售、产品技术开发、信息咨询、企业管理、投资与管理等。

（2）前置许可经营范围：法律、法规规定办理营业执照前须取得许可审批的经营范围。如食品、药品销售，危险化学品生产、经营等等。

（3）先照后证的工商登记制度改革。

国务院发布的《工商登记前置改后置许可审批目录》共 113 项，其他有待出台。

南京市目前执行的南京市政府办公厅发布的《南京市工商登记前置审批目录的通知》（宁政办发〔2014〕90 号），共 13 项。常见的涉及许可的经营项目，如：① 餐饮服务业——餐饮服务许可证（食药局）、公共卫生许可证（卫生局），② 食品经营——食品流通经营许可证（食药局），③ 药品经营——药品经营许可证（食药局），④ 货运、客运经营——道路运输经营许可证（交管局），⑤ 烟草制品零售——烟草专卖零售许可证（烟草专卖局），⑥ 旅馆、印铸刻字——特种行业许可证（公安局），⑦ 职业中介机构——人力资源服务许可证（人社局），⑧ 危险化学品经营——危险化学品经营许可证（安监局），等等，在领取营业执照后，应办理以上许可证方可从事经营活动。

（七）营业期限

申请人自主决定，可以有时限，也可以申请长期。

（八）成立日期

一般为工商部门核准登记的日期。

各类市场主体注册登记提交材料要求请扫码阅读。

☞ 扫一扫可见各类市场主体注册登记提交材料要求

四、其他手续

领取营业执照之后，还需办理如下手续：

1. 办理公章、财务章

凭工商局审核通过后颁发的营业执照，到公安局指导的刻章社去刻公章、财务章。后面的步骤中，均需要用到公章或财务章。

2. 办理企业组织机构代码证

凭营业执照到技术监督局办理组织机构代码证。办这个证需要半个月，技术监督局会首先发一个预先受理代码证明文件，凭这个文件，可以办理后面的税务登记证、银行基本户开户手续。

3. 去银行开基本户

凭营业执照、组织机构代码证,去银行开立基本账户。

4. 办理税务登记

领取执照后,30 日内到当地税务局申请领取税务登记证。办理税务登记证时,必须有一个会计,因为税务局要求提交的资料中有一项是会计资格证和身份证。

5. 申请领购发票

如果你的公司是销售商品的,应该到国税局申领发票,如果是服务性质的公司,则到地税局申领发票。

第八节 风险评估

有人赞扬扁鹊医术高明,扁鹊说,"长兄最善,中兄次之,扁鹊最为下"。意思是我家三兄弟,大哥是"上工治未病",他能帮助人不生病,所谓"预防胜于治疗",却不被世人所推崇;二哥的医术第二,"中工治小病",擅长把病消除在萌芽状态,世人也不觉得医术怎样;而扁鹊自己是治重病,虽能起死回生,却是医术最差的,但世人往往觉得他的医术最厉害。在此,创业者更应从"上工治未病"的道理中,受到启发。

大学生创业者要认真分析自己创业过程中可能会遇到哪些风险,这些风险中哪些是可以控制的,哪些是不可控制的,哪些是需要极力避免的,哪些是致命的或不可管理的。一旦这些风险出现,你应该如何应对和化解。特别需要注意的是,一定要明白最大的风险是什么,最大的损失可能有多少,自己是否有能力承担并渡过难关。大学生创业的风险主要有以下几个方面:

一、项目选择风险

大学生创业时如果缺乏前期的市场调研和论证,只是凭自己的兴趣和想象来决定投资方向,甚至仅凭一时心血来潮做决定,一定会碰得头破血流。大学生创业者在创业初期一定要做好市场调研,在了解市场的基础上创业。一般来说,大学生创业者资金实力较弱,选择启动资金不多、人手配备要求不高的项目,从小本经营做起比较适宜。

二、创业技能缺乏风险

很多大学生创业者眼高手低,当创业计划转变为实际操作时,才发现自己根本不具备解决问题的能力,这样的创业无异于纸上谈兵。一方面,大学生应去企业打工或实习,积累相关的管理和营销经验;另一方面,积极参加创业培训,积累创业知识,接受专业指导,提高创业成功率。

三、资金风险

资金风险在创业初期会一直伴随在创业者的左右。是否有足够的资金创办企业是创业者遇到的第一个问题。企业创办起来后,就必须考虑是否有足够的资金支持企业的日常运作。对于初创企业来说，如果连续几个月入不敷出或者由其他原因导致企业的现金流中断，都会给企业带来极大的威胁。相当多的企业会在创办初期因资金紧缺而严重影响业务的拓展，甚至错失商机而不得不关门大吉。

另外，如果没有广阔的融资渠道，创业计划只能是一纸空谈。除了银行贷款、自筹资金、民间借贷等传统方式外，还可以充分利用风险投资、创业基金等融资渠道。

四、社会资源贫乏风险

企业创建、市场开拓、产品推介等工作都需要调动社会资源，大学生在这方面会感到非常吃力。平时应多参加各种社会实践活动，扩大自己人际交往的范围。创业前，可以先到相关行业领域工作一段时间，通过这个平台，为自己日后的创业积累人脉。

五、管理风险

一些大学生创业者虽然技术出类拔萃，但理财、营销、沟通、管理方面的能力普遍不足。要想创业成功，大学生创业者必须技术、经营两手抓，可从合伙创业、家庭创业或从虚拟店铺开始，锻炼创业能力，也可以聘用职业经理人负责企业的日常运作。

创业失败者基本上都是管理方面出了问题，其中包括决策随意、信息不通、理念不清、患得患失、用人不当、忽视创新、急功近利、盲目跟风、意志薄弱等等。特别是大学生知识单一、经验不足、资金实力和心理素质明显不足，更会增加管理上的风险。

六、竞争风险

寻找蓝海是创业的良好开端，但并非所有的新创企业都能找到蓝海。更何况，蓝海也只是暂时的，所以，竞争是必然的。如何面对竞争是每个企业随时都要考虑的事，新创企业更是如此。如果创业者选择的行业是一个竞争非常激烈的领域，那么在创业之初极有可能受到同行的强烈排挤。一些大企业为了把小企业吞并或挤垮，常会采用低价销售的手段。对于大企业来说，由于规模效益或实力雄厚，短时间的降价并不会对它造成致命的伤害，而对初创企业可能意味着彻底毁灭的危险。因此，考虑好如何应对来自同行的残酷竞争是创业企业生存的必要准备。

七、团队分歧的风险

现代企业越来越重视团队的力量。创业企业在诞生或成长过程中最主要的力量来源一般都是创业团队，一个优秀的创业团队能使创业企业迅速地发展起来。但与此同时，风险也就蕴含在其中，团队的力量越大，产生的风险也就越大。一旦创业团队的核心成员在某些问题上产生分歧、不能达到统一时，极有可能会对企业造成强烈的冲击。

事实上，做好团队的协作并非易事。特别是与股权、利益相关联时，管理者选择职业化做事还是选择生活化做事？如坚持职业化做事，有时他人很容易把角色的需要等同于这个人，结果会导致初创时的很多好伙伴闹得不欢而散。

八、核心竞争力缺乏的风险

对于具有长远发展目标的创业者来说,他们的目标是不断地发展壮大企业,因此,企业是否具有自己的核心竞争力就是最主要的风险。一个依赖别人的产品或市场来打天下的企业是永远不会成长为优秀企业的。核心竞争力在创业之初可能不是最重要的问题,但要谋求长远的发展,就是最不可忽视的问题。没有核心竞争力的企业终究会被淘汰出局。

九、人力资源流失风险

一些研发、生产或经营性企业需要面向市场,大量的高素质专业人才或业务队伍是这类企业成长的重要基础。防止专业人才及业务骨干流失应当是创业者时刻注意的问题,在那些依靠某种技术或专利创业的企业中,拥有或掌握这一关键技术的业务骨干的流失是创业失败的最主要风险源。

十、意识上的风险

意识上的风险是创业团队最内在的风险。这种风险来自无形,却有强大的毁灭力。风险性较大的意识有:投机的心态、侥幸心理、试试看的心态、过分依赖他人、回本的心理等。

大学生创业过程中所遇到阻碍并不仅此十点,企业发展过程中,随时都将可能有灭顶之灾的风险。保持积极的心态,多学习,多汲取优秀经验,结合大学生既有的特长优势,我们相信,大学生创业的步伐,会越走越远、越走越稳。

📷 **案例一**

第一研究生面馆四个月就倒闭

自古君子远庖厨。2010 年 12 月 24 日,一所高校食品科学系 6 名研究生声称自筹资金 20 万元,在成都著名景观——琴台故径边上开起了"六味面馆"。

壮志雄心:5 年后开 20 家连锁店。第一家店还未开张,6 位股东已经把目光放到了 5 年之后,一说到今后的打算,他们 6 位异口同声地说:当然是开分店啦!今年先把第一家店搞好,积累经验,再谈发展。"我们准备 2 年内在成都开 20 家连锁店,到时候跟肯德基、麦当劳较量较量。"

情伤钱损:无人管理,草草收场。而目前,由于面馆长时间处于无人管理和经营欠佳的状况,投资人已准备公开转让。这家当初在成都号称"第一研究生面馆"的餐馆仅仅经营了 4 个多月,就不得不草草收场。

内中滋味:研究生面馆关门有内幕。原本想以"研究生"之名来制造广告轰动效应,但事情的发展出人预料。创业失败,原因何在?

分析：生意不红火,管理上也出现混乱,6位研究生称功课繁忙,店堂内经常无人管理。加之面馆所在街道是非繁华商业市区。每月支出庞大,入不敷出。很多食客也反映:"味道不好,分量不足,吃不饱。"

📷 **案例二**

两个月就关张的食品杂货店

学生小刘毕业后一直想自己做老板,看到邻居在小区里开了一个食品杂货店收益一直不错,颇为心动。于是,小刘租了小区内一个库房做店面,筹集了一万多元钱做启动资金,进了一些货品,开了一家食品杂货店。但是经营了两个月后,小刘的食品杂货店就撑不住了,不得已关张了。为什么同样是食品杂货店,邻居可以干得红红火火,小刘的店就经营惨淡呢? 原来,小刘为了突出自己食品杂货店的特色,没有像邻居一样进茶、米、油、盐等大众用品,而是将经营范围锁定在沙司、奶酪等一些西餐调味食品上。但是小区里的居民对她的货品需求少,加之她店面的位置在小区边缘,而且营业时间不固定,由着她的性子开,很多邻居都不愿意绕道过去,所以生意不红火。

分析：求新求异并非处处适用。小刘创业之初求新求异的心理,很多大学生都有,这是优点,但也是致命的缺点。经营需要有自己的特色,但是经营要符合市场环境的需要。小刘的食品店之所以会关张,是因为她没有搞好市场调研,这个食品店如果在一个涉外社区内也许会经营得很好,但是她选择的是一个普通居民区。普通社区里的食品杂货店对茶、米、油、盐的需求远远要大于沙司、奶酪等西式调味品,再加之铺面的选址不合适,营业时间不固定,也是小刘创业失败的原因。

第九节 大学生创业计划书

一、创业计划书的基本概念

创业计划书是指将有关创业的许多想法,借由白纸黑字最后落实的载体。创业计划书是为了展望创业前景、整合资源、集中精力、修补问题、寻找机会而对企业未来的展望,创业计划是为了预测企业的成长率并做好未来的行动规划。

目前,资本的竞争已越来越激烈,国家之间如此,一国之内的不同地区之间也是如此。因此,一家企业要想吸引潜在投资者的注意力,一份投其所好的创业计划书是至关重要的。吸引投资者投资自己的公司犹如一场战争。要赢得战争的胜利,最重要的因素之一,就在于将自己的想法准确无误地展现在纸面上。如果你们公司的产品性能优异,生产效率也很高,而且生产成本也比较低,但是你不能就这些优势与那些正在寻求好的投资机会的投资者进行沟通,那就不得不说是一种遗憾了。

美国一位著名风险投资家曾说过:"风险企业邀人投资或加盟,就像向离过婚的女人求婚,而不像和女孩子初恋。双方各有打算,仅靠空口许诺是无济于事的。"对于正在寻求资金的风险企业来说,创业计划书就是企业的电话通话卡片。创业计划书的好坏往往决定了投资交易的成败。对初创的风险企业来说,创业计划书的作用尤为重要,一个酝酿中的项目,往往很模糊,通过制订创业计划书,把正反理由都书写下来,然后再逐条推敲,风险企业家就能对这一项目有更清晰的认识。

二、创业计划书的主要内容

1. 计划摘要

计划摘要列在创业计划书的最前面,它是浓缩了的创业计划的精华。计划摘要要涵盖计划的要点,以求一目了然,以便读者能在最短的时间内评审计划并作出判断。

(1)计划摘要一般要包括以下内容:

公司介绍:主要产品和业务范围;市场概貌;营销策略;销售计划;生产管理计划;管理者及其组织;财务计划;资金需求状况等。

在介绍企业时,首先要说明创办新企业的思路,新思想的形成过程以及企业的目标和发展战略。其次,要交代企业的现状、过去的背景和企业的经营范围。在这一部分中,要对企业以往的情况做客观的评述,不回避失误。中肯的分析往往更能赢得信任,从而使人容易认同企业的经营计划。最后还要介绍一下风险企业家自己的背景、经历、经验和特长等。企业家的素质对企业的成绩往往起决定性的作用。在这里,企业家应尽量突出自己的优点并表示自己强烈的进取精神,以给投资者留下一个好印象。

(2)在计划摘要中,企业还必须回答下列问题:

① 企业所处的行业,企业经营的性质和范围。

② 企业主要产品的内容。

③ 企业的市场在哪里? 谁是企业的顾客? 他们有哪些需求?

④ 企业的合伙人、投资人是谁?

⑤ 企业的竞争对手是谁? 竞争对手对企业的发展有何影响?

摘要要尽量简明生动,特别要详细说明自身企业的不同之处以及企业获取成功的市场因素。如果企业家了解他所做的事情,摘要仅需 2 页纸就足够了。如果企业不了解自己正在做什么,摘要就可能要写 20 页纸以上。因此,有些投资家就依照摘要的长短来"把麦粒从谷壳中挑出来"。

2. 产品(服务)介绍

在进行投资项目评估时,投资人最关心的问题之一就是,风险企业的产品、技术或服务能否以及在多大程度上解决现实生活中的问题,或者,风险企业的产品(服务)能否帮助顾客节约开支,增加收入。因此,产品介绍是经营计划中必不可少的一项内容。通常,产品介绍应包括以下内容:产品的概念、性能和特性;主要产品介绍;产品的市场竞争力;产品的研究和开发过程;发展新产品的计划和成本分析;产品的市场前景预测;产品的品牌和专利。

在产品(服务)部分,企业家要对产品(服务)做出详细的说明,说明要准确,也要通俗易懂,使不是专业人员的投资者也能明白。一般来说,产品介绍都要附上产品原型、照片或其他介绍。产品介绍必须回答以下问题:

(1)顾客希望企业的产品能解决什么问题?顾客能从企业的产品中获得什么好处?

(2)企业的产品与竞争对手之间的产品有什么优点?顾客为什么会选择本企业的产品?

(3)企业为自己的产品采取了何种保护措施?企业拥有哪些专利、许可证?或与自己申请的专利的厂家达成了哪些协议?

(4)为什么企业的产品定价可以使企业产生足够的利润?为什么用户会大批量地购买企业的产品?

(5)企业采取何种方式改进产品的质量、性能?企业对发展新产品有哪些计划等?

产品(服务)介绍的内容比较具体,因而写起来相对容易。虽然夸赞自己的产品是推销所必需的,但应该注意,企业所做的每一项承诺都是"一笔债",都要努力去兑现。要牢记,企业家和投资家所建立的是一种长期的伙伴合作关系。空口许诺,只能得意于一时。如果企业不能兑现承诺、不能偿还债务,企业的信誉必然受到极大的损害,因而也是真正的企业家不屑为的。

3. 人员及组织结构

有了新产品之后,创业的第二步就是结成一支有战斗力的管理队伍。企业管理的好坏,直接决定了企业经营风险的大小。而高素质的管理人员和良好的组织结构是管理好企业的重要保证。因此,风险投资家会特别注重对管理队伍的评估。

企业的管理人员应当既是互补型的,又要有团队精神。一个企业必须拥有产品设计与开发、市场营销、生产作业管理、企业理财等方面的专业人才。创业计划书中必须对主要管理人员加以阐明,介绍他们所具有的能力,他们在本企业中的职务与责任,他们过去的详细经历与背景。此外,这部分创业策划书还应对公司结构做一简要介绍,包括:公司的组织机构图;各部门的功能与职责;各部门的负责人及主要人员;公司的报酬体系;公司的股东名单,包括认股权、比例和特权;公司的董事会成员;各位董事的背景资料。

4. 市场预测

企业要开发一种新产品或向新的市场扩展时,首先要进行市场预测。如果预测的结果并不乐观,或者预测的可信度让人怀疑,那么投资者就要承担更大的风险,这对多数风险投资家来说是不可接受的。

市场预测首先要对需求进行预测:市场是否存在对这种产品的需求?需求程度是否可以给企业带来所期望的利益?新的市场规模有多大?需求发展的未来趋向及其状态如何?影响需求的都有哪些因素?其次,市场预测还要包括对市场竞争的情况、企业面对的竞争格局进行分析:市场主要的竞争对手有哪些?是否存在有利于本企业产品的市场空当?本企业预计的市场占有率是多少?本企业进入市场会引起竞争者怎样的反应?这些反应对企业有什么影响?等等。

在计划书中,市场预计应包括以下内容:市场现状综述;竞争厂商概览;目标顾客和目标市场;本企业产品的市场地位;市场细分和特征等等。

风险企业对市场的预测应建立在严密科学的市场调查基础上。风险企业所面对的市场,本来就有更加变幻不定的、难以捉摸的特点。因此,风险企业应尽量扩大收集信息的范围,重视对环境的预测和采用科学的预测手段和方法。风险企业家应牢记的是:市场预测不是凭空想象出来的,对市场错误的认识是企业经营失败的最主要原因之一。

5. 营销策略

(1)营销是企业经营中最富挑战性的环节,影响营销策略的主要因素有:消费者的特点,产品的特性,企业自身的状况,市场环境方面的因素。最终影响策略的则是营销成本和营销效益因素。

(2)在经营计划中,营销策略应包括以下内容:市场机构和营销渠道的选择,营销队伍和管理,促销计划和广告策略,价格决策。

对创业企业来说,由于产品和企业的知名度低,很难进入其他企业已经稳定的销售渠道中去,因此,企业不得不暂时采取高成本低效益的营销策略,如上门推销,大打商品广告,向批发商和零售商让利,或交给任何愿意经销的企业销售。对发展企业来说,这样做一方面可以利用原来的销售渠道,另一方面也可以开发新的销售渠道以适应企业的发展。

6. 生产制造计划

经营计划中的生产制造计划应包括以下内容:产品制造和技术设备现状;新产品投产计划;技术提升和设备更新的要求;质量控制和质量改进计划。

在寻求资金过程中,为了增加企业在投资前的评估价值,风险企业家应尽量使生产制造计划更加详细、可靠。一般来说,生产制造计划应回答以下问题:企业生产制造所需的厂房、设备情况如何;怎样保证新产品在进入规模生产时的稳定性和可靠性;设备的引进和安装情况,谁是供应商;生产线的设计与产品组装是怎样的;供货者的前置期和资源的需求量;生产周期标准的制定以及生产作业计划的编制;物料需求计划及其保证措施;质量控制的方法是怎样的;相关的其他问题。

7. 财务计划

财务规划需要花费较多的精力来做具体分析,其中就包括现金流量表、资产负债表以及损益表的制备。流动资金是企业的生命线,因此企业在初创或扩张时,对流动资金需要有预先周详的计划和进行过程中的严格控制;损益表反映的是企业的盈利状况,它是企业在一段时间运作后的经营结果;资产负债表则反映在某一时刻的企业状况,投资者可以用资产负债表中的数据得到的比率指标来衡量企业的经营状况以及可能的投资回报率。

(1)财务规划一般包括以下内容:经营计划的条件假设;预计的资产负债表,预计的损益表,现金收支分析,资金的来源和使用。

可以这样说,一份经营计划概括地提出了筹资过程中风险企业家需做的事情,而财务规划是对经营计划的支持和说明,因此,一份好的财务规划对评估风险企业所需的资金数量,提高风险企业取得资金的可能性是十分关键的。如果财务规划准备得不好,会给投资者以企业管理人员缺乏经验的印象,降低风险企业的评估价值,同时也会增加企业的经营风险。那么如何制定好财务规划呢? 这首先要取决于风险企业的远景规划——是为一个新市场创造一个新产品,还是进入一个财务信息较多的已有市场。

着眼于一项新技术或创新产品的创业企业不可能参考现有市场的数据、价格和营销方式,因此,它要自己预测所进入市场的成长速度和可能获得的纯利,并把它的设想、管理队伍和财务模型推销给投资者。而准备进入一个已有市场的风险企业可以很容易地说明整个市场的规模和改进方式。风险企业可以在获得目标市场的信息的基础上,对企业头一年的销售规模进行规划。

企业的财务规划应保证和经营计划的假设相一致。事实上,财务规划和企业的生产计划、人力资源计划、营销计划等都是密不可分的。

(2) 要完成财务规划,必须明确下列问题:① 产品在每一个期间的发出量有多大? ② 什么时候开始产品线扩张? ③ 每件产品的生产费用是多少? ④ 每件产品的定价是多少? ⑤ 使用什么分销渠道? 所预期的成本和利润是多少? ⑥ 需要雇用哪几种类型的人? ⑦ 雇佣何时开始? 工资预算是多少? 等等。

三、创业计划书的编写要求

创业计划书首先是把计划中要创立的企业推销给企业风险家自己。其次,创业计划书还要把计划中的风险企业推销给风险投资家。公司创业计划书的主要目的之一就是筹集资金。因此,创业计划书必须说明以下几方面的问题:第一,创办企业的目的:为什么要冒风险,花精力、时间、资源、资金去创办风险企业? 第二,创办企业所需的资金:为什么要这么多的钱? 为什么投资人值得为此注入资金? 对已建的风险企业来说,创业计划书可以为企业的发展定下比较具体的方向和重点,从而使员工了解企业的经营目标,并激励他们为共同的目标努力。更重要的是,它可以使企业的出资者以及供应商、销售商等了解企业的经营状况和经营目标,说服出资者(原有的或新来的)为企业的进一步发展提供资金。正是基于上述理由,创业计划书将是风险企业家所写的创业文件中最主要的一个。

那些既不能给投资者充分的信息,也不能使投资者激动起来的创业计划书,其最终结果只能是被扔进垃圾箱里。为了确保创业计划书能起作用,必须做到以下几点:

1. 关注产品

创业计划书中应提供所有与企业的产品或服务有关的细节,包括企业所实施的所有调查。这些问题包括:产品正处于什么样的发展阶段? 它的独特性怎样? 企业分销产品的方法是什么? 谁会使用企业的产品,为什么? 产品的生产成本是多少? 售价是多少? 企业发展新的现代化产品的计划是什么? 把出资者拉到企业的产品或服务中来,这样出资者就会和风险企业家一样对产品有兴趣。在创业计划书中,企业家应尽量用简单的词语来描述每件事——商品及其属性的定义对企业家来说是非常明确的,但其他人不一定清楚它们的含义。制订创业计划书的目的不仅是要出资者相信企业的产品会在世界上产生革命性的影响,同时也要使他们相信企业有证明它的论据。创业计划书对产品的阐述,要让出资者感到:"噢,这种产品是多么美妙,多么令人鼓舞啊!"

2. 敢于竞争

在创业计划书中,风险企业家应细致分析竞争对手的情况。竞争对手都是谁? 他们的产品是如何工作的? 竞争对手的产品相比,有哪些相同点和不同点? 竞争对手所采用的营销策略是什么？要明确每个竞争者的销售额、毛利润、收入以及市场份额，然后再讨论本企业相对于每个竞争者所具有的竞争优势，要向投资者展示顾客偏爱本企业的原因是本企业的产品质量好、送货迅速、定位适中、价格合适等等，创业计划书要使它的读者相信，本企业不仅是行业中的有力的竞争者，而且将来还会是确定行业标准的领先者。在创业计划书中，企业家还应阐明竞争者给本企业带来的风险以及本企业所采取的对策。

3. 了解市场

创业计划书要给投资者提供企业对目标市场的深入分析和理解，要细致分析经济、地理、职业以及心理等因素对消费者选择购买本企业产品这一行为的影响，以及各个因素所起的作用。创业计划书还应该包括一个主要的营销计划，计划中应列出本企业打算开展广告、促销以及公共关系活动的地区，明确每一项活动的预算和收益。创业计划书中还应简述一下企业的销售战略：企业是使用外面的销售代表还是内部职员？企业是使用专卖商、分销商还是特许商？企业将提供何种类型的销售培训？此外，创业计划书还应特别关注一下销售中的细节问题。

4. 表明行动的方针

企业的行动计划应该是无懈可击的。创业计划书中应该明确下列问题：企业如何把产品推向市场？如何设计生产线？如何组装产品？企业生产需要哪些原料？企业拥有哪些生产资源，还需要什么生产资源？生产和设备的成本是多少？企业是买设备还是租设备？解释与产品组装、储存以及发送有关的固定成本和变动成本的情况。

5. 展示管理队伍

把一个思想转化为一个成功的风险企业，其关键的因素就是有一支强有力的管理队伍。这支队伍的成员必须有较高的专业技术知识、管理才能和多年的工作经验，要给投资者这样一种感觉："看，这支队伍里都有谁！如果这个公司是一支足球队的话，他们就会一直杀入世界杯决赛！"管理者的职能就是计划、组织、控制和知道公司实现目标的行动。创业计划书应首先描述一下整个管理队伍及其职责，然而再分别介绍每位管理人员的特殊才能、特点和造诣，细致描述每个管理者对公司所做的贡献。创业计划书中还应明确管理目标以及组织机构图。

6. 出色的计划摘要

商业计划书中的计划摘要也十分重要。它必须能让读者有兴趣并渴望得到更多的信息，它将给读者留下长久的印象。计划摘要将是风险企业家所写的最后一部分内容，却是出资者首先要看的内容，它将从计划中摘录出与筹集资金最相干的细节，包括对公司内部的基本情况、公司的能力以及局限性、公司的竞争对手、营销和财务战略、公司的管理队伍等情况的简明而生动的概括。如果公司是一本书，它就像是这本书的封面，做得好，就可以把投资者吸引住。它会给风险投资家这样的印象："这个公司将会成为行业中的绝人，我已等不及要去读计划的其余部分了。"

总之，一份好的创业计划书必须简明易读，重点突出，用恰当的格式与风格写就，排版图表醒目但是不花哨，能用简明且有说服力的概念说明而不用叙述说明。商业计划书不需要附带大量的成果鉴定报告和报章摘要。

四、创业计划书的检查

在经营计划写完之后,风险企业家最好再对计划书检查一遍,看一下该计划书是否能够准确回答投资者的疑问,争取投资者对本企业的信心。通常,可以从以下几个方面对计划书加以检查:

1. 创业计划书是否显示出具有管理公司的经验

如果自己缺乏能力去管理公司,那么一定要明确地说明,已经雇了一位经营大师来管理公司。

2. 创业计划书是否显示了有能力偿还借款

要保证给预期的投资者提供一份完整的比率分析。

3. 创业计划书是否显示已进行过完整的市场分析

要让投资者坚信计划书中阐明的产品需求量是真实的。

4. 创业计划书是否容易被投资者领会

创业计划书应该具备索引和目录,以便投资者可以较容易地查阅各个章节。此外,还应保证目录中的信息流是有逻辑的和现实的。

5. 创业计划书是否有计划摘要并放在了最前面

计划摘要相当于公司经营计划书的封面,投资者首先会看它。为了保持投资者的兴趣,计划摘要应写得引人入胜。

6. 创业计划书是否在文法上全部正确

如果不能保证,那么最好请人帮忙检查一下。计划书的拼写错误和排印错误能很快就使企业家丧失机会。

7. 创业计划书能否打消投资者对产品服务的疑虑

如果需要,可以准备一件产品模型。

创业计划中的各个方面都会对筹资的成功与否产生影响。因此,如果对创业计划缺乏成功的信心,那么最好去查阅计划书编写指南或向专门的顾问请教。

☞ 扫一扫可见"蒲公英"中药文化宣传有限责任公司创业计划书案例

第十节　各种创业活动简介

一、依托高校的创业体系

1. 从"挑战杯"中国大学生创业计划竞赛到"创青春"全国大学生创业大赛

(1)"挑战杯"及其历程简介:"挑战杯"中国大学生创业计划竞赛是以推动成果转化为目标的活动。它借助风险投资运作模式,要求参赛者组成学科交叉、优势互补的竞赛团队,就一项具有市场前景的技术产品或服务,以获得风险资本的投资为目的,完成一份完整的创业计划书。"挑战杯"中国大学生创业计划竞赛被誉为中国大学生创业创新类比赛的"奥林匹克"盛会,是目前国内大学生创业创新类最热门、最受关注的竞赛。1999 年,由清华大学承办首届"挑战杯"中国大学生创业计划竞赛,孕育了"视美乐"、"易得方舟"等一批高科技公司。2000年,由上海交通大学承办第二届"挑战杯"中国大学生创业计划竞赛。此后,该比赛每两年举办一届,是全国目前最具有导向性、示范性和权威代表性的全国创业竞赛活动。2002年、2004年、2006年、2008年、2010年、2012年,第三、四、五、六、七、八届"挑战杯"中国大学生创业计划竞赛先后在浙江大学、厦门大学、山东大学、四川大学、吉林大学、同济大学成功举办。

(2)"挑战杯"向"创青春"的转变:党的十八届三中全会对"健全促进就业创业体制机制"做出了专门部署,指出了明确方向。为贯彻落实习近平总书记系列重要讲话和党中央有关指示精神,适应大学生创业发展的形势需要,在原有"挑战杯"中国大学生创业计划竞赛的基础上,共青团中央、教育部、人力资源社会保障部、中国科协、全国学联决定,自2014年起共同组织开展"创青春"全国大学生创业大赛,每两年举办一次,下设大学生创业计划竞赛(即"挑战杯"中国大学生创业计划竞赛)、创业实践挑战赛、公益创业赛3项主体赛事。

2. 本科生科研训练计划(Student Research Training Program,简称SRTP)

本科生科研训练计划是专门为在校本科生设计的一种科研项目资助计划,开创于2002年,每年举行2次,2011年下半年增加创业训练项目和创业实践项目。SRTP采取项目化的运作模式,通过设立创新基金和本科生自主申报的方式确定立项并给予以资金支持,鼓励学生在导师指导下独立完成项目研究。

3. 国家级大学生创新创业训练计划

自2007年起,全面推行大规模的大学生创新性实验计划。2011年下半年增加创业训练项目和创业实践项目,现更名为大学生创新创业训练计划,内容包括创新训练项目、创业训练项目和创业实践项目三类。实施国家级大学生创新创业训练计划,促进高等学校转变教育思想观念,改革人才培养模式,强化创新创业能力训练,增强高校学生的创新能力和以创新为基础的创业能力。

4. 全国大学生电子商务"创新、创意及创业"挑战赛

全国大学生电子商务"创新、创意及创业"挑战赛(简称"三创赛")是由教育部高等学校电子商务专业教学指导委员会面向全国高校(含港澳台地区)举办的大学生竞赛项目,是教育部、财政部"高等学校本科教学质量与教学改革工程"重点支持项目。首届"三创赛"于2009年在浙江大学举办,得到地方政府和广大企事业单位的积极支持和热烈响应,此后每年举办一届。大学生通过竞赛挑战企业需求项目,激励创意、创新、创业热情,建立高校教育教学与社会经济发展紧密联系的立交桥。

5. KAB,英文全称Know About Business,意思是"了解企业"

国际劳工组织为培养大学生的创业意识和创业能力而专门开发的教育项目。该项目通过教授有关企业和创业的基本知识和技能,帮助学生对创业树立全面认识,普及创业意识和创业知识,培养有创新精神和创业能力的青年人才。该项目一般以选修课形式在大学开展,学生通过选修该课程可以获得相应的学分。该课程自2005年启动以来,已在清华大学、北京航空航天大学、中国青年政治学院等高校完成试点教学,受到师生的欢迎和好评。

6. "学创杯"全国大学生创业综合模拟大赛

首届"学创杯"全国大学生创业综合模拟大赛于2014年由教育部国家级实验教学示范

中心联席会经管学科组主办,重庆工商大学和武汉大学联合承办,赛事每年举办一届。本大赛旨在以创业竞赛、创业研讨会等形式推动创业教育实践实验教学探索,促进校际交流与合作,共同探讨与引导创业教育实验实践教学改革与创新。

7. 世界上历史最悠久、最具影响力的社会创业大赛——GSVC(Global Social Venture Competition)

由全球顶尖级商学院共同合作举办的真正意义上的全球社会创业大赛。GSVC 由美国伯克利大学哈斯商学院组织 1999 年创立,如今在全球范围内已经发展了 5 个地域性合作伙伴(哥伦比亚商学院、伦敦商学院、泰国政法大学、印度商学院和法国埃塞克商学院)以及 4 个分会联系伙伴(耶鲁大学管理学院——社会企业项目、韩国社会企业大赛、意大利 Cattoli-cadel Sacro Cuore 大学商业和社会研究生学院)。2009 年,GSVC 登陆中国。

8. 中国"互联网+"大学生创新创业大赛

首届中国"互联网+"大学生创新创业大赛于 2015 年 5 月至 10 月在吉林举办,参赛项目要求能够将移动互联网、云计算、大数据、物联网等新一代信息技术与行业产业紧密结合,培育产生基于互联网的新产品、新服务、新业态、新模式,以及推动互联网与教育、医疗、社区等深度融合的公共服务创新。主要包括"互联网+"传统产业、"互联网+"新业态、"互联网+"公共服务、"互联网+"技术支撑平台等类型。大赛旨在深化高等教育综合改革,激发大学生的创造力,培养造就"大众创业,万众创新"的生力军;推动赛事成果转化,促进"互联网+"新业态形成,服务经济提质增效升级;以创新引领创业、创业带动就业,推动高校毕业生更高质量地创业就业。

二、依托地方政府或部委的创业体系

1. 中国江苏创新创业大赛

为深入实施科教与人才强省和创新驱动战略,加快转变经济发展方式,进一步营造创业氛围,发现优秀人才,促进优质项目落户江苏,自 2013 年起,江苏已成功举办了三届中国江苏创新创业大赛。大赛旨在大力弘扬"三创三先"新时期江苏精神,开展创业宣传,培育创业文化,发现一批优秀中青年创业人才,吸引一批前景好、潜力大的创业项目落户江苏,促进一批高成长性创新型企业加快发展,为我省加快转变经济发展方式,谱写好中国梦江苏篇章提供人才和智力支持。大赛分企业类和创意类。

2. "i 创杯"江苏省互联网创新创业大赛启动

2015 年,随着"互联网+"和"创客"等词被写入"两会"政府工作报告,中国迎来了互联网经济发展的又一激情时刻和"大众创业,万众创新"的创客浪潮。这样的激情与浪潮,同样在江苏喷薄而出。2015 年 4 月 24 日,江苏省委省政府印发了《关于加快发展互联网经济的意见》,系统部署和全面推动我省互联网经济发展。在此背景下,为整合互联网创新创业资源,增进互联网创新创业文化,发现基于互联网的新技术、新产品、新业态和新模式,探寻"互联网+"促进传统产业转型升级的创新方案,首届"i 创杯"江苏省互联网创新创业大赛应运而生。

3. "赢在南京"青年大学生创业大赛

根据南京市委市政府《关于实施万名青年大学生创业计划的意见》精神,为鼓励和引导青年大学生创新创业,吸引更多的创新创业项目和人才汇集南京,市青年大学生创业工作领导小组办公室届次化举办"赢在南京"青年大学生创业大赛。参赛人员通过"南京大学生创业网"(http://www.studentsboss.com/)大赛报名窗口进行网上报名。

三、依托企业等的创业体系

1. 李开复的创新工场

创新工场由李开复博士创办于 2009 年 9 月,是一家致力于早期阶段投资,并提供全方位创业培育的投资机构。创新工场是一个全方位的创业平台,旨在培育创新人才和新一代高科技企业。创新工场通过针对早期创业者需要的资金、商业、技术、市场、人力、法律、培训等提供一揽子服务,帮助早期阶段的创业公司顺利启动和快速成长,同时帮助创业者开创出一批最有市场价值和商业潜力的产品。创新工场的投资方向立足于信息产业最热门领域:移动互联网、消费互联网、电子商务和云计算。

2. "千人计划"创业大赛

"千人计划"创业大赛由千人计划创投中心(东沙湖股权投资中心)和千人计划专家联谊会共同举办,自 2012 年启动以来,每年举办一届。大赛旨在为世界各国怀揣梦想的创业人才搭建在中国创业的平台,建立与资本、市场、产业对接的桥梁,为早期创业企业注入成长的力量。希望通过大赛,建立起创业项目与投资者、企业家之间的合作平台:创业团队可以通过大赛展示自己的创新技术和商业模式,寻求企业发展所需的资源;投资者可以通过大赛,寻找和孵化具有投资价值的项目;企业家可以通过大赛了解最新的技术进步,寻找产业整合以及并购的机会。大赛将科技、人才和资本相结合,帮助海内外人才在中国创新创业,为科学发展和社会经济进步做出贡献。

3. 由中央电视台财经频道主办的"中国创业榜样"大型公益活动走进中国

一百多所最高学府,走进中国 100 个县,走进中国东西南北中最具代表性的 20 座城市,寻找创业英雄,为青年创业者提供全资源对接的扶持平台。对于正在经营着一家刚刚起步的,或者有好的方案却缺乏资金的企业而言,这一公益活动无疑是很好的选择。

4. 创业英雄汇

《CCTV 中国青年创业实战公开课——创业英雄汇》是一档全新模式、极致化表达的新型创业服务节目,是秉承"支持大众创业,支持万众创新,增添社会活力和发展内生动力"的理念,由央视财经频道于 2014 年 12 月 26 日重磅推出的自创模式的大型青年创业励志节目。央视财经频道瞄准了青年创业这一当下极具引领性、前瞻性的领域,汇聚了柳传志、俞敏洪、雷军等中国最有影响力的创业导师群体,致力于鼓励青年人创业、创新,尤其是"80后"、"90后"创业者勇敢走进创业新时代。

5.《致富经》栏目

《致富经》栏目内容定位是以百姓视角解读他们身边的致富明星,报道涉农经济发展过程中涌现出的致富经验和创新做法,向观众讲述启迪智慧、更新观念的具有时代感的财富故事。2003 年,《致富经》栏目第一次全新大改版,设有"闯天下"和"经济视野"两个版块。第二次改版则是在 2009 年将原"闯天下"和"经济视野"两个版块合并为"闯天下"一个版块。"闯天下"是以农村百姓的创业经历、经济生活或经营涉农产业的城市人的创业经历、经济生活为题材,讲述一个个具有时代感的财富故事,是那些在统筹城乡进程中涌现出来的,能给观众以启迪智慧、更新观念的具有时代感的真实案例,讲述一个个普通人的创业励志故事,是观众可望又可及的致富榜样。

6.《创业天使》栏目

CCTV 大型财经播出的互动节目《创业天使》致力于打造一个关注中国政商领袖和推动中国企业家成长的平台,响应党和国家的号召,秉承"传播正能量,共圆中国梦"的宗旨,搭建起政界、商界、学界与资本之间的沟通桥梁和绿色通道,从而促进产业转型升级、助力企业融资上市、推动经济健康发展。

7. 中国平安励志创业大赛

中国平安励志创业大赛是由中国平安保险(集团)股份有限公司和中国青少年发展基金会共同举办的、面向青年的创业比赛,于 2009 年开始举办。大赛以为怀揣创业梦想的青年搭建创业平台,希望通过大赛,培养青年的创新能力,让更多青年参与创业实践为主旨,建立起创业项目与投资者、企业家之间合作的平台。

8. 全国大学生网络商务创新应用大赛

中国互联网协会邮储银行杯全国大学生网络商务创新应用大赛,是工信部、教育部指导并支持,中国互联网协会主办、中国邮政储蓄银行主协办的全国大学生职业能力赛事活动,是中国互联网协会"互联网应用实训促就业工程"的重要内容之一。大赛自 2007 年举办首届以来,每年举办一届,以真实企业商业问题作为比赛内容,辅以企业资深人士作为企业教官,及业界专家的点评与辅导,让大学生与高校老师在了解企业现实的基础上,与企业共同配合解决实际问题,从而帮助大学生提升职业能力、促进大学生实践就业。大赛还有助于高校与企业间建立长期的实习实践合作关系,从而实现产、学、研相结合的远程实践教学方式。

第六章

中医药健康产业与创业

第一节　国内外健康产业发展趋势

一、什么是健康产业

健康产业是指与维持健康、修复健康、促进健康相关的一系列有规模的产品生产、服务提供和信息传播等相关产业的统称。促进健康产业发展具有刺激消费、拉动内需、调整结构、惠及民生的重大意义。健康产业由六大基本产业群体构成：

第一，以医疗服务、药品、器械以及其他耗材产销、应用为主体的医疗产业；

第二，以健康理疗、康复调理、生殖护理、美容化妆为主体的非(跨)医疗产业；

第三，以保健食品、功能性饮品、健康用品产销为主体的传统保健品产业；

第四，以个性化健康检测评估、咨询顾问、体育休闲、中介服务、保障促进和养生文化机构等为主体的健康管理产业；

第五，以消杀产品、环保防疫、健康家居、有机农业为主体的新型健康产业；

第六，以医药健康产品终端化为核心驱动而崛起的中转流通、专业物流配送为主体的新型健康产业。

经过 30 多年的改革开放，我国社会已经形成了一大批消费支付能力较强的相对富裕的小康阶层。这一阶层在过去较为普遍地存在"以健康换财富"的状况，而随着健康意识的逐步觉醒，以这一阶层为先导的人群产生了巨大的健康服务需求。保守估计，在未来 5 年内，有健康服务需求并有消费能力的人群将新增 1 亿人，如果平均每人每年用于健康服务的支出为 1 000 元，则能产生每年 1 000 亿元的市场需求。同时，据统计分析：我国约有 70% 的人呈亚健康状态，亚健康人数超过 9 亿，这些构成了健康产业潜在的巨大需求人群。哈佛大学研究表明：80% 的疾病，特别是心脏病和糖尿病、70% 的中风和 50% 的癌症都是可以通过健康的养生观念和良好的生活习惯避免的，健康产业发展潜力巨大。健康产业也无疑正在成为中国的"财富第五波"。

案例一

马云：超过我的一定是健康产业！

单单只是 2014 年，马云带领阿里在健康产业动作频频，从中可以窥探到他的互联网健康产业布局。

1. 收购中信 21 世纪，卡位医药电商

2014 年 1 月，阿里巴巴联手云锋基金，对中信 21 世纪进行总额 1.7 亿美元（约合人民币 10.37 亿人民币）的战略投资，收购后者 54.3% 的股份。同年 10 月 21 号，在香港上市的中信 21 世纪发布公告称，正式改名为"阿里健康"，并更改股票简称及公司网址。业内人士认为此举凸显了阿里进军健康产业的决心。

2. 勾兑海虹控股，图谋医保体系

除了医药电商、未来医院、药店 O2O，阿里巴巴的野心在医保领域也有所谋划。2014 年 3 月，医保控费概念股海虹控股发布公告，与支付宝（中国）网络技术有限公司签署了商务合作框架协议，就医疗福利管理领域结成战略合作伙伴。双方拟通过合作本次战略合作，帮助双方进一步提升整体运营效果、降低运营成本、提高服务质量及水平。

案例二

谷歌的健康战略图

谷歌的健康战略图近年来逐渐展开，从大数据、人口健康、基因地图等谷歌擅长的数据应用领域，发展到智能医疗产品（智能隐形眼镜）、衰老研究及药品开发（Calico）以及健康平台（Google Fit），谷歌的健康战略越走越深。其核心已经逐渐体现：看好人类疾病谱变化带来的机会，包括老龄化、慢性病高发，以及更好地理解人类整体健康（基因、健康跟踪）所带来的产业机会。

随着"互联网＋"时代的到来，互联网健康产业范围可以按照起始链条和流程去囊括，包括产业上游的生态农业、水净化、空气净化和清洁能源，中游的绿色食品加工生产及其交易平台（生鲜电商）、绿色餐饮，下游的移动医疗、养老地产、临终关怀及殡葬服务等等，而辅助互联网健康产业整个链条的还有人寿保险、与健康相关的互联网金融理财产品。

二、未来健康产业发展方向

（一）移动医疗产业的发展现状及趋势

Fred Wilson是美国顶尖风投，由于出色的投资记录，他被公认为纽约投资界最具影响力人物之一。Wilson预测：医疗行业在2015年会感受来自移动端应用的压力。不过，这个趋势会很漫长，2015年只是个开端。

移动医疗的机遇在于，信息化成为健康管理的基础，物联网与人体局域网进入家庭，移动互联网颠覆民用市场格局。但也要注意，中国发展移动医疗还面临挑战，家庭监护及体育和健身市场主要在北美和欧洲，移动健康成本降低需要医疗结构性变化，整个医疗保障行业范围内的合作还不健全，早期试验以外的大规模部署比较缺乏。

移动医疗在国内刚刚开始，商业模式需要探索，付费用户需要培养，未来市场潜力最大的是软件硬件相结合的远程监测和远程数据采集，这种模式具有可持续性。

在未来很长一段时间内，老幼、慢性病、运动人群会是移动医疗的三大服务群体，移动医疗设备必须具有的特质是操作傻瓜化、结果读数化、结论清晰化。

未来移动医疗竞争格局将呈现微软、苹果、英特尔、索尼、惠普、IBM等大公司为主导的局面，这些公司正在做大量专利布局，可以说专利到哪里，这些公司的边疆就拓展到哪里。

案例

互联网医疗难离实体　丁香园情非得已开诊所

2014年，丁香园获得腾讯的巨额融资后，传出消息称，计划首先在杭州开设全科诊所，为愿意多点执业的医生提供诊疗服务平台，让医患双方最终在线下完成就诊过程。

在全球如火如荼的互联网医疗，到了中国最终却落地了，这确实有点奇怪。但如果仔细观察中国的医疗市场，互联网医疗落地是情非得已的必然之举。想在现阶段通过技术的力量改变市场格局是非常困难的，中国医疗的纯粹互联网化之路还需要较长的时间。

首先，中国的整体医疗体系制约了纯粹的互联网医疗。政策面上，政策已经明确为远程医疗划界，不允许非医疗机构从事诊疗。同时，虽然多点执业已经松动，但医院的事业单位体制对医生的诱惑和制约仍然非常大，这直接造成了医疗服务的市场化难以推进。另外，长期紧张的医患关系导致信任基本丧失，互联网医疗很难在没有信任的基础上开展。而发展较快的移动医疗本身只能作为辅助手段帮助治疗，在缺乏支付方的前提下，其本身的发展也遭到了叫好不叫座的局面。

其次,市场的基本格局限制了互联网医疗的发展。中国的医生供给相对缺乏,以药养医严重,医保以外的支付方匮乏。这些因素叠加在一起,导致中国的病人主要需求集中在看病难和看病贵,而不是其他的方面。目前的应用还集中在挂号和付费等极为早期的阶段,这也是几大互联网巨头目前大规模切入的领域。这些问题在欧美发达国家本身就不存在,从本质上来说,这些不是互联网医疗的核心。而要解决看病的问题,涉及体制的转变,又不是简单的市场竞争所能解决的。

互联网医疗的意义是控费和降低医疗成本,所以挂号和付费模式的改变不能算作真正的互联网医疗。远程医疗和移动医疗的发展应该是预防和控制疾病的发展,但是,中国复杂的医疗体系和市场无法将之仅仅在网上完成。没有信任,医保无法支付远程医疗和移动医疗的费用,名医资源匮乏等等都造成了互联网医疗无法不落地。

所以,拥有最多医生资源的丁香园切入互联网医疗必须落地。按照丁香园目前的规划,首先在杭州开设全科诊所,主要为愿意多点执业的医生提供诊疗服务平台,让医患双方最终在线下完成就诊过程。整体的设置与平安在深圳的名医平台较为相似,但丁香园的发展更为明确。这类诊所一旦在一地获得成功,即可在全国快速复制。作为拥有200多万医生资源的平台,丁香园诊所的快速扩展拥有着任何集团都无法比拟的优势。而且,丁香园的这种模式可以通过O2O的方式较为全面地为中国庞大的慢病人群服务,不断地扩大用户基础,在政策面发生变化的时候快速切入远程医疗,成为真正的互联网医疗公司。

不过,丁香园要真正成为巨头,还需要面对几个挑战。第一,供给方跟上需要时间。医生相对保守,中外莫不如此。一旦诊所的业务量获得了发展,就需要吸引好的医生加入。这需要等到新一代的年轻医生真正成长起来。第二,医疗体系的改革存在着较多的不确定性,政策面的阴晴不定对公司的发展会有较大的影响。尽管医疗改革向市场化方向发展不会改变,但是能推进到什么程度,能否撤除几个根本性的制约还很难判定。第三,支付方的变革将对丁香园诊所的发展起到较大的推动。在目前以医保为根基的支付体系下,患者只愿意为名医付出较高的诊费。因此,普通的年轻医生对病人的吸引不大,他们多点执业的动力也不强。只有等到商保获得了较大的发展后,诊费获得较大的提高后,门诊的发展才能得到真正的发展。互联网医疗落地是事实使然,丁香园顺应潮流之举应能获得较大的发展,但医疗市场依然有着较多的阻力,互联网医疗的发展仍需时日。

（二）健康管理产业的发展现状及趋势

随着经济的快速发展，健康的消费需求由简单、单一的医疗治疗型，向疾病预防型、保健型和健康促进型发生转变。

世界卫生组织的研究报告指出：人类三分之一的疾病通过预防保健就可以避免，三分之一的疾病通过早期的发现可以得到有效控制，三分之一的疾病通过积极有效的医患沟通能够提高治疗和愈后的效果。而这一切，都可以通过科学有效的健康管理实现。

1978年，美国密执安大学成立了健康管理研究中心，旨在研究生活方式行为及其对人一生的健康、生活质量、生命活力和医疗卫生使用情况的影响。中心主任 Dee. W. Edington 博士在经过 20 多年的研究后得出这样一个结论，即健康管理对于任何企业及个人都有这样一个秘密：90％和10％。具体地说就是，90％的个人和企业通过健康管理后，医疗费用降到了原来的 10％，10％的个人和企业未做健康管理，医疗费用比原来上升了 90％。

（三）营养保健品产业的发展现状及趋势

在健康产业这个大的体系里，医疗产业、医药产业对于消费者而言多是被动消费，偏重于疾病治疗；健康管理服务产业则是主动消费，偏重于预防和健康咨询；而保健品产业介于二者之间，兼具预防和治疗的功效，是对消费者健康有实质性提升作用的不可缺少的环节。近 20 年来，我国保健品消费增长在 15％—30％，远远高于发达国家 13％的增长率，2004 年全国保健品市场容量达到了 400 亿元左右。在未来，随着我国经济持续发展和居民生活水平的提高，营养保健产品行业将成为我国健康产业发展的巨大增长点，随着我国老龄化社会的到来，营养保健市场将有很大的增长空间。

中国医疗保健政府支出占 GDP5.5％，发达国家一般是 13％到 15％，中国老百姓自己这方面的需求也在不断地涌现，比如说老龄化到来，比如说现在生活水平提高，吃得各种各样的病出来了，保健方面的支出不断上升，估计到 2020 年，老百姓家庭在医疗方面的支出每年能够增长 10％左右。

（四）医疗器械产业的发展现状及趋势

乐普医疗和微创的成功上市显示了中国医疗器械的创业和投资的新方向。预计更多的关注和资源将集聚在心脏及微创手术领域，更多的专注于细分领域的医疗器械企业将涌现出来。同时值得注意的是，医疗器械总体的市场规模远远小于制药，且单个产品周期较短，需要企业具备足够的产品线和持续创新的能力。另外，美国医疗器械创新的主体为医院和医生，技术创新从市场导向研发，而中国目前的医疗器械研发机制完全不同，是从技术人员再到医院的临床应用，未来如何将创新机制更加贴近市场，更快捕捉市场需求，也是医疗器械企业需要考虑的命题之一。

（五）养老行业的发展现状及趋势

美国《彭博商业周刊》网站 2014 年 9 月 25 日刊发文章《中国迅速老龄化的人口带动

6 520 亿美元的"银发"市场》称,根据北京 23 日发布的《中国老龄产业发展报告》,面向中国迅速老龄化的人口的商品及服务市场将于今年达到 40 000 亿元人民币(约合 6 520 亿美元),这在国内生产总值中所占的比例约为 8%。文章说,老龄产业预计将于 2050 年前增至 106 万亿元人民币(约合 17 万亿美元),相当于中国经济的三分之一。这将令中国成为世界最大的老龄市场。该报告称,2050 年中国老年人口将达到 4.8 亿,将成长为全球老龄产业市场潜力最大的国家。服务老龄人口的未来机遇将集中在四个主要板块,这四个板块包括老龄用品业、老龄服务业、老龄房地产业以及老龄金融业。

(六)3D 打印医疗技术的发展现状及趋势

3D 打印(3D printing)也称为"增材制造(Additive Manufacturing)",它是新兴的一种快速成型技术。与传统的减材制造工艺不同,3D 打印是以数据设计文件为基础,将材料逐层沉积或黏合以构造成三维物体的技术。

现代意义上的 3D 打印技术于 20 世纪 80 年代中期诞生于美国。Charles Hull(3D Systems 公司的创始人)和 Scott Crump(Stratasys 公司的创始人)是 3D 打印技术的先驱人物。以 3D Systems 和 DTM 公司为代表的一批美国中小科技公司在 20 世纪 80 年代末至 90 年代初相继研发出立体光固成型(SLA)、选择性激光烧结(SLS)和熔丝沉积造型(FDM)等主流技术路线,经过 20 多年的沉淀和不断完善已经日臻成熟。

3D 打印与传统制造业的最大区别在于产品成型的过程上。在传统的制造业,整个制造流程一般需要经过开模具、铸造或锻造、切割、部件组装等过程成型。3D 打印则免去了复杂的过程,无须模具,一次成型。因此,3D 打印可以克服传统制造上无法达成的一些设计,制作出更复杂的结构。

目前,3D 打印在医疗生物行业的应用主要包括三个方面:

1. 体外医疗器械制造——无须生物相容的材料

体外医疗器械包括医疗模型、医疗器械如假肢、助听器、齿科手术模板等。根据美国组织 Amputee Coalition 的统计,目前美国正有约 200 万人使用 3D 打印假肢。

2. 个性化永久植入物

对人身体部位的复制是高度定制化的产品,通过 3D 打印,这些部件可以与身体完全契合,与身体融为一体。以骨骼为例,当人体的某块骨骼需要置换,可扫描对称的骨骼,再打印出相应的骨骼,最后通过手术植入人体内。

在国内,3D 打印骨骼技术已经于 2013 年被正式批准进入临床观察阶段。目前,北京大学第三医院骨科专家刘忠军教授带领的团队在征得病人同意后,已为近 40 位患者植入了3D 打印出的骨骼。该院在脊柱及关节外科领域研发出 3D 打印脊柱外科植入物,其中颈椎椎间融合器、颈椎人工椎体及人工髋关节三个产品已经进入临床观察阶段。这种 3D 打印的假骨有助于将周边的骨头吸引过来,使人体骨骼和植入物结合起来,促进患者康复。目前,使用 3D 打印骨骼的患者恢复情况非常好,在很短的时间内,就可以看到骨细胞已经长进打印骨骼的孔隙里面。

3. 细胞 3D 打印

细胞打印属较为前沿的研究领域,是一种基于微滴沉积的技术——一层热敏胶材料、一层细胞逐层打印,热敏胶材料温度经过调控后会降解,形成含有细胞的三维结构体。

细胞打印能够:

(1)为再生医学、组织工程、干细胞和癌症等生命科学和基础医学研究领域提供新的研究工具。

(2)为构建和修复组织器官提供新的临床医学技术,推动外科修复整形、再生医学和移植医学的发展。

(3)应用于药物筛选技术和药物控释技术,在药物开发领域具有广泛前景。

这一领域领军的 Organovo 公司,已经成功研发打印出心肌组织、肺脏、动静脉血管等。虽然目前这一技术的应用尚处于试验阶段,但未来有望逐步应用于器官移植手术中。

近日,Organovo 公司宣称可以用 3D 打印机完整打印一个有正常生命机能的肝脏,为肝脏移植患者提供帮助。公司先通过独特的细胞 3D 打印技术,在细胞培养基座中打印出肝脏所需的细胞组织,然后再在培养皿中进行培养,并生成正常形状和机能的肝脏,然后便可以移植到人体中,进行身体解毒和排毒等正常代谢功能。不过,该肝脏的生命周期只有 40 天左右。

对于 3D 打印在医学领域的应用,有人提出了一个"3D 打印生命阶梯"的预想:无生命的假肢位于阶梯的底层;中间是简单的活性组织,如骨与软骨;简单组织之上将是静脉和皮肤;最靠近阶梯顶层的将是复杂且关键的器官,如心脏、肝脏和大脑;而生命阶梯的顶层将是完整的生命单位。

📷 **案例**

世界首款 3D 打印药片上市 可随意打印药片形状

3D 打印目前是越来越神奇,它在创造着越来越多的奇迹,对于 3D 打印建筑物和 3D 打印医疗设备,我们都已经是见怪不怪了。早在之前我们就看到不少关于这方面的报道:一些科学家正在尝试开发 3D 打印药片技术。你能想象得到吗,未来的医生将处方发给你,然后再利用 3D 打印机将药片打印出来,这简直是一件非常疯狂的事。你半夜发烧腹泻,但是又没有备用药片的时候,只需要点一下专门打印药片的 3D 打印机的开关,然后药片就会出现在你面前了,是不是听起来感觉很棒呢?

事实上,如今的美国已经批准了 3D 打印药片的上市,日前,美国食品药品管理局(FDA)正式批准了 Aprecia 制药公司使用 3D 打印制造 SPRITAM levetiracetem 药片。该药片使用了一种多孔配方,只需一小口液体就可以快速溶解。Levetiracetem(左乙拉西坦)是一种口服药物,可作为各种癫痫疾病的儿童和成人处方治疗的一部分。

来源:中关村在线 2015 年 08 月 06 日

第二节　中医药健康产业发展商机

在五千年的中华文明史上,中医药为中华民族的繁衍昌盛做出了重要的贡献。新中国成立60多年来,在历届党中央领导集体的亲切关怀下,我国中医药事业取得了长足发展。习近平主席在出席皇家墨尔本理工大学中医孔子学院授牌仪式时就称:"中医药学凝聚着深邃的哲学智慧和中华民族几千年的健康养生理念及其实践经验,是中国古代科学的瑰宝,也是打开中华文明宝库的钥匙。"李克强总理曾经在《求是》杂志发表《不断深化医改　推动建立符合国情惠及全民的医药卫生体制》一文,进一步强调了"中西医并重"方针,充分发挥中医药的作用是必然的选择。2015年,屠呦呦获得诺贝尔生理学或医学奖更为中医药人带来了自信。

一、中医药健康产业的概念、范畴和前景

中医药健康产业是以中医药学理论为基础,以中国传统文化为核心,以生命健康、特色技术为指导的健康产业体系。中医药健康产业是一个新兴的产业,也是一个典型的传统产业,是一个产业链长、覆盖面广、从业人员多、技术准入度高、市场与公益并行的综合行业。

中医药健康产业的范畴包括:中医医疗服务、中药种植生产与贸易、中医药医疗与保健的设备器械、中医药预防(含治未病)、中医药保健(含保健技术、保健品、保健食品等)、中医药养生、中医药养老、中医药文化产业、中医药旅游、中医药国际服务贸易,以及其他衍生、外延的健康产业、产品和服务。

健康产业前景可观:其一,国家要求健康总费用从目前的4万亿元到2020年增长到8万亿元,健康费用占GDP比重差不多要翻一番,对卫生体系和中医药行业是一个极大的政策利好、巨大的市场需求;其二,未来10年是中国老龄社会加速的时期,人均卫生费用支出随着老龄化的加速而不断增加;其三,随着经济发展与医改的深入,医保从低水平、广覆盖进入多样化、高保障阶段,诱导性医药消费、健康消费正在转向社会人群的刚性需求,个人健康支出加大,未来健康产业总量的增速将保持在较高水平。

二、我国中医药健康产业发展形势

随着健康观念的转变、疾病谱的变化和老龄化社会的到来,中医药的整体观、系统论、辨证论治和预防保健"治未病"的优势越来越显著,其在经济社会发展和健康事业中的地位和作用也越来越突出。国务院《关于促进健康服务业发展的若干意见》(国发〔2013〕40号)和国务院办公厅《关于印发中医药健康服务发展规划(2015—2020年)的通知》(国办发〔2015〕32号)的印发,明确了未来5年中医药健康服务业七项重点任务。一是大力发展中医养生保健服务。支持中医养生保健机构发展,规范中医养生保健服务,开展中医特色健康管理。二是加快发展中医医疗服务。鼓励社会力量提供中医医疗服务,创新中医医疗机构服务模式。三是支持发展中医特色康复服务。促进中医特色康复服务机构发展,拓展中医特色康复服务能力。四是积极发展中医药健康养老服务。发展中医药特色养老机构,促进中医药

与养老服务结合。五是培育发展中医药文化和健康旅游产业。发展中医药文化产业，发展中医药健康旅游。六是积极促进中医药健康服务相关支撑产业发展。支持相关健康产品的研发、制造和应用，促进中药资源可持续发展，大力发展第三方服务。七是大力推进中医药服务贸易。吸引境外来华消费，推动中医药健康服务走出去。2016年2月22日，经李克强总理签批，国务院印发《中医药发展战略规划纲要（2016—2030年）》。《纲要》指出，改革中医医疗执业人员资格准入、执业范围和执业管理制度，根据执业技能探索实行分类管理，对开办中医诊所的，将依法实施备案制管理。《纲要》还指出，改革传统医学师承和确有专长人员执业资格准入制度，允许取得乡村医生执业证书的中医药一技之长人员在乡镇和村开办中医诊所。也就是说，只要取得了乡村医生执业证书，并在中医药方面有一技之长，就可以在乡镇和村开中医诊所。关于社会资本办医，《纲要》指出，鼓励社会力量开办连锁中医医疗机构，对社会资本开办只提供传统中医药服务的中医门诊部、诊所，医疗机构设置规划和区域卫生发展规划不作布局限制。保证社会办和政府办中医医疗机构在准入、执业等方面享有同等权利。《纲要》明确了今后一个时期中医药发展的重点任务：鼓励中医医疗机构、养生保健机构走进机关、学校、企业、社区、乡村和家庭，推广普及中医养生保健知识和易于掌握的理疗、推拿等中医养生保健技术与方法。鼓励中医药机构充分利用生物、仿生、智能等现代科学技术，研发一批保健食品、保健用品和保健器械器材。古老的中医药文化必将在大众创业、万众创新过程中焕发青春活力，同时，各地方政府和高校成立的创客空间、学校孵化器，制定休学创业政策、创业学分激励政策、大学生创业扶持基金政策、创业贷款政策，举办创业大赛等更是从操作层面给予创业者充足的支持。这无疑为中医药健康产业发展带来了另一个春天，同时，也给中医药创新创业提供了一个巨大商机。

三、中医药健康产业的创新发展理念

文化创业是中国未来经济发展的重要推动力。文化具有强辐射性、高渗透性等特征，决定了文化要素能够与科技、产业、市场紧密结合，能够推动各行各业的发展，并提高它们的价值。进入知识经济时代，由于信息、文化、知识、人才在经济结构中的地位日显重要，各种文化要素不断扩张，强力渗透到经济之中，并参与经济循环。

要转变发展理念，就要充分认识文化生产力对中医药健康产业发展的重要意义，结合实际情况，改变中医药健康产业发展局限于单一生产服务模式的现状，进一步全面挖掘中医药健康产业潜能，把科技、文化、产业、市场和生态环境有机结合起来，创新中医药健康产业业态，拓展新的市场和发展空间。

（一）从文化软实力的角度提升中医药健康产业附加值，拓展市场空间

创意中医药健康产业运用文化创意的新力量，以科技创新与文化创意相结合的"双创"发展新思路，去积极挖掘和开拓文化生产力在中医药健康产业产品发展中的巨大潜力和价值空间，推动我国中医药健康产业生产力的提高和中医药健康产品的全面发展。发展创意中医药健康产业，就是在以科技创新提升中医药健康产业、中医药健康产品经济品质的同时，以文化创意来提升产业、产品的经济品位，即通过科技创新和文化创意的双重力量来创新中医药健康产业生产方式和发展模式，提升中医药健康产业产品附加值。

📷 **案例**

中医体质养生文化创业

中医对体质的论述始于《黄帝内经》。北京中医药大学王琦教授据此系统地提出了中医体质学说，将人群体质划分为平和质、气虚质、阳虚质、阴虚质、痰湿质、湿热质、瘀血质、气郁质、特禀质九种基本类型。这九种体质类型的人，都有自己的体质特征。不同体质特征不仅决定了这些人的形态结构、心理特征，还决定了他们容易得哪些病。他们读懂自己的身体后，就能根据自己的体质类型，选择怎样吃，怎样起居，怎样度过一年四季，怎样保健，这就是体质养生，也就是个性化养生学说。

因人施保，因人施养，我们就能在生活的一点一滴中获得健康，掌握自己健康的主动权。基于此理论，我们可以挖掘和开拓个性化养生这个具有巨大潜力和价值的市场。

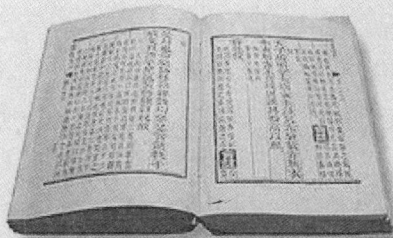

（二）从创意产业的角度建设中医药健康产业链，实现价值最大化

创意中医药健康产业，是一种文化含量高、附加值高的中医药健康产业新业态，是一组相互关联的产业链、能够实现反复交易的知识产权，是一种与地域特色文化资源、城乡市场消费需求、科技服务、产品载体、人文环境、创意人才等有机衔接和融合的综合中医药健康产业复合体。新经济时代的创意产业对物质资源依赖度不高，它高度依赖文化的创新意识，对文化创造力和创造型人才有更迫切的需求。

相对于现代中医诊疗服务、保健养生的低质单一和中药产业"研发、生产、加工、销售"的产业发展模式，创意中医药健康产业的特色和优势，表现在以文化创意为核心，构筑多层次的全景产业链，通过创意把健康文化活动、中医药健康产业技术、中医药健康产品和中医药健康活动以及市场需求有机结合起来，形成彼此良性互动的产业价值体系，为中医药健康产业和中医药健康产品的发展开辟全新的空间，并实现产业价值的最大化。

（三）从"互联网＋"时代的角度助推中医药健康产业升级，达成精准化服务

中医药诞生于农耕文明，流淌到"互联网＋"时代，为中华民族的繁衍昌盛做出了突出贡献，面对互联网带来的新机遇，要传承保基础，坚持守住中医魂，更要注重创新谋发展。"互联网＋"全面助力中医药飞起来，将在中医传承、中医诊疗、中药农业、中药工业、中药商业、中药知识传播等方面产生重要影响。现在的中医药行业正是一片蓝海，整个行业空间巨大，人口老龄化、政策支持和科技创新三大驱动因素将促使整个行业蓬勃发展，值得大家投资开发。个性化的医疗服务、精准性的治疗方案、全面的预防模式都可以基于大数据进行人工智能的建模分析,包括行为数据分析、基因分析、遗传数据分析等。中医的辨证论治,道地药材选取就是最好的个性化、精准化诊断治疗模式。

大数据更能为中医药创新发展提供一系列服务:一是为管理者提供管理决策服务,帮助行业了解发展热点态势、掌握宏观态势和学科布局、提供决策参考定量数据;二是为研究者提供创新决策服务,行业内部可以了解发展热点、了解学科发展态势和发展方向、从 21nx.com 获取准确的学术信息;三是为投资者提供合作决策服务,了解行业热点、重点机构、重要学科、重要人物,提供定量分析,开展学科评价。

四、中医药健康产业的创新发展模式

(一)资源转化为资本模式

资源转化为资本模式,是创意中医药健康产业发展的基本模式,也是在实践中广泛存在的形式。一方面,健康产业、健康产品、消费人群本身是取之不尽的资源,可以通过创意转化为推动其发展的资本;另一方面,各类社会文化资源也都可以通过创意与中医药健康产业相融合,成为新的发展推力。这一模式在中医药健康产品发展中已经比较普遍,通常融入中医药健康产业节庆、中医药健康产业旅游、中医药观光休闲、健康美容、足疗保健、药浴推拿等各类新业态产业服务的发展之中。

一是以创意产业的手法将资源转化为推动中医药健康产品发展的资本。如利用中医药健康产品的生产、生活、生态资源,发挥创意、创新构思,设计出具有地域文化特色的创意中医药健康产品、中医药健康文化展览馆和各种相关文化活动,扩大市场知名度,促进发展。

从休闲旅游方面来说,如大连的玉米迷宫,在种玉米前设计好迷宫图案,按图种植,当玉米长高后,便成为国内首创、亚洲最大的一个玉米迷宫,结合农家乐,吸引了大批旅游者,创造了新的价值。如果再加入中医药膳食养生元素,就增添了中医药健康产业的内涵和附加值,文化创意拓展了产业链,资源带来了资本。而中医药文化源远流长,中医药健康产业品种、内容、活动丰富多彩,可以编撰、演绎各种故事,以故事力来活化中医药文化资源,将其转化成能为中医药健康产业带来增值的资本。

二是以创意产业的思维,整合各类社会文化资源,为中医药健康产业生产服务,以提升中医药健康产品的附加值。如利用生物科技手段改变中医药健康食品的形状、色彩和口味等物理功能的同时,融入文化元素,增加中医药健康食品的文化艺术含量,并根据市场需求,运用新理念把中医药健康食品变为艺术品,设计生产出"原生态中医药健康作品",以提高中医药健康产品的附加值。又如宜兴紫砂壶,到 DIY 陶吧,体验一下陶瓷怎么做,体验陶艺的技术,再延伸到品香茗、茶文化、健康生活 DIY 等业态附加,以创意思维整合各类资源为健康产业服务。

(二)全景产业价值体系模式

创意中医药健康产业与一般中医药健康产业的业态区别是:不仅仅创造高附加值的中医药健康产品,而且以创意产业的思维构建全景产业价值体系,以此释放创意中医药健康产业的巨大经济效益。

所谓全景产业价值体系模式是指通过中医药健康产业知识产权(商标、专利、品牌等)的反复交易,形成不同层次的产业体系,带动相关产业和整个区域的发展。因为创意产业具有很强的渗透力,能以多种形式与不同的产业相融合,形成以文化创意为核心的产业系统和价值实现系统,这将给中医药健康产品带来新的区域品牌和系列衍生产业。

全景产业价值体系包括核心产业、支持产业、配套产业和衍生产业四个层次的产业群。其中核心产业是指以特色中医药健康服务产品和园区为载体的中医药健康产业生产和文化创意活动;支持产业是直接支持创意中医药健康产品的研发、生产、加工,以及推介和促销这些产品的企业群,如科研机构、服务会馆、现代中医药健康产业设施、各类健康服务活动的策划企业、加工厂,以及金融、媒体、广告等企业;配套产业则是为创意中医药健康产业提供良好环境和氛围的企业群,如休闲旅游、药膳餐饮、运动健身、技能培训等等;衍生产业是以特色中医药健康产品和文化创意成果为要素投入的其他企业群,如玩具、文具、服饰、箱包、食品、纪念品等生产企业。在整个创意中医药健康产业体系中,第一、二、三产业互融互动,传统产业和现代创意有效嫁接,文化与科技紧密融合,传统的功能单一的中医药健康服务,以创意为载体,被加工成为现代时尚创意的中医药健康产品,发挥引领新型消费潮流的多种功能,由此开辟了新市场,拓展了新的价值空间,产业价值的乘数效应十分显著。

(三)市场消费拓展模式

市场消费拓展是创意中医药健康产业发展的主要模式之一。没有市场,创意中医药健康产业的价值就无法实现,发展创意中医药健康产业也就失去了意义。对于创意中医药健康产业市场的拓展,聚焦点在城市的较高品位和农村的大众普及上。采取的手段是,通过城市健康消费市场的培育和乡村健康生活文化的综合塑造,包括自然环境、地域文化的合理利用,在创意中医药健康产业的生产和市场两者之间实现有效对接,使得创意中医药健康产业的新业态、新商品和新价值能够直接转化为市场效益。

具体做法:一是中医药健康生活方式的塑造。倡导新型中医药养生健康的生活方式,把创意中医药健康产业的产品与市场进行有机衔接,使消费者认同并引发购买行为,其中,休闲中医药健康服务产业、生态旅游等是比较成功的做法。在发达城市,旅游已经成为城市居民的一种生活方式,以旅游养生健身的方式发展创意中医药健康产业园区,吸引城市消费者来旅游、度假,购买创意中医药健康产品,参与创意中医药健康服务活动。在旅游养生健身活动中,消费者通过自身体验,容易接受和认同创意中医药健康服务产品,市场也会因此逐渐拓展。二是中医药健康服务品牌的拓展。通过品牌效应拓展市场,也是发展创意中医药健康产业的有效模式。品牌本身是具有文化意义的标识,文化具有较强的渗透和辐射功能,能够成为拓展市场的利器,也因此成为创意中医药健康产业广泛采用的一种模式。如创意中医药健康产业的发展,可以结合"医圣文化"、"地理标志产品"、"生态"、"运动"系列、中医药健康产品著名商标等市场基础不断扩展。

(四)空间集聚发展模式

创意中医药健康产业的发展,在空间上通常采取集聚发展的模式,表现形式是创意中医药健康产业园区和创意中医药健康产业集聚带。

建设中医药健康产业园区是目前国内发展中医药健康产业的普遍形式,其优点在于通过共享资源、克服外部负效应,带动关联产业的发展,形成较为完备的产业发展配套服务体系,发挥集群优势,延伸产业链。创意产业是园区集聚构成的主要载体。

结合现代中医药健康产业的发展,创意中医药健康产业园区要具有生产、观光、休闲、娱乐、医疗养生、保健服务等多功能。以天津健康产业园区为例,总占地面积 22.55 平方公里,依托天津体育学院和天津体育中心,建设教学、科研、训练、运动康复于一体的体育产业基地;依托天津中医药大学,建设中医药医疗和中医药文化的传承基地;依托天津医科大学,建设多个医学、医药研发转化中心、医学检验中心,建设高水平的中西医结合的国际康复养老中心;依托团泊湖 1.8 亿立方米的蓄水量,51.3 平方公里的水面,10 倍于杭州西湖的生态领地,建立优质的生态环境区域;成为集教育、科研、医药、医疗、康复和疗养等上下游及周边配套产业于一身的健康专业园区。广西玉林建设的中医药健康产业园,确立医、养、住、产、学、研、建"七位一体"新思路(医即构建特色医疗体系,养即发展健康养老产业,住即开发健康主题社区,产即壮大健康产业集群,学即建设医学教育基地,研即创立医学研究基地,建即加强园区基础设施建设),重点发展中药制药、健康食品、医疗器械制造等产业,同时带动教育科研、药材种植、商贸物流、医疗保健、休闲旅游、商贸会展、医药研发等产业发展。文化内涵、特色产品、配套服务的综合创意,整合集聚,贯穿始终。

📷 案例

掌中医

1. 产品/服务定位

掌中医的定位是中医慢病管理连锁服务机构。

2. 掌中医的核心要素

(1)连锁机构＋慢病管理:掌中医选择无须依赖大型检测诊疗设备的中医科目,选取中医疗效显著且西医院不擅长的慢性病种,为中医师和患者建立连接,提供可供双方接触的线上和线下服务场所。

(2)重线下＋轻资产:除了线上服务平台以外,掌中医与连锁体检机构等多种线下机构合作,掌中医负责建立独立集中化中药供应链平台,打造医生多点执业体系,利用体检机构的空闲资源建立连锁线下服务机构。

掌中医与竞争对手最大的不同,在于它与天亿投资集团,以及中国最大的连锁体检机构——美年大健康达成了中医领域的战略合作伙伴关系。它可依托美年大健康集团全国近 200 家体检网点,将中医体检植入现有体检项目,有效扩大服务人群;为体检用户中的亚健康、慢性病患者提供专业的中医诊疗服务;通过中医体检档案等对用户的中长期健康状况做出跟踪管理,形成完整的服务闭环。

3. 产品/服务解决目前的用户痛点和行业问题

为中医师提供如下服务:

（1）多点执业平台

目前掌中医在上海拥有两家线下网点，共拥有近百位知名中医专家。与岳阳医院、龙华医院、曙光医院、黄浦区中心医院等上海众多知名中医医院的主任、副主任医师合作，邀请他们定期在线下网点坐诊，目前每周线下就诊量可达两千余人。

（2）医师品牌管理

筛选优秀的中医师，通过名医专访、名医专栏、真人案例等手段，为医师打造专业形象，提升医生美誉度和知名度。

4. 为患者提供如下服务

（1）专业科室建设

与传统的中医分科简单分为内科、外科不同，掌中医针对城市人群发病率较高的疾病，定向打造更具针对性的专业科室，如妇科、肿瘤科、骨伤科，以及特色性的科室，如中医美容、运动损伤等，覆盖众多慢性病领域，为患者提前筛选和推荐值得信任的中医师。

（2）健康数据管理

从中医体检出发，跟踪管理后续诊疗、亚健康调理等健康数据。

（3）在线预约支付

掌中医签约医生，均可通过掌中医微信公众平台在线挂号预约支付，部分掌中医线下网点可使用医保、大病医保及商业保险。

（4）中央药房供应链系统建设

"有道地药材才有地道好药。"掌中医与中国中药协会中药材信息中心官方网站——中药材天地网合作，依托天地网丰富地道的中药材资源，启动城市中央药房计划，在每个城市设立一家大型药房，提供医保饮片、精制饮片及复方颗粒剂药房，医生开具电子处方后，可自中央药房直接发药至客户手中。

5. 可以分享产品/运营数据

平台注册用户一万余人，中医专家 90 余名，日均看诊 150 人次以上，日均流水 10 万元左右。

6. 未来的产品规划

医生端：实现医患管理、电子处方、药品供应链管理、个人品牌管理等；

患者端：落地服务的预约、咨询、支付，健康数据分析跟踪管理预测等。

掌中医的目标用户群体分为两类：中医师和患者。

五、国外中医药健康产业发展形势

据统计，以日本、韩国为代表的东亚国家是除中国外中医药应用最广泛的国家。其中日本的汉方医学发展的系统性和研究深入程度，以及公众的信任度最高。目前日本从事汉方医学人员有 15 000 人左右，从事针灸推拿的人员约 10 万人，从事汉方医药研究的人员近 3

万。日本将中草药的汉方制剂纳入医疗保险，将汉方医学纳入其国家教育行列。近几年来，汉方制剂生产每年以50％至60％的速度递增。

韩国将中医药与当地的医药相互结合，形成了当地的传统医药学，古代称为"东医"，1980年韩国政府颁发法令，统称"韩医"。韩国允许东、西方两种医药均可享受医疗保险服务，规定古典医籍上的11种处方可由药厂生产而无须做临床等各种试验，目前估计韩国中药市场已达到10亿美元以上。

在印度，中药及中式医疗和健身形式最受推崇。中药标本兼治的特性颇受印度人的信任，许多慢性病患者都向中医求治，拔罐和针灸也成了印度人熟识的名词。

中医不仅在东南亚国家应用广泛，在欧美等西方发达国家也逐步取得了合法地位。在法国，针灸疗法被承认是一种医疗行为，中医学教育也已纳入高等医学院校课程，中草药从1999年起列入法国国家医疗保险。法国中医药从业人员已达1万多人，有中医诊所2 600多个，近10个针灸专门学校。德国是西欧国家使用中草药最多的国家，大部分药店都可以买到中草药。

澳大利亚每年至少有280万人次看中医，在悉尼和墨尔本等大都市，目前共有2 000多名中医师开业行医。其他州首府如布里斯班、阿得雷德和帕斯也都分别有数百名中医师。各地都成立了中医学会，也有全国性的组织——澳大利亚全国中医针灸学会联合会。2012年7月1日，澳大利亚联邦政府完成注册全国中医师，中医在澳大利亚获得法律认可与保护，澳大利亚成为第一个以国家立法方式承认中医合法地位的西方国家。

在美国，中医也逐步取得合法地位。针灸为美国卫生行政部门所接受并批准为公众的合法医疗保健手段，美国现有注册中医针灸师15 000人，中医药院校53所，中医被越来越多的保险公司纳入医疗保险的范畴。2014年9月3日，由天士力（600535）集团投资4 000万美元的天士力北美药业在美国正式开业，地点就选在美国著名的生物谷——马里兰州，这是中国中药企业首次在美国成立公司，而这也代表天士力进军美国的战略终于从药物的评审阶段转向早期营销阶段，推动以复方丹参滴丸为主打的一系列中药产品作为药品进入美国市场。

此外，加拿大、意大利、荷兰、罗马尼亚、波兰、奥地利、保加利亚、俄罗斯、阿根廷、墨西哥等国家的政府和民众对中医药也越来越重视。中医知识和技术的传播带动了中医药的出口，加快了中国中医药走向世界的步伐。中国与其他国家签署的卫生合作协议中，大多包含了传统中医药的合作。近年来，中国中药及中药材年出口量超过1万吨，出口金额为数亿美元。同时，外资也进入中药产业，有新闻报道，德国拜耳以36亿元完成对中国滇虹药业的整体收购。根据中国外商投资企业协会药品研制和开发行业委员会的数据，2010年跨国药企在中国医药市场占份额27.7％，大约被25家跨国制药企业占据，而剩下72.3％市场由8 000余家本土药企瓜分。目前外资药企加速进入中国医药市场各个端口，不仅持有短期获利倾向，更是一种长期"潜伏"。原因可以理解为：为了跟踪中国政策趋势、增加新药试验病源、争取区域监管认同，并为未来研发和药品推广打造基地、构建网络。

第三节　中医药院校学生创业前景与展望

随着国家中医药发展战略的贯彻实施,中医药健康产业技术的创新发展,以及生态中药养种植加工产业、中医药健康产业、服务业的融合,现代中医药健康产品、休闲中医药健康产品、精致中医药健康产品和生态中医药健康产品等得到迅猛发展,治未病、预防、保健(含保健技术、保健品、保健食品等)、健康体检、健康教育、健康管理等前端预防疾病和维持健康环节、治已病、医疗、药品、中医药的设备器械等治疗疾病、修复健康的中间环节,康复、养生、养老、药膳,以及相关的中药种植生产贸易、中医药美容、中医药文化、中医药旅游、中医药国际服务贸易等服务业产业环节,将形成全方位覆盖、多行业参与、全社会受益的中医药特色的健康服务产业体系。因此,中医药院校学生创业前景广阔。医疗健康产业的创业不同于IT和传统行业,既要求创新力,又要求行业经验和整合能力。中医药院校学生创业若能结合自己的专业,可以取得事半功倍的效果。下面列举一些健康产业领域及医学院校大学生创业案例,供中医药院校学子创业参考。

案例一

象牙塔里的"女医明妃"

近日,福建中医药大学的女大学生们也在校园内开设了一家中医馆,除了开处方药等业务由有资质的医师、老师代劳,这家自负盈亏的中医馆,日常经营全都交由一群在校学生打理,被老师、同学称为象牙塔内的"女医明妃"。

走进这间中医馆,厅堂内弥漫着浓浓的中草药的味道,墙上挂着人体穴位图及扁鹊、华佗等名医的画像,馆内设置古色古香,典雅别致。柜台前,药学院大三学生、"馆主"潘丽婷在和团队成员开会,总结一天的工作。校园中医馆创办于去年年底。潘丽婷介绍,大学城远离市里主要的中医医院、诊所,看病路途远、耗时长,而学校里这么多优质的医师资源难以有效利用,何不在校园内成立一家"中医馆",一来可以免去路途奔波之苦,二来也是学生教学实践的重要平台。正是冲着这个商机,几位女大学生在校方的帮助下,创办了这家校园中医馆。除了开处方药、抓药等业务由有资质的医师、老师代劳,日常进药、管理、经营、煎药等全都由20余位学生打理。

"中医抓药必须十分谨慎,来不得一点马虎。"潘丽婷坦言,同是开医馆,自己遇到的困难并不比明代女医师谈允贤少。最初,由于对新设备不熟悉,潘丽婷几次把代煎药煎稀了,无法发挥药性,作为领头人,她只好掏钱补上,重煎一份。上学期末,一位来抓药的客户出示的处方里写了一味"芍药",抓药的同学没多问就抓了赤芍,审核环节中被老师发现,吓出一身冷汗——根据客户的方子,人家要的应是白芍,赤芍和白芍的药性不同。这些事让潘丽婷如履薄冰,也让她深深认识到,医者必须时刻保持谨慎细致,因此每晚给团队开会,除了总结工作,反复强调的就是安全生产。

林舒是中医药大学的讲师，也是中医妇科学的执业医师。自从创办了中医馆，林舒也定时来此坐诊。"过去中医知识的传播多是靠实践，跟着师傅认药、抓药，从小耳濡目染；现在医学生则多是从书本中学到理论知识，再去临床实践。"林舒说，中医馆成立后，学生跟着老师抓药、煎药，跟师研究病人病理，真切体会到中医学的博大精深。

目前，中医馆还在起步阶段，潘丽婷坚信"众人拾柴火焰高"，希望团队可以将中医馆经营成为大学城内首屈一指的中药诊所，写出自己的"女医传"。

📷 案例二

25 岁女孩自办美容院开启成功路

含着金钥匙出生，不用做什么努力也能过得安逸舒适生活，这是社会对"富二代"的一个广泛描述。而"富二代"这个标签，对于出身于中医世家的于惠青来说，所谓的财富更多地指的是从父母那里得到的人脉和自幼耳濡目染的熏陶。

2009 年，于惠青从山东中医药大学毕业，从幼年时期她就对未来有了一个清晰的规划。"我喜欢的是中医，学的是中医，又对中医美容特别有心得，所以希望能创办一所属于自己的中医美容的保健会所。"

12 月份，在于惠青位于香港中路上的青岛秀尔本草美容养生会馆内，记者见到了她。这位年仅 25 岁的创业者，身上有着超脱于同龄女孩的淡定、稳重的气质。于惠青的父亲是青岛一家知名中医医院的院长，大学毕业后，原本她可以选择的就业方向有很多，进医院当医生或是走仕途之路，然而经过一番深思熟虑之后，她毅然投入了"辛苦和操劳"的创业之路。

"想干点自己的事情，事情可大可小。"于惠青如是告诉记者，不能否认，对于像她这样父母都是成功人士的孩子来说，创业有着得天独厚的优势。父亲是中医界的泰斗，在药的配方上给了很多可行性的建议和指导；创业还需要资金支持，父亲也给了不小的帮助，加上自己多年的积累，一切都是水到渠成。

如今，于惠青创办的美容养生会馆渐渐步入正轨，对于未来，她也有一个规划，希望能够研制属于自己的特有品牌，在 3 年之内开到 6 家以上的分店。

案例三

张林芳的中药特色"茶吧"

　　2015年,22岁的张林芳是山西中医学院的一名大三学生,不安分的她一直有个创业梦。张林芳和几名同学经过调研后发现高校校园内奶茶市场潜力大,而低端的奶茶使用奶精冲泡,既没有特色也没有营养。于是,一个开中药特色"茶吧"的想法在她的心中萌发。张林芳的创业意向得到了学校的大力支持,学校不仅为她提供免费场地,而且对她的项目进行指导。5月28日,张林芳的"创业茶吧"正式营业,兼售奶茶和食品。她们结合专业特长,依据中医方药,选取一些植物与奶茶配比,制作出一种口感特别、营养丰富的"橘井奶茶",深受师生欢迎。张林芳说,开"茶吧"仅仅是"投石问路",积累经验。她希望今后能探索出移动互联网时代的中医药养生创业模式,服务大众,弘扬中医文化。

案例四

大男生研制起中药面膜

　　推销员、商品代购、发传单……和很多大学生一样,来自福建中医药大学2011级中医学专业的石锐也有着兼职的经历,但是这些兼职大多又苦又累,而且与自己学的专业无关。改变石锐人生轨迹的是,2014年3月份他脸上冒出的一大片痘痘。在一次聚会中,朋友看他脸上的痘痘一直不见好,就送了他一些中药制成的祛痘面膜粉,这引起石锐的兴趣。"听过各种面膜,但中药制作的面膜还是第一次听到。我用了几天,效果居然还不错。"嗅到了这其中的商机后,石锐便决定研发属于自己的中药面膜。

　　学过医学美容的石锐在国医堂老师的指导下制成了配方。2014年4月,石锐用从朋友那借来的3 000元作为第一笔创业资金,购买药材制作了第一批面膜粉。就这样,石锐的第一款中药面膜——护肤白玉散诞生了。"我当时制作了几百份试用装,每份50克,自封袋包装,分发给身边的亲人、朋友和同学。"小伙子卖的面膜能好用吗?不少拿到试用装的市民一开始都心存疑虑,但越来越多的效果反馈让大家渐渐地对这个产品有了信心。

　　产品效果得到了认可,但销路问题随之摆在了石锐的眼前:缺乏资金,没有多余的钱做广告宣传;不是品牌护肤品;包装过于简单……经过一些创业前辈的指点,他决定以大量发放免费产品的方式展开销售。

　　"只要产品效果好,大家就会愿意回头花钱买。"石锐说。这种口碑式的营销模式确实起到了作用,他的面膜开始有了不少回头客。为了让更多人知道他的产品,石锐还经常给异地客户邮寄产品。

2014年9月22日，石锐注册成立了公司，并于同年10月份申请了注册商标。随着规模逐渐壮大，石锐研发的项目也越来越丰富，从一开始的中药保湿面膜，到中药祛痘液、淡斑面膜粉，他的产品也从最初的"三无产品"到现在拥有了精致的包装设计和专业的工厂生产。

案例五

4名大学生合伙创业研制泡脚药方受欢迎

2014年12月23日，武汉教育电视台《我爱武汉》栏目以《4名大学生合伙创业研制泡脚药方受欢迎》为题，报道了湖北中医药大学大学生自主研制足浴包创业项目。该项目是学校药学院重点扶持推广的学生创业项目之一，由该院多名学生创办，负责人为2012级中药学专业学生顾逸飞，产品采用纯中药成分，现已开发五款产品，受到广泛欢迎，并且为其品牌取名馥宁轩。

案例六

搭建兼职平台——APP软件"兼职猫"

2015年1月27日，广州中医药大学中药资源营销专业学生王锐旭受邀到北京中南海参加总理座谈会，与陈道明、姚明、许宁生等其他9位代表，对《政府工作报告（征求意见稿）》提出意见和建议。王锐旭是这次座谈会受邀代表中年龄最小的一位，也是首位来自广东省的代表。作为一名在校学生自主创业的代表，其团队制作的手机终端APP软件"兼职猫"，目前已有120万注册会员，每天有800条信息发布，覆盖全国50所城市、上千所高校。登录手机软件后，学生免费获取所有信息，只对部分企业收取会员费或者信息置顶费。

大学期间，王锐旭在寻找兼职过程中发现很多弊端，如需向中介公司缴纳健康费、服装费，个人信息遭泄露等。他逐渐萌生了创业念头，"如果做一个兼职信息手机平台，或许能帮到很多学生"。很多人认为王锐旭跨专业发展，投身移动互联网行业后，之前所学的中药学等于白费。对此，王锐旭表示："当今社会很多事物都有连接点，谁能保证我现在做的事情不是为以后大力推进我们中药资源而作铺垫呢？"

案例七

南中医六学生上演创业"老友记"

初看到"微南中医"这款 APP,不少人都会以为这是学校官方开发的一款应用,让人吃惊的是,这款集成十几项功能的 APP 竟然出自 6 个大二学生之手,他们组了个团队,叫 MICRODREAM。点开这款 APP,新鲜事、校园通讯、期末成绩、麦客商城、快递代领、广播台点歌、食堂订餐等十多项功能几乎包揽了校园里的所有事情。团队的负责人侍建福就读于公共事业管理专业,和 APP 开发八竿子打不着,但是出于兴趣,他坚持自学,对网络语言和代码都比较熟悉。

校园服务都替同学们想到了。侍建福举例说,"快递代领很受同学们欢迎,因为快递公司送快递一般是中午和下午三点,这个点许多同学还在上课,不拿的话,快递员就走了。考虑到这一情况,我们招募了兼职'麦跑跑',他们都是勤工俭学的学生,如果你有快递,可以通过 APP 发布信息,'麦跑跑'们可以'抢单',晚上七八点送到你宿舍。根据距离长短,'麦跑跑'可以获得 2—3 元的跑腿费,我们从其中抽成几毛钱,利润微薄,主要是为了方便大家。"

目前他们已经跟某通信公司签订合同,在线上推广业务,收取一定的推广费用,可以抵消一部分日常运营费用。在学校支持下,侍建福团队进驻了学校的科技园,创办了南京麦智客网络科技有限公司,招募了一批新成员,创业路越走越明确。

案例八

中医药大学应届本科生带着发明去创业

2009 年,天津中医药大学文理部汉语言班应届本科生罗宇翔终于梦想成真,由他设计的一种环保购物纸袋申请到了国家实用新型发明专利证书。新学期开学,小罗就和同学们开始着手市场调研,利用国家和本市扶持大学生创业的好政策,谋划带着发明专利去创业。

罗宇翔说,他有一次去超市买东西,由于东西很多很重,路又远,普通塑料袋不堪重负而破裂,东西散落一地。他当时的心情是非常无奈和烦恼,但同时也想到了肯定也有许多人有着和他一样的感受,于是萌生了提高购物袋承重量的想法。回校后,小罗就动起了脑筋。他想到了利用质轻、环保的纸材料来制作。虽然这种想法好,但面临的困难是如何克服承重问题。在此后搞发明的一段时间里,他设计了大量的图纸,实验了各种纸质袋,重点测试了载重量,经过无数次的试验,最终成功设计出了一种比较理想的环保购物袋。2008 年年底,罗宇翔的专利申请终于得到专利局的批准并予以公告。

罗宇翔透露说,他正在研究发明另一种购物袋,方便老年人、残疾人购物,同时便于上下楼。谈到今年就业的打算时,罗宇翔满怀信心地说:"若条件成熟,我想开办一个工厂,吸纳一些同学一起创业,生产由自己发明的购物袋,把厂子办大、办强!"

案例九

短信创业开心理咨询园

因为学习压力及其他原因,高中时的贾林海远不像现在这样开朗和健谈,那时焦虑和抑郁时时纠缠着他,心中苦闷却不知向谁诉说。进入大学校园后,贾林海的心理问题仍没有得到解决,其间,他看过心理医生,吃过药物,但收效甚微。有一年寒假,难以承受心理压力的贾林海给一位外地同学发短信倾诉。"短信发出去的一瞬间,我心里特别紧张,不知对方是什么态度。"同学的理解就像一缕春风一样吹进贾林海的心里,他顿时觉得无比轻松。在和这位同学短信聊了十个晚上后,贾林海的心结完全被打开。贾林海说,和朋友面对面很难彻底打开心结,心理门诊也缺乏人性化,一张桌子一把椅子,周围人来人往,人们更难开口了,而短信咨询既避免了面对面的尴尬,又不受环境时间的限制。

从有了短信心理咨询的想法到真正开办公司,贾林海酝酿了两年多。因为学行政管理专业的他对药品、心理咨询可谓一窍不通。后来他开始借助网络和书籍慢慢了解医药行业,并尝试着去做一些事情。在此期间,他曾在网络上以免费心理咨询为名做相关调查,每天十几名咨询者给了贾林海很多信心。进入大四,贾林海意识到社会是不会等人成熟的,何不早点出来接受社会的考验呢。就这样,2007年年底,贾林海注册了自己的心理咨询公司。考虑到一些心理咨询者有用药需要,贾林海决定一些相关药品先从网上寻找药品和货源,选好后也曾担心被骗,于是尝试性买了2 000元药品,后来双方一直合作得不错。药品是找着了,但还需挂靠医药公司来销售。"最初找的一家医药公司不愿和我们合作,但对方禁不住我的死缠乱打,后来又给我介绍了现在的这家公司,就做成了。"现在的贾林海说起药品销售环节、心理咨询事项如数家珍,堪比专业人士。现在,贾林海的心理咨询工作已经正式开展了。公司聘请的都是有二级资格证的心理咨询师及研究生学历的,其次还有一些兼职人员。心理咨询采取了包月形式,两名心理咨询师24小时值班接受用户咨询。

案例十

发挥专业优势 扎根农村基层

2005年6月,赵小纯从襄樊职业技术学院医学院临床医学专业毕业后,面对激烈的竞争形势和巨大的就业压力,她同许多刚毕业的大学生一样,对个人的就业前景产生了极大的忧虑。在多方求职无果的情况下,她开始对自己的职业生涯进行重新规划。结合家乡医疗状况和自己的专业特长,她决定创业——在家乡开一家药店。

万事开头难,资金问题成了创业路上的拦路虎。为此,她一方面积极与父母沟通,尽可能得到他们的支持;另一方面四处向亲戚和朋友筹措,最终凑齐了创业资金。经过多次实地考察,她选择了一处人流量较大且房租低廉的地方作为药店的地址,取名"辅仁药店"。在经营药品的种类上,她根据当地基本医疗卫生状况,主要采购了治疗常见病、多发病、流行病的药品,同时辅之以其他常用药,经营品种达80余个。

药店最初的生意并没有出现她预计中的火爆局面,而是冷冷清清。面对困境,她有些迷茫,但没有气馁!她仔细分析原因,再次深入调查,最后实施了三项整改措施:一是通过电视、广播、报纸等媒体,扩大药店在当地的影响力;二是积极调整和转换角色,不仅仅把自己定位成一名营业员,而且还充分利用自己的临床医学专业知识,对前来买药的顾客进行免费诊疗指导;三是开设近距离夜晚免费送药上门的服务项目,不论刮风下雨,从不中断。通过经营方式的调整,药店的生意越来越好,影响也越来越大。目前,赵小纯已经是三家连锁药店和一家诊所的总经理,固定资产约80万元,聘用下岗职工和大学毕业生共13名,每年为国家纳税8万多元。

案例十一

大学生村官试种中草药

2008年,饶辅成通过招考,成为一名普通的大学生村官,当上村主任助理。由于大学时学的是制药专业,在做村官的这几年时间里,只要有空,饶辅成经常上网查找中草药种植的相关知识。"我想让老百姓在农村多找到一条致富的路子。"饶辅成说。

2011年3月,饶辅成和麻栗乡点马村的村官朋友吴文军各筹一万元,选择桔梗、半夏、白术、麦冬和板蓝根等中草药进行试种。6月初,饶辅成特地赶往重庆太极集团考察。"太极集团非常支持我们,希望我们将种植中草药的创业梦坚持下去，在不断摸索的基础上进一步扩大种植规模和种植品种。"饶辅成回忆，在太极集团里饶辅成认识了一名德昌老乡，他告诉饶辅成："德昌的气候条件很适合种植中草药，市场前景也十分广阔。"

"经过近半年的观察和实验，我们发现桔梗、半夏、白术、麦冬和板蓝根等几个品种比较适合德昌的气候条件。"饶辅成说，现在他和吴文军的中草药试种已经扩大到13处，面积20余亩。

下 篇

大学生就业指导——我的未来不是梦

第七章

就业形势与政策

大学毕业,是个人人生道路上的一个重要转折点。在面临毕业择业的过程中,大学生们应当充分认清就业形势、准确把握就业政策,在此基础上有针对性地提高就业能力,才能更好地实现就业。

第一节 大学生就业形势分析

就业形势是大学生就业的重要外部环境,能够反映一段时间内就业市场的整体走势,影响着大学生就业的整体趋势,同时,也影响着大学生个体的求职。如果大学生在就业前能有针对性地了解就业形势,调整就业目标和就业策略,那么将十分有利于实现充分就业。

长期以来,我国面临着劳动力供大于求的总量性矛盾,稳定和扩大就业的任务十分繁重。我国政府始终把促进就业作为经济和社会发展的优先目标,以充分开发和合理利用人力资源为出发点,实施扩大就业的发展战略和积极的就业政策,促进城乡劳动者提高整体素质,逐步实现更加充分的社会就业。

2001—2017 年全国高校毕业生人数

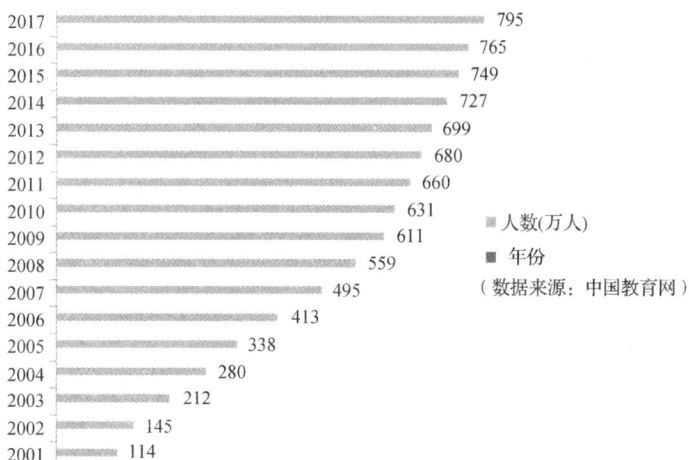

年份	人数(万人)
2017	795
2016	765
2015	749
2014	727
2013	699
2012	680
2011	660
2010	631
2009	611
2008	559
2007	495
2006	413
2005	338
2004	280
2003	212
2002	145
2001	114

■ 人数(万人)
■ 年份
(数据来源:中国教育网)

近几年,我国每年有数百万大中专毕业生进入求职大军的行列,且每年毕业生的增加数量均达几十万之多。"十三五"期间,毕业生的数量增幅虽然减小,但是仍一直呈现上升的趋势,毕业生的绝对数量是持续增加的。但是,我们应该看到,高校毕业生就业难并不是因为毕业生过剩,而是因为毕业生的知识和技能与我国社会发展和经济进步对人才的需求还不相适应,大中专毕业生就业市场饱和是一种假象。

随着科教兴国和可持续发展战略的逐步实施,我国经济体制和经济增长方式正处在转变之中,优化产业结构、提高产品质量、提高企业经济效益、加大科技在国民经济中的贡献率已成为人们的共识。而要实现这些目标,归根结底是要提高劳动者的素质,优化从业人员的知识、技能结构,改善经营管理,这就为广大高校毕业生就业提供了广阔的空间。特别是随着《国务院关于大力推进大众创业万众创新若干政策措施的意见》(国发〔2015〕32 号)的出台,"大众创业,万众创新"时代给高校毕业生带来更多创业就业的机会,这些都是高校毕业生就业的有利条件和良好机遇。

当然,高校和毕业生也应清醒地看到大学生在就业方面还面临不少困难,主要表现在以下几个方面:一是毕业生总量将继续保持高位。"十三五"期间,应届高校毕业生规模仍保持在每年 700 多万人,不会出现明显的下降,总量的压力依然较大。二是就业结构性矛盾依旧突出。一方面是高校毕业生就业难;另一方面是部分企业招工难、技术工人短缺,经济结构与就业结构不相匹配,低附加值岗位占就业岗位总数比重偏高,高端人才低层次配置问题突出。三是,高校毕业生对于薪酬待遇和职业发展的预期将进一步提高,对用人单位劳动力成本控制构成更大压力。四是,受社会环境影响,青年尤其是重点高校毕业生就业观念和就业选择与经济社会发展的客观需要存在偏差,就业引导加强与就业政策调整面临新的考验。

从宏观层面和长远发展来看,高校毕业生就业尽管压力依然较大,但是就业向好、回暖仍是主基调。随着我国改革开放和现代化建设的逐步深入,在政府、学校、用人单位和毕业生等共同努力下,所有的困难都是可以克服的。有利于高校毕业生就业的积极因素较多,主要体现在以下方面:

一、各级领导高度重视高校毕业生就业

党中央、国务院高度重视毕业生就业工作。党的十八大会议提出:"推动实现更高质量的就业。就业是民生之本。要贯彻劳动者自主就业、市场调节就业、政府促进就业和鼓励创业的方针,实施就业优先战略和更加积极的就业政策。引导劳动者转变就业观念,鼓励多渠道多形式就业,促进创业带动就业。"各级党委和政府因势利导,拓宽就业渠道,最大限度地保障毕业生优先就业,如江苏省委、省政府把毕业生就业工作列为民生工作首要任务,将毕业生就业率控制性目标列入了《江苏省中长期教育改革和发展规划纲要》;各市各部门认真履行职责,通力合作,积极采取有力措施促进毕业生就业;各高校也把就业工作作为重点工作,实行一把手校长负责制。

二、江苏高校的教育水平较高,毕业生在就业市场中具有较强竞争力

我省经济增长势头持续良好,特别是新能源、新材料、生物技术和新医药、节能环保、软件和服务外包、物联网和新一代信息技术等新兴产业的发展引领经济新一轮增长。"十三五"开局之初,国家和省市将启动一大批经济建设项目,将为经济发展提供更广阔的空间。经济发展的良好局面必然会为江苏省高校毕业生就业创造较好的外部环境,提供更多更优

的就业机会和岗位。

三、用人单位招聘需求不断攀升

随着社会的进步，知识经济的突起，各种经济成分共同发展，社会对高水平人才的需求量愈来愈大，私营企业、乡镇企业、基层单位更为毕业生提供了施展才华的广阔天地，用人单位招聘毕业生的热情持续高涨，需求迅速上升。从南京中医药大学近年来组织的大型综合性招聘会来看，每场活动的招聘展位均被提前预订完毕，招聘会当天仍有不少用人单位直接进场招聘。从全省各地各高校的情况来看，招聘会的场次密度和招聘的有效需求均比以往有较大提升，用人单位发布需求的主动性和发布的招聘职位数量同比均有较大提高。

四、毕业生的就业观念日趋理性

越来越多的毕业生开始正视现实，更新就业观念，逐步抛弃"一次就业定终身"的"一步到位"思想，摒弃依赖思想，树立起不等不靠、主动出击、基层就业、先就业后择业等崭新的就业观念。这些有助于高校毕业生提高自身素质，主动推销自己，从而在就业市场中抢占先机，找到合适的工作岗位。

第二节　大学生就业政策简析

高校毕业生就业是一项政策性很强的工作。大学生就业政策和法规是党和国家就业政策的一个重要组成部分，是大学生求职择业的前提和依据。了解国家有关就业政策是高校毕业生求职择业的关键一步。有人曾经形象地比喻求职择业中不熟悉就业政策的高校毕业生"如同不懂比赛规则而上场比赛的运动员"。的确，面临求职择业的高校毕业生，如果不首先了解国家以及有关部门的就业政策而盲目地去选择职业，那么很可能事与愿违，或事倍功半，甚至处处碰壁。

我国现行的大学生就业政策有一个不断深入完善的过程：2002年国务院办公厅转发了由教育部、公安部、人事部、劳动保障部联合下发的《关于进一步深化普通高等学校毕业生就业制度改革有关问题意见的通知》，2003年《国务院办公厅关于做好2003年普通高等学校毕业生就业工作的通知》下发，2004年《国务院办公厅关于进一步做好2004年普通高等学校毕业生就业工作的通知》下发，2005年中共中央办公厅和国务院办公厅下发了《关于引导和鼓励高校毕业生面向基层就业意见的通知》。通过一系列文件，我国现行大学生就业政策可归纳为：国家计划统招毕业生在国家政策规定的时间和范围内一般通过供需见面、双向选择、自主择业的方式落实就业单位；逐步建立"市场导向、政府调控、学校推荐、学生与用人单位双向选择"的就业机制；定向和委培的毕业生按合同就业。

一、现行大学生就业方针

根据《中国教育改革和发展纲要》有关规定，凡取得毕业资格的统招生，在国家就业方针指导下，实行"供需见面"和"双向选择"的办法，在一定范围内安排就业。

国家采取措施,鼓励和引导毕业生到边远地区、艰苦行业和其他急需人才的地方去工作,规定来自边远省区的高校毕业生只要是边远地区急需的,原则上回到来源省区就业。另外,在就业工作中必须坚持男女平等的原则,用人单位对毕业生择业不得做出有性别歧视的规定。

二、现行大学生就业管理体制

由政府主管领导牵头、有关部门参加的领导协调机构,统筹做好高校毕业生就业工作。这是根据新的就业形势和任务提出的一个新的体制,为做好高校毕业生就业工作提供了重要的组织保证和体制保障。

三、大学生就业的服务保障体系

大学生就业的服务保障体系主要包括毕业生就业指导和服务体系、劳动关系调整体系、职业技能开发体系、社会保障服务体系、宏观调控体系、法律法规体系等。

四、不同去向毕业生的就业政策简析

(一)报考机关公务员和事业单位

高校应届毕业生,只要符合国家和有关省市的报考条件,均可报考公务员。经过报名、资格审查、笔试、面试、政审、体检等流程考核,被录用为公务员的毕业生将获得录用通知书,与组织人事部门签订就业协议书,即算正式就业。

每年还有相当数量的毕业生选择去医疗卫生、食品药监、教育等领域的事业单位工作。现在事业单位招聘新员工遵循"逢进必考"的规定。2005年11月16日,人事部颁布施行的《事业单位公开招聘人员暂行规定》(中华人民共和国人事部令第6号)明确:"事业单位新进人员除国家政策性安置、按干部人事管理权限由上级任命及涉密岗位等确需使用其他方法选拔任用人员外,都要实行公开招聘。""公开招聘由用人单位根据招聘岗位的任职条件及要求,采取考试、考核的方法进行。"考试科目、方式根据行业、专业及岗位特点确定,主要考查招聘岗位必需的专业知识、业务素质和工作技能。

(二)基层就业的相关政策

为积极引导和鼓励毕业生面向基层就业,国家和地方出台了"选聘高校毕业生到村任职"、"大学生志愿服务西部计划"、"三支一扶计划"、"大学生志愿服务苏北计划"等一系列关于基层就业的相关政策,服务期满且考核合格的毕业生可享有报考研究生加分、报考公务员或事业单位同等条件优先录用等政策,有志于服务基层的高校毕业生可以查阅具体政策。

(三)自主创业

就业是民生之本,创业是就业之源。在"大众创业,万众创新"的时代背景下,国家和地方以更大力度支持鼓励大学生创新创业,出台了一系列的优惠政策,特别是在扶持资金、小额担保贷款和贴息支持、税费减免、培训补贴等方面给大学生创业者免除了后顾之忧,有创业意愿的学生将获得全方位的创业指导和帮扶。

（四）升学考研

近年来，用人单位对于人才的学历要求越来越高，特别是医学等部分专业的毕业生，求职的"门槛"较高，报考研究生成为很多毕业生的选择。但是由于研究生入学考试时间和"求职季"交叉在一起，很多学生在考研结果未定的情况下往往选择先同某一用人单位签订就业协议。在这种情况下，毕业生应主动向用人单位说明情况，一旦考取为研究生，就业协议是否自动作废，以免产生不必要的纠纷。

（五）参军入伍

依法服兵役是中华人民共和国每一个公民义不容辞的责任和义务。军营是一所培养人才的大学校，是一座锻炼人才的大熔炉。近年来，越来越多的高校毕业生选择携笔从戎，加入军人的行列。从部队退役后，毕业生可享有考研加分、同等条件优先录取，在部队荣立二等功以上的免试攻读硕士研究生，参加公务员、机关、事业单位招聘，同等条件优先录用等优惠政策，并且退役一年内就业的毕业生仍可按照应届毕业生办理就业派遣手续。

第三节　大学生就业流程规定

一、就业准备阶段

（1）毕业生通过学校就业指导中心、本学院和校内外人才市场等各类平台了解就业政策、形势和办理就业手续的大致时间；

（2）明确就业意向，制定自己的求职时间表及重点准备工作；

（3）根据就业意向，有针对性地制作个人简历等自荐材料；

（4）在学校就业网上注册填写个人求职信息，完善就业推荐表、就业协议书信息，学校审核后统一打印下发给毕业生本人，作为重要求职材料妥善保管。

二、就业双选阶段

（1）毕业生通过学校就业指导中心网站、院系通知、校园招聘会、校外人才市场等各类信息平台获取就业信息。

（2）发现感兴趣的招聘信息后，先通过网站、宣讲会、新闻媒介、实地考察、询问知情者等途径了解招聘单位。

（3）通过提交自荐材料、参加招聘笔试和面试等与用人单位进行双选。

（4）确定具体的就业意向后，与用人单位签订就业协议书。用人单位在就业协议书上甲方位置签字、盖章，毕业生在就业协议书上乙方位置签字。

（5）将签订的协议书内容在学校就业网"签约信息上报"栏目中进行反馈，作为就业派遣数据的基础。

（6）毕业生将手续完备的协议书交至校就业指导中心，校院两级的就业指导教师根据协议书内容对毕业生在就业网反馈的数据进行审核，制定派遣方案。

注：所谓手续完备的协议书是指，不仅在协议书上要加盖用人单位的章，还要加盖档案接收单位和用人单位上级主管部门的章，或是提供档案接收单位和用人单位上级主管部门出具的接收函。档案接收单位和上级主管部门可为同一单位，一般企业上级主管部门为当地人事局（人才市场），医疗卫生事业单位上级主管部门为当地卫生局（卫计委）。

（7）需要更改就业意向的，先与已签约单位办理正式解除协议手续，在工作日将单位出具的同意解约的书面证明和已解除的就业协议书原件交至校就业指导办公室，换领新的就业材料。

（8）如有协议书、推荐表遗失需要补办的，毕业生本人需在省级报刊刊登遗失声明，持报样到校就业指导中心申请补办新的材料；如有协议书、推荐表损坏需要补办的，毕业生本人需持原件到就业指导办公室换领新的材料。

三、毕业派遣阶段

（1）已经将手续完备的协议书等材料送至校就业指导办公室的毕业生可在规定时间领取全国统一的毕业生就业报到证，户口入学时迁至学校的毕业生同时领取户口迁移证。毕业生党员到学校组织部开具"转组织关系介绍信"，毕业生团员凭团员证办理团组织关系迁转。

（2）毕业生在规定时间内持毕业生就业报到证、户口迁移证与党团组织关系迁转材料到就业单位人事部门报到。

（3）派遣到工作单位的毕业生，领取报到证后，一年之内如需更改派遣单位的，先与原单位办理解约手续，再到校就业指导办公室领取新的协议书。重新签约后，将手续完备的新签协议书与原报到证一起交至学校就业指导办公室，申请办理新的报到证。毕业时尚未就业的毕业生，可以申请到生源地有关就业服务部门、人才交流服务中心办理个人委托人事代理手续，也可将户档暂时留在学校，两年之内，待落实接收单位后，再由学校办理相关就业派遣手续。已经申请派遣回生源地的毕业生，毕业两年内找到工作单位后可以申请重新办理到工作单位的报到证，只需向学校就业指导中心提供原报到证和新签的手续完备的就业协议书即可。

（4）报到证遗失的同学，需在档案中查到报到证号码，并根据号码在遗失城市登报挂失，凭报纸到江苏省高校招生就业指导中心补办。

（5）考研升学的毕业生不需办理报到证，学校根据毕业生提交的考取院校的调档函、录取通知书复印件等材料为其办理户档签转。

（6）毕业生毕业离校2周内，学校按照派遣方案，将就业、升学、转回生源地等去向的毕业生档案按规定寄送有关单位和部门。毕业生应及时关注查询到档情况。

思考题

1. 实践活动：组成就业困难帮扶活动小组，每个人说出自己面临的就业困境和疑惑，尝试在小组讨论中思考通过哪些相关政策和措施能够解决。

2. 请概述高校毕业生就业的基本流程。

第八章

就业准备

　　大学毕业生面临着人生的重大转折。就业、择业使大学生从象牙塔中走出来,走向社会,可以说是人生之旅的重要转折点。每位大学生都希望为自己的人生之旅开一个好头,期望通过职业选择的途径开启人生的新篇章,然而机遇往往青睐有准备的人。大学生求职择业,首先应具有雄厚的实力,这种实力,既体现为知识与能力水平,还体现为具备良好的就业心理和准确的职业定位。知识越多、技能越强,就业的空间就越大,取得工作岗位的层次越高;对就业认识越合理,就业的门径就会越宽;就业的心理素质越好,就业成功的概率就越大。这些能力和技能的培养不是一蹴而就的,应该贯穿于大学生活的全过程。

第一节　就业思想准备

一、树立正确的就业观

　　近年来,大学生在就业方面的思想观念发生了很大的改变。但仍有部分学生就业观念滞后,理想与现实错位,直接影响到就业的成败。因此,大学生转变就业观念,解决择业观与现实之间的矛盾显得尤为迫切。

(一)就业形势

1. 高校毕业生就业形势分析

　　近年来我国经济一直呈现快速增长的态势,产业结构升级速度加快,但由于毕业生供给增速超过经济增速,大学生就业难问题目前依然存在。

　　随着我国经济社会的区域化发展,劳动力市场对高校毕业生的需求也呈现区域化特征。区域经济社会发展水平越高,对高校毕业生的质量、层次、能力要求也越高;区域经济发展速度越快,对高校毕业生的数量需求越大。

2. 大学生就业难的原因分析

　　大学毕业生就业难是一个社会问题,也是我国计划经济向市场经济过渡中出现的阶段性问题,这个问题在今后较长一段时间内将依然存在。造成大学毕业生就业难的原因是多方面的,既有社会的原因,也有高等教育本身的原因,还有毕业生自身能力、知识结构等方面的原因。

　　从社会和高等教育的层面来看,主要表现在:

（1）结构性矛盾，供求错位

一是高校专业设置与快速变化的市场需求错位。国家产业结构调整带来的是职业、职位、岗位的变化，企业对各类专业技术人才和管理人才的需求变化速度是高校专业培养人才速度的 2—4 倍，形成了人才供需市场配置的时间差。在一定程度上，供给与需求错位是造成大学生就业难的主要原因之一。二是人才结构失衡，供求矛盾加大。目前，在我国，"大学生就业难"与用人单位"求才难"并存。三是地区经济发展不平衡，毕业生流向与人才需求矛盾突出。我国中东部经济发展较快，是每年毕业生最期望就业的地域；而经济发展比较缓慢的西部地区很少有毕业生问津，毕业生流向与人才需求矛盾突出。

（2）选人用人，缺少标准

中小企业选人用人基本上没有导入人力资源管理技术，多数企业是缺什么人找什么人，没有人力资源发展规划。越是小企业，越不愿意选大学生，不注重培养和储备人才。在残酷的市场竞争面前，中小企业已经意识到人才培养战略的重要性，开始重视和建设企业的人才培训模式。

从毕业生自身来看，主要表现在：

（1）知识陈旧，转化率低

应届大学生到岗工作，实际知识应用率不足 40%。我国大学生一般在 1—1.5 年后才能独立完成工作，而发达国家的大学生只要 2—3 个月。大学生在校期间应该不断提高自身的社会适应能力和动手实践能力。

（2）准备不足，目标模糊

目前，国内多数学生对职业目标相对模糊，没有把兴趣、爱好与自己所学专业很好地结合起来。多数学生参加人才交流会都有一种"赶集"的感觉，没目标、没准备，全凭运气，协议签约意向成功率一般在 30% 左右。

（3）理念滞后，能力危机

一方面，大学生就业理念受社会各种价值取向的影响，存在三大误区：一是"创业不如就业"，二是"就业难不如再考研"，三是"宁要都市一张床，不要基层、西部一套房"。另一方面，大学生在校期间不注重自身素质和能力的提高，在毕业时，出现了能力危机，不能适应工作岗位的需求。

（二）树立正确的就业观

大学生就业成为国家积极关注并极力解决的民生问题，但是否能顺利就业归根到底是大学生个人的事情。因此，大学生唯有通过自身的努力，才能获得自身发展并实现自我价值的机会。大学生应努力做到以下几点：

1. 自我分析，合理定位，明确就业目标

就业目标是为实现职业理想的一个准备。在现阶段，面对严峻的就业形势、激烈的就业竞争，大学生必须结合自身的专业特色和综合素质，设定一个实事求是的就业目标。

2. 树立先就业、后择业的观念

就业和择业本是两个密不可分的概念，就业是择业的基础，而择业是就业的延伸。大学生在校期间与社会接触机会少，除了实习以外，真正的工作经验几乎为零，相对而言就业面较窄。面对现状,要放宽视野,广泛收集就业信息,充分树立"先就业,后择业,再创业"的观念。

3. 树立大众化的就业观

就业职位的层次分布是呈三角形的,从顶端向下,各职位层次对劳动力的技能要求逐渐下降,数量逐渐增多。"供需矛盾"决定着毕业生就业职位的分布与就业层次、薪酬水平等状况。在今后相当长的一段时间内,国家每年能够提供的新增职位数在600万—900万之间,而每年新增劳动力和需要就业的人数远远高于新增职位数。在这种情况下,大学毕业生的就业将向社会职位的"三角形"靠近底端的方向移动,大学毕业生必须确立大众化的就业观念。

4. 树立创业的就业观

除就业外,大学生可以自主创业。目前大学生自主创业的意识在不断增强,各高校纷纷采取措施,激励广大学生自主创业,各地方政府也出台了一系列优惠政策,鼓励广大毕业生自主创业。

5. 树立面向基层的就业观

基层是有志青年奋斗成才的必由之路,是高校毕业生了解国情、磨炼意志、经受锻炼、发挥才智、成就事业的广阔舞台。基层是最需要人才的地方,是吸纳就业的重大空间。

总之,面对越来越严峻的就业形势,面对越来越激烈的竞争和挑战,大学生要想立于不败之地,必须认清就业形势,树立正确的就业观。

二、形成良好的就业意识

形成良好的就业意识能帮助大学生发挥主观能动性,迎接就业挑战。

(一)求职意识

大学生在入学之初,在学校或专业的选择上,受到各种因素的影响,并未将专业的选择和自身的实际情况及将来的职业生涯结合起来。许多大学生对所学专业及将来从事何种职业等处于盲目状态。等到即将毕业,尤其是面临择业问题时,往往感到手足无措,无法适应人才市场的激烈竞争。当专业的选择已成事实时,大学生应抓紧了解自己的专业,认真学习,巩固专业思想;主动将个人发展与社会需求结合起来,跟上社会发展变化的步伐,变被动为主动,提高自己的综合素质,提升自己的竞争力,树立积极主动的求职意识。

(二)创业意识

近年来,随着高等教育"扩招"步子的越迈越大,高校毕业生供需失衡,就业市场竞争激烈,大学生就业难已成为全社会关注的热点问题,推动大学生自主创业是缓解就业压力、解决就业矛盾的一个重要途径。各地政府都在加大投入,积极鼓励大学毕业生自主创业。

(三)角色意识

对于大学生来说,其生命的大部分时间都是在校园中度过的,他们熟悉的是"三点一线"的学校生活,对社会了解较少。在大学学习期间,虽然有一些社会实践和实习活动,也只是对社会的有限的接触。从学生到一个真正的社会人,是其社会角色的转变,必然有一个适应过程、一段磨合期。毕业生应意识到自己的角色转变,自觉调整自己的思想、行为,以便适应社会和用人单位的要求。

三、养成良好的职业道德

职业道德,是从事一定职业的人在特定的工作和劳动中应遵循的特定的行为规范,是一般社会道德原则和道德规范在职业过程中的运用和体现。它既是对在职人员在职业活动中的行为标准和要求,同时又是职业对社会所负的道德责任与义务。每个从业人员,不论是从事哪种职业,在职业活动中都要遵守道德。如教师要遵守教书育人、为人师表的职业道德,医生要遵守救死扶伤的职业道德等等。

尽管不同职业的职业道德内容不尽相同,但是各种职业的职业道德都有其共同的基本内容。我国《公民道德建设实施纲要》提出了职业道德的基本内容,即"爱岗敬业、诚实守信、办事公道、服务群众、奉献社会"。

(一)爱岗敬业

爱岗敬业是社会主义职业道德的重要规范,是最基本的职业道德规范,是对人们工作态度的一种最普遍、最重要的要求。爱岗敬业的要求:一是摆正心态,树立正确职业观;二是善于坚持,不懈努力;三是敢于担当,不断创新。

(二)诚实守信

诚实守信是职业道德的根本。诚实守信是中华民族传统美德的一个重要规范,也是革命传统道德的一个重要内容,是社会主义新时期社会发展的价值取向。在实践中,我们必须坚持诚实守信的职业道德原则,与一切破坏诚信原则的思想和行为做斗争。

(三)办事公道

办事公道就是指我们在办事情、处理问题时,要站在公正的立场上,对当事双方公平合理、不偏不倚,不论对谁都是按照一个标准办事,它是职业道德的基本准则。市场经济的平等、公平、公开原则,要求各行业必须遵循办事公道的职业道德。

(四)服务群众

服务群众就是为人民群众服务,是指社会全体从业者通过互相服务,促进社会发展、实现共同幸福。服务群众是一种现实的生活方式,也是职业道德要求的一个基本内容,是职业行为的本质。社会主义道德建设的核心是为人民服务,职业场所是体现这一核心要求的重要领域。

(五)奉献社会

奉献社会就是要求从业人员在自己的岗位上树立奉献社会的职业精神,并通过兢兢业业的工作,自觉为社会和他人做贡献。这是社会主义职业道德的本质特征,是职业道德的最高要求,也是社会主义职业的最高境界。奉献社会自始至终体现在爱岗敬业、诚实守信、办事公道和服务群众的各种要求之中。

目前,我国正在努力建设社会主义市场经济,人们的思想道德观念发生了重要的改变,职业道德也面临着巨大的考验和挑战。当代大学生更应具备良好的职业道德:一方面,要主动向新时期涌现出来的职业规范人物和身边的榜样学习,自觉、自主地进行自我修养;另一方面,在学习和工作中严于律己、宽以待人,爱岗敬业,讲究诚信。

第二节 就业心理准备

对于一名即将毕业的大学生,为了实现顺利就业,除了做好思想准备、知识准备,还必须做好心理准备,需要了解影响就业的心理因素,努力提高自我的就业心理调适能力。

一、就业心理分析

(一)积极的就业心理

1. 自信

相信自己能办好自己的事情。自信的基础是对自己及外界环境的客观的认识和分析,具备良好的心理素质和专业技能。自信使大学生在求职过程中能千方百计地采用最有效的方法追求目标。

2. 乐观

乐观是最为积极的性格因素之一,是一种积极向上的生活态度。乐观的心态能够使人视野开阔,即使遇到困难、面对逆境,总能保持清醒的头脑;乐观的心态能增强人的交际能力。具备乐观心态的大学生在求职过程中必将能客观认识自己,快速寻找到正确的出口,找到满意的工作。

3. 勇于竞争

当今社会,竞争的机制已渗透到社会的各个领域和人生的整个过程。一个具有竞争意识的学生,能在正确认识自己的基础上,不断充实自我,积极参与社会实践和校园文化活动,实现自我的完善发展;在走上职场时,能顺应形势,明白对于市场经济环境下的求职,竞争是必然的选择,甚至具有冒险精神。他们已丢弃了"铁饭碗"观念,不再把稳定性作为最佳选择,而更喜欢选择具有挑战性和竞争性的职业岗位。同时,他们在就业中出现多元化的求职趋向,不局限于国家行政、事业单位和国有大中型企业,开始尝试选择那些挑战与竞争性更强的职业,甚至着手自主创业。

(二)消极的就业心理

1. 依赖心理

有的毕业生对于求职一事总是依赖家长、依赖亲朋好友,不管他们是否有能力。这是缺乏自信、不自立的表现。在洽谈会上,我们经常会看到由父母或亲朋好友代替大学生与用人单位洽谈,这些大学生把职业的选择权交给其他人。这种求职者的结果往往是找不到自己理想的工作,即使通过某些关系找到了工作,也无法胜任。

2. 自卑心理

自卑的意思是低估自己的能力,觉得自己各方面不如人。自卑从某种意义上来说是一种性格上的缺陷,主要表现为对自己能力、品质认识不足,评价过低。有的毕业生因生理、家庭背景及自身能力等原因,觉得别人瞧不起自己,从而否定自己,认为自己一无是处,产生害羞、不安、内疚、忧郁、失望的情绪,更有甚者不敢走向求职市场,这些都严重影响到毕业生的求职择业。

3. 观望心理

世界上没有十全十美的工作,任何工作都是有利有弊的。有些毕业生在就业过程中,瞻前顾后,犹豫不决,前怕狼,后怕虎,不能做出果断的决策,往往丧失了许多择业的机会。即便做出一个决定,也是顾虑重重,不能以饱满的热情投入工作。

4. 从众心理

从众是指个人受到外界人群行为的影响,而在自己的知觉、判断、认识上表现出符合公众舆论或多数人的行为方式。从众心理是我们日常生活中常见的一种现象,毕业生求职择业时也往往会出现这种情况。如一些大学生在求职现场热衷热门职业,热衷大城市。这部分毕业生缺乏分析,不作独立思考,不顾是非曲直,一概服从多数,随大流走,把自己限制在狭窄的求职道路上,成为一叶障目之势,从而错失不少就业机会。

5. 攀比心理

攀比心理也是大学生在选择职业时普遍存在的不良心理现象。在选择职业时不是根据个人的特点与专长进行衡量,而往往是首先和周围的同学比较,一旦觉得周围同学选择的单位知名度高、效益好,或者留在了大城市和高层次部门,就会失去心理平衡。结果,择业时不从实际出发,延误时机,不仅丢了西瓜,最终连芝麻都可能得不到。

6. 保守心理

所谓保守心理,是指缺乏竞争意识,不敢迎接挑战,或抱着谦虚"美德"不放,不敢亮出自己的长处及特色,这样的人自然不受用人单位青睐。在就业形势比较严峻的情况下,有的毕业生一味求稳或求闲,不愿意接受挑战,人为地给自己的就业道路设置障碍,这样的人在今后的职业发展过程中会因为缺乏挑战而得不到发展。

7. 被动心理

20世纪80年代、90年代的国家统一"包分配"对于目前的大学生来说已是"过去式"了,大学教育也从精英教育向大众化教育转变。随着毕业生人数的增多,供需的变化,求职形式也发生了根本的改变。如果想要找到一份工作,必须发挥主观能动性,如果一味地被动等待,其结果只能是认为自己生不逢时、怀才不遇,在郁闷、抱怨中打发日子。

8. 造假心理

《上海大学生求职路径调查》赫然有这样的数据:42.4%的毕业生在求职过程中有过违背诚信的行为,其中13.3%在面试时夸大自己的能力,有11.1%曾在简历上作伪。近两年,大学毕业生在自荐材料中盲目拔高自己的现象呈逐年上升的趋势。探究其原因,主要有三个方面:一是社会舆论的导向;二是高校片面追求高就业率,对简历造假往往表现出暧昧的态度,助长了这一风气;三是毕业生为了满足自己的虚荣心,获得优厚的待遇。

在人才竞争异常激烈的今天,毕业生应该从实际出发,与社会发展要求保持一致,树立自强、自立、自信的意识,充分发挥自我优势,正视不足,通过"双向选择",寻求自己理想的职业。

二、就业心理调适

(一)自卑心理调适

1. 暗示功能

每个人都有自己的长处和不足。自卑感强烈的同学可以通过自我暗示,增强自信心。平时多用肯定的语气,如"我能行"、"别人能干的事我也能干"、"有志者,事竟成"、"事在人为"、"坚持就是胜利"等,增加自己战胜困难与挫折的勇气。用书面形式罗列自己的优势和长处(如个性方面的优势、专业知识技能方面的优势、自己的特长、自身的道德修养、人际交往方面的优势等等),张贴或摆放在醒目的地方,时时刻刻提醒自己,增强自信心。此外,可以把自己人生中曾经成功的案例罗列出来,以这些成功的案例激励自己,以增强自信心,达到积极暗示的效果;或者制定阶段性的易于达到的目标,并按计划完成,以此达到激励自己的目的。

除了寻求积极的自我暗示外,也可以找自己要好的朋友或老师交流。在与他人的交流中,得到对自己比较客观的评价,特别是对自己优势和长处的认识,以此来达到增强信心的目的。

2. 扬长避短

毕业生要进行客观的自我评价,既看到自己的优势,也要意识到自己的不足。在求职过程中,充分发挥强项和长处,挖掘和发展自身潜力,以最佳状态出现于人才市场,从而获得求职的成功。

3. 总结经验教训

大学毕业生由于能力、经验等方面的不足,在求职过程中难免会有失败。有的同学面对失败的打击,往往无法排解,进而产生自卑感,自卑又影响到了下一步的择业,出现恶性循环。其实,失败并不可怕,关键是对待失败的态度,应该从失败中吸取经验和教训,不犯同样的错误。大学生求职时应有不怕失败、越挫越勇的精神。

(二)焦虑、恐惧心理的调适

部分大学毕业生面对"双向选择,自主择业"的市场机制时,感到不适应,正是因为他们习惯了依赖的生活:依赖父母、老师和朋友,很少独立自主地去完成某一项任务,很少独立与陌生人交往。但在求职时,在激烈竞争的人才市场中,他们必须面对招聘人员挑剔的目光和口气,这确实是一个不小的挑战。部分毕业生因经受不住这种挑战,在心理上表现出焦虑与恐惧。

焦虑、恐惧心理的调适方法:

1. 参加模拟招聘会

进入人才市场对大多数毕业生来说是陌生的,从而容易产生焦虑、恐惧的心理。如果经过充分准备,这种情况会有较大的改观。学校可组织模拟招聘实验,毕业生既可以充当应聘者,也可以充当招聘者,从而获得"临场"经验,增强实战信心。

2. 做好规划,合理减压

有些毕业生之所以紧张、烦躁不安,是因为自己都不知道自己的想法,更谈不上从何做起,所以心乱如麻,以至焦虑、恐慌。要解决这一问题,毕业生应冷静下来,想一想自己"愿意从事何种职业"、"现在需要做些什么",然后给自己制订出明确的行动计划。

(三)挫折心理调适

1. 充分的心理准备

挫折是个体在从事有目的的活动过程中遇到的障碍或干扰,个人行动目标不能达到,需要不能满足时的情绪状态。人生道路不可能都是一帆风顺,坎坷荆棘随时都有可能发生。在求职择业过程中,遇到挫折是不可避免的。

2. 正确的处理方式

大学毕业生求职失败时,应理智地分析问题出在哪里,从中吸取教训和经验,而不是一味地沉湎于挫折中。调查表明,面对挫折,积极采用应对措施利于情绪的稳定。所以,大学毕业生在就业过程中遇到挫折时,最先考虑的应该是冷静思考,客观分析,寻找问题的症结,为以后的努力做好准备,而万万不可停留在痛苦和失望中。

(1)正确的自我定位

人贵在有自知之明,因此我们在确定目标时应脚踏实地,把它限制在自己的能力范围之内。不停地追求自己能力不及的目标,随着追求的步步加深,结果只能是悲观失望;追求太低的目标,自身的能力则难以得到合理利用和充分开发,同样会产生受挫之苦。

(2)合理的情感宣泄

大学毕业生求职过程中的挫折,在心理上往往会表现出焦虑、愤怒和冲动,如果这些情绪得不到合理的宣泄,长此以往,会产生种种消极的行为,给个人和社会带来不良后果。因此,采用不伤害他人、合乎社会规范的方式来宣泄受挫折后的不良心理,尽快恢复心理平衡,对毕业生来说是非常必要的。

(3)适时的目标转移

受到挫折以后,心里一定不好受,但是愈是想它愈是难受。把注意力转移到其他方面,如看电影、找朋友聊天或参加体育活动等,也是缓解压力、减轻负担的一种有效策略。

(4)主动的社会实践

挫折在人生的道路上是不可避免的,应该大胆面对。在学习和生活中,有意识地为自己制定富有挑战性的目标,在目标实现过程中不断总结经验、教训,逐步提高承受挫折、战胜困难的勇气和能力。

三、性格测验

求职时必须考虑的一个重要问题就是自己的性格与职业是否吻合。职业心理学的研究表明,性格影响着一个人对职业的适应性。选择职业要考虑性格品质,尽量选择适合自己性格特点的工作。如果一个人从事的职业与他的个性相适应,工作起来就会得心应手,心情舒畅,容易在工作中取得成绩;反之,如果一个人的性格与职业不相适应,就会阻碍工作的顺利开展,使从业者感到被动,失去兴趣,力不从心,处于紧张状态,容易在工作中出差错。

性格与职业的对应关系详见本书第二章。

第三节　就业材料的准备

在高校毕业生就业过程中,有句名言说得好"A resume is a passport to an interview",即一份履历自传资料是求职通往面试的最有效的护照。自荐材料的重要性对一个求职者来说是不言而喻的。确切地说,只要获得面试的机会,投递材料就算是成功了。

一、自荐材料的作用

(一)自荐材料是书面推销员

求职的本质与商业行为无大异,一方求售,一方求购。招聘单位是买主,选优淘劣是其行为目的。从某种意义上说,人才是高级"商品",做好商品的包装是十分重要的。自荐材料就是一种包装。

(二)自荐材料是虚拟求职者

未见其人,先睹其文。自荐材料以书面形式充分体现了一个人的学历、经历、专长、兴趣及其他,勾勒出撰写者的完整样貌;甚至根据书写的格式、排列逻辑、语言词汇,也能解读出撰写者的气质、内涵。一份好的自荐材料可以起到未见其人、胜见其人的作用。

(三)自荐材料是明察秋毫的检验官

自荐材料完整、浓缩地记录了个人资料,是求职者成长过程中生活学习的精彩缩影,必须忠实呈现求职者的背景细节、专业特长、智商情况、能力特点,以及优势弱点。借着撰写这一过程,求职者还可以重新经历自己的过去,从中审视求学过程中的收获和遗漏,这等于是一个客观检验自己的过程,使求职者在求职面试等诸多环节中,默记手中拥有哪些"筹码",还应该补充哪些能量。"手中有粮,心中不慌",面对求职才能气定神闲,以无厚入有间,游刃有余。

二、自荐材料的内容

自荐材料内容主要包括封面、求职信、毕业生双向选择就业推荐表(简称推荐表)复印件、个人简历、教务处下发的成绩单复印件、附件(证书复印件、荣誉证书复印件)等。

推荐表在自荐材料中有举足轻重的地位,是必要的一环。可以说这是一个官方的认证,具有权威性,用人单位对此有较高信任度。把它放在自荐材料中加大了自荐材料的可信度及自荐力度。推荐表一般包括本人及家庭基本情况,在校期间的学习成绩和奖惩情况,组织意见等部分。但是推荐表统一规范,易产生千篇一律的感觉,内容上也难于全面,缺乏个性,所以毕业生在组织编写其他自荐材料时既不要重复推荐表中的内容,又要进行必要的补充添加。必要时也可从推荐表中选取最有价值和利于就业的重点部分进行复印(如学习成绩、组织意见等),加入自荐材料中。

附件即指能证实自荐材料中所列的各方面情况的原始证明材料,它也是证明自荐材料的真实性和自荐人各种能力的有力佐证。为防止投递过程中丢失,可用复印件,一般用人单位决定录用后是要看原件的,所以原件一定要妥善保存。

一般自荐材料是采用打印装订形式。随着网络技术的发展及招聘的高效快捷,现在很多应聘者将自荐材料制作成电子版与招聘公司通过网络联系。还有应聘者将自荐材料制作成 VCD 和实物。

接下来,我们具体来看一下一份完整的就业自荐材料应该是怎样的。

(一)标题(封面)

1. 内容

(1)题目:(直接)自荐书、自荐材料、求职书等;(间接)为突出个性或主体,"我的大学、闪光的青春、青春无悔、我的学习生涯"(主题要与整个材料的主体相符)。

(2)学校名称。

(3)某某届毕业生。

(4)专业、姓名。

(5)联系方式:通讯地址(含邮编)、电话(座机电话可以留学校寝室电话或系办公室电话,别忘了写上区号)、电子信箱等,最好的联系方式是直接、方便、易联系的方式。

2. 写作要点

(1)主体突出:标题字体突出、大小适宜。画面只作为背景,颜色和谐,色彩不宜太多、太浓。

(2)简明:语言简练,不要套话。

(3)个性独特:设计、创意独特,但不能太标新立异。不要盲目照搬照抄。

3. 制作要点

(1)用质地较硬的 A4 纸。

(2)排版规范。

(3)颜色搭配合理:不要太花哨(除非美术、广告设计、装潢等专业)。

4. 总体要求

优美、大方、和谐,突出专业特色。

(二)求职信——让别人一见钟情

总的来说,通过求职信谋职的成功率是很低的。国外有人统计,大概成功率不到 5%,就我国目前的情况来看,成功率也不会高于这个数值。但是,有的人"百发百中",他们的奥妙就在于做到了使自己的求职信让对方"一见钟情",甚至由此达到"非她不娶"的效果。

1. 分析招聘单位的择人准则

要求别人"钟情",首先就得了解别人的心理需要,弄清他们喜欢什么样的求职者,不喜欢什么样的求职者,做到"投其所好"。

社会喜欢什么样的求职者? 对招聘单位来说,一般喜欢下列类型的求职者:思想政治素质高;有事业心和责任感;具有艰苦奋斗精神;基础扎实,知识面宽;有团队精神;有奉献精神和创新精神。

人才标准因招聘单位的文化不同而不同,同时也因所应聘的职位不同而不同。如宝洁公司强调的是员工的自身素质,"我们所需要的素质包括:诚实正直、领导能力、勇于承担风险、积极创新、发现问题和解决问题的能力、团结合作能力、不断进取等。有些部门,如产品供应部、研究开发部、信息技术部、法律部和财务部,也会要求学生最好有一些基本的专业背景"。索尼公司企业文化的核心是自由、创新,因此索尼员工需要具备好奇心、冒险精神、执着精神、灵活性和乐观精神。具体对大学毕业生的招聘,索尼的原则以具体业务为导向,因地制宜,根据不同业务部门的需要和各地区的具体情况来招聘最适合的员工。

另据调查显示的结果,目前高薪收入者大多具有四大基本素质:其一是具有良好的人际关系处理能力。几乎所有的高薪收入者在处理人际关系的能力方面都特别有优势,具体表现在能细致入微地处理与每一位员工的关系,能得到同事的好感。其二是具有优秀品质。这种优秀品质体现在许多方面,但他们都有一个共同的品质,即谦虚、谨慎、不张扬自己的成功,还有诸如忍耐性强等。其三是具有敬业精神。所有高薪收入者一致认为他们成功的重要因素是敬业。一位留学归来的博士现任某跨国医药公司市场经营经理,他直言相告:"你想获高薪,你必须24小时考虑工作。"其四是具有不断学习的进取精神。绝大多数事业有成的高薪者在回答"未来五年你最需要什么"时,都选择了"培训"。高新技术领域中的一些高薪者更是把招聘单位有无良好与完美的培训计划作为其加盟的理由和依据。

根据日本置盐道彦先生的归纳,招聘单位不喜欢以下类型的求职者:
(1) 成绩"优"而无其他专长的学生。
(2) 以自我为中心的求职者。
(3) 学生时代耗尽精力的学生。
(4) 大学时代学无所成的学生。
(5) 缺乏魅力的求职者。
(6) 头脑简单的求职者。
(7) 不善交际的求职者。
(8) 身体状况欠佳的学生。
(9) 自我主张太强的求职者。
(10) 志愿动机模棱两可的学生。
(11) 给人印象不深的求职者。
用人单位需要的员工归纳起来为:
(1) 有出色的特长,更有深层的特质。"人无我有,人有我优。"
(2) 有强烈的责任心。
(3) 有长远的眼光。
(4) 有学习能力。
(5) 有较强的应变能力。

(6) 有团队协作能力。

(7) 有沟通技巧。

(8) 肯吃苦,不好高骛远。

(9) 有商业头脑。

2. 求职信的种类

一是针对性极强的求职信;二是信的主题不变,开头与结尾因单位的不同而异的灵活的求职信;三是不分职业、单位和对象的"广谱适用"的求职信。

3. 求职信的格式

称呼、开场白(也可省略)、主体、结束语、祝颂语、署名。

4. 求职信的内容

(1) 称呼。求职信的称呼往往比一般书信的称呼正规一些,在实际书写时要区别对待,顶格写。写给单位的直接写明用人单位名称即可;若写给用人单位领导,则须以高者、尊者称呼,格式为"姓+职务或官衔";若写给招聘者,但对阅信者职务和地位难以确定的,则可以写"先生/女士"。比如写给国家机关、事业单位的人事领导,可以写出负责人的职务、职称等,如"尊敬的某某司长(处长、负责人等)",不清楚职务的可以直接写"尊敬的某某领导、负责人";如果对"三资"企业老板,则用"尊敬的某某董事长(或总经理)先生","尊敬的某某先生、女士",但不管哪个行业,最好都不要使用"老前辈"等不正规的称呼。对学校领导,则用"尊敬的某某校长",副职可以将"副"省略。

(2) 序言(开场白):序言的作用相当于导火线,起着点燃用人单位注意力的作用,使其自然过渡到正文。要直接进入主题,表明求职意向,承担工作目标等,不绕圈子,具体有以下几种表述形式。

应征式:说明你的信息来源和肯定自己能满足招聘者的要求。如刚从贵校的×××先生处得知贵校有一中文教师之空缺,本人对此职颇有兴趣。

概述式:用一句话概述你最重要的求职资格和工作能力。如:首先衷心感谢您在百忙之中浏览我的自荐信,为一位满怀抱负积极进取的大学生开启一扇希望之门。这里有一颗热情而赤诚的心渴望得到您的了解与帮助。在此,请允许我向您毛遂自荐。

提问式:针对用人单位的目标、困难和需求提出设想和方案。

赞扬式:平实赞扬单位的亮点并表明一种为其效力的渴望。如:贵公司良好的形象和员工素质吸引着我这名即将毕业的大学生。在此,请允许我向您毛遂自荐。

个性化式:用富有哲理性的语言阐述自己应聘该单位的理由。如教师是人类灵魂的工程师,从小,我就深爱这个神圣而高尚的职业,我愿意为此奋斗终生!

需要注意的是,一定要写清楚应聘的单位和职位,表示你对单位的印象和到该单位工作的强烈愿望,如果你连单位的名称都搞不清楚,人家马上就会淘汰你,因为这说明你没有诚意,也反映你做事浮躁。

(3) 主体。这是求职信的核心部分、关键内容。一般首先要介绍自己的个人基本情况,包括学校、专业、层次。其次再进行条件展示,即围绕你的求职意向,突出自身与招聘条件、要求相吻合的知识、能力、性格、兴趣和爱好,尤其是特长和优势。具体包括:知识水平(知识面——理科学生要突出人文和社会学方面的知识,文科学生要突出自然科学素养,可以用阅读哪些课外书来阐述);思想表现(政治素质、作风、道德风尚等)、专业素质(学习成绩、受过哪些专业训练);基本技能(写作、演讲、计算机、英语、口才等);社会活动能力(任职经历、组织过哪些活动)和实践能力(参加过哪些社会实践活动、培养了哪些工作经验等)。再次还要介绍本人的潜质,可以用某一个事例暗示自己在某一方面的潜能。最后还可以略微评价一下单位的情况,以表明你对单位的了解与忠诚。

最后要说明有哪些附件附后。

(4) 结束语。希望对方给予答复,并希望能有机会参加面试。

(5) 祝颂语。用简短的表示敬意、祝愿之类的祝词。

(6) 署名、日期。写明自荐人和日期,日期要大写。

5. 求职信的写作要点

(1) 针对性要强。应聘前要充分了解用人单位的招聘要求,根据用人单位的性质、职位写。如对教师这个职业而言,首先要强调师范素质和职业道德等。对企业而言,可以强调团队协作精神和敬业精神。对机关、事业单位,强调政治素质(党员)和作风。不要对用人单位过多地进行评议,过高就有"拍马屁"的感觉,过低又让人觉得不舒服,怀疑你的诚意。

(2) 主次分明。条件展示要有要点,不要面面俱到。不要把自己说成是全才(不谦虚也不真实),也不要过分谦虚,让人家觉得你什么也不会做,什么都不行。要突出针对应聘职位的有利优势。需要注意的是,同类奖励不要把级别低的如班级活动获奖等全部罗列出来,这样反而无法突出重点,混淆视线。重点展示自己的特长,如社会活动(如演讲、写作获得过哪些奖励,可以证明你的文字功底、表达能力);参加科技类活动比赛等;获得过哪些奖励,证明你的动手能力,组织过哪些活动,证明你的组织管理能力。

比如应聘企业质检,在思想素质一栏就要突出"热爱本职工作,有较强责任感"。重点展示自己的特长,如专业知识扎实、动手能力比较强。另外,可强调自己的性格,内向的同学可以讲自己细心、有耐心,能够专注做事,外向的同学则可讲自己善于发现问题等等。

应聘公务员,要强调你的思想素质:是党员的一定要突出政治面貌(因为公务员都要经过政审考核);强调自己的性格:处事冷静、沉稳,不急躁,以及你的能力如计算机(可能从事文秘工作、管理工作)、组织管理能力,选修过哪些相关课程,担任过哪些职务。

到外企应聘,首先要突出你的英语能力、社交能力、公关能力和团队协作精神,参加过哪些社会实践活动(如推销工作、售货员等,因为外企一般要求你具有一定的社会工作经验)。

总之,在条件展示中要突出"我有能力为应聘单位做些什么"。

(3) 语言简洁,要有个性。

① 不要过长,1 000 字左右,不翻页。哈佛人力资源研究所在 1992 年就有一份经典的测试报告表明,一封求职信如果内容超过 400 个单词,则其效度只有 25%,即阅读者只会留下对 1/4 内容的印象,因此写得简洁是十分重要的一个标准。

② 少说空话,言多必失。

③ 不宜有文字上的错误。切忌有错字、别字、病句及文理欠通顺的现象发生。写完之后要通读几篇,精雕细琢,否则就可能使求职信"黯然无光"。

④ 不过分谦虚,也不过分夸张。过分谦虚,表明自己能力不行,结果是否定自己的同时也被别人否定。不写缺点并不等于不诚实。"我刚刚步入社会,没有什么经历,但我好学,什么都可以干,愿意到贵单位工作。"但如你说"什么都不会干",给人的感觉就是不能用。

⑤ 文章要有个性(文如其人),切忌抄袭。用人单位面对相同的自荐书,一个也不会录用。

6. 求职信的制作要点

① 正文部分最好不用手写,除非用人单位有特别要求或你书法相当好。

② 打印规范:A4 纸,排版规范。

注意段落、开头、空格。

字号:不要太大或太小。自荐书正文小四,题目用小三。

字体:避免奇形怪状的字。有些关键的句子或词语可以加粗、黑体、斜体或加下划线、背景色。一般"自荐信"用黑体字,正文用宋体。

[求职信的模板]

尊敬的 ×××公司人事部领导:

您好!

在本月××号的《×××××》杂志上,我看到了贵单位的招聘启事,觉得其中的××一职自己很适合,因为这就是我大学所学的专业。通过×年的大学学习,我已积累了一定的专业知识,故给您写来了自荐信。

大学期间,我系统学习了××专业课程(主要课程为:×××、×××、×××),而且每门科目的成绩均为优秀,屡获学校奖学金。此外,我还利用业余时间考取了"全国 ×××× 证书",我认为××工作在公司中起着不可或缺的作用,其一般的工作职责为××、××、××……其中××是这一系列工作中最为重要的一个环节……

大学×年,每逢假期我都到一些相关公司实习,曾在 ×××××公司××部连续实习三个假期,在 ×××××公司 ×××处实习了两个假期。虽然我知道实习经历与实际的工作经验不可同日而语,但实习让我有了将课堂上的理论知识与实践相结合的机会,这样的机会使我的知识得到了巩固,也让我更加热爱自己的专业。由于我的实习表现,×××××公司还让我参与了××项目组,我主要的工作范围为 ×××。实习结束后,×××××公司为我写了份"鉴定"。他们认为我在这一领域很有发展潜质("实习鉴定"请见附件)。

面临毕业,我希望自己能走好这踏入社会的第一步,因此我把贵单位作为长远发展、努力回报的地方。我非常希望凭自己的实力取得您的信任,热切盼望着您的回音!

此致

敬礼

×××大学××学院

(签名处)

二〇一〇年十二月二十日

尊敬的××经理：

　　您好！

　　我叫××，毕业于××学院××系。近日，欣闻贵单位工作招聘推销员,贵公司的一位资深客户推荐我前来应聘此职位。

　　我十分喜欢推销员这个职业。在我眼中,推销员肩负着神圣的使命:她担负着企业产品销售的重任,是企业产品价值的实现者;她与企业命运息息相关,影响甚至决定着企业的生死存亡,是企业的重要财富。所以我怀着强烈的责任感和进取精神,希望当一名推销员,参与贵公司的产品推销工作。

　　我认为自己能胜任推销员一职的理由有四点:第一,我有较强的语言表达能力,曾在学校的演讲比赛中荣获一等奖一次、二等奖两次;第二,我有做推销员的实际工作经验,曾在××公司当了一年半的兼职推销员;第三,我性格外向,具备良好的交际能力,持有初级推销员职业资格证书和初级公关员职业资格证书;第四,我身体素质好,能吃苦耐劳,是学校篮球队的主力队员,多次代表学校参加比赛并获奖。

　　我期待着贵公司给我一次实现梦想的机会！

　　此致

敬礼

××大学××学院

（签名处）

二○一○年十二月二十日

（三）个人履历（表格,一页）

1．内容

（1）基本情况:姓名、性别、出生年月、民族、政治面貌、学历、专业、籍贯、身高、毕业学校、通讯地址、家庭地址、家庭主要成员、联系电话(系办、寝室、手机、家)、求职意愿。照片用最近的。

（2）求职意向。

（3）教育背景(求学经历):中学、大学。

（4）专业知识:专业基础课、专业课、辅修或选修课、公共课。（根据职位,有针对性、选择性地重新排列）

（5）基本技能:普通话、英语、计算机、相关证书(会计资格证、律师资格证等)。

（6）获奖情况:最好是大学院级以上。

（7）担任社会工作(任职情况)。

（8）社会实践活动(工作经历):主要是满足有的单位提出的"有工作经验"。

（9）专长或特长(也含兴趣):只要是对求职的工作有利的,都写上。

（10）自我评价。

2．制作要点

个人履历正文用五号字。

（四）毕业生双向选择就业推荐表（学校统一印制）

（五）附件

对自荐书，如个人简历中提到的各方面情况的原始的证明材料。一般是复印件，包括获奖证书、基本技能的证件、学校提供的学习成绩单（成绩好的可以附）等，决不能弄虚作假。

三、自荐材料的制作注意事项

（一）不要太厚

无作用的、无关紧要的或次要的东西不要写，免得烦琐，不能突出重点，也让用人单位看得不耐烦，反而掩盖目光，看不到你的优势。

（二）有序结构

按封面、求职信、履历表、推荐表、附件的顺序装订。

（三）要有针对性

针对不同的单位或职位，准备不同的自荐书。如个人简历、特长、学习成绩的排序等要根据用人单位职位进行相应的调整。求职信与应聘单位要一一对应。许多毕业生嫌麻烦，自荐材料常常都是一个模板，不管什么单位都投递。本来想"普遍撒网，重点打捞"，结果石沉大海，一场空。应聘三资企业，最好准备一份中、英文对照的自荐材料。

（四）电子材料

为让用人单位及时、全面地了解你的情况，你可以将自荐书做成课件或在某网站上建立个人网页。它反映了你的文字处理能力、图像处理能力、信息综合能力，同时，也不受时空的限制，目前这已经成为网上求职的新时尚。

总之，自荐书是联系单位的"敲门砖"，推荐、面试、录用都离不开它，每个同学都应高度重视，精心设计制作一份与众不同的具有个性特色的自荐材料，为自己的就业开个好头。

四、自荐材料个性化设计的特点

求职过程其实就是双向选择的过程，双向选择就是一种竞争，在竞争中关键是看你的实力。因此，过分谦虚会给对方单位留下一个虚假的印象，以为你真的不行，结果只会坑了自己。

求职者推销自己与推销商品一样，在自荐材料中，就是要从"名"、"特"、"优"上做文章，塑造你的形象。自荐材料个性化设计的特征表现：人无我有，人有我优，人优我特。具体来

说,要注意如下几个方面:

（一）人无我有

大学毕业生不要害怕自己成绩不好,这不仅是因为在毕业的时候,成绩不好这个事实已经是不可挽回的了,更重要的是这个社会已经开始进入以能力取人而不是以分数取人的时代。自己的与众不同之处,往往就是你的特长,如果你能在自荐材料中将它巧妙地表现出来,同样会备受用人单位的青睐。

（二）人有我优

人有我优就是要注意突出重点,谨记一个原则——"质重于量"。这些重点也是你的优点,这样才能达到"突显优质形象"的目的,以此来区别于其他人。所谓突出重点就是要突出那些能引起对方兴趣、有助于获得工作的内容,主要包括专业知识、工作经验、特长和个性特点等。

在介绍专业知识和学历时,你可以强调自己的专业特色,但重点写工作经验和能力。工作经验是招聘单位最注意的部分,尽管大学毕业生资历浅,工作经验还不够,但并不能因此而认为自己没有经验,气馁头疼。工作经验可以扩大解释为"有一点点工作经历",这样阳光就出现了。无论社会实践、勤工俭学、打工兼职的时间长短,都可以理直气壮地列入,社团经验,担任班级或院系团、学生干部,都可算广义的"工作"。写清楚你曾担任怎样的职务,强调获得了哪些成果,至关重要。例如:工作经验栏目只写"推销员",显然不够完整,如果写上"卖出多少台电脑或多少套化妆品",就可能让人眼睛一亮,获得真实可信的印象。当然,如果你的助工俭学只是卖出了几双袜子这类算不了什么的成绩,但如实写上,也还不赖。

（三）人优我特

几乎所有的招聘单位都希望录用有良好个性的人,特别是喜欢充满热情和活力的大学生。因此,自荐材料要反映出你的热情与活力。可以用具体的事例直接表明自己是一个充满活力的人,如克服困难的意志、助人为乐的品格、努力积累工作经验的经历等。表现个性要适度,点到为止,不要过分渲染,更不能表现出消极被动的工作态度。

个性品格描述尤其要强调自己的潜力和热情,在自荐材料中,可以适当使用以下列举的词语和短语将你的重要个性品质特征突显出来。

1. 个人简况

动力:完成工作的欲望,目标定位。

动机:热情及乐于不耻下问。任何招聘单位都意识到有积极性的员工能接受额外的挑战,对每项工作都精益求精。

交际能力:在招聘单位的每一个层次,有效的沟通及写作能力比以往任何时候都重要,是通向成功的关键。

表情变化:招聘单位寻求的是那种遇事不惊慌失措,面带微笑,自信而不妄自尊大,能与人愉快合作的工作人员,简言之,即团队中的一员。

精力：在小事及大事上总愿意付出额外努力。

决心：遇到问题或情况恶化时不退缩。

自信：不自夸，沉着，待人友善、诚实。对同事，不论其职务高低都坦诚相见；在高层管理人员面前不过分拘束，也不过分亲近。

2. 专业简况

所有的招聘单位都希望寻找到尊重其职业及雇主的员工，具备如下职业特点将使你成为一个忠诚、可靠以及可信的人。

可靠：依靠你自己的力量，从不依赖他人，确保完成工作，及时向管理人员汇报工作进展。

诚实、正直：对你自己的行为（无论好坏），都能承担责任，总以招聘单位的最佳利益为基础，从不凭幻想或个人的偏好来做决策。

自豪感：以做好工作为荣，总是付出额外的努力以确保尽最大努力将工作做好，并注意细节。

奉献精神：权衡利弊，不为问题的表面现象所迷惑而匆匆做出肤浅的决策，在解决问题的过程中避免所有可能的不利因素以求得短期和长期的利益。

倾听能力：认真倾听并理解别人的意见，轮到你时再发言。

3. 成就简况

招聘单位的兴趣其实很有限：挣钱、节省开支和节省时间。突出你的成就简况，不论以多么谦虚的方式，都是获得就职机会的关键。

节省的经费：你以才智及高效率节省的每一分钱都意味着为招聘单位挣得了一分钱。

节省的时间：用你的才智及高效率节省的每一分钟都会使你的公司节省开支，用节省的时间挣更多的钱。

获得的利润：增加收益是每个公司的目标。

4. 履行职责的简况

在你不能显示你为前任单位所挣得的利润、节省的经费或时间的情况下，你可以突出你履行职责的简况。这样可以表明你总是在寻求做贡献的机会，当机会真的降临时，你的潜在老板立即想到你。

效益：时刻提醒自己不浪费时间、精力、资源和经费。

程序：每个公司都有自己的规章程序。它将意味着向你的上司汇报工作，将你遇到的问题或者你的好建议告诉你的上司，不要越级，不要采纳你自己"自创"的程序。

此外，自荐材料要有针对性，不同的用人者、不同的职位，"择才"的标准也不一样。

> 对外贸公司的经理来说，他喜欢能说会写的人。他认为这些方面对于外贸业务有很大的帮助，至于专业学得不太好，以后可以培训。
>
> 如是大学的系主任，他最喜欢科研能力强，文章写得漂亮，表达能力强的人。用他最常讲的一句话来说，就是喜欢有点"灵气"的人。
>
> 一位部队老首长说，他当年提拔干部有偏爱，即喜欢提拔字写得漂亮的士兵。他还说，他提拔的干部中现在有的已成为书法界名人了。

所谓"萝卜青菜，各有所爱"。但怎样才能投其所好呢？这就要求必须解决好三个问题：一是深入了解招聘单位以及所要应聘职位的情况，更为重要的是了解招聘者的兴趣、爱好和个性特点;二是在分析自己的基础上,找出能够吸引招聘者的条件;三是要把自己的优点用到需要的地方。

五、自荐材料编写的误区

(一)目标定位不准确

具体表现在写求职信或填写履历中,将自己的求职目标定位得过高或过低,而与自荐材料中所提供支撑的内容不相符。定位过高的大学生往往都是目标远大、心高气盛、标榜自我,开口就是"跨国公司"、"某某经理职位",不切实际的理想化反而令他们错失了许多良机,最终导致了应聘失败。另一种现象是从一个极端走向另一个极端:简历写得过于谦虚,将自己的求职目标定位过低。过分谦虚的人,行文小心翼翼,措辞扭扭捏捏,胆小怕事,缺乏自信。招聘者看了,还以为你真的"没料",对你胜任工作的能力产生怀疑,最终使你与成功失之交臂。

还有一个既现实又敏感的话题:薪水。薪水是个很敏感的话题,在求职材料中最好不要涉及,你未来的雇主会在基本决定聘用你后提出,如果你一开始就提出薪水问题,那你就可能成为第一批被他淘汰的人,理由是招聘单位以为你更关心自己而不是公司或者自己的工作。从另一方面分析,如果你对月薪要求低,那样不仅显得你对自己的价值缺乏信心,而且会给招聘单位留下你在以前的工作中不称职的印象;而如果你把薪水提得过高,也会使你求职的努力付诸东流。最有效的方法是可以提出一个范围。

(二)内容平淡不突出

这类自荐材料的缺点是以小失大,没有主次,重点不突出。有的应聘者,尤其是刚毕业的求职者,缺乏社会经验,写简历眉毛胡子一把抓,无关紧要的写了一大堆,捡了芝麻丢了西瓜,把真正的要点遗漏了。撰写简历还是以简洁精练、重点突出为好,避免虚夸。有的求职简历言辞过于华丽,形容词、修饰语过多,如"我希望这样一个人生,它在经历了无数场风雨后成为一道最壮丽的彩虹……请用您的目光告诉我海的方向……"注意套话与客气话不要写,"我是生在红旗下的一名新中国好青年"就是一句典型的废话,"感谢您在百忙之中抽出时间来看我的自荐信"又是另一句著名的自荐八股文。

最有效的自荐信是求职目标明确,贴近公司的用人要求和条件,针对不同职位对应聘者的不同要求设计不同的自荐书,突出行业所需要的个性。言辞要简洁直白,少用豪情壮语和华丽的词汇,让人读来觉得亲切、自然、实实在在,这样才吸引人。

(三)包装精美不实用

这类自荐材料在外包装上过分追求所谓"高精尖",以求给用人单位一个深刻的第一印象。现在的大学生在自荐材料准备过程中讲究包装精美,设计可谓用心良苦。一家外资公司人力资源经理对毕业生设计精美的自荐材料比较赞赏:"以往学生的求职材料都是一个面孔,很难对学生做出判断,只有在面试时了解。现在就没有了以往'呆板'的自荐书,从一份份精心包装的材料中,就可以多少看出学生的特点和特长。看上去与众不同的自荐书令人印象深刻，能引起更多的注意。"一位毕业生这样说："现在求职学生的材料普遍都讲究包装，做得很精致、华丽，我要体现与众不同。"有的做得太花哨，连纸张都是五颜六色；有的过分标新立异，反而会带来不好的效果。有这样一份简历，封面上赫然写着4个大字"通缉伯乐"，给人的感觉就像是在威胁用人单位。有的学生把自己的自荐书写得像本书，殊不知看简历的大多是招聘单位领导，他们日理万机，那些冗长、空洞的简历，还来不及看完开头就被扔到了一边；甚至简历太厚，放进人才档案库都嫌挤占空间。所以，准备自荐材料关键是突出实力，要实用。

还有一个问题是关于照片的使用。照片可以直面反映、弥补书面材料中不能表现的方面，如一张好的照片可以反映一个人的气质。但在自荐材料中是否贴照片或提供一些照片，主要取决于你应聘的职位或应聘公司的特殊要求。而有的学生尤其是女生为求新意和多方位反映自己，把大学四年几十张生活照片制成个人写真集，甚至制成一本"美女画册"，就不足为取了。

思考题

请结合专业，设计一份你未来将从事的某岗位求职材料。

第九章

大学生求职途径与方法

大学毕业生就业,既是选择、决策的过程,也是走向社会进行人际交往的过程。掌握一定的方法和技巧,将有助于我们的成功。

所谓求职择业的技巧,主要是指求职择业过程中良好的人际沟通。大学生在求职过程中,无论是组织推荐还是关系推荐,或是自荐,都少不了与人打交道。能否找到理想的工作,很大程度上取决于我们能否完全展示自己,让用人单位充分了解自己的能力和特长,取决于用人单位的招聘者对毕业生的认识和评价。一般来说,毕业生与用人单位的工作人员之间,如果能够进行富有成效的信息交流与传递,沟通彼此的思想、观念、感情,这样的求职择业过程往往会是成功的。

第一节 就业信息的搜集与整理

就业信息是指各种媒介传递的有关就业方面的消息和情况,如就业政策、供需双方的情况及用人信息等,它是毕业生择业所必须搜集和掌握的材料。

就业信息对于每一位谋求工作的毕业生来说至关重要。就业决策的过程实质上就是一个与就业有关的信息搜集、处理和转换的过程。在就业过程中,无论是职业目标的确定、求职计划的设计,还是决策方案的选择,其基础都是就业信息的搜集和处理。

案例

在南京中医药大学某管理站的毕业生宿舍,小赵在电脑前不停查找着各种HR网站的信息:智联招聘、前程无忧……他根据自己的专业和兴趣选择着就业岗位。虽然现在是冬末春初,仍有大滴大滴的汗从他额头滚落。而他邻床的小杨早已胸有成竹,手中早就握着几个单位的就业意向书,从国企到民企,小杨虽犹疑不决,但脸上有种灿烂的神情。

是什么让同一个专业、同一个宿舍的他们在就业的重要关头面临不同的情况呢?经过班主任了解发现,原因在于他们对于就业信息掌握的情况不同。

小赵只是单一地将搜集就业信息定位在传统的网站搜索,小杨则有更多的想法,他说:"我觉得自己能在就业上脱颖而出,主要是因为手头有很多就业信息可以选择。从综合学校就业指导中心提供的就业信息,到我自己去心仪企业网站链接上搜集招聘信息,我尽可能多地搜集和利用就业信息,我是赢在起跑线上。"

一、就业信息的特性及作用

特性:真实性、时效性、准确性、针对性。

作用:做到心中有数、为自己提供就业机遇、增强竞争优势、为今后自主创业打基础。

二、就业信息的内容与获取渠道

(一) 搜集什么

就业信息的内容十分广泛,作为初次择业的毕业生应主要了解以下三个方面的就业信息:

1. 就业政策和相关规定

第一,了解国家就业方针、原则和政策及相关的就业法律法规。毕业生只能在国家就业方针、原则和政策所规定的范围内,根据个人的情况选择职业。毕业生必须清楚地了解就业法规、法令,学会用法律来保护自己。

第二,地方的用人政策。如相关省、市、县、区招聘的政策、人事代理政策、落户政策等。

此外,同学们还应了解就业的宏观信息,也就是国家的政治经济情况,国家或地区社会经济的方针政策规定,国家对毕业生的就业政策与劳动人事制度改革的信息,社会各部门、企业需求情况及未来产业、职业发展趋势所要求的信息。掌握这些信息,就可宏观地把握就业方向。同学们在校期间,要关心国家政策的重大改革,这对确立宏观的择业方向有着重大的意义。

2. 供求信息

当年毕业生总的供求形势,用人单位的需求有多少,是供大于求,还是供不应求,或者两者基本平衡,哪些专业紧俏,哪些专业供大于求。

3. 用人单位的信息

在选择单位时,往往会出现这样一些错误:对用人单位情况不甚了解,于是在择业时带有随意性和盲目性。如只挑城市而不问用人单位的性质、业务范围,还有的只图单位名称好听就盲目拍板等等,这些都是片面的。要想避免一些假象,做到对用人单位有比较客观的评价,关键在于掌握用人单位的信息。我们要掌握用人单位的需求情况、发展前景、需求专业、条件、工资待遇等。

（二）获取就业信息的方法

1. 行业优先法（定方向搜集法）

根据自己选定的职业方向和求职的行业范围来搜集相关的信息。这种方法以个人的专业方向、能力倾向和兴趣特长为依据，便于找到更适合自己特点、更能发挥作用的职业和单位。需要注意的是，你选定的职业方向和求职范围过于狭窄，有可能大大缩小你的选择余地，特别是你所选定的职业范围是竞争激烈的"热门"工作时，很可能给你下一步的择业带来较大困难。

2. 地域优先法（定区域搜集法）

根据个人对某个或某几个地区的偏好来搜集信息，而对职业方向和行业范围较少关注和选择。这是一种重地区、轻专业方向的信息收集法，按这种方法收集信息和选择职业，也可能由于所面向地区的狭小和"地区过热"（即有较多择业者涌向该地区）而择业困难。

3. 一网打尽法（全方位搜集法）

把与你的专业有关联的就业信息统统搜集起来，再按一定的标准进行整理和筛选，以备使用。这种方法获取的就业信息广泛，选择的余地大，但较浪费时间和精力。

求职者应当根据自己的实际情况，综合运用以上三种方法来搜集信息。

（三）就业信息获取的渠道

1. 个人收集

实习、社会实践、社交等活动。毕业生在实习、社会实践中可以直接与用人单位接触，可以更清楚地了解有关需求情况，让用人单位更多地了解自己。

通过黄页掌握各单位地址、电话，通过打电话、写求职信或登门拜访等方式获取用人信息。这种渠道主动性强、盲目性大、准确性低。但是，偶然的机遇也有成功的可能，在缺乏就业信息的情况下，这也不失为一种获取信息的渠道。

2. 大众传媒

一些用人单位常常通过网络、报纸、杂志、广播、电视等大众传媒介绍本单位的现状、发展前景和人才需求信息。需要特别注意的是，这种信息传播面广，竞争性强，时效快，成功率较低，而且其内容往往比较笼统，如果选用还应作进一步的了解。

3. 学校就业指导中心

学校就业指导中心提供的就业信息具有准确、可靠、多样、具体的特点，是毕业生获取就业信息的最直接、最有效、最主要的途径。学校收集的信息都会及时传至各学院，或发布在学校网页的就业信息栏中，相关可利用的网站如下：

中国卫生人才网：http://www.21wecan.com/

中国医药人才网：http://www.job99.com.cn/

江苏卫生人才网：http://www.jswsrc.com.cn/

南京卫生网：http://njh.nanjing.gov.cn/wswsy/

南京中医药大学就业网 http://njucm.91job.gov.cn/

浙江中医药大学就业网：http://job.zjtcm.net/

北京中医药大学就业网：http://jy. bucm. edu. cn/

上海中医药大学就业网：http://www. shutcm. com/shutcm/zhaoshengban/

湖南中医药大学就业网：http://www. hnctcm － zsjy. com/

南京医科大学就业网：http://jyxt. njmu. edu. cn/index. portal

中国医科大学就业网：http://jy. cmu. edu. cn/ykdx/

厦门大学就业创业指导中心：http://jyzd. xmu. edu. cn/default. asp

山东中医药大学毕业生就业信息网：http://sddx. sdbys. cn/homepage_. jsp

广州中医药大学就业指导中心：http://career. gzucm. edu. cn/

中国药科大学就业网：http://cpu. 91job. gov. cn/

智联招聘：http://www. zhaopin. com/

4. 各级各类就业市场

通过各级毕业生就业主管部门、人才服务机构及其组织的有关活动获取信息。各级毕业生就业主管部门和人才服务机构，是沟通用人单位和大中专毕业生的桥梁和纽带，是为毕业生提供就业服务的专业机构。毕业生可通过他们组织的定期或不定期的人才交流洽谈会、大中专毕业生供需见面会等活动获取需求信息，这也是获取信息的重要渠道。

通过各级政府主管部门和就业指导机构搜集。这些主管部门主要是国家教育部和省教育厅、人事厅以及各市的教育局、人事局。这些部门和就业机构的主要职责，就是制定辖区的毕业生就业政策，提供高校毕业生和用人单位的信息，为毕业生就业提供咨询与服务。来自这方面的信息也是真实可信的。

5. 社会关系——人脉

通过家长、亲戚、朋友、老师、同学等渠道来获取就业信息，有针对性地扩大搜集信息覆盖面，有时会起到事半功倍的效果。这种信息针对性更强，通常具有毕业生所希望的行业或地区的定向性，对用人单位可以进行更具体的了解，易于双向沟通，因而就业成功率较高。

当然，收集信息的途径还很多。总的来说，关键在于掌握主动权。

三、就业信息的整理与使用

一般来说，毕业生通过上述渠道所搜集到的原始就业信息比较杂乱，有相当一部分信息是没有用处的。毕业生应根据自己的实际情况和需求，对信息进行去粗取精，去伪存真，有目的、有针对性地加以筛选处理，使获得的信息具有准确性、全面性和有效性，使之更好地为自己的求职服务。把通过各种渠道搜集来的信息按地区、按性质进行分类，再按自己的择业标准进行等级分类，把对自己感兴趣的单位列为第一等级，作为求职择业的重要选择方向。

思考题

请结合个人专业，谈谈就业渠道有哪些。

第二节　就业自荐的艺术

一、准确的自我评价

准确的自我评价是提高自荐艺术与技巧的前提。要正确估计自己的实力和兴趣,充分了解自己的个人技能,把"我愿做什么"和"我能做什么"与社会需要有机联系起来。

列出自己整个学习工作生涯中所获得的至少 10 项成绩。几乎每个人实际所做的成绩都比他所意识到的要多得多。在匆忙地拟写个人简历前,不妨先用这种方法来重新估量自己的成绩,你会惊喜地发现你原来是个可以做出很多成绩的人。

(1) 先列出你最早期的成绩,哪怕是最微不足道的。不要忽视一些显而易见的事情。要写清你做了些什么,你的努力取得了什么效果。

(2) 每项成绩最好都用动词开头,如"减少了……"、"完成了……"、"发明了……"、"推销了……"、"实施了……",这些都是很吸引人的开头词。

澳大利亚的一份调查报告显示,在履历表中附上一份自我评估,会大大增加求职者争取面试以致获得录用的机会。

新南威尔士大学心理学教授布莱特在接受《澳大利亚金融评论》访问时表示,他发现,条件优越的应征者只要在履历表上附加一份自我评估,参加面试的机会将由八九成变为肯定,就是条件差的应征者,其面试机会也会由零跃至三成,对此,布莱特教授本人也感到惊讶。他说,只要自我评估一出,应征者便会战无不胜,看来这似乎很重要。

一份典型的自我评估应反复地重申自己有以下这些能力:"能够顶着巨大的压力工作","有组织能力,并能为公司争取到佳绩"等等。

(3) 进行自我评价时,应当注意掌握以下几个原则:

① 适度性:既不过高,也不过低。

② 全面性:优点—缺点,特殊素质—整体素质。

③ 客观性:客观真实,"人贵有自知之明"。

④ 发展性:以发展的眼光看待自己,预见性地估价自己将来的发展潜力和前景。

二、自荐方式的种类

自荐方式是多种多样的,包括口头的、书面的,也可以通过他人介绍。

(一)口头自荐

这种自荐方式,要求求职者必须亲临用人单位或招聘现场。其优点是直接面对用人单位,便于展示自己的风度和才华,容易给用人单位留下较深刻的印象。如果自己表现出色,可能会被用人单位现场录用。其缺点是涉及面有限,尤其对路途遥远的单位更难实现。对个人来说,如果自己风度潇洒、谈吐自如、反应敏捷,此种自荐方式更能发挥自己的优势。对用人单位来说,新闻、外贸、外事、旅游、教育等部门也更青睐此种方式。

（二）书面自荐

即通过求职材料的形式向用人单位推销自己。求职材料可以通过邮局寄送，也可当面呈递。在校期间学习成绩优秀，又有较好文笔和漂亮书法的毕业生多采取此种方式。这种方式覆盖面较宽，可以扩大自荐范围，不受时空限制。科研、出版、金融单位和工矿企业等注重实际的用人单位也乐于接受此类自荐方式。此种自荐方式有利于展示自己严谨、认真的工作态度。

（三）广告自荐

这是近年来出现的一种新的借助于新闻传播媒介进行自我推销的自荐形式。这种方式覆盖面宽，可以扩大自荐范围。广告专业、设计专业的毕业生，以及一些有特殊专长的毕业生往往乐于采用此种自荐方式。

（四）学校推荐

学校推荐实际上是一种间接的自荐方式。多年来，学校在向社会输送毕业生的过程中，与用人单位建立起了密切合作、相互信任的工作关系，再加上学校对毕业生的全面情况比较了解，而且以组织负责的形式向用人单位推荐，具有较大的可靠性和权威性，所以较容易得到用人单位的认可。

（五）他人推荐

即通过老师、父母、亲友推荐而达到自我推荐目的的一种自荐方法。一些骨干教师与对口用人单位的领导或业务骨干有较为密切的联系，或已在某个行业中具有较高的学术威望，因此，他们的推荐容易取得用人单位的重视和信任。当然，父母、亲友的推荐也可帮助毕业生扩大自荐的范围，对毕业生的成功也会助一臂之力。

需要指出的是，上面介绍的五种自荐方式并不是独立存在的，在现实的求职活动中，往往要综合应用才会达到自我推荐的目的。一般来说，适当的口头自荐，再加上书面自荐和学校老师的推荐，效果会好一些。

选择恰当的自荐方式，在求职择业过程中无疑是十分重要的。就每一个求职择业的大学生而言，究竟采用何种自荐方式，首先应当从自己的实际情况出发。例如：善于语言表达且有一口流利标准普通话的求职者，采用口头自荐似乎更能打动人心；倘若能写一笔隽秀的字或漂亮的文章，则选择书面自荐更能显示出求职者的魅力。当然，选用哪种自荐方式主要还要看用人单位的需要，对招聘药品销售的用人单位来说，口头自荐显然更受重视；招聘文秘职员或管理的用人单位，则可能希望求职者先呈递书面的求职材料。此外，求职材料的递送方式也应注意。在竞争激烈的情况下，邮寄的求职材料可能不易引起用人单位的注意和重视。求职者亲自登门或在招聘现场当面呈递求职材料，易于加深用人单位对自己的印象，从而增加成功的可能性。

第三节　就业形象礼仪的提升

一、面试前礼仪准备

"工欲善其事,必先利其器。"必要的物质准备是确保求职面试成功的基础。这里讲的物质准备主要包括以下几个方面的内容:

(1) 选择与面试相符的服装、鞋帽及其他必要的装饰品。

(2) 准备一个记事本,一支笔。

切忌面试时向面试官借纸和笔,这样会显得自己没有训练有素的工作习惯。记事本里面应记录有参加过求职面试的时间,各公司名字、地址、联系人和联系方法,面试过程的简单记录、跟进记录等。求职记录本应该随时带在身边,以便记录最新情况或供随时查询。

(3) 带上手帕和卫生纸。

(4) 带足必需的车资及坐公共汽车的零钱。

(5) 带齐面试时必备的证件和资料,所有准备好的文件都应该平整地放在一个牛皮纸的信封里。

(6) 事先了解招聘单位面试考场地点和时间,考前再核实一次,做到万无一失。

> 在心理学上有个名词叫"第一印象"。有这样一个试验:
>
> A 的性格:聪明—勤奋—易冲动—爱批评—顽固—嫉妒心强
>
> B 的性格:嫉妒心强—顽固—爱批评—易冲动—聪明—勤奋
>
> 请问:哪位性格好些? 其实性格 A 和性格 B 的内容完全一样,只是顺序不同罢了。这表明:当不同信息结合在一起时,我们总是先倾向于前面的信息,而忽视后面的信息,这就是第一印象作用的缘故。在人际交往中,第一次交往给人留下的印象非常深刻,以后很难改变。
>
> 所以,大学生在求职过程中,通过自我形象的塑造,特别是容貌、服饰、谈吐、社交礼仪的恰当运用,给用人单位以良好的第一印象,这良好的第一印象后面就是成功的希望,也是成功求职的第一步。

二、服饰与打扮礼仪

英国作家莎士比亚曾经说,一个人的穿着打扮就是他教养、品位、地位的最真实的写照。曾经有一位人事总监这样说过:"我认为你不可能仅仅由于戴了一条领带而取得一个职位,但是我可以肯定你戴错了领带就会使你失去一个职位。"

案例

　　有一个心理学家做过这样一个实验:在一个黄昏的路边,分别让一位身穿笔挺军服的海军军官、一位手持文件夹的青年学者、一位打扮入时的漂亮女郎、一位挎着菜篮子的中年妇女,还有一位留着怪异发型、穿着邋遢的男青年在路边搭车,结果,漂亮女郎、海军军官、青年学者的搭车成功率很高,中年妇女稍微困难一些,那个男青年就很难搭到车。

　　这则故事告诉我们,不同的仪表代表了不同的人,随之就会有不同的机遇。仪表是素养和品位的体现,仪表和成功连在一起。

　　首先请记住:得体、大方的仪表既是对考官的尊重,也可以塑造自己专业人士的形象。

　　一般说来,着装不必赶时髦,不必求流行,尤其不能浓妆艳抹、花枝招展。因为许多人心理上都认为"过分追求时髦的人往往是不求上进的人"。专家们告诫,当不知道穿什么好时,与其追求新潮,不如穿得正统一点。不论是应聘何种职业,保守的穿着会被视为有潜力的候选人。

　　衣着:衣服质料选择不易皱折的,裁剪合身;服装款式以朴素、简练精干、不碍眼为出发点。衣料以薄厚适度为宜,太薄的衣服也会给人以呆板、缺乏质地的感觉,而质感厚实一点的衣料会使体瘦的人看上去精神抖擞。肥胖的人则相反,衣服质地太厚显得笨重,但也不能太薄,否则体型弱点就暴露无遗了。一般男生宜西装,女生宜裙装。服装不一定要穿名牌,切忌穿明显是假冒的伪名牌服饰(这一点很重要)。

　　发型:头发应整齐、干净、有光泽,不要把发型搞得过于新奇而惹人注目。

　　鞋子:外企老板认为,鞋子反映了一个人的性格,如果你的皮鞋很多土或很破旧,会被定义为不整洁和不拘小节的人。

　　包:求职时带上公文包不仅可以增加外表上的职业气质,而且很实用。公文包不要求买很贵重的真皮包,但应看上去大方典雅,大小应可以平整地放下 A4 纸大小的文件。可以把个人资料如简历、证书以及文具等都放进去。

1. 对于女生

(1)服装:简洁、大方、合体。职业套装是最简单,也是最合适的选择。女士的衣着中最能展现女性魅力的服装是裙子,至少长应及膝,过分时髦和暴露的服装都不适合面试时穿。色彩要表现出青春、典雅的格调。不宜穿抢眼的颜色。穿白色裙、裤时,不可内穿深色内裤。

(2)丝袜:丝袜被称为女性的第二层皮肤,一定要穿,以透明近似肤色的颜色最好,不能在裙子和袜子之间露出皮肤。要随时检查是否有脱线和破损的情况。最好带一双备用的。

(3)皮鞋:穿式样简单、没有过多装饰的皮鞋,后跟不宜太高,颜色和套装的颜色一致,如果你不知道如何配色,最简单的办法就是穿黑色的皮鞋。夏日最好不要穿露出脚趾的凉鞋,更不宜将脚趾甲涂抹成红色或其他颜色。忌穿厚底松糕鞋或过细的高跟鞋。

（4）包：不宜太大，与服装的颜色相搭配。不要穿套装或套裙却配双肩背包。

（5）化淡妆：肌肤良好的女孩，只要准备腮红、睫毛膏及唇膏即可；肌肤稍有瑕疵者，则可先打层薄薄的粉底。不使用闪光化妆品。如果抹香水，应该用香型清新、淡雅的。

（6）发型：发型端庄、简单、清洁、无异味，避免滥用饰物；切忌前刘海浓密垂落在前额和眼部。

（7）饰物：尽量少戴，更不要戴太夸张的手表和首饰。耳环应当小巧且不引人注目，不佩带过长的吊挂式耳环。朴实无华的项链就挺好，不要戴假珍珠或华丽的人造珠宝。令人喜爱的手镯是完全可以接受的，但不能叮咛作响。同时最好不要戴戒指。一定不要戴脚镯。

（8）眼镜：眼镜会使一些人外表增色，也可能使一些人显得不协调。尽量选择适合自己的镜框，式样不宜夸张、卡通。

（9）围巾或丝巾：一条漂亮的围巾或丝巾有画龙点睛的妙用，但选择时一定要注意与衣服的协调搭配。如花色丝巾可配素色衣服，而素色丝巾适合艳丽的服装。

出发前，最好从头到脚再检查一遍，看看扣子、拉链是否扣好、拉好，领子袖口是否有破损，衣服是否有褶皱，鞋子是否干净光亮。

2. 对于男生

（1）胡子：一定要刮干净。

（2）发型：头发梳理整齐，留中规中矩、朴实的短发。坚持不烫发，不染发，不留长发。头发应打理得干干净净，别用摩丝将头发弄得如一头湿熊。

（3）衣服：春、秋、冬季，男士面试最好穿正式的西装。西装里一定是长袖。穿短袖衬衫打个领带，会给人不伦不类的感觉，短袖衬衫属于休闲装。西装的色调要用给人稳重感觉的深素色为主，如藏青色、蓝色、黑色、深灰色等。配套的衬衫以白色或浅色为主，这样较好搭配领带和西裤。平时也应该注意选购一些较合身的衬衫，面试前应熨平整，不能给人"皱巴巴"的感觉。查看领口、袖口是否有脱线和污浊的痕迹。这里要提醒一点，面试时你所穿的西服、衬衫、裤子、皮鞋、袜子都不宜给人崭新发亮的感觉，原因是人事主管会认为你的服饰都是匆匆凑齐的，那么你的其他材料是不是也加入了过多人工雕琢的痕迹呢？而且太多从没穿过的东西从头到脚包裹在你的身上，一定有某些东西会让你觉得别扭，从而分散你的精力，影响你的面试表现。

上衣的口袋不要放东西，西装上衣的口袋是起装饰作用的。领带又被称为"西装的灵魂"。穿西装特别是穿西装套装时，一定要打领带。领带应选用丝质的，最好是单色的，适用于公务活动和隆重的社交场合，并以蓝色、灰色、黑色、棕色、白色、紫红色最受欢迎。单色为底，印有规则重复出现的小圆点的领带，格调高雅，也可以用。斜条纹的领带能表现出你的精明。多色领带一般不应超过三种色彩，领带在胸前的长度以达到皮带扣为好。

最好不要穿多件羊毛衫，应将领带置于最内侧的那件羊毛衫与衬衫之间。一般是不用领带夹的。如果一定要用领带夹，应夹在衬衫第三个和第四个扣子中间的位置。

穿西装最重要的是要注意三个三。第一个三，三色原则：穿西装的时候，全身的颜色是不能多于三种。第二个三，三一定律：鞋子、腰带、公文包是一个颜色，而且首选黑色。第三个三，穿西装时有三个错误是不能犯的：第一个错误，袖子上的商标没拆；第二个错误就是在非常重要的场合,尤其是国际交往,没穿西装套装而打领带的不太合适,穿夹克、穿短袖衫打领带,参加内部活动可以,对外交流就显得不够正式;第三个错误,袜子出现问题。重要场合,白色的袜子和尼龙丝袜是不和西装搭配的。

(4)鞋子:黑色皮鞋,无灰尘无破损。

因为还未进入社会,显得青春的装扮并无不妥,在应聘时只要穿着得体,整体造型不给主考官幼稚和不稳重的感觉,一些显得干练精神的普通休闲外套也行。

但是,建议男女生都不要在面试时穿 T 恤、牛仔裤、运动鞋,给人一副随随便便的样子,这百分之百不受人事主管欢迎。女生一定不要在服饰上给人错误的信号,例如过于花枝招展、性感暴露的打扮,这对求职本身毫无益处。

除了注意服饰打扮,还有一点不能忘了,那就是仪容的清洁。

身体清洁:面试前一定要洗个澡,换上干净的衣服和鞋袜,保持体味清新,这样也可以使你更加精神抖擞。可以在身上适度地抹些香水。

脸部清洁:即耳朵、脖颈和眼角。如果你不注意脸部的清洁卫生,等到脸上出现了"违章建筑"时,主考官一定会毫不留情地扣分。

口腔清洁:口香糖在面试前一定要吐出,不要随地一吐,一是不环保,二是行为不礼貌。用纸巾包起来,丢入垃圾桶。

鼻子的清洁:如鼻毛过长、过旺,甚至长到鼻孔外面,看上去不够整洁,有碍美观,影响"面容"。千万不要在人前用手挖鼻孔。

头发清洁:头发要干净,不要密布头皮屑,不要有异味。

手的清洁:随时随地清洗自己的手,尤其是指甲缝里的污垢。指甲应在面试前一天剪整,不对指甲过于修饰。

总之一句话,就是要"干干净净"。

三、面试过程中的礼仪

1. 准时赴约

一般来讲,比原定时间早 10—15 分钟到达面试地点较好。进入面试场地,求职者应始终面带微笑,不要过分紧张,对碰到的每个公司员工都应彬彬有礼。

2. 入座礼仪

(1)进入面试办公室,一定要敲门而入。以 2—3 下为宜。关门的动作:转过身,轻轻地把门合上。

(2)进入办公室后,要主动向面试考官问好。注意使用恰当的称呼。双手递上个人简历,文字的正面朝向面试官。

(3)一般不要和考官握手,除非考官主动和你握手;最好经考官同意(可以主动询问)后再坐下,如果没有指定的座位,可选择主考官对面的位子坐下。自己随身带着的公文包或皮包,不要挂在椅子背上,可以把它放在自己坐的椅子旁边或背后。

进入面试办公室前,关闭手机等通信设备或静音。走入考场时,要精神饱满,足尖向前,步伐正直,面带微笑,双目平视,头正肩平,挺胸收腹。入座时,应当轻而稳,过猛的动作会给人留下不稳定的印象。注意坐姿的优美与精神,坐着时不要有含胸缩背、跷二郎腿、手臂交叉于胸前、坐着乱动等行为。坐椅子时,最好只坐 2/3,两腿并拢,身体可稍稍前倾,以示对考官所谈内容很感兴趣。手可平放在腿上或扶手上,但动作要自然。不可以拖拉椅子,发出很大噪音。

3. 身体语言

身体语言在人际交流中占 50% 以上。有些面试失败的例子,分析起来,专业也对口,也没说过什么不得体的话,一句话,不知道输在哪里。其实,除了职场竞争激烈是主要原因外,面试时身体语言表现不当而暴露弱点也是一个重要因素。

身体语言包括:

(1) 说话时的目光接触:目光和善友好、清澈坦荡。目光不要直视对方,最好落在考官的眼鼻三角区,目光平和而有神、专注而不呆板,切不可呆滞地死盯对方,也不可用眼瞟或漫不经心地看着考官。

眼神:适当的眼神能体现出智慧、自信以及求职者对这份工作的向往和热情;注意力要集中,求职者视线接触对方面部的时间应占全部谈话时间的 60% 以上,不要窥视考官的桌子、稿纸或笔记。

(2) 身体的姿势控制:坐姿要端正,头正平、目光平视、上身保持直立、坐满椅子的三分之二,身体略向前倾,以示认真倾听,并拢双膝,两臂自然贴身下垂,双手自然放于腿上。站姿注意站正,不要弯腰低头;要注意与主考人员保持恰当的距离,以便给双方都保持一个轻松自然的交谈空间,不要让对方有侵犯安全或过分疏远的感觉。

表 9-1　形体语言宜忌

形体语言	宜	忌
站	脚保持安静,肩部放松,双臂垂于体侧,头和下颌抬起	没精打采,脚来回移动,晃动身体,低头
坐	坐立,身体微微前倾	东歪西靠,跷二郎腿,双脚不停地抖动
走	自信坚定,行走有目的	脚步拖拉,步履沉重迟缓,八字脚
手势	做手势时五指合拢,手掌展开,运用手势强化表达,时常变换手势	手势过多,双手背在身后,手插在口袋里玩弄小东西,双手抱胸,用手指着别人
面部表情	微笑,眼睛直视对方,生机勃勃,肯定地点头	皱眉,瞪眼,目光游离不定,张大嘴打呵欠

(3) 习惯动作:双手放在适当的位置,不要晃动。摒除以下坏习惯:① 挠痒或抓挠;② 猛扯或玩弄头发;③ 当众梳头;④ 手指不停地敲;⑤ 玩弄指甲;⑥ 当众化妆或涂指甲油;⑦ 打呵欠;⑧ 嚼口香糖;⑨ 挤占他人的空间;⑩ 坐立不安;⑪ 剔牙;⑫ 舌头在嘴里乱动。

小贴士:面试"微表情"在"说"什么

微笑——自信;指尖搭成塔尖——自信;微偏头微笑——自在友善;手指摩擦手心——焦虑;把玩领带或项链——心神不宁;手插口袋——紧张;抿嘴唇——窘迫;咬指甲——缺乏安全感;挠头——不知所措;摸鼻子——思考;眼睛向上看——迟疑;扶眉骨——羞愧;双手抱臂——不安;嘴微张,眼睁大——错愕;撇嘴唇——不屑;眼睛左顾右盼——害怕。

美国心理学家梅拉比安(Mehrabian A)曾提出一个公式:信息的全部表达＝7％的语调＋38％的声音＋55％的表情,这说明了非语言行为的重要作用。

四、求职面试结束时的礼仪

(1) 礼貌地致谢告别。
(2) 轻声起立并将坐椅轻轻推至原位。

第四节　就业笔试和面试的技巧

笔　试

笔试是一种常用的考核方法,它是用人单位采用书面形式对应聘者所掌握的基本知识、专业知识、文化素养和心理健康等综合素质进行的考查和评估。笔试主要适用于应试人数较多,需要考核的知识面较广或需要重点考核文字能力的情况。大企业、大单位、大批量用人,国家机关选拔公务员,往往采用笔试考核的形式。

一、常见的笔试种类

1. 专业考试

这种考试主要是检验应聘者担任某一职务时是否能达到所要求的专业知识水平和相关的实际能力。例如外资企业、外贸企业对应聘者要考外语,科研机构招聘人员要考动手能力,国家机关招聘公务员要考行政管理和法律知识。如参加国家公务员甲种考试,具有大学本科毕业以上文化程度者,考试科目为法律、政治、行政学、公文写作、英语及能力考试;具有大专毕业文化程度者,考试科目为法律、政治、行政学、公文写作及能力考试。从应聘者的答卷中可看出其文字表达能力以及分析问题和逻辑思维能力等。

2. 智商和心理测试

智商测试主要为一些著名跨国公司所采用,它们对应聘者所学专业一般没有特殊要求,但对应聘者的素质要求较高。在它们看来,有没有专业训练背景无关紧要,但应聘者具有不断接收新知识的能力是至关重要的。智商测试并不神秘。就我们观察到的,一种是图形识别,比如一组有四种图形,让应聘者指出其相似点和不同点。另一类是算术题,主要测试毕业生对数字的敏感程度以及基本的计算能力。

心理测试是用事先编制好的标准化量表或问卷要求被试者完成,根据完成的数量和质量来判定其心理水平或个性差异的方法。

3. 综合能力测试

综合能力测试兼有智商测试的要求,但程度更高。比如,应聘者要在规定的时间内对一组数据、一组资料进行分析,找出其合理的地方和存在的问题,并设计出解决问题的方案。这是对学生的阅读理解能力,发现问题、分析和解决问题的能力,知识面等素质的全方位测试,有时问答是用英语进行,相对来说难度更大一些。

二、笔试技巧

1. 复习知识

对大学专业知识进行必要复习是笔试准备的重要方式。一般说来,笔试都有大体的范围,可围绕这个范围翻阅一些有关图书资料,巩固所学过的课程内容。

2. 增强信心

笔试怯场,大多是缺乏信心所致。要客观冷静地对自己进行正确评估,克服自卑心理,增强信心。临考前,一要适当减轻思想负担,二要保证充足的睡眠,三要适当参加一些文体活动,从而使高度紧张的大脑得到放松休息,以充沛的精神去参加考试。

3. 临场准备

提前熟悉考场环境,有利于消除应试时的紧张心理。了解考场注意事项,并按要求去做。除携带必备的证件外,考试必备的一些文具(钢笔、橡皮等)也要准备齐全。

4. 科学答卷

拿到试卷后,首先应通览一遍,以便了解题目的多少和难易程度,根据先易后难的原则排出答题顺序。遇到较大的综合题或论述题,应先列提纲,再逐条论述。

答卷要做到字迹端正、卷面整洁。因为求职笔试不同于其他专业考试,招聘单位往往会从卷面上联想应聘者的思想、品质、作风,字迹潦草、卷面不整的人,招聘单位先不看其答卷内容,单从卷面就觉得不可靠;那些字迹端正,答题一丝不苟的人,招聘单位认为其态度认真、作风细致,会更加青睐。

面　试

面试是用人单位在指定的时间和空间内对应聘者通过当面交谈进行考核的一种考试方式。面试是对应聘者整体素质的深入考查,具有较大的灵活性与综合性,这一方式不仅能考查一个人的知识面和专业能力,还可以直接观察应试者的体态、仪表、气质、口才、应变能力以及性格特点等。所以,这也是用人单位常用的一种招聘考查方式。

一、面试的作用、形式与内容

（一）面试的作用

1. 气质直觉考查

应试者属于何种气质类型的人才,是性格内向的,还是性格外向的,通过问题的回答,短暂的十几分钟,就会使应试者的性格在用人单位面前暴露无遗。此时用人单位可以对应试者的主要概况有一个大体的了解。从应试者的气质进行分类,哪些人属于开拓型人才,哪些人属于稳健型人才,然后根据用人单位岗位要求加以优化组合,决定取舍。从用人单位的角度来讲,通常需要有一定的活动能力,能办事,能打开局面的人才。这样的人才对社会的适应期较短,上手快,培养成本最低。因此,高校毕业生在校期间除了完成学习任务外,还要努力提高自身的内在素质,通过参加社会各类活动,不断提高分析问题、解决问题的能力。社会实践锻炼一方面可以用国内外公司的工作实践提高自己,另一方面,也可以充实自己的工作简历,为就业时满足用人单位提出的 2—3 年工作经验的时代要求努力做好求职面试准备,尤其是气质考查的准备。

2. 逻辑思维的考查

面试时,用人单位对应试者的逻辑思维能力比较注重,通常从某一侧面提出对某一件事情的处理,在某种环境中如何开展工作,不同性格的合作伙伴的相处,对某单位或个人的看法与认识等若干问题,请应试者当场回答。这就需要应试者具有临场冷静应战,善于把握重点,层层分解,思路清晰的能力。切忌手忙脚乱,眉毛胡子一把抓,唠唠叨叨一大堆,到最后只能给用人单位留下一个该生抓不住重点,解决问题的能力较差的印象。高校毕业生就业过程中的逻辑思维能力的锻炼与提高,只能在平时利用某一特定环境,有意把自己投身于这一环境中进行学习、工作与生活,理论联系实际,通过一系列问题处理与思考,不断总结解决问题的最佳工作方法。经过长期多次的实践和磨练,总结和积累处理问题的一套工作思路,从而逐步提高用逻辑思维的方法处理现实生活中的各种问题的能力,为今后的就业面试打下良好的基础。

3. 知识与能力的考查

面试时,用人单位一方面对自荐材料的内容产生第一印象,另一方面当场考核所选拔的人才是否具有真才实学。用人单位虽然看重学生在校的学习成绩,但更看重学生知识的实际运用能力、动手能力、创新能力、新产品开发能力等。近几年来,一些在校期间曾获得科技竞赛奖项的高校毕业生颇受用人单位的欢迎,即使文化学习成绩有一些距离,照样受到用人单位的青睐。现在,用人单位在选拔人才时,力求尽量走出"高分低能"的选拔误区。如果在面试时,应试者把在校期间的科技获奖全盘托出,显然便给面试获得成功奠定了基础。也就是说,高校毕业生在校期间,不光要掌握好理论知识,各类科技活动的参加也是必不可少的。知识与能力相互渗透,灵活运用,是应试者在面试时应当具备的基本功。

(二)面试的形式

面试的形式很多,概括起来有以下几种:

1. 情景式面试

情景式面试根据工作岗位的具体情况设计问题,让应试者面对主试有针对性地发表个人看法。这种情景式面试通常分以下几种类型:

(1)主题式提问。为了缓解应试者的紧张情绪,面试之初,主考官引出与面试内容关系不大的话题,与应试者海阔天空地交谈,让应试者自由发表看法,尽量使应试者情绪放松,自我调节心态,然后,再进入主题提问。

(2)模式化面试。由主考官根据预先准备好的询问题目和有关细节,逐一发问。其目的是为了获得有关应试者全面、真实的材料,观察应试者的仪表、谈吐和行为,以及沟通能力等。

(3)问题式面试。由主考官对应试者提出一个问题或一项计划,请应试者予以完成解决。其目的是为了观察应试者在特殊情况中的表现,以判断其解决问题的能力。

2. 能力式面试

能力式面试由主考官通过多种方式综合考查应试者多方面的才能,通常采取以下几种方式:

(1) 任意写一段话。考查文笔、临场发挥能力。

(2) 分析一段文章。主考官让其分析一段文章,现场观察应试者的分析、归纳、综合和表达能力。

(3) 现场操作。如,计算机操作、实验技能操作等。

(4) 英语水平测试。

3. 压力式面试

由主考官有意识地对应试者施加压力,针对某一问题做一连串的发问,不仅详细,而且追根问底,直至无法回答。甚至有意识刺激应试者,看其在突如其来的压力下能否做出恰当的反应,以观察其机智程度和应变能力。

4. 电话面试

很多企业在收到求职者的个人简历之后,往往用电话的形式进行首轮面试,作为初步的筛选。电话面试的时间一般在 15 分钟左右,以此来核实求职者的背景和语言表达能力。然后再进一步叫到公司面试。电话面试不像面对面交流时那样直接,表现余地相应较小,思考时间也很少,仅能通过声音传达个人信息。对此就要注意,每一细小环节都要仔细思考,注意提高语言表达艺术与效果,尽量给用人单位留下良好的印象。

5. 互联网接触

面试过程中,应试者对用人单位有关问题的了解,或通过互联网获取信息,或发 E-mail 给对方咨询。必要时,对某些不清楚的地方还可以进行多次的接触,通过多次接触会给用人单位留下初步印象。用人单位通过与应试者进行互联网的接触交流,对其为人、做事的能力、信誉等方面有一个初步的了解。这些不见面的形式,会使用人单位对应试者做出一定的评价。因此,必须谨慎从事,这样才能为获取面试成功提供一定的帮助。

6. 被邀请实地考察

用人单位为了扩大对外宣传,免费邀请应试者实地考察。在实地考察期间,对方热情做好接待服务工作,频繁地与应试者进行双向交流,考察应试者的内在素质和综合能力。有些用人单位将企业的发展蓝图展示在应试者面前,暗中考察应试者对新事物的接受能力,同时,收集改进本单位工作的意见和建议。总而言之,实地考察时将应试者放到现实社会中加以考察,用人单位和应试者对彼此的情况都能了解得更详细、具体、全面。如果双方都有好感,就给协议书的签订增添了几分踏实感。

扫一扫可见公务员
面试常用方法

在实际面试过程中,主考官可能只采取一种面试方式,也可能同时采用几种面试方式。

(三)面试的内容

面试的过程可分为几个部分:见面前的准备→面试头十分钟(产生第一印象)→面试交谈→主考官给求职者提问机会(最后十分钟)→结束面谈→跟进。

　　面试的内容比较广泛,用人单位从各个不同侧面了解应试者的业务水平、道德素质以及综合能力,这些内容都是选拔人才的基本内容。有些内容应试者可以做一些准备,有些内容是难以准备的。面试大体分为以下几部分:

　　1. 自我介绍

　　2. 应聘动机

　　面试时,用人单位往往要向应试者提出"为什么你要应聘这份工作"的问题,这个问题几乎成为所有用人单位必问的重要话题。通过应试者的表述,用人单位能了解应试者来本单位工作的目的和动机,考察其工作态度是否端正,是否有培养前途,能否在本单位长期工作。为了考察应聘动机,用人单位并不是把所有的一切讲得都很好,有时也实事求是地反映本单位的问题,如福利待遇偏低、工作辛劳程度较高、工作责任较大等,即丑话讲在前面,试探应试者是否真心诚意来本单位工作。有些毕业生应聘动机不端正,经受不住考验,听到这些情况就开始退却,一下子就被用人单位看穿不属于干事业的料子,从而使得面试成功率大大降低。

　　3. 综合素质

　　面试时,考察应试者的综合素质已成为每个用人单位选人的首要任务。根据人才使用总体要求,综合素质面试内容主要分以下几个方面:

　　(1) 良好的思想政治素质:高尚的道德情操是一切工作的可靠保证,在同等条件下,用人单位更注重毕业生的思想政治素质。品行端正、待人诚恳、诚实守信的高校毕业生往往得到用人单位的器重。学生党员、学生干部在就业过程中普遍受欢迎的根本原因,就在于他们的思想道德素质是过得硬的,得到用人单位的认可和信赖。

　　(2) 宽广的专业素质:用人单位比较注重吸收基础扎实、知识面广、文理兼通的毕业生。用人单位都很注重人才解决实际问题的能力,动手能力强的学生往往格外受欢迎。成绩单用人单位固然要看,但如果拥有更多的考级证书和获奖证书,将会在用人单位面前产生相当大的诱惑力。

　　(3) 崇高的敬业精神:用人单位需要毕业生具有强烈的事业心和责任感,那种以个人为中心、以待遇为中心的毕业生,用人单位不敢引进。只有能与单位同甘共苦、以事业发展为己任的高校毕业生,成才的路才会越来越宽。

　　(4) 和谐的团队精神:用人单位在选择人才时更注重团队精神。要使研究开发的水平达到科学前沿水平,任何一项工作都需要各类专业人才在一起合作。这个过程就必须配合默契,相互学习,相互沟通。

　　(5) 良好的心理素质:由于毕业生的心理素质对用人单位人才使用有直接影响,用人单位要求选拔的人才具有承受失败打击的心理能力,要有在艰苦或不利的环境中调整自己状态的能力,并且能较快适应工作和生活的环境。

　　(6) 较强的社会交往能力:用人单位对学生党员、学生干部优先录用,说明用人单位认为这类毕业生具有较强的社会责任感和上进心,体现出一个人的组织领导能力和良好的精神状态。实践证明,这类毕业生进入社会很快就会成为用人单位的骨干。对于应聘面试时由父母相陪的毕业生,用人单位认为这种没有自主自理能力的人,即使当时学习很优秀,也不会有太大的发展。

二、面试前的准备工作

面试是人与人互相接触的第一次过程,应利用这一机会向对方传递你的魅力与信息。面试时发挥自己最佳的一面,全靠个人的专业知识、人格、气质及临场应变能力的有机组合。为了获得面试成功,每个应试者必须在面试前就面试原则、调查分析、语言能力、自我介绍、模拟面试题、面试心态等方面做好充分准备。

(一)面试原则

1. 走向成功的自信原则

应试者不管在什么条件下,始终要向用人单位传递这样的信息:你拥有帮助用人单位实现预期目标的潜在能力,是单位的有利资产而非包袱。

2. 远大的人生目标原则

对自己的前途有长期的、明确的目标的人,更易得到用人单位的赏识和任用。因为用人单位需要具有积极自我成长概念的人,需要对工作积极投入,努力进取,充满旺盛的事业心与斗志,能较快进入工作状态的有用之材。

3. 强烈的工作意愿原则

面试时,应试者要随时保持对工作的高度热忱与兴趣,适时地提出应聘某工作时应该注意的各种事宜,让用人单位明确知道你非常需要这份工作。

4. 充分拓展合作能力的原则

面试时,应试者应举例说明在校期间开展的各种社团活动的组织、实施及获奖情况。因为这些内容牵涉到进入用人单位后与主管、同事配合工作的问题。一个容易与人沟通协调的应试者往往更能得到主考官的青睐。

5. 诚恳原则

面试前充分准备,临场时充分表现自我,这些都是诚恳的最好表现。用人单位的录用标准中,"才能"是首要的、永恒不变的第一原则,"诚恳"则是重要的辅助的机动因素。

(二)资料准备

毕业生在面试时大多与用人单位是初次接触,彼此了解少,况且在求职前尚未拿到毕业证书,这就需要毕业生通过具体的材料推荐自己,并向用人单位展示自己在校内外学习阶段的情况及其他情况。因此,在面试前要做好自荐材料的准备工作。在做好自荐材料之后,必须将个人的有关情况,如个人简历、性格、能力、爱好、特长等,反复阅读,使之烂熟于心,以使自己在面对主试者时胸有成竹,信心十足。

为了使面试工作进行得更充分、更主动,面试前,应试者必须对面试单位进行摸底调查,对面试单位要全面了解,做到心中有数。

(三)自我介绍

1. 自我介绍的内容(四部曲)

首先,请报出自己的姓名和身份。虽然考官们完全可以从你的报名表、简历等材料中了解这些情况，但仍请你主动提及。这是礼貌的需要，还可以加深考官对你的印象。

其次，你可以简单地介绍一下你的学历、工作经历等基本个人情况。如：学历、工作经历、家庭概况、兴趣爱好、理想与抱负等。

再次，由个人基本情况自然地过渡到自己本科期间圆满完成的一两件事件，以这一两个例子来形象地、明晰地说明自己的经验与能力。例如：在学校担任学生干部时成功组织的活动；或者如何投入社会实践中，利用自己的专长为社会公众服务；或者自己在专业上取得的重要成绩以及出色的学术成就。

最后，要着重结合你的职业理想来说明你来应聘这一职位的原因，这一点相当重要。你可以谈你对应考单位或职务的认识、了解，说明你选择这个单位或职务的强烈愿望。你还可以谈如果你被录取，你将怎样尽职尽责地工作，并不断根据需要完善和发展自己。

2. 自我介绍的时间

一般情况下，自我介绍以 30 秒到 1 分钟为宜，时间不宜长。例如，有些同学想把自己大学期间的全部经历都压缩在这 1 分钟里，时间是肯定不够的。可以挑重要的说。但也不能过短。比如，有些同学先介绍一下自己的姓名、身份，其后补充一些有关自己的学历、工作经历等情况，半分钟左右就结束了自我介绍，然后望着考官，造成很尴尬的局面。

3. 注意事项

（1）自我介绍不是背简历：自我介绍不是照简历上的基本信息背一遍，而是要让考官知道"你是怎样看待自己"。自我介绍考察的是应聘者的语言组织能力，以及对自己的定位是否清晰。比如："我是南京中医药大学药学院 2011 届中药学专业毕业生某某某，我将用 3 个关键词来介绍自己：'社团'、'比赛'、'实习'。"然后再并分别举了几个例子，证明自己的领导力、沟通力、团队合作能力很强。更不能像背书一样，背忘了从头再来，语调不能一直平淡、没有感情。

（2）把握重点：如果要使用人单位在较短的时间内了解你，对你产生兴趣，那么，自我介绍时就必须善于把握重点。"要像明星出场一样，短时间内就让人看到自己的优势。"如介绍荣誉特长时，若得奖较多的话，就讲层次高的，力求简明扼要，切忌报流水账，看起来讲得很多，等介绍结束时什么感觉也未找到，到头来落得个讲话啰唆，抓不住重点的结论意见，一下子被打入冷宫。

（3）如实相告自己的缺点：自己的优点肯定要讲，挑出应聘岗位所需的优点，最多说 3 个即可，多于 3 个，就会让人觉得太自负。同时，如实相告会让面试官觉得你这个人是诚实的，做人没问题。在回答缺点这个问题上，千万不要撒谎，面试官会通过应聘者的眼神、肢体语言等看出来。

（4）用词恰当：自我介绍时，讲话要严谨，如果出现不切实际的话，易被面试考官提出质疑，几个问题一问，把整个思路全部搞乱，从而慌了自己的手脚，影响面试效果。例如，有同学描述自己喜欢这样、爱好那样，如文学、艺术、旅游、摄影等等，由此考官进一步询问其拍摄过什么作品，这位考生的回答却是她喜欢别人给她拍照，还说家里的几本影集都已经满了。另外，有些同学为了表决心，动不动就作"一定要……""绝对……"诸如此类的保证，似乎在做就职演讲。画蛇添足似的自我介绍不但不会为你的形象增添色彩，反而会"越抹越黑"！

4. 面试自我介绍结束

对于你的自我介绍,考官可能会就其中某一点,向你提出问题;也可能过渡一下,继续下面已经安排好的问题。这时考官会说:"我们十分欣赏你的能力……"或"你的自我介绍很精彩……"等,那么一声"谢谢"将是你最得体的应答。

面试自我介绍范文

各位考官好,今天能够站在这里参加面试,有机会向各位考官请教和学习,我感到非常荣幸。希望通过这次面试能够把自己展示给大家,希望大家记住我:我叫……,今年……岁,汉族,法学本科。

我平时喜欢看书和上网浏览信息。我的性格比较开朗,随和,能关心周围的任何事,和亲人朋友能够和睦相处,并且对生活充满了信心。我以前在检察院实习过,所以有一定的实践经验。在外地求学的四年中,我养成了坚强的性格,这种性格使我克服了学习和生活中的一些困难,积极进取,成为一名法律工作者是我多年以来的强烈愿望。

如果我有机会被录用的话,我想,我一定能够在工作中得到锻炼并实现自身的价值。同时,我也认识到,人和工作的关系是建立在自我认知的基础上的,我认为我有能力也有信心做好这份工作。公务员是一个神圣而高尚的职业,它追求的是公共利益的最大化,它存在的根本目的是为人民服务,为国家服务。雷锋说过:人的生命是有限的,而为人民服务是无限的,我要把有限的生命投入无限的为人民服务当中去。这也是我对公务员认知的最好诠释。所以,这份工作能够实现我的社会理想和人生价值,希望大家能够认可我,给我这个机会!

(四)模拟题的准备

根据面试单位的性质以及应聘单位的要求,面试前几天准备几道面试题,先自问自答。模拟题不是千篇一律的,而是由岗位性质所决定的。例如,搞营销的面试单位需要了解你是否具有向对方传达信息的能力和从容应对的能力,这时,你要掌握商品的优点,努力诚实地将商品的优点介绍给面试考官。同时需要对应聘单位的情况有所了解。

1. 面试问题种类

(1)背景性问题

背景性问题是用于初步了解考生的志向、学习、工作等基本背景,并为以后提问收集话题的问题类型。问题特点是让每位考生都有话可讲,且能自由发挥,使考生轻松、自然地进入面试情景;同时也考查考生能否在短短的几分钟内既尽可能多地展现自己的优势,又做到简明扼要、重点突出,能考查考生的言语表达和思维的逻辑性。如:

你在班里的成绩怎样?考试名次怎么样?

你在大学时代进行过哪些勤工俭学?

你有哪些业余爱好,平时工作学习之余最爱做些什么?

(2)意愿性问题

意愿性问题是通过对某一问题的认识和实际做法,来考查考生的求职动机与拟任职位的匹配性,以及考生的价值取向和生活态度等。如:

你寻找工作主要考虑哪些因素？

为什么你想加入我们公司？

你为什么认为这份工作特别适合你？

（3）知识性问题

知识性问题主要是考查考生对应聘职位相关的技术性问题或具体性知识的了解和掌握。如：

你认为这个岗位工作的重点应放在哪些方面？

请你预测一下某项技术的应用前景。

（4）智能性问题

智能性问题是通过对比较复杂的社会热点问题的讨论，考查考生的综合分析能力，也在一定程度上考查考生对社会的关心程度。这类题一般不是要考生发表专业性的观点，也不是对观点本身正确与否做评价，而主要是看考生是否能言之成理，自圆其说。如：

我国农村扶贫工作已受到政府的重视，但城镇居民中也不同程度存在着贫困问题。你认为应该怎样消除城镇居民的贫困现象？

有人说：贫困必然导致犯罪。你同意这种看法吗？为什么？

（5）情景性问题

情景性问题是设计一种假设性的情境，考查考生在这种情形下将会怎么做。情景类试题的基本假设是，一个人说他会做什么，与他在类似的情境中将会做什么是有联系的。此类试题主要用于考查考生的应变能力、组织协调能力、情绪控制能力和个性特征。如：

有的单位是"三个臭皮匠胜过一个诸葛亮"，有的单位是"三个和尚没水喝"，如果你到后一种情况的单位做领导，你会怎么办？

你是一家五金行的老板，有一天有一名店员告诉你，他觉得另外一名店员会偷店里的五金用品，你会怎么处理？为什么？

（6）行为式的问题

这种问题的目的，是让求职者以过去的行为实例回答问题，面试者可以从中评估求职者的行为、经验及动机等。如：

你可不可以告诉我一个你最成功的事情？

你自己经历过最棘手的问题是什么，你是如何处理的？

（7）压力性问题

这种问题通常是故意给考生施加一定的压力，观察其在压力情境下的反应，以此考查考生的应变能力、情绪稳定性和忍耐性。此类问题往往是考生最关心的问题，有时也可能会触及考生的"痛处"。如：

你是秘书，第二天早上开会，忘记带领导发言稿了，怎么办？

经过刚才的面试，我们认为你的表现不是很理想，不太适合你所争取的职位。你如果有不同看法，可以请你谈一谈。

2. 搜集面试信息

如果应聘岗位相同，且你的同学已经面试过，不妨做一些调查研究，搜集一些问题进行模拟准备，尤其搜集别人面试失误的地方，供自己引以为戒，使自己准备得更加充分，不再犯同样的失误。总之,要掌握人才市场面试的最新动态,适应形势发展的需要。

3. 公开模拟面试

（五）面试心理准备

1. 建立自信

面试前的心理准备,是消除不必要的紧张与恐惧的关键。找工作,参加面试,不要抱过多的得失观念,寻找一份理想的工作需要时间和经验的积累,一般需要参加好几家单位的面试,才能获得一份理想的工作。只有展现自己的自信与保持良好健康的心理素质,才能在面试过程中应付自如。

2. 保持常态

所谓保持常态,也就是说,不要人为装出过于轻松,而是需要适度的紧张,适度的紧张才能反映出你的正常。千万别装作或真的轻松起来,这样会使面试考官怀疑,甚至产生反感。

应避免以下心理偏差:

（1）趋同心理:应试者一味顺从、迎合主考官的倾向。具体表现为对主考官言听计从,甚至言行举止都愿与主考官保持一致。趋同心理的根源在于缺乏应有的个性品质。如缺乏自信、盲从模仿、无主见等。

（2）过分表现:应试者主动展示自我的倾向。表现心理强的应试者可能主动与考官握手,回答问题时可能抢答,自我表白,言语过多等。应试者的适度表现是正常的,但过分表现就可能给主考官留下相反的印象。

（3）畏惧心理:应试者因处于被评价位置而产生的害怕主考官的倾向。具体表现为紧张、不安、惊慌、怯场等现象。一般社会阅历浅的同学特别是女生,容易出现这种情况。

（4）掩饰心理:应试者企图掩盖自身缺陷的倾向。回答问题上,支吾搪塞、答非所问;言行举止上,神色不安、抓耳挠腮、避开主考官视线等。此类应试者或者虚荣心较强,或者有自己不喜欢或他人不喜欢的缺陷和弱点。

（5）怀疑心理:应试者对面试过于敏感和多虑。表现为对考官的警惕性,对面试过分的敷衍态度以及对面试的过分关注。其原因主要是对面试本身的公正性持怀疑态度,或是个性原因,如对自身能力缺乏信心、性格内向、顾虑多疑等。

三、就业面试中的应答技巧

（一）倾听技巧

注意听是一种重要的交流信息的技巧。面试的实质就是主试者与应试者进行信息交流从而获得全面评价的过程,形式上充分体现在"说"和"听"上。应试者注意听,不仅显示对主试者的尊重,而且你要回答主试者的问题就必须注意听,只有通过专心致志地听,才能抓住问题的实质,否则,就可能不得要领,答非所问。

因此,在面试中应注意以下几点:一是目光要专注,要有礼貌地注视主试者,并且要不时地与主试者进行眼神交流,视线范围大致在鼻以下胸口以上,千万不要东张西望。二是尽量微笑,适时爽朗的笑声可令气氛活跃,但决不可开怀大笑。三是用点头对主试者的谈话做出反应,并适时说些简短而肯定对方的话语。如:对、可以、是的、不错等。四是身体要稍稍向前倾斜,手脚不要有太多的姿势。如果漫不经心、表情木然,则必然伤害主试者的自尊心。

(二)应答技巧

1. 确认提问内容

对主试人提出的问题,一时摸不到边际,不知从何答起或难以理解对方问题的含义时,应试者要保持冷静,不要打断主试人或者表现得不够耐心,与主试人抢话题。此时,可将问题复述一遍,并先谈自己对这一问题的理解,请教对方以确认内容。对不太明确的问题,一定要搞清楚,这样才会有的放矢,不致答非所问。

2. 表达把握重点

应试者在确认提问内容以后,回答问题时通常结论在先,先将自己的中心意思表达清晰,然后再做叙述和论证,这样可以产生一种条理清楚、有理有据、简洁明了的面试效果。如果在简短的时间内进行长篇大论,多余的话太多,容易走题,使听者感到厌烦,从而会将主题冲淡或漏掉。

3. 答题实事求是

面试遇到自己不知、不懂、不会的问题时,采取回避闪烁、默不作声、牵强附会、不懂装懂的做法均不可取。知之为知之,不知为不知,诚恳坦率地承认自己的不足之处,反倒会赢得主试人的信任和好感。

4. 凸现个人特色

主试人接待应试者若干名,相同的问题问过若干遍,类似的回答也听过若干遍,因此,主试人会有乏味、枯燥之感。只有具有独特的个人见解和个人特色的回答,才能引起对方的兴趣和注意,但不要自吹自擂,急于推销自己。

5. 妙答敏感问题

通常,面试前期是主试人对应试者的性格、素质等进行考查,如果能得到主试人的欣赏的话,会使面试的内容向纵向发展,进入双方都非常关心的实质性问题阶段,如薪水待遇、异性朋友、跳槽、女性等敏感问题的回答。现就这些问题的回答技巧分别叙述如下:

(1)薪水待遇问题

主试人提薪水待遇问题的实质,是想了解应试者的个人能力、价值观以及对应聘岗位的诚意。在面试过程中,如果对自己提出的"待遇"不能肯定的话,不妨也可以请教对方"这样的职务通常在贵公司的待遇如何"。若提出的待遇太低,自己吃亏不说,还可能被对方怀疑是否能力不足以致缺乏自信;若要求太高,又可能被拒之门外。因此,谈薪水待遇确实是门大学问。那么究竟如何回答主试人的提问呢?分以下几种考虑:

① 对没有参加社会实践工作经历的高校毕业生来讲,在回答薪水时应讲"原则上我尊重单位的规定,当然有关我所应聘的职位的具体报酬和其他福利,单位一定会根据我工作的成绩来定"。如果直截了当地说出薪金数目,无论多少,对你面试获得成功都会有不利影响。

② 对有社会实践工作经历的高校毕业生来讲,要提一个合理的行情,要搞清楚"底薪"和"全薪"的概念。例如,月薪不高,年底根据业绩全年结算即年薪制,这时就不能单纯地只考虑月薪的多少。一句话,年薪制和月薪制的概念是不一样的。

③ 对于与合资、独资的外商公司洽谈的高校毕业生来讲,除了知道外商公司的年薪制及业绩奖励制度之外,还应了解实际薪水内容和业绩奖励构架以及比例分配情况。一旦被公司录用,就可以根据公司对员工的要求,不断调整自己,努力适应新工作岗位的需要。总而言之,不到最后的时刻不要提薪水的问题,不要说得太具体,一旦被录用,以后有的是时间可以商量。

④ 福利待遇。随着社会保障体系的完善和公共事业的发展,现阶段在企事业单位工作的员工的医疗保险金、养老保险金、住房公积金等有关待遇,除了自己承担一部分以外。单位还要承担一部分。在面试过程中,应试者要向主试人采取婉转的方法进行查询、洽谈与协商。

(2) 跳槽问题

用人单位为了减少用人成本,如果使用没有工作经验的年轻人,必须进行上岗培训,这样会造成企业成本增加。现在规模不大的企业不太愿意成为年轻人的实习基地,再加上年轻的高校毕业生心思活,跳槽频繁,对企业的忠心程度不如年长者,使用人单位非常感冒。因此,面试时,主试人对应试者的应聘动机加以考查,为了了解是否愿意在本单位长期工作,主试人会设计很多陷阱问题从侧面考查应试者。例如,你如何评价你的母校。这是一道非常危险的题目,可以考查你是不是爱在背后说三道四、议论是非的那种人,没有哪个单位会欢迎这样的人。

(3) 女性问题

在双向选择过程中,用人单位对女性的要求相对高一些,因为女性在大学毕业后很快就会面临恋爱、婚姻、家庭的问题。因此,不少单位在招聘时搞性别歧视,无意中使女性就业难度增加。即使有些用人单位通知女高校毕业生进行面试,在面试时也免不了对婚姻、家庭、事业的问题问这问那。现就处理上下级关系、事业与家庭的关系、晚婚晚育、女性出差等提问进行面试答题分析:

① 处理上下级关系的提问。如果用人单位是招聘女秘书,往往女秘书一不留神会受到干扰。因此就如何处理上下级关系时应这样回答:"能问到这个问题,我非常感谢,这说明贵单位的领导者都是光明磊落的人,不瞒诸位说,我曾在一家公司实习一段时间,就因为老板起非分之念,我才离开。两者比较,如果能面试通过,我没有理由不去为事业尽心尽职。"这样的回答,没有直接回答如何处理好关系,而是通过编造的一段经历来表明自己坚决的态度,这样的回答不会让主试人难堪。

② 事业与家庭关系的提问。这是一个近乎两难的老问题,用人单位非常希望你以事业为重,但也希望你拥有一个幸福美满的家庭。和睦的家庭才能使人安心工作,极大地发挥出自己的才华。很显然,回答事业和家庭之间存在矛盾或根本不存在矛盾,都是不合适的。高校毕业生面试回答如何处理事业和家庭关系时,应该这样说:"无论在工作上还是在家庭中,女性的最大目标是要使自己活得有价值,谁能说那些相夫教子培养出人才的农家妇女活得就没有价值吗? 更何况一个成功男人的背后往往有一位伟大的女性在支持的说法早已被世人认同。"这样回答的言外之意是要使主试人去明白,如果需要外出工作会尽心尽力,同时也能处理好家庭关系。

③ 晚婚晚育的提问。这一问题是用人单位想知道应试者对晚婚晚育和工作之间该如

何取舍。可以这样回答："谁都希望鱼和熊掌兼得,当二者不可能同时得到的时候,在一段时间内先选择工作,我想总会有合适的时候可以让我二者兼得,至于什么才是合适的时候,上级领导一定会帮我考虑的。"这样的回答或许能提醒你的领导安排你的私人问题,还会把原来的位置留给你。

④ 女性出差的提问。这一问题是用人单位面试时想知道你家人,或者恋人对你的工作持何种态度。可以这样回答:"只要公司需要公差,我立即服从工作需要。由于在校期间忙于完成学业很少有出差的机会,现在走上工作岗位,出差将成为今后工作的一部分,我来应聘面试前,家人早就告诉我。"千万不能这样回答:"我可喜欢出差,既为公司办事,又可以领略到美好的自然风光,正好乘机旅游一趟。"表面上,回答没有错,但往往就是因为这简单的几句话而落选。淘汰的原因:出差旅游虽然是在情理之中,但在这种场合下表白难免使人感觉到把出差和旅游颠倒了主次。

(4) 成绩问题

对于大学毕业生来讲,学习成绩是面试者非常重视的一个因素。在一般情况下,学习成绩不好,会影响你的面试结果。但是,如果你换一个角度谈这个问题,可能使主试者认为你有个性。例如,如果主试者问你:"你在学校是怎么学习的,为什么学习成绩这么差"? 你不妨这样回答:"我在学校时,是学生会干部,社会工作很多,我又非常热心于这些工作,所以学业被耽误了。"如此回答,不仅有可能博得主试者的同情,甚至有可能使主试者认为,你有特长,有较强的组织能力和一定的工作经验,又热心社会工作,反而增加了你被录取的可能性。由此可见,在面谈时要充分发挥自己的长处,掩饰自己的短处。

(三) 语言技巧

语言表达技巧有两个方面的要求:一是要做到表达清楚准确,通俗易懂;二是要做到动听,富有美感和吸引力。

1. 口齿清晰、简明扼要

面试中的交谈,受时间和内容的限制,不同于平时闲聊,绝不可漫无边际地"侃"。说话简明扼要,不完全是一个话语量多少的问题,即不能用说话的时间长短来判断。它包含了数量和质量的关系,就是用最少量的话语传递尽可能多的信息。通常要注意三个问题:一要紧扣提问回答;二要克服啰唆重复的语病;三要戒掉口头禅。交谈时,要注意发音准确,吐字清晰,语言流利,文雅大方。要注意控制说话的速度,避免磕磕碰碰,影响语言的流畅,为了增添语言的魅力,应注意修辞美妙,不能有不文明的语言出现。

2. 速度放慢

面试过程中,要控制讲话的速度。一般来讲,人的精神紧张的时候,讲话速度会不自觉地加快。如果讲话速度过快,不利于对方听清讲话内容,又会给人一种慌张的感觉。讲话速度过快往往容易出错,甚至张口结舌,进而强化自己的紧张情绪,导致思维混乱。当然,讲话速度太慢,易给人一种缺乏激情、气氛沉闷的感觉。可以有意识地放慢讲话速度,使自己进入状态后,再适当增加语气和语速。这样,既稳定了自己的紧张情绪,又可以扭转面试的沉闷气氛。

3. 音量适中

面试时，要注意语言、语调、语气的正确运用。语气是说话的口气，语调是指语音的高低轻重配置，要掌握语气平和、语调恰当的表达技巧。如：打招呼问候时宜用上语调，加重语气并带拖音，以引起对方的注意。自我介绍时，最好用平缓的陈述语气，不宜使用感叹语气或祈使句。声音过大令人厌烦，声音过小则难以听清，音量的大小要根据面试现场情况而定。两人面谈且距离较近时声音不宜过大，群体面谈而且场地开阔时声音不宜过小，以每个主试人都能听得清你的讲话为原则。

4. 通俗朴实、语言幽默

应试者的语言要通俗易懂，朴实无华，说话一定要注意突出口语的特点，努力做到上口入耳。在语言表达时，首先要通俗化、口语化，多用通俗词语，避免使用些文绉绉、酸溜溜或过于书面化的语言，既不亲切，又很难懂，往往事与愿违。其次要质朴无华。如果片面追求语言的新奇华丽，过分雕琢，就会给人以炫耀之嫌，必定会产生反感。所以语言贵在自然朴实、生动，表达真情实意。

说话时除了表达清晰以外，适当的时候可以插进幽默的语言，使讲话增加轻松愉快的气氛，也会展示自己的优雅气质和从容风度。尤其是当遇到难以回答的问题时，机智幽默的语言会显示自己的聪明才智，有助于化险为夷，并给人以良好的印象。

（四）提问技巧

1. 提出的问题要视主试者的身份而定

面试前你最好弄清主试者的职务，要知道主试者是一般工作人员，还是负责人，是哪一级的负责人。要视主试者的职务来提问题，不要不管主试者是什么人，什么问题都问，搞得主试者无法回答，引起主试者对你的反感。如果你想了解求职单位共有多少人、职称结构、主要业务方面的问题，就不要向一般工作人员提问，而要向单位负责人提问。

2. 应试者通常可提的问题

一般情况下，应试者可向主试者提出以下几个方面的问题：一是单位性质、上级部门、组织结构、人员结构、成立时间、产品和经营状况等；二是单位在同行业中的地位、发展前景、所需人员的专业及文化层次和素质要求；三是单位的用工方式、内部分配制度、管理状况、经济效益和社会效益等。

3. 要注意提问的方式、语气

有些问题可以直截了当地提出来，如单位人员结构、单位岗位设置等。有些问题则不可直截了当地提出，而要婉转、含蓄一点。如求职单位职工收入情况和自己去了以后每月有多少收入等问题，不可直接问，而应该婉转地问"贵单位有什么奖惩条例、规定？""贵单位实行什么样的分配制度？"等。因为这些问题清楚了，自己对照一下可能就会知道有多少收入。另外在询问时，一定要注意语气，要给人一种诚挚、谦逊的感觉。千万不可用质问的语气向对方提问，这样会引起反感。

4. 不提模棱两可、似是而非的问题

特别是提与职业、专业有关的问题，一定要确切，不要不懂装懂，提出幼稚可笑的问题。因为从提问中可以看出提问者的知识水平、思维方式、个人价值观等。

（五）参加大型招聘会应注意的几个问题

每年全国各地要举办成千上万次大型人才招聘会,每个求职者都有拿着简历,挤在人群里,奔波在各个场子中,口干舌燥地面对数百家单位,投了很多简历,筋疲力尽而收效各异的经历。

根据众多求职者的切身体会,我们总结了毕业生参加招聘会应注意的几个问题:

1. 会前要明确自身条件,对自己有个正确的定位

不要眼高手低,也不能自卑。事先打印好简历,把自己的工作经历及求职意向表述清楚,在简历中注明自己的联系方式,使用人单位能及时与你取得联系。

2. 参会时最好不要带上过多的证书原件

带上复印件,因为参会人非常多,用人单位没有时间当时验证,而主要是初次面试和看其简历。同时免去在大会中人多手杂保管不当丢失证件,造成很大的损失。

3. 充分利用招聘会的会刊

招聘会入口处领取免费的会刊,上面刊登了参会所有单位及用人情况和条件。应聘者应仔细地查看会刊,把符合自己的专业和感兴趣的公司划下来,然后直接去其所在场馆,这样能够节省大量时间体力,提高应聘的效率。

4. 争取良好的第一印象

参加招聘时应着装得体,最好着正装,保持良好的个人形象。说话时不卑不亢,表示出对招聘代表的尊重。简单明了地把自身情况介绍一下并表示对那项工作的兴趣,非常希望能够加入其公司,做出一份自己的贡献。不要太着重提到薪金,因为这只是初次面试,如果用人单位满意,还会与你联系的。

5. 参会时不要被应聘单位列出的条件吓倒,首先要充满自信,敢于表达出自己的条件和愿望

敢于争取,不怕失败。表示出你有在工作中学习及能很快地适应工作,在试用期间发奋努力,创造出业绩来的信心。

6. 会后两三天内及时与感兴趣的用人单位进行联系,不能被动等待

如果你感觉双方都很满意,你当时应及时记下这家公司的联系方式及负责人电话。因为用人单位会收到很多简历,可能将你忽略。应及时电话联系询问什么时间再次面试。一是表示你对公司的尊重,二是表达出你迫切加入其公司的愿望,给用人单位又一次深刻的印象。

四、面试结束后的有关事项

（一）总结经验,以利"再战"

面试结束,应试者不能认为万事大吉,而要积极采取行动,设法让用人单位记住你,抓住时机,趁热打铁,真正把握成功的机会。面试结束后,适时总结面试表现。或向同去的同学询问,或向有经验的师长求教,你在面试中给对方留下的印象如何,回答提问时存在什么问题,有些重要的情况是否遗漏了或未说清楚。回忆一下有哪些失误,找出弥补的办法,尽快争取主动。

（二）保持联系，建立感情

面试结束后，求职者不能坐享其成，静候佳音，一定要积极主动地与用人单位时保持联系，建立感情。即使这次不录取，说不定下次可以给你机会。礼多人不怪，在用人单位难以取舍之际，这些工作是有作用的。要尽量同面试人员、人事部主管等关键人物建立个人感情，询问、请教、闲谈，表明自己对企业所具有的价值和对工作的企盼和敬业精神。用开朗、热情来打动面试人员，不管对方态度是积极还是冷淡，不到最后决不放弃。对于远道而来的招聘单位，你一定要记住单位的详细地址、电话号码、招聘部门以及主试者的姓名。

1. 发电子邮件或写信

在面试后的一两天内，应试者必须给某个具体负责人发一封电子邮件或写信。在信中应该感谢对方为你所花费的精力和时间，把你在面试时遗漏的问题和对单位的企盼态度，婉转地加以表明；也可以委婉或辗转委托对该单位有影响的人帮助询问、联系，强调对你有利的信息。

2. 电话询问

如果两周之内没有接到任何回音，你可以给主试人打电话询问"是否已经做出决定了"。这个电话可以表示出你的兴趣和热情，也可以从他的口气中听出你是否有希望成为公司的一员，如果电话觉察有希望中选，但尚未最后确定，那么过一两个星期再打电话。

（三）加深印象，强化优势

设法让自己"引人注目"，让对方在难以取舍时能关注你、重视你、记住你，把面试时准备到的信息、资料、个人情况加以补充说明。向对方反复强调你的敬业精神，你对单位所具有价值的认识，要明确向对方表示，若你得到这份工作，会怎样加倍珍惜，努力干好工作。

（四）实地考察，争取试用

要利用多种渠道，想办法参观现场，调查研究，参加岗位实习。在实习中展示自我，不仅是了解用人单位、熟悉工作岗位的有利机会，而且有利于用人单位进一步了解你。因此，你要尽量表现好，要尊重领导、师傅、同事，为人真诚、礼貌、虚心请教；要遵守单位的各项制度，工作上要踏踏实实、任劳任怨、联系实际、学以致用、充分显示自己的专业能力，以此获得对方人员信任，争取试用以至录用。

总之，你在参加完第一次面试后，不管成败，都可能有第二次面试的机会，一试定乾坤的用人单位很少。请记住：你得求职，下次有面试在等你。做出自我评估并不断改进，下次面试你一定会胸有成竹，令人刮目相看。

？ 思考题

请罗列外资企业面试时常见的问题，并根据个人情况回答。

第十章

就业权益保护

第一节　就业中的权利与义务

正如马克思所说:"没有无义务的权利,也没有无权利的义务。"高校毕业生签订就业协议的前后过程,主要涉及毕业生本人、用人单位和学校三方的权利与义务。

一、毕业生的权利与义务

毕业生与用人单位签订就业协议后,按照《宪法》、《劳动法》、《高等教育法》、《中国教育改革和发展纲要》、《普通高等学校毕业生就业工作暂行规定》等法律法规和有关政策,享有一定的权利,同时应当遵循诚实守信的原则,按照约定履行自己的义务。

(一)毕业生享有的权利

1. 平等就业的权利

平等就业是毕业生的首要权利。我国《宪法》和《劳动法》规定,毕业生不分民族、性别、宗教信仰等,享有平等的就业权利。毕业生有权与用人单位平等协商。用人单位在招聘时不得歧视女大学毕业生,不得歧视少数民族,男女之间、不同民族之间应一视同仁。除国家规定的不适合妇女的工作或者岗位外,用人单位不得以性别为由拒绝录用女大学毕业生或者提高对女大学毕业生的录用标准。在工资方面应贯彻同工同酬的原则。

2. 自主择业的权利

自主择业就是毕业生在择业过程中选择哪个用人单位完全由毕业生根据自己的意愿决定,任何人都不得横加干涉或强迫毕业生选择某个单位或某类单位。在实践中,大部分毕业生都能正确行使这项权利,但是也有少数毕业生由于他人的干涉不能充分行使这项权利,如有些干涉来自家庭或恋人。但不管干涉来自何方,其结果都妨碍了自主择业权的行使。毕业生要切实维护自身权益,必须正确对待干涉。

3. 平等竞争的权利

公平竞争是自主择业的前提,是毕业生在择业过程中的一项基本权利。公平竞争对毕业生来说既是权利,也是机遇,同时毕业生还要承受竞争所带来的压力和挑战。竞争奉行的是优胜劣汰的原则,毕业生就业市场中的公平竞争,一方面能够促进人才资源的合理配置,另一方面也是对毕业生基本素质和实际能力的检验。

4. 全面真实了解用人单位情况的权利

选择职业、确定用人单位,关系到毕业生未来的工作、生活状况和事业前途。毕业生在与用人单位签约前,有必要也有权利对用人单位的情况进行全面细致的了解。

用人单位的基本情况应包括单位全称、隶属关系、所有制性质、单位的规模、发展前景、地理环境、经营范围和种类、所需专业及使用意图、所需人才的具体要求、工作地点、单位的工资、福利待遇等。

5. 接受就业指导的权利

接受就业指导是每个毕业生都具有的权利。《高等教育法》规定,高等学校应当为毕业生提供就业指导和服务。《普通高等学校毕业生就业工作暂行规定》中明确指出,高等学校的一个主要职责就是对毕业生开展毕业教育和就业指导工作。

高等学校就业指导工作主要是为了帮助毕业生根据自身特点和社会职业需要,选择最能发挥自己才能的职业,全面、迅速、有效地与工作岗位结合,实现自己的人生价值和社会价值。毕业生应该充分行使该项权利,在择业之前首先熟悉国家的就业政策,了解社会需求信息;树立正确的择业观,增强择业意识,掌握求职技巧,不断提高主动适应社会需要的能力。

6. 毕业生有要求用人单位履行协议接收毕业生的权利

就业协议书是国家专用于毕业生就业的正式文本,双方签字盖章后即具有法律效力,不得无故进行更改。用人单位必须依照协议接收毕业生,并妥善安排毕业生的工作,提供相应的工作和生活条件,以保证毕业生的正常工作。

7. 毕业生有要求用人单位按照《劳动法》的规定提供各种劳动保障的权利

8. 毕业生有追究用人单位违约的权利

毕业生与用人单位签订就业协议,是双方遵循平等自愿、协商一致的原则达成的,双方均有遵守的义务。如果用人单位一方不能履行协议的内容,毕业生有追究用人单位违约的权利。

(二)毕业生应尽的责任和义务

1. 毕业生有如实向用人单位介绍自己情况的责任与义务

包括个人简历、培养方式、学习成绩、健康情况、在校表现、社会实践经历以及实际具备的各种能力,并如实提供可以证明自己情况的相关资料。这是用人单位准确了解毕业生的重要基础。

2. 接受用人单位组织的测试和考核的义务

用人单位为了招聘到符合要求的毕业生,一般都要通过一些测试或考核手段来掌握毕业生的情况,以进行比较,从而做出是否录用的决定。毕业生应予以积极配合,接受测试和考核,充分展现自己的能力,以获得期望的工作。

3. 毕业生有履行就业协议的义务

毕业生与用户人单位签订就业协议后,就意味着毕业生同意到该单位工作。因此,毕业生必须在规定的时间内,前往签约单位报到工作,不得擅自变更或无故自行解除协议。

4. 毕业生有遵守学校有关规定的义务

文明离校,办理相关离校手续。不履行义务的毕业生,应当受到相应的处理。

5. 毕业生有依照职责完成单位工作任务的义务

毕业生是接受了高等教育的人才,用人单位往往对其寄予厚望,赋予重要职责。毕业生有义务模范遵守单位的工作纪律,积极努力,将自己的知识和才能充分发挥出来,切实履行工作职责,圆满完成所承担的工作任务,为单位的发展做出应有的贡献。

6. 毕业生有不断提高职业技能的义务

现代社会,科学技术日新月异、飞速发展。一方面,毕业生在校期间,本身在知识和技能的掌握上,不一定能完全适应工作实践的需要;另一方面,工作以后,知识与技术的不断更新与发展,需要毕业生在实践中继续抓紧学习,积极参加单位安排的相关培训,努力钻研业务,这样才能不断适应工作的要求,也才能在工作中有所作为,有所成就。

二、用人单位的权利与义务

用人单位是大学生就业工作中的接收方,是签订就业协议和劳动合同的另一个主体。一般来说,用人单位在就业工作中具有如下的权利和义务:

(一)用人单位享有的权利

1. 用人单位享有全面了解毕业生情况的权利

用人单位根据本单位对所需人员综合素质、知识水平和专业能力等的要求,通过学校有关部门或毕业生所在学院(系)以及毕业生个人,了解毕业生的各方面情况,并对毕业生进行测试、考核,最终决定是否录用。

2. 用人单位享有依法约定试用期和服务期的权利

试用期是用人单位通过约定一定时间的试用来检验劳动者是否符合本单位特定工作岗位工作要求的制度。这对双方的互相了解、双向选择,具有积极意义。

试用期的长短根据工作岗位的需要不同,有长有短。《劳动合同法》规定劳动合同期限三个月以上不满一年的,试用期不得超过一个月;劳动合同期限一年以上不满三年的,试用期不得超过两个月;三年以上固定期限和无固定期限的劳动合同,试用期不得超过六个月。同一用人单位与同一劳动者只能约定一次试用期。以完成一定工作任务为期限的劳动合同或者劳动合同期限不满三个月的,不得约定试用期。试用期包含在劳动合同期限内。劳动合同仅约定试用期的,试用期不成立,该期限为劳动合同期限。

3. 用人单位有依法解除就业协议与劳动合同的权利

如毕业生未如期取得毕业资格,用人单位有权单方解除就业协议;用人单位可以依法进行经济性裁员等。

📷 **案例**

　　某高校 2008 届毕业生小赵在毕业前半年就与一家公司签订了就业协议书。签订协议时经双方协商,用人单位在协议书上附加了一条:如毕业生未如期取得毕业资格,该协议自动解除。后来,小赵因毕业论文答辩未通过,未能顺利获得学位,在学校办理了延长学制。小赵 8 月份到用人单位报到时因无法提供毕业证书和学位证书给用人单位验证,用人单位单方提出就业协议作废。小赵郁闷不已。

　　分析:很多用人单位都很看重毕业生学业完成的情况,会在就业协议书上附加要求毕业生"如期毕业"、"取得学位"等类似条款。而少部分毕业生因早早落实了工作,没有了压力,天天自我放松,无心学业,只想"混"到毕业,导致毕业考试或毕业论文答辩成绩不佳,不能如期获得学位,最终导致辛辛苦苦找到的工作也没有了。同学们应该引以为戒,在学习方面不能对自己放松要求。

(二)用人单位应尽的义务

　　(1)用人单位需及时向主管部门报送毕业生需求计划,向有关高等学校提供需求信息。

　　(2)用人单位有如实向毕业生和学校介绍本单位情况的责任和义务,并尽可能提供能够证明这些情况的有关资料,包括对毕业生的使用意图,提供的工作环境、生活待遇,要求毕业生服务的时间以及本单位的具体情况等。

　　(3)用人单位应严格履行就业协议,按时做好接收毕业生工作。

　　(4)用人单位应按照《劳动法》的规定,向劳动者提供各种劳动保障。

三、高等学校的权利与义务

　　学校作为毕业生培养单位,在毕业生就业过程中具有重要的作用。其权利和义务对毕业生和用人单位都有直接的意义。

(一)学校的权利

　　学校有权利对毕业生、用人单位双方当事人的资料和学生相关材料的真实性、合法性进行审核、鉴证。

(二)学校的义务

　　(1)学校有义务负责本校毕业生的资格审查工作,及时向上级教育主管部门和地方调配部门报送毕业生资源情况。

　　(2)学校有义务对毕业生进行就业指导。

　　(3)学校有义务收集就业需求信息,开展毕业生就业供需见面和双向选择活动,负责向用人单位推荐毕业生,确保推荐毕业生信息的真实性。

（4）学校有义务向毕业生和用人单位介绍学校情况和提供有关介绍资料。

（5）学校有义务向毕业生和用人单位提供有关政策和就业信息指导和咨询等方面的服务。

（6）学校有义务按规定为毕业生办理就业派遣手续,寄送档案材料和协助党团关系迁转。

第二节　就业协议、劳动合同与人事代理

一、就业协议概述

毕业生与用人单位通过供需见面、双向选择达成一致意见后,须及时签订就业协议。就业协议是明确毕业生、用人单位和学校在毕业生就业工作中各自权利和义务的书面合同。就业协议一般由国家教育部或者各省、市、自治区就业主管部门统一印制。目前,江苏省内高校毕业生所使用的毕业生就业协议书由江苏省教育厅统一印制。

（一）就业协议内容

1. 规定条款

甲乙双方按照国家毕业生就业政策及相关规定,遵守诚实、信用的原则,在平等自愿、协商一致的基础上,依法达成以下协议:

第一,甲方在招聘时所提供的带有承诺内容的宣传材料作为本协议的附件,若甲方所介绍的情况严重失实,乙方可单方解除本协议并免责。乙方在应聘时所提供的自荐材料亦作为本协议的附件,如自荐材料内容严重失实,甲方可单方解除本协议并免责。

第二,符合下列情况之一,经书面告知对方后,本协议解除:① 甲方被撤销或依法宣告破产;② 乙方在毕业离校前升学、入伍、被录用为国家公务员或参加国家及地方志愿服务项目;③ 乙方报到时未取得毕业资格;④ 乙方被判处拘役以上刑罚或者被劳动教养;⑤ 法律、法规、政策规定的其他情况。

第三,乙方正式入职时,甲乙双方应按照国家有关法律规定,签订劳动合同、办理相关手续。

2. 签署意见与签字盖章

签署意见与签字盖章是签约的实质性工作,是各方对就业工作意愿的具体表达。这一部分将具有"白纸黑字"的法律效力,通常包括两个方面的内容。

第一,用人单位的情况及意见。这部分内容由用人单位填写。用人单位的情况包括单位名称、组织机构代码、单位隶属、联系人、联系电话、通信地址及邮编、单位性质、行业分类、毕业生档案接收详细地址以及用人单位的意见和用人单位上级主管部门的意见。意见主要以加盖公章的方式表示同意。

第二,毕业生的情况及意见。这部分内容由毕业生填写。毕业生的情况包括姓名、性别、学号、生源地、毕业学校、学校代码、学历、专业名称、家庭地址、通信地址及邮编、联系电话以及毕业生的意见。毕业生的意见要求毕业生对是否愿意到用人单位就业表明自己的态

度,主要以本人签字的方式表示同意。

3. 备注

备注是为毕业生、用人单位、学校三方共同约定的其他条款所设立的。备注中毕业生与用人单位约定的条款如果不涉及学校的有关规定,不违反政策,并只在毕业生与用人单位之间有约束力,学校是不予干涉的。例如,在备注中注明单方违约需承担的违约金责任等问题。

（二）就业协议订立的原则

就业协议订立的原则是指双方在订立就业协议时必须遵循的基本准则。

1. 主体合法原则

签订就业协议的当事人必须具备合法的主体资格,如果学生在派遣时未取得毕业资格,用人单位可以不予接受而无须承担法律责任。对用人单位而言,用人单位必须具有从事各项经营或者管理活动的能力,单位应有录用毕业生计划和录用自主权,否则毕业生可解除协议而无须承担违约责任。

对学校而言,学校根据用人单位的要求如实介绍毕业生的在校表现,也应如实将所掌握的用人单位的信息发布给毕业生,并最终根据就业协议的内容及时准确地编制毕业生就业计划和派遣方案。学校是毕业生就业协议的一个重要组成部分。

2. 平等协商原则

就业协议的双方在签订就业协议时的法律地位是平等的,一方不得将自己的意志强加给另一方。学校也不得采用行政手段要求毕业生到指定单位就业(不包括有特殊情况的毕业生),用人单位亦不应在签订就业协议时要求毕业生交纳过高数额的风险金、保险金。双方当事人的权利义务应是一致的。除协议书规定内容外,双方如有其他约定事项可在协议书"备注"内容中加以补充确定。

（三）签订就业协议的程序

(1) 毕业生和用人单位达成协议并在协议书上签名盖章,用人单位应在协议书上注明可以接收毕业生档案的名称和地址。

(2) 用人单位的上级主管部门批准盖章。

(3) 用人单位或学生本人将协议书应由学校留存的一联送学校的毕业生就业工作部门。

(4) 学校依据协议书内容编制派遣方案,上报毕业生就业主管部门,及时为毕业生办理就业派遣手续。

（四）就业协议的解除

就业协议的解除分为单方解除和双方解除。

单方解除,包括单方擅自解除和单方依法或依协议解除。单方擅自解除协议,属违约行为,解约方应对另一方承担违约责任。单方依法或依协议解除,是指一方解除就业协议有法律上或协议上的依据。如学生未取得毕业资格,用人单位有权单方解除就业协议;毕业生在毕业离校前考取研究生,可解除就业协议……此类单方解除,解除方无须对另一方承担法律责任。

双方解除是指毕业生、用人单双方经协商一致,取消原订立的协议,使协议不发生法律效力。此类解除因是双方当事人真实意思表示一致的体现,双方均不承担法律责任,双方解除应在就业计划上报主管部门之前进行。如就业派遣计划下达后双方解除,还须经主管部门批准办理调整改派。

（五）毕业生签订就业协议时应注意的几个问题

1. 要认真地了解和掌握国家就业政策和学校就业规定

政策和规定指引着毕业生就业的方向,规范着毕业生就业的行为。在实践中,有些毕业生由于急于就业,只要单位好,不管政策是否允许,匆忙上阵,草草签约,直到学校办理就业手续审查不能通过时,方回过头来查阅政策规定,造成被动。原则上,毕业生只能与一个用人单位签订就业协议书,学校毕业生就业主管部门在毕业生签订就业协议书过程中实行其监督和管理职责,并依据国家和省的有关政策规定对毕业生就业流向实施必要的宏观调控,所以毕业生签订就业协议书必须在有关政策和规定范围内进行。

2. 在签订就业协议书之前,要了解就业协议书的全部条款

毕业生在与用人单位签订就业协议书前,首先,要认真阅读就业协议书中的全部条款,并且要了解条款的内容和含义,同时还要学会应用条款和掌握签订就业协议书的步骤。其次,特别要了解用人单位有无独立的进人权,除了用人单位盖章外,还必须有用人单位上级主管部门的公章。否则,若用人单位的上级主管单位对协议内容不认可,学校便不能派遣毕业生。

3. 对约定条款,要注意约定的合理性和本人能否承受

毕业生与用人单位在签订就业协议书时,由于地区之间、用人单位之间存在着差异和各自情况的不同,目前使用的就业协议书中不可能规定得很全面、很详细,许多内容要靠毕业生与用人单位约定,然后备注。但是,毕业生在与用人单位进行约定的时候要注意:约定条件是否合理和平等,约定的条款毕业生本人是否能够承受。例如,对于违约的问题,有的用人单位为了惩罚违约的毕业生,约定的违约金少则几千元(常见的有一两千元或三五千元),多则上万元,这时毕业生应当考虑是否能够承受。毕业生与用人单位的备注条款,要注意须有毕业生和用人单位双方的签字,否则当发生争议时,由于没有双方的签字,备注条款很难发生作用。

4. 进民营企业工作一定要规范协议和劳动合同的条款

近年来,民营企业发展迅速,对人才的需求也与日俱增。与此同时,民营企业在用人上存在的问题也引起了人们的关注,诸如不按规定缴纳保险、关系无处挂靠、不签订用工合同等,让准备到民营企业里一试身手的人们总是犹豫不决。建议准备到民营企业就业的大学毕业生增强自己的法律意识,主动与企业签订劳动合同,善于用《劳动合同法》、《劳动法》保护自己的合法权益,签好合同再进民营企业。

二、劳动合同概述

劳动合同是劳动者与用人单位确立劳动关系、明确双方权利和义务的协议。签订劳动

合同是毕业生试用期结束时会遇到的问题。随着社会的发展、法律法规的不断完善和广大劳动者维权意识的加强,劳动争议逐渐增多,劳动合同成为劳动争议中重要的法律文本。劳动合同一经签订,即在法律上确定了劳动者和用人单位之间的劳动关系,双方的权利、义务通过书面合同的形式确定下来。

（一）劳动合同的内容

劳动合同的内容,是指双方当事人在劳动合同中必须明确各自的权利、义务及其他问题。一般包括劳动合同期限、工作内容、工作时间和休息休假、劳动保护和劳动条件、劳动报酬、劳动纪律、社会保险与福利、劳动合同终止的条件、违反劳动合同的责任等。

除以上基本内容外,双方当事人还可协商约定其他内容,即约定条款。如用人单位是否为职工提供居住条件;职工是否享受单位托儿所、幼儿园等其他生活福利设施;发生劳动争议时解决的途径等。双方当事人在协商约定条款时,都应当符合国家的有关法律法规。

（二）劳动合同签订的原则

劳动合同的签订对高校毕业生和用人单位双方而言,均是一件十分严肃的事情,签订过程必须遵循一定的原则,即法律准则。法律准则对于劳动合同签订过程中每一个环节都具有普遍约束力,是衡量劳动合同是否有效的标准之一。

1. 平等自愿的原则

平等,指签订劳动合同的双方当事人具有相同的法律地位,均以劳动力市场主体资格出现,互不隶属,不存在命令与服从的关系。自愿,指劳动合同签订完全出于双方当事人自己的真实意愿,一方不得强制、欺骗、诱导对方,使对方违背自己的真实意愿而签订合同。

2. 协商一致的原则

这条原则重点在"一致",如果双方当事人虽然经过充分协商,但签订合同时仍然存在分歧,不能达成一致的意思表述,合同就不能成立。这一原则是维护双方当事人合法权益的基础。它表明,劳动合同的全部内容都必须符合当事人的意愿,能为双方当事人所接受。

3. 不得违反法律和行政法规的原则

这条原则是劳动合同有效并受国家法律保护的前提条件。它的基本内涵主要有三点:首先,双方的主体必须具有有效资格。用人单位必须是依法设立的机构组织,劳动者必须达到法定年龄,具有劳动权利能力和行为能力。其次,劳动内容合法,真实体现双方当事人意愿,同时语言意思表述无歧义。最后,劳动合同的程序、形式合法,劳动合同的签订必须按照法律法规所规定的步骤和方式进行,劳动合同必须有规范的文本,以书面形式订立。

三、就业协议与劳动合同的关系

就业协议与劳动合同是用人单位录用毕业生时所订立的书面协议,对毕业生顺利上岗有着十分重要的意义。但部分毕业生对其内容和相互关系的认识比较模糊,有时会错误地将两者等同或割裂开来,因此有必要对两者进行分析和比较。

1. 适用的法律不同

劳动合同适用《劳动法》及劳动人事部门颁布的有关劳动人事方面的规章。就业协议因目前尚无专门的法律是针对毕业生就业的,当就业协议发生争议时,除根据协议本身内容之外,主要依据教育部颁发的《普通高等学校毕业生就业工作暂行规定》等现有的毕业生就业政策和法律对协议的一般规定来加以解决。

2. 适用主体不同

劳动合同是劳动者与用人单位之间确定劳动关系的协议,这里的劳动者既可以是高校毕业生,也可以是其他劳动者。只要当事人双方协商一致,符合国家的法律法规,无欺诈、胁迫等手段,经双方签字盖章,合同即生效。而就业协议专用于高等学校应届毕业生与用人单位之间签订就业工作协议,且除需要应届毕业生与用人单位双方签字、盖章外,尚需学校的介入。尽管学校不需作为协议主体的一方签字,但学校毕业生就业工作部门需对就业协议内容进行鉴证,并根据协议内容编制毕业生就业派遣方案。

3. 签订的内容不同

毕业生就业协议的内容主要是毕业生如实介绍自身情况,并表示愿意到用人单位就业,用人单位表示愿意接收毕业生,学校同意推荐毕业生并列入就业计划进行派遣。劳动合同的内容涉及劳动报酬、劳动保护、工作内容、劳动纪律等方方面面,更为具体,劳动权利义务更加明确。因此,毕业生与用人单位签订了就业协议不能等同于签订了劳动合同。毕业生与用人单位在签订就业协议之后,还必须签订劳动合同,以保护自己的合法权益。

4. 签订的目的不同

就业协议是毕业生和用人单位关于将来就业意向的初步约定,对于双方的基本条件以及即将签订劳动合同的部分基本内容大体认可,并经用人单位的上级主管部门和学校就业部门的同意和见证。一经毕业生、用人单位、学校、用人单位主管部门的签字盖章,即具有一定的法律效应,是编制毕业生就业计划和将来可能发生违约情况时的判断依据。而劳动合同是用人单位依据《劳动法》签订的合同,是表明用人单位与劳动者劳动关系的依据。

5. 签订的时间不同

一般来说,就业协议签订在前,劳动合同订立在后。就业协议是应届毕业生在毕业离校前后找工作的过程中,落实用人单位后签订的。劳动合同是毕业生到用人单位报到后订立的。如果毕业生与用人单位就工资待遇、住房等有事先约定,亦可在就业协议备注条款中予以证明,日后订立劳动合同对此内容应予认可。

四、人事代理

(一)什么是人事代理

人事代理是指各级人事行政部门所属的人才流动机构为"三资企业"、民办科技机构、民营企业、乡镇企业等无主管单位以及不具备人事管理权限的非国有企业事业单位、要求委托人事代理的其他企业事业单位以及自费出国和以辞职等方式流动后尚未落实单位的专业技术人员和管理人员提供人事档案保管或有关人事方面的代理服务工作。

人事代理,用一句话概括就是指把"单位人"转变成"社会人",是市场经济条件下产生的一种新型的人事管理体制。它是在国家人事政策法规指导下尊重单位用人自主权,尊重专业技术人员择业权,由政府人事部门所属人才流动机构作为人事综合代理部门,受单位的委托进行社会化管理,并为其具体承办人事方面的系列服务,是与市场经济发展相配套的人事管理的重要组成部分。它为国有企业转换经营机制和政府机构改革提供了重要的人事保证。人事代理目前已包括了各种所有制企业、事业单位,代理的功能涉及招聘人员、转正定级、出国审查、专业技术职务评审、工资调整、集体立户、组织生活、人事诊断、人事规划、人才测评等。实行人事代理制度,对用人单位来说,既可以根据需要选到合适的人员,又减轻了负担,减少了行政人员;对各类人员来说,既发挥了才干,又解除了后顾之忧;对人事部门来说,既强化了服务功能,又拓展了工作领域。

(二)人事代理应遵循的基本原则

人事代理是具有法律意义的民事行为,实现以授权委托书(或委托证明)为主要形式的契约代理制。它要求实行人事代理的企业和个人与人事代理服务机构签订协议,作为代理人的人事代理服务机构独立进行意思表示,并以被代理人名义实施代理行为,直接对被代理人发生效力,由被代理人承受该行为的一切后果,包括权利、义务、费用、损害赔偿等。

凡是依法律规定或当事人约定必须由本人亲自进行的行为,不得代理;凡国家有关政策法规限制的必须由指定代理机构实施的人事管理内容,其他性质的代理机构也不得越权代理。如国家有关人事法规就明确规定,非国有性质单位的人员人事档案必须交由党委组织部门或政府人事部门所属人才交流服务机构保管,个人不得擅自保留人事档案,其他性质的人才流动服务机构也无权保管人事档案。

(三)人事代理的对象、内容和程序

1. 人事代理的对象

人事代理是集法律、行政管理和服务于一体的新的人事管理方式。《民法通则》对"代理"的解释是:"在授权范围内以被代理人的名义实施直接对被代理人发生效力的民事法律行为。""代理"行为具有四个突出的法律特征:一是代理人必须有代理权,并且在代理权限内进行民事活动;二是行为必须具有法律定义;三是所作的意思表示是被代理人自己意志的表现;四是直接对被代理人产生权利义务。

根据代理的上述法律特征,凡是具体事务不能使委托人和任何第三者产生法律关系的行为(如信息咨询服务、政策咨询服务、人事诊断、认识规划设计等),依法必须由当事人亲自进行的具有人身性质的行为(如婚姻登记、签订劳动合同、评定职称答辩、考试等),以及侵权或内容违法的行为,都不能成立代理关系。在法律上,代理分为民事、行政、诉讼等代理。人事代理应属于行政代理的范畴。从产生的根据上又可分为法定、指定和委托三种代理关系。人事代理从理论上讲应是一种准法律行为,其中有些内容是以政策为依据的,内容限定在人事工作领域,通常代理对象为:三资企业、私营企业、乡镇企业、民营企业等非国有企业聘用的专业技术人员和管理人员;待业的高校毕业生;自费出国留学人员及其他各类流动人员。

2. 人事代理的服务内容

(1)负责被代理人员人事档案的收集、整理、保管、利用等工作。被代理人员的履历表、奖惩登记、党团及考核等资料由用人单位提供。代理机构及时对送交材料归档。

（2）确认被代理人员的身份，出具有关证明。办理被代理流动人员的转入、转出手续，推荐就业单位，鉴定聘用合同。为毕业生转正定级出具各种证明材料，建立被代理人员集体户口挂靠制，行政、工资关系挂靠人才市场，调整档案工资，职称考评，考核，计算其工龄。若工作调动，按档案工资标准开出。办理被代理人员的出国（出境）和政审手续。

（3）负责办理失业、养老等社会保险服务，并为其代办住房公积金。

（4）建立被代理人员党组织，接转党组织关系。制定流动党员定期或不定期思想汇报制度，按时收缴党费。

（5）开展被代理人员岗位及专业技能培训。根据用人单位的要求，有针对性地组织岗位和技能培训。

（6）提供信息咨询服务，包括人事政策咨询、人才供求关系信息、市场统计信息、人才价格信息等服务。

以上内容中，委托人事代理可划分为单位委托人事代理和个人委托人事代理两个类别。各级人才流动机构与委托人事代理对象不发生行政隶属关系，仅为其代理有关服务事宜。

3. 如何办理人事代理手续

单位办理委托人事代理，须向当地人才流动机构提交下列证件：委托人事代理申请书；企业营业执照（副本）复印件、企业章程复印件；事业单位成立的批件复印件；委托代理人员的履历表、身份证复印件；代理项目相关的材料。

个人办理委托人事代理，根据各自情况不同，须向当地人才流动机构分别提交下列有关证件：应聘到外地工作的，须提交委托人事代理申请、聘用合同复印件、身份证复印件、聘用单位证明信（证明其单位性质、主管部门、业务范围）等。自费出国留学人员，须提交委托人事代理申请，原单位同意由人才流动机构保存人事关系的函件和出国有关材料等。

辞职、解聘人员尚未落实单位的，须提交委托人事代理申请及辞职、解聘证明、身份证复印件等证件。

凡需要毕业生的代理单位均需按照其委托代理的县以上人才流动机构的要求填报毕业生需求信息，由人才流动机构统一向毕业生就业主管部门申报，经核准即作为该单位的需求计划。

代理单位按需求计划，有组织地与毕业生、学校进行"双向选择"，代理单位将拟接收的毕业生情况（推荐表复印件）报当地人才流动机构，经批准后，代理单位可与毕业生、学校签订统一规定的协议书，并纳入毕业生调配计划。

毕业生凭调配部门签发的报到证等有关材料办理报到和户口关系迁移手续。

尚未落实单位的毕业生和要求自谋职业的毕业生，可以向生源所在地县以上人才流动机构申请办理人事代理。需带毕业证书复印件、身份证、毕业生就业双向选择推荐表等。

五、人事代理的户口、档案、职称评定

（一）人事代理的毕业生转正、定级及初定专业技术职称办理

（1）办理对象。委托各级毕业生就业服务机构或人才流动服务机构人事代理的毕业生。

（2）办理内容：

① 中专毕业工作满一年,办理见习期考核、转正定级手续,定技术员。

② 大专毕业工作满一年,办理见习期考核、转正定级手续,工作满三年定助理工程师。

③ 本科毕业工作满一年,办理见习期考核、转正定级手续,定助理工程师。

④ 硕士毕业工作满三年,定工程师。

⑤ 博士毕业后定工程师。

（3）提交材料。填报高等、中等院校毕业生见习期考核表(一式一份)、高等、中等院校毕业生工资定级审批表(一式一份)、初聘专业技术职务呈报表(一式三份)(表格在委托代理机构领取),提供一寸照片两张。

（4）办理程序。审核材料,查阅档案;按照规定报领导审批,审批合格的表格归入毕业生人事档案;发放专业技术职称证书和专业技术职务聘书。

（二）特殊人事代理

（1）到艰苦地区就业、创业的毕业生户口、档案关系挂靠的规定。江苏籍毕业生志愿到中西部地区,到我省经济欠发达地区和艰苦行业,到农村和社区工作的,可根据本人意愿,将其户口登记在直系亲属家中或人事关系代理中介机构设立的集体户。到西部地区工作,或到我省经济欠发达地区、艰苦行业工作一段时期后,需要回原籍所在地工作的,可自主择业、自谋职业,也可由户口所在地毕业生就业服务机构或政府人事部门推荐就业。自主创业毕业生也可以参照这一方式解决落户问题。

（2）暂未就业毕业生的人事代理。为更好地为广大毕业生提供优质服务,促进毕业生充分就业,江苏省高校招生就业指导服务中心为暂未就业的毕业生推出了全新服务。毕业生要具备下列条件：

① 政治合格,未参加过法轮功等邪教组织,或虽然曾经参加过但已从思想上、行动上与法轮功邪教组织彻底决裂的。

② 遵纪守法,具有完全民事行为能力的。

③ 取得毕业资格,身体健康,有就业愿望并接受中心就业推荐的。

④ 户口迁入中心的集体户的。

凡具备了这些条件的毕业生,均可以直接或委托学校与江苏省高校招生就业指导服务中心签订委托协议,学校凭此办理报到证、转递档案。

另外,江苏省人才流动服务中心和南京市人才流动中心对未落实就业单位的毕业生也实行人事代理。

（3）江苏省人才流动服务中心在"关于对应届优秀毕业生实行个人委托人事代理"的函中指出,符合下列条件之一的,均可办理"先落户,后就业"个人委托人事办理：

① 在校期间获得"优秀学生干部"、"优秀毕业生"、"三好学生"等荣誉称号的省、部属院校本科及以上学历应届毕业生。

② 计算机技术、信息通讯、电子电气、化工化学、仪器仪表、环保海洋、建筑房地产、旅游外语、纺织轻工、金融证券、财经贸易、经营管理、医药卫生生物、水利交通运输、法律咨询教育、新闻广播电视、新材料新能源等专业,在校期间多获得三等以上奖学金,或综合成绩在班

级排名前列的省、部属院校本科及以上学历应届毕业生。

③ 在他省紧缺、急需专业和特殊专业，综合成绩优秀的本科及以上学历应届毕业生。

（4）南京市区生源的应届毕业生。应届毕业生办理代理需要提交的材料有：

① 在校期间获得的荣誉证书、资格证书原件及复印件，学校毕业生管理部门出具的有关证明材料。

② 毕业生推荐表原件（包括成绩单，由毕业院校提供）。

③ 就业协议书。

办理程序是：

○ 填写个人信息（由毕业院校提供）。

○ 由中心人事代理部审核材料，办理接收手续。

○ 应届毕业生与该中心签订应届毕业生个人委托人事代理协议书（在该中心人事代理部领取）。

○ 应届毕业生将盖有"江苏省人才流动服务中心人事代理部"印章的就业协议书送交毕业院校。

○ 应届毕业生持毕业院校所发报到证到该中心人事代理部报到，毕业院校将人事档案转至该中心，与该中心签订人事档案委托管理合同书（一式两份，在该中心档案管理部领取）。

○ 办理其他代理手续。其他本科毕业生，在毕业前未找到接收单位、户口关系被派回原籍的，也可以申请档案委托江苏省人才流动服务中心代管，待找到接收单位后，由该中心协助办理相关就业手续。

第三节　常见的招聘陷阱与对策

毕业生在求职过程中会遇到各种竞争和挑战。同时，由于社会经验欠缺，在遇到少数不够正规甚至存在违法行为的用人单位和招聘过程时，可能会遇到一些陷阱，在时间、金钱等方面遭受损失，严重者甚至在人身自由等方面受到侵害。毕业生只有提高警惕，善于发现和懂得应对，才能确保自身权益。

一、就业过程中常见的陷阱

（一）协议（合同）陷阱

当前严峻的就业形势使相当部分的大学毕业生在就业市场上处于弱势地位。不少学生在就业时出于种种顾虑，对可能会使自己权益受损的条约不敢提出异议，对单位在试用期不签订合同的做法也不会去追究，甚至被迫接受单位提出的一些不平等条款；甚或在签订就业协议的时候，单位要求附加补充协议，上面规定了学生所有的违约责任，而对单位如违约将承担什么责任几乎只字不提；有些单位利用学生求职心切的心理对学生要求过多，造成学生在日后利益受损。签合同时，用人单位利用毕业生涉世未深的弱点，极力催促大学生在内容与口头有约定不一致的合同上签字，一些学生或碍于面子或想当然就轻率地签了字。

📷 **案例**

　　2004 年,长春市某大学 10 名学生集体到广西的一家民营企业做食品检验工作。当时该企业给学生的口头承诺是:月薪 4 000 元,外加年终分红;工作满一年,分房;工作满三年,配车。所有人都认为这几个学生遇到了天上掉馅饼的好事,这 10 人没有和该企业签订任何的书面合同,就去了广西。

　　到了广西之后,急于求成的学生们草率地与该企业签订了工作合同。一个月之后,所有人都大呼上当。他们的月薪确实是定在了 4 000 元,但是在工作中他们经常违反合同上的"霸王条款"。例如,迟到一次罚款 500 元;在食堂吃饭,剩饭、剩菜罚款 100 元。结果,大家一个月工作下来,扣掉各种罚款,实际发到手里只有可怜的三四百元钱。学生集体反抗,说要辞职不干了,该企业拿出工作合同,要求每个学生交 8 000 元的违约金。学生说,在学校谈的时候可不是这么说的,该企业则表示,请拿出证据来,众学生木然。

　　分析:就业协议书是转递毕业生人事关系的依据,如果不签订该协议,毕业生的人事档案、户籍等人事关系就无法转入工作单位及所在城市。而这些关系的办理涉及毕业生切身利益,如办理社会保险、购买经济适用房、评审职称等。因此,单位不与毕业生签订就业协议书,对毕业生的工作、生活、职业发展是不利的。毕业生应主动要求单位解决这些问题,并可通过当地的人才交流中心协助办理人事档案、户口等关系的接收。在招聘环节就应该多加注意,在与用人单位洽谈时,要大胆地和用人单位商谈有关工资、保险等相关内容,洽谈成功后,一定要和他们签订具有法律效用的书面合同,与用工单位签订用工合同,对双方权、责、利等有所规定;一些远期承诺,也应写进合同中,合同可办理公证手续;签订正式工作合同时,要注意条款的设置,切勿签订"霸王条款"。

（二）传销陷阱

　　所谓传销,本是指生产企业不通过店铺销售,而由传销员将本企业产品直接销售给消费者的经营方式。该经营方式受到国家的严令禁止。现在的传销已大多演变为非法组织以欺骗乃至胁迫的手段,靠强收"入门费"敛财。传销组织一般以招工为由,利用学生参加勤工俭学或是刚刚走出大学校园,社会经验不足、对生活的期望值过高、渴望在事业上有所作为的心态,掩盖非法传销的事实,以"好工作、高收入"来诱惑学生。且传销组织采取扣押身份证、现金、通信工具,限制人身自由等手段,导致一些学生或主动或被动地迷失于传销漩涡中无法自拔。"一夜暴富"、"平等"、"关爱"等具有相当迷惑性的口号正是传销组织者用来迷惑大学生的"精神鸦片",把他们变成了财富谎言的俘虏,很多参与传销的大学生甚至被彻底"洗脑"。

（三）押金陷阱

一些公司可能规模不大，薪水不高，但是开出了一些诱人的条件。比如，在某些大中城市工作，或者能解决这些大中城市的户口问题。希望留在大中城市工作的学生很容易被这样的条件迷惑。双方谈得差不多了，公司又表示，为了增加双方的信任，学生在工作之前必须交押金。等学生交完押金，工作一段时间后，公司的有关人员就表示，聘用之初说定的工作岗位要有些调整，可能把你派到偏僻地区或冷僻部门，而这些地方是学生肯定不愿意去的。公司算准了学生不愿意去，就说学生不服从公司安排，也是主动毁约放弃这个岗位，这样，学生交的押金自然收不回来。

（四）试用期陷阱

《劳动法》设立试用期的目的在于给予双方相互考察、相互了解的期限。一般来说，单位用人有试用期是正常的，试用期的薪水一般都不高，等到转正之后，薪水会有较大幅度提高。毕业生在试用期内可以随时通知用人单位解除劳动合同，而不需要理由，也无须承担违约责任。用人单位只有在证明毕业生在此期间不符合单位的录用条件才可以随时解除劳动合同。但是，一部分用人单位正是利用试用期大做文章，主要表现为：试用期过长或与签订的劳动合同期限不符；要求毕业生在试用期内承担违约责任；在试用期内无正当理由辞退毕业生；以见习期代替试用期；约定两个试用期；续签劳动合同时重复约定试用期；将试用期从劳动合同中剥离；仅仅订立一份试用期合同；试用期工资低于当地的最低工资；试用期内单位不缴纳社会保险费等。

很多公司为了使用廉价劳动力，抓住毕业生急于找工作的心理，堂而皇之地打出试用期的牌子，看起来非常规范，待试用期一过，以种种理由告诉求职者不符合录用条件就将其解聘了。这样的公司不断地炒人，毕业生永远不会成为正式的员工。

（五）设计成果陷阱

少数单位假装招聘员工，按程序对毕业生进行面试，再进行笔试。在面试、笔试时，把本单位遇到的问题以考查的形式要求前来应聘者作答或给出设计、策划、翻译等，然后再找出各种理由推辞，结果毕业生无一人被录用，单位最终将应聘者的劳动果实剽窃，据为己有。

此种情况主要出现在一些小规模的广告或设计公司里。这些公司，由于自身缺乏足够的优秀的创意，另外聘请高水平的工作人员也需要较大代价，便想出借招聘新人来获取新鲜创意的点子。

（六）工资陷阱

工资是一个很模糊的概念，所以毕业生在找工作的时候，不要只看表面工资多少，最好还要问清楚具体内容。工资包含的内容很多，比如福利、保险、奖金等等。而有的单位在招聘的时候只说基本工资，其他如奖金、福利、保险等等根本不包括在内。而有的单位尽管开的工资不低，可是保险等需要扣除的项目也包括在内，在东扣西扣之后，最后毕业生实际拿到手的钱并不多。

（七）虚假招聘和宣传陷阱

一些招聘会组织者在广告中夸大其词,招聘单位滥竽充数、虚假招聘、"友情客串",名为招聘,实则借机进行企业宣传。其真实目的是通过卖门票或报名费敛财。还有一些小企业为了累积自身知名度,会不失时机地对企业或品牌形象进行宣传。对于他们来说,租下一个展位或刊登一条招聘信息最便宜的只要几百块,却能赚足曝光度,其实并不是真正想要招聘员工。

案例一

小刘很顺利地通过了一家公司的面试,并参观了公司,觉得很正规。很快公司通知其参加培训,并要缴纳 250 元的培训费。小刘觉得机会难得,交了钱并参加了培训。培训后公司又组织进行体检,体检费 100 元,却以视力较低为由拒绝录用。后来小刘发现差不多每次招聘会这个公司都在招人,才知道受骗。

案例二

教你识别招聘会上"名字很美,实质很水"的岗位

"行政文员"就是服务员

小吴说,招聘方是一家餐饮企业,除了"储蓄干部"外,还招行政文员、技术人员等等。"我就冲着这个名字去应聘的。"小吴说。他把简历呈上去后,对方只是随手翻了一下,然后就问了一些"能不能倒班"、"有没有吃苦的准备"之类的问题。小吴想着,当个小干部吃点苦是应该的,所以当即承诺没问题,对方也很满意地点了点头。

不过,小吴对"储蓄干部"的具体意思不是很了解,他只是觉得这个小干部职位的门槛很低,于是随口问了一句:"这个职位到底是干什么的?"没想到,招聘方的回答让他傻了眼:"先从传菜工干起,干得好就提拔,发展空间很大的。"

"直接写传菜工不就得了,这不是骗人吗?"小吴说,事后他和其他同学聊起这件事才知道,另外几个职位其实也是名不符实,行政文员说白了就是服务员,而技术人员是指水电工,"估计直接写根本招不到人,所以起个好听的名字来诱惑我们"。

很多职位被"移花接木"

有这样经历的还不只小吴一个,不少应聘的学生都表示,很多看上去名字很美的职位实质一点都不美。

南京师范大学大四学生杨同学,因为英语不错,所以应聘某家教育咨询公司的"外国儿童家庭教育宣传员"一职。对方要求倒是非常严格,英语等级证书必不可少,面试居然也有英语问答。但最后介绍这个职位的工作时,杨同学才知道就是去一些有外国人居住的高档小区周围发放宣传册。

金陵科技学院的赵同学应聘某保险公司的培训师。但他去报到的时候,保险公司让他填写表格、看宣传片,随后又进行了发展业务员的宣讲,小赵这才反应过来,哪儿是什么应聘后勤,分明就是"挂羊头卖狗肉"招业务员。

南林大经管院的柳同学也有过这样的经历,她在去年11月应聘上一家企业的"行政助理"一职,"我觉得应该是行政管理的工作,结果却是做销售"。

还有一些职位的名字也很诱人,比如卖房子卖证券卖黄金卖外汇美名为各种"顾问",销售员、推销员是"代表",按电梯是"司梯",停车场保安是"安全组长"……

（资料来源:《东方卫报》）

分析:不能过分相信企业宣传。在具体应聘某个企业或单位时,不要一味听信用人单位的宣传,可以通过政府网站以及行业网站等多种渠道了解用人单位的情况,对用人单位的实际经营情况、人才需求情况、录用程序、标准、岗位的详细应聘条件以及薪酬、福利待遇等了解清楚,求职时千万不能过于随意和盲目,不要只看职位名字不错或只看重单位开出的优惠待遇,避免被一时的诱惑所蒙蔽。

（八）"公关"陷阱

总有人向往省力而又赚钱的行当,骗子公司行骗正是抓住了求职者的这种心理。没有学历技能要求,只需陪人聊聊天、喝喝饮料就可以月收入近万元。如此诱惑力极高的招聘广告经常出现在网络、报纸的角落,或街头巷尾的墙壁、电线杆上。而这些所谓的"公关"公司甚至不惜重金租下高档写字楼作为办公接待场所,给应聘者的第一印象不错。再经过招聘者的三寸不烂之舌,向你表述公关行业的高尚和盛行,渐渐打消应聘者的疑虑,求职者便误入了一些非法行业。

（九）非法职介陷阱

许多非法职介机构会向求职者收取"服务费"、"信息费"等。求职者交钱之前,中介机构会承诺招聘信息浩如烟海,总有适合你的职位;可一旦付了费得到了那些信息之后,要么是单位不需要招人,要么就是对口职位刚刚招聘完毕,总让求职者不得所愿。

二、规避招聘陷阱

面对形形色色的就业陷阱,大学毕业生在就业时必须擦亮双眼,提高自我防范意识,规避可能遇到的各种陷阱。

（一）保管好个人重要证件和求职材料

无论任何原因都不要留下身份证、护照原件等重要的个人证件、印鉴，更不要随便签名盖章。犯罪分子往往拿到求职者的个人信息（如身份证号码或复印件、个人联系方式甚至银行账户等）进行非法活动，如直接盗用账户或冒名高额透支，甚至专门做起倒卖个人隐私的生意。

案例

2006 届毕业生小张在人才招聘会上找工作时，一个中年男子出现在她面前，说他们单位正在招聘一批业务经理，请小张有空到他们单位去看一下，留给小张一份岗位要求及联系电话，同时主动要小张将简历及联系电话给他。

分析：人员招聘是单位的一项重要工作，是企业形象的重要组成部分，一般单位对该项工作是非常重视的，会派专人通过各类正规渠道招聘。像小张遇到的招聘单位就需引起毕业生的注意和警惕，不要毫无防备地就把自己的简历等材料交给这样的单位。因为这样的单位其内部管理很可能存在问题，甚至还存在欺骗毕业生的可能，或是以招聘之名盗取个人信息。当对方要求你提供证明材料时一定要多留个心眼，在任何情况下都不能向只有一知半解的"招聘单位"透露有关任何你的隐私信息，一旦发现侵权迹象应当即报案。

如果不是正规渠道的应聘，不仅社会保险等劳动者合法权益得不到保障，而且求职者的相关身份信息也有可能因为信息管理不善而被泄露，到时悔之晚矣。

（资料来源：中国教育新闻网 www.jyb.cn）

（二）女大学生要提高自我保护意识

一定要避免到僻静或私人场所去面试；不要随便喝别人提供的饮料和搭便车；女伴游、女导游、女接待等有可能是混淆视听的伪装陷阱，宜多注意；对于"月薪数万"、"免经验"的工作要多加留意，对于工作的内容和地方，也要反复地询问清楚，切忌头脑发热；熟人介绍的工作，还是要提高警惕，问清楚多打听，感觉有怀疑就勇敢拒绝不要去。女生在前往面试或找工作地点前后要注意及时跟家人或师友报告自己的行踪。

（三）注意认真核实招聘信息

这是解决就业安全问题的重要途径。核实信息的内容包括核实单位信息和核实招聘信息。核实单位的信息，主要包括核实单位的名称、地址、联系方式，避免假公司、假招聘的现象。核实招聘信息，主要是核实招聘时间、地点及岗位的相关情况，避免一些不法分子盗用公司的名义进行违法活动。尽量选择信息监管规范、知名度高的网站注册登记求职信息；最好能获得用人单位的固定电话号码，以便核实相关企业信息；参加面试应选择用人单位的办公场所。

（四）注意保护自己的信息资料

大学生在应聘过程中要注意保护自己的信息资料，不能随意泄露。在招聘现场，对不合规范的单位，不要随意发放求职材料；也不要在合同签署前轻易透漏身份证号码、护照号码、存折信息等内容；家庭电话、家庭住址等也要适当保密，以免带来不必要的麻烦。

（五）实地考察

毕业生在签约前，最好到用人单位进行实地考察，对用人单位的运行情况、拟安排的岗位、工作条件、用工制度及工资住房、养老保险等各项待遇进行详细了解，切忌草率从事。签订协议的时候，对有关试用期的条款保持足够的警惕，一定要把单位承诺的待遇写清，要么写在协议书的备注栏里，要么另外单独写在一张纸上，但一定要双方都签字盖章并各留一份，以保护自己的利益。

（六）选择正规招聘渠道

一定要通过正规渠道找工作。多参加政府、高校组织的或专门面向应届毕业生组织的大型招聘会。同时毕业生在发布个人信息时，要选择信誉好的网站，因为有些不负责的网站随意将求职者的信息公开，会给不法分子以可乘之机。

结语：以上我们分析了就业时常见的陷阱，并提出了规避求职陷阱的建议。同学们千万不要被眼花缭乱的表面现象迷惑了理智，陷入陷阱之中。而毕业生们也不必过分担心，缩手缩脚，以至于停滞不前，失去了年轻人果断、热血激昂的优势。毕业生在求职时只要适当注意即可。不要相信天上掉馅饼的神话，但遇到好的机遇时就要毫不犹豫地及时出手。避开就业陷阱，每个求职者都能在事业之路上走出一条康庄大道。

思考题

1. 简析就业协议书与劳动合同的异同。
2. 与用人单位签订就业协议时，毕业生应注意哪些问题？
3. 毕业生在求职过程中应如何加强自我保护？

第十一章

适应社会　走向成功

"江山代有才人出,各领风骚数百年。"

每一位即将或刚刚开始工作的大学毕业生都希望自己能够在崭新的工作岗位上很快就有优秀的表现,做出自己的一番事业与成就。但是我们所看到的更多现实情况是,很多大学生会发现自己不能很好地适应与大学生活截然不同的全新环境,不能很好地融入组织中去,以致工作难以开展。其实,这些问题的出现,很多时候是我们没有真正认识到自己的角色已经发生了转换,还没能适应崭新的职业与工作而导致的结果。只有真正认识到自己已经不再是一名生活在象牙塔中的学生,并且重新对自己进行正确的定位,认识到作为一名职业人应当做什么和怎样做,才能在新的环境中很好地立足与发展,才能在竞争激励的职场舞台上拥有自己的一片天地。

第一节　适应角色转变

一、学生角色向职业角色转变

(一) 社会角色与角色转变

1. 社会角色的概念

"角色"一词最先是戏剧中的一个专有名词,指戏剧舞台上所扮演的剧中人物及其行为模式。后来,社会学家把"角色"概念引入社会心理学和社会学,产生了社会角色概念。所谓社会角色,就是由人们所处的特定社会地位和身份所决定的一整套规范体系和行为模式,是人们对具有特定地位的人的行为的一种期望。社会角色是社会赋予人的社会权利和义务,它反映了每个人在社会中的地位和在人际关系中的位置,代表了每个人的身份。也就是说,某个人担当了某个角色,就要表现出这个角色的特征。做教师的就要像教师,做学生的就要像学生。每一个生活在社会中的人都扮演着多种多样的社会角色,正是这些多样的社会角色构成了社会群体或组织的基础。

2. 角色转变的意义

在社会生活中,每个人担当的角色总是相对的,如教师相对于学生,领导相对于下属。同时一个人总是集多种角色于一身,如学生角色、家庭角色、职业角色等。随着个人的社会任务和职业的不断变化,在不同时期所扮演的主要角色经常会发生转变。从一个角色进入另一个角色的过程,称为社会角色的转变。其中最重要的角色转变当属由学生时代的学生角色向踏入社会后的职业角色转变。角色转变的过程,其根本的变化是社会权利和义务的变化。一个人不仅要做好角色定位,还要按照角色位置的要求不断提升能力,不断提高工作绩效,在实现组织和社会期望的同时,自身也才能得到长足的发展,实现自己的职业价值和人生价值。

(二)学生角色与职业角色的差异

学生角色和职业角色是两个完全不同的社会角色,因为对于学生和职业人,两者的社会权利与义务是不同的,所代表的身份有着根本的区别。

1. 履行的社会责任不同

学生角色的主要责任是学习文化科学知识,促进德、智、体、美全面发展,掌握为人民服务的本领。整个角色过程是受教育、储备知识、锻炼能力的过程。职业角色的责任,是在自己的职业岗位上发挥专业知识和能力,为社会服务的过程。两种角色所履行的责任是有区别的。学生角色责任履行的好坏,主要关系到本人能否学到知识、提高能力、获得全面发展。而社会角色的职业责任履行的好坏,直接影响到社会。学生学习成绩不好,不直接对社会承担责任,而职业工作者完成不好本职工作,要对社会承担责任。

2. 遵守的社会规范不同

职业角色与学生角色应遵守的社会规范不仅内容不同,而且规范所产生的约束力也不一样。学生角色除了需要遵守国家的法律法规之外,还需遵守的社会规范主要是国家制定的《学生行为准则》和各学校制定的规章制度,如学籍管理制度、考勤制度、纪律处分制度等。因为学生是受教育者,在违反角色规范时,主要还是教育帮助。而职业角色除了需要遵守国家的法律法规之外,还需遵守的社会规范主要是单位的规章制度,如考勤制度、岗位管理制度、考核制度、分配制度等。对于一名职业者,自己的行为不仅影响到自己,更会影响组织的利益。所以习惯了高校中相对宽松管理环境的大学生,初到工作岗位后,常常会感到职业岗位的纪律和管理制度过于严格,难以适应。

3. 享有的社会权利不同

学生角色的权利主要是依法接受教育。由于这一时期还是以学习为主,绝大多数的大学生还没有完全独立的经济能力,主要依靠家庭取得经济生活的保证或资助。职业角色是依法行使职权,开展工作,并在履行义务的同时取得报酬。

4. 展现的行为模式不同

学生角色是在接受外界的给予,即接受和输入,主要是要求理解。而职业角色是运用自己的知识和能力,向外界提供自己的劳动,即运用和输出,要求结合实际,创造性地发挥水平,通过取得报酬,实现经济独立。

5. 所处的生存环境不同

在人际关系方面,大学校园是众所周知的一片净土,无论是同学朋友还是师长,大学生几乎都不需要过多地顾虑与防备,可以自由地畅所欲言,可以不带任何伪装来表达自我和展露情感。职业角色要承担更为复杂得人际交往,而社会上的人际关系相对于学校要繁杂得多,也更为微妙,对生存艺术提出了更高的要求。

二、角色转变过程中容易出现的问题

(一)角色转变与社会要求脱节

心理学认为,个体的社会角色发生变化时,新旧角色的转换过程必然伴随着不同角色之间的相互冲突。同样,从学生角色转换为职业角色不可避免地也会出现各种各样的问题。具体表现为毕业生从学校生活到社会上的不适应和种种矛盾。

1. 主观愿望与社会现实的矛盾

大多数学生对崭新的职场生涯抱有良好的主观期待,投身职场后却发现客观实际有很多不如意的地方,两者之间就会产生非常强烈的矛盾。

2. 行为习惯与社会角色要求的矛盾

在大学期间所形成的各种习惯和行为,与社会和职场的要求格格不入,也是容易出现的矛盾之一。

3. 实际能力与社会需要的矛盾

学生在学校中往往接受的是书本知识而缺少实际经验,这与进入职场后立刻需要各方面的动手操作能力之间也会形成矛盾。

(二)角色转变过程中的心理问题

以上诸多矛盾导致了毕业生在角色转换时易出现各种心理问题。大致来说,这些问题主要有依赖和恋旧心理、自负或自傲心理、浮躁心理、自卑或畏缩心理等。

1. 依赖和恋旧心理

很多毕业生在角色转换过程中依恋学生角色,出现怀旧心理,难以从一个学生状态中完全摆脱出来。因为习惯了十多年的学生角色,个体容易在学习、生活和思维方式上都形成一种相对固定的模式。在职业生涯开始之初,许多人常常会自觉或者不自觉地置身于学生角色之中,以学生角色的社会义务和社会规范来要求自己、对待工作,以学生角色的习惯方式来待人接物,来观察和分析事物。

2. 自负或自傲心理

有一些毕业生对人才的理解不够全面和准确,对自我的认知存在偏差,认为自己接受了多年高等教育,有学历有文凭,已经是比较高层次的人才了,盲目地过于自信,甚至变成自负或自傲。过于自信很容易使毕业生进入职场后出现纸上谈兵、眼高手低的尴尬。因为自负或自傲,往往看不起基层工作和基层工作人员,不屑与他人合作,更不会虚心接受别人的指导和意见,甚至对领导和前辈也表现出轻视。

3. 浮躁心理

有些刚参加工作的毕业生往往弄不清楚自己在工作中真正想要什么、能做什么,因此,在角色转换的过程中表现出不踏实的浮躁作风和不稳定的情绪情感。一阵子想干这项工作,一阵子又想干那项工作,不能深入工作内部了解工作性质、工作职责以及工作技巧。近年来,毕业生要求调整单位的人数增多,就是因为一些学生就职很长时间后还不能稳定情绪,进入职业角色,反而认为单位有问题,没有适合自己的职位。事实上,如果不能静下心来踏踏实实地学习,适应工作,不管什么样的单位都不适合。还有的学生因为盲目自信,而迫不及待地渴求成功,总觉得"一万年太久",应该"只争朝夕"。结果稍有挫折就会急躁不安,甚至一蹶不振。

4. 自卑或畏缩心理

一些大学生在初进职场的阶段,面对新的工作环境,会表现得怯懦、自卑。不知道工作应该从何处着手,如何应对。在工作中缩手缩脚,怕承担责任,怕出事故,怕闹笑话,怕造成不良的影响。无论是做工作还是待人处事,总是担心自己的表现不够完美而被指责。要么就是过度封闭自己,不与人往来,或是盲目地听从他人的指使,不敢表达自己的想法,独立性很差。

这些心理问题都反映了毕业生没能顺利地从学生角色转换为一个社会职业人的角色,这必然会对毕业生的职业适应能力和后期的职业发展造成各种不良影响。因此,在两种角色的过渡阶段,毕业生一定要谨慎对待,同时采取必要的方法帮助自己平稳转换角色。

三、适应职业角色

(一)做好"五个转变"

百度人力资源总监鲁灵敏曾经应邀为北大毕业生做了题为"如何从院校人转变为职场新锐"的演讲。在这个演讲中,鲁灵敏提出从学生角色向职业角色转换过程中非常关键的"五个转变":

1. 情感导向向职业导向转变

毕业生进入职场后应尽可能地按照职业操守行事,即使认为自己非常有能力,也要遵章办事,而不能像之前学生时代一味地任由自己的性情处人处事。毕业生应该明白究竟什么是人才。所谓人才,就是在合适时间合适地点的合适人选,离开了工作岗位说自己是人才,就像离开矛谈盾,离开船谈帆,离开脚谈鞋,没有一点实际意义。

2. 思想意识向实际行动转变

大学毕业生要脚踏实地、兢兢业业地工作。刚走出校园的大学生一般思维敏锐,也很有自己的想法,说起事情来也头头是道,但往往很多想法和说法都不太切合实际,甚至是到了岗位上却往往眼高手低,说得比做得好。在角色转换过程中一定要切忌这一点,变思想为行动,只有"想到,并做到",才能"做久"。

3. 成长导向向绩效导向转变

这个转变事实上指出了从学生角色到职业角色在社会职责上面的转变。就像之前所提到的,在学生时代,追求的主要是知识的成长,学生时期的主要职责和任务是积累知识,而工作后要开始承担各方面的责任,包括工作上的职责、经济上的独立和家庭义务等。

4. 个人导向向团队意识转变

职场最为看重的就是员工的绩效,只有努力工作多多付出,才会等价地得到更多回报。当代很多大学生都有一个明显的特点,就是个性化强,团队和集体意识淡薄。工作不同于读书,有时候更需要的是与他人的配合和团队精神。因此,角色转换包括团队意识的转变。

5. 兴趣导向向责任导向转变

这是进入社会后非常重要的角色转变。大多数学生比较明显的特点是凭兴趣做事,比较注重自我的感受。进入社会后,就必须学会承担责任,为家庭,为公司,也为社会。

(二)角色转换的途径与方法

即将进入职场的毕业生最希望了解的莫过于怎样才能尽快更好地进入职业角色中。只有尽早做好准备形成职业角色观念,提高职业角色技能,增强角色扮演能力,才能使自己的职业生涯有一个良好开端。因此,充分把握好毕业前和工作见习期两个阶段至关重要。

1. 毕业前的准备

目前,我国大学毕业生在每年 7 月初离校,奔赴工作岗位,但是就业工作一般从前一年的 11 月份就开始了,前后共有半年多的时间。在这一阶段,要学会认识自我,清楚自己真正的需要和能力范围以及职业兴趣,在此基础上寻找合适的工作,为即将面临的入职做好充分的身心准备。上文提到的角色转换中的许多问题,正是由于没有清楚的心理定位,缺乏良好的心态。学会认识自我、定位自我以及自我调试,这是入职前的一项主要工作。

(1)认识自我。认识自我除了认识自己的生理状况,例如自己的体型特征、心理特征,尤其是兴趣、能力、气质、性格等,还要认识自己的人脉关系、自己在集体中的位置与作用等。

(2)定位自我。在对自身有了明确的认知之后,接下来就是进行心理定位。毕业生在与用人单位接触的过程中,可以加强对用人单位的了解,切身体会到社会对自己的认可程度,合理地确定自己的职业定位,进而通过签订就业协议书来确定自己的职业角色。心理定位能够帮助毕业生明白自己的目标和需求,在选择职业的过程中更加客观和全面,可避免好高骛远,或是高不成低不就的现象出现。

(3)自我调试。面对就业过程中的各种困难,毕业生非常需要进行恰当的自我调试。没有一个人的职业选择是一帆风顺的,总会遇到各种难题。无论是痛苦于找不到合适的工作,还是在多份优秀的工作中踌躇徘徊,或是经历了社会上各种不公平的待遇的刺激,都要及时地调整自己的心态。当就业不顺时,不要悲观甚至绝望,要努力看向事情的另一面,积极对待;当难以抉择时,不要一味地拿不定主意而浪费宝贵的时间和机会,要当断则断;当看到社会的不公时,更不要死钻牛角尖、愤世嫉俗,要学会心胸开朗、理性面对。

2. 见习期内的角色转换

一般来说,毕业生在工作的最初阶段都会有一个见习或试用的时间,之后转为正式人员,有人形象地称之为"磨合期"。这个时间或长或短。虽然相对于今后长久的职业生涯来说,试用期所占有的分量并不大,但这一阶段的成功与否在很大程度上决定着未来的职业生涯能否顺利。

大学生参加工作后的生活和学习环境与大学相比,有很大的区别。高校大多位于大中城市,学习和生活条件比较优越,空闲时间和自由支配时间比较多,节奏也比较缓和,压力较小;而众多的职业岗位不一定在城市里,有的在偏僻的山沟里,有的在茫茫的戈壁滩上,有的环境相当艰苦。由于工作繁忙,经常需要加班加点,属于自己的时间越来越少。从大学学习环境到职业环境的变化,往往会加剧角色冲突。为此,大学毕业生应该加强见习期内的角色学习,使角色转换顺利实现。

一般来说,大学生要在较短的时间内获得同事的认同和领导的肯定,应当从以下三个方面提高和锻炼自己。

（1）要善于展现自己的知识

大学毕业生因为具有新知识而受到同事的青睐和尊敬,但为此也使一些人与同事之间容易产生一定的距离。因此,大学生在同事面前一定要表现得谦虚、随和,在尊重同事丰富经验的同时,适时适度地展现自己的知识。例如,可以利用工作机会,特别是当同事在工作中遇到麻烦时,以谦虚诚恳的态度从理论上提出自己的见解,共同商讨,共同解决问题。也可以利用业余娱乐机会,发挥自己的知识优势,在交流中让同事了解你的为人和性格,表明自己的世界观、人生观和价值观,缩短与同事间的距离,成为大家的朋友。要切忌以文凭自居自傲,那样只能使得同事对你产生反感,使得自己越来越脱离群众,变得孤立无助。

（2）要树立工作的责任意识

大学生对未来都有美好的愿望,都想在事业上大干一场,建功立业。但是多数人在走上工作岗位之初,一般不会被委以重任,而是先从最简单的辅助性工作做起,这也符合人才成长的基本规律。但是,有不少人凭着对工作的新鲜感和学识上的优越感,认为自己被大材小用了,对一些工作不愿意干,甚至开始闹情绪。其实,这是缺乏责任意识的表现。干任何一项工作,都要有足够的热情,更要有丰富的经验和随机应变的能力。这种经验和能力的获得并非一朝一夕之功,它需要在平时的工作中来积累和训练。显然,凭借热情和情绪只能是对工作的不负责任。因此,不管工作的大小,分工的高低,大学生都要以满腔的热情、高度的事业心和责任感认真对待,圆满完成。

（3）要培养实事求是的工作作风

大学毕业生具有较强的自尊心和自立意识,在工作上总想独当一面,取得成就。尽管很多人对待工作的态度是认真谨慎的,但在很多时候,工作中还是难免出现失误。工作失误并不可怕,可怕的是不能正确地认识失误,不能实事求是地去承认失误。如果工作中一旦出现了失误,就要认真地分析原因,总结经验教训,找准失误点;同时要敢于向领导和同事承认,开展批评和自我批评,并勇于承担责任,以获得领导和同事的理解;另外,要虚心学习、请教,总结经验教训,防止类似失误再次发生。

另外,大学毕业生要重视岗前培训这样的重要环节。因为岗前培训对于刚刚走上工作岗位大学生的角色转换是非常重要和必要的。它不仅仅让新员工了解单位的基本情况,熟悉规章制度和工作程序,更重要的是通过岗前培训来树立集体主义观念,培养人际交流能力和奉献精神。从某种意义上讲,岗前培训可以直接反映新员工的素质高低,因此单位都非常重视,并依此择优录用,分配岗位。毕业生一定要以认真的态度把握好这样一次充实自己、表现自己和提升自己的良机。事实证明,很多毕业生就是因为在岗前培训期间显露才华、表现出色而被委以重任。

第二节　适应新的环境

毕业生转变角色的同时,也就意味着要离开熟悉的校园,来到一个陌生的单位,面对新的同事,适应全新的工作环境。很多毕业生都会在此刻踌躇甚至慌张。在这一过程中,大学生对陌生孤独感和无所适从感的适应能力很重要。能否快速适应新的环境，有效处理同事关系，对于以后工作的开展影响很大。大学生到一个新的工作岗位之后，要快速认识新的环境、了解新的岗位工作内容，本着实事求是、诚心待人的态度与同事沟通交往，缩短与周围同事之间的距离。在自己受到委屈或误解时要胸怀大度、克制感情、冷静处理，工作中出现错误时应主动承担责任。这样，人际关系搞好了，在工作生活各方面，同事和领导都会给予帮助，对自身的成长大有裨益。只要做好最为基础而又最重要的几个方面，自然能够顺利地适应新环境，新新职业人一样可以成为工作岗位上的佼佼者。

一、尽快适应新的工作环境

适应新环境最主要的是要树立角色意识。毕业生从学生角色进入职业角色，往往会出现许多心理不适。如何调适心理，前面已有讲述，除此之外，还应该有意识地强化职业角色意识，让自己在主观上尽快适应新的环境。

（一）积极参加岗前培训

一般来说，毕业生到用人单位后，都要进行岗前适应性培训、专业培训。毕业生应该利用单位岗前培训教育的机会，尽快熟悉规章制度、用人理念、组织文化、技术特点等，以便更好地融入团队之中。

（二）不轻言跳槽

随遇而安的心态是毕业生的职业生涯初始阶段必不可少的。对于一无工作经验、二无娴熟工作技能的毕业生，要想尽快地进入职业角色，必须踏踏实实地工作。如果毕业生目光短浅、眼高手低，稍不如意就一走了之，受损失的不仅是用人单位，更是毕业生本人。一个在职场上养成"飘"的习惯，形成"飘"的心理的年轻人，是难有大作为的。

（三）不断更新知识结构

大学生到了工作单位后，在工作安排上是不可能每个人都会严格地专业对口的，特别是一些中小企业，需要的是"全才"、"通才"。为了适应工作的要求，毕业生需要不断地学习，及时补充业务知识的不足，从知识结构上去适应工作的新环境。

二、树立良好的个人形象

> 在事业成功的各因素中，个性的重要性远胜过优秀的智力。
>
> ——卡耐基

良好的个人形象是人生交往的重要资本。个人形象的范围广泛，包括外貌仪表、言行举止。通俗来说就是一个人看起来如何，说话怎样，以及在待人接物方面的表现怎样。毕业生在初到工作岗位上时，要注意至少两个方面：一是注意自己的外表和体态语言；二是了解自己的优点与劣势,懂得从哪些方面塑造自己的形象。

良好的职业形象既是职业的体现,又是从业人员素质和水平的象征。尤其是良好的第一印象是职业形象成功的开端。第一印象是某种客观事物首次作用于人的感觉,在人的头脑中产生的对事物整体的反映,包括事物的外观形状、行为特点、价值评判等。据研究表明,初次见面的最初4分钟是印象形成的关键期。因此,第一印象具有"思维定势效应"、"形象光环效应"、"认识先入为主效应"等心理效应。对刚刚参加工作的大学生来说,可以从以下几个方面着重考虑。

(一)仪表得体

有些同学在大学期间喜欢张扬个性,发型、衣着都很另类。有些人甚至不注重仪表、不修边幅。但是到了一个全新的环境里,这些都可能会引起误解,甚至产生不良的第一印象。衣着、仪表是一个人文化素质的外在表现。步入职场,衣着仪表一定要和身份相符,不能过于花哨时髦甚至另类。

(二)热情主动

毕业生刚到单位上班,既不熟悉人也不熟悉环境,更不熟悉工作,在适应、熟悉单位的过程中要热情主动,给人留下积极上进、活泼开朗的良好印象。

(三)眼勤手快

新上岗的大学生要勤于观察,善于思考,凡事要主动积极,如主动整理办公室工作场所的内务,主动为同事提供力所能及的服务。这些事情看似细小琐碎,但能给人留下"勤快"、"主动"的第一印象。

(四)注意小节

细节决定成败,初入职场,一定要注意一些细节之处,不要因小失大。如不能长时间地接、打私人电话等,也尽量不要在办公室接待亲友和同学。

第一印象虽然很重要,对顺利打开工作局面有着催化剂的作用,但只有第一印象还不行,最重要的是看你能不能靠自己的勤奋努力赢得领导和同事们的支持和帮助,做出令领导和同事刮目相看的实际工作成绩来。"路遥知马力,日久见人心。"只要坚持不懈地努力,就能建立一种更为深层、更富于实际意义的长期印象。

三、建立良好的人际关系

马克思曾经说过:"人的本质就其现实性而言是社会关系的总和。"也就是说,从社会意义上讲,你是谁取决于你认识谁和谁认识你。我认识美国总统,可惜美国总统不认识我。不然的话,我的社会身份肯定不同了。可见,在现代社会里,人际关系影响甚至决定着人们生活的忧乐和事业的成败。事实上,人与人之间的关系虽然复杂,当把握一定的为人处世原则时,人际关系也可以变得很简单。美国著名的人际关系学大师卡耐基曾提出有关人际交往的五个重要法则,分别是:"互惠互利"是人际交往的根基;记住他人的名字;学会真诚地赞美别人;做一名好听众;微笑具有神奇的力量。在实际交往中,建立良好的人际关系应注意以下基本原则。

（一）热情主动

主动是人际交往的首要原则。播撒爱的种子才有爱的收获,要懂得对他人表示友好在先,给别人爱你的理由。当他人遭到困难、挫折时,主动伸出援助之手。要记住"雪中送炭"远比"锦上添花"更令人感动和难忘。

（二）尊重他人

"爱人者,人恒爱之;敬人者,人恒敬之。"尊重他人是一切人际关系的基础。记住他人的名字则是非常实用有效的方法之一。事实上,能否记住名字或面孔本身就是对他人是否尊重和重视的检验。进入工作环境后,要尽快地记住同事、领导的名字与面孔,这样既能避免见面时不知如何应对的尴尬,又能让他人感受到你的平易近人,为建立和谐的人际关系打下良好基础。

（三）学会倾听

当一名好听众也是在人际交往中获取好感的重要砝码。与人相处不但要懂得会说话,更要懂得倾听。因为每个人都希望别人能够分享自己的想法与情感,并且获取他人的理解与支持。在表达自己的不同看法时,首先要认可别人的想法,再礼貌地提出自己的看法,这样就会在表明观点的同时避免了冲突,不伤及彼此的关系。

（四）学会赞美

赞美是世界上最美的语言。如果想在人际圈中得到别人的好感,就要学会在恰当的时机用恰当的方式赞美他人。因为我们每一个人,都希望得到他人的赞美和赏识。赞扬能让人身心愉悦,精力充沛,还能激发自豪感,增强其自信。所谓恰当,就意味着一定要真诚,发自内心。赞美时切忌夸大其词、不着边际和虚伪做作。另外,不能人前一套,人后一套,当面说人好话,背后说人坏话,甚至传递其他人之间相互指责、诋毁的话。

（五）学会宽容

"海纳百川,有容乃大","水至清则无鱼,人至察则无徒"。这个世界上不存在完美无缺的人,同样也不存在一无是处的人。在人际交往中不要总是看到别人的短处,要多想想他人的长处。楚汉相争时,刘邦手下的大将韩信为人狂妄自大,甚至居功自傲,但韩信具有"连百万之军,战必胜,攻必取"杰出的军事才能。所以刘邦容忍了韩信的缺点,而充分发挥他的长处,最终凭借韩信的帮助战胜了强大的项羽,韩信也成为西汉开国第一功臣。

（六）换位思考

"己所不欲,勿施于人。"在与人相处时要适当地替他人着想,切忌以自我为中心、损人利己。常想想如果自己处在他人的位置上会怎样,就能理解他人的反应,也就不会出现强求别人做到连自己也做不到的事情。在争取自己利益的同时,也要不断兼顾他人的利益,才能在人际交往中受欢迎。

(七)谦虚随和

谦虚随和容易给人一种平易近人的感觉,大家都乐于与这种人交往,觉得彼此之间愉快舒畅。大学生刚到单位上班,特别要放下架子,甘当小学生,遇事多用请教和商量的口吻说话,不能以己之长比人之短。"人非圣贤,孰能无过。"对于别人的不足之处或工作失误也要能够宽容,并给予必要的帮助。人际交往中切忌孤陋寡闻而又自命不凡。

(八)保持微笑

微笑是最美的无声语言。发自内心的微笑不仅使自己心情愉快,也会给人留下积极乐观、容易亲近的感觉。微笑和些许幽默有助于增进交流、拉近距离和缓解紧张冲突的气氛。日常交往中,学会带着热情、微笑与人打招呼,让人体味到与你交往时的那种轻松与快乐,你就会成为一个在社交场所受欢迎的人。

总之,刚刚进入职业新环境的大学生,要尽可能主动地与他人沟通交流,切忌独来独往、沉默寡言。这样既不能帮助自己尽快地适应新环境,也会阻碍领导和同事对你的了解。如果我们在人际交往中,尽量多地按上述原则行事,就会发现我们原来也是一个颇受欢迎的人。

四、熟悉和适应组织文化

企业界流传着这样一句话:10 年企业靠人,50 年企业靠制度,100 年企业靠文化。文化特质决定了组织的地位,成功的组织必然有成功的组织文化。组织文化是组织在工作过程中形成的一种共同的行为方式和价值观,是推动和促进组织持续稳定发展的决定性因素,是组织发展的主导和灵魂,是组织发展的最终核心竞争力。组织文化对大学毕业生的道德观念、价值取向、行为方式等有着重要的影响;组织文化所决定的工作方式、生活方式将直接影响毕业生在组织内的发展,对毕业生职业生涯的发展起着举足轻重的作用。因此,职业适应的另一个重要内容就是对组织文化的适应。

(一)深入了解组织文化

新员工应当主动依靠网站、刊物以及相关的企业员工手册、企业文化手册等文献资料去了解组织及其文化,包括组织的发展史、经营理念、决策机制、发展目标和关键的人际关系等。深入了解组织文化,有助于提高员工的自豪感和忠诚度,激发员工的自信心和工作的热情;可以帮助员工互相沟通,熟悉工作的流程,不断提高组织的竞争力。

(二)认真对待新员工培训

新员工培训又称岗前培训,或职能教育。有质量的培训不但可以帮助新员工了解企业行为规范,提高工作技能,尽快适应岗位要求等等,更重要的是可使新员工体会企业的文化理念。这也是新员工接触企业文化的一个绝好机会,要认真加以对待。

（三）工作中勤学好问

初入职场，面临一个全新的陌生环境，有许多知识需要我们重新学习。这就需要我们在工作中多学、多问、多了解。对于看得见的规矩，我们可以找来公司的规章制度、流程和职位说明书来加以学习，了解自己以后该做些什么；对于看不见的也就是企业文化，那就要向公司的前辈请教了，因为他们在公司的工作时间长，对公司的方方面面可谓了解入微。

（四）遵守规范

组织的日常行为规范是一个组织得以正常、有序运行的基本保障。融入企业文化就是入乡随俗，要自觉遵守这些规章制度。每个组织也都有一套自己的工作方式和习惯，这是组织文化的一种特殊表现形式。从业者也要尊重团队的工作习惯，不要因为他们的工作习惯与自己的生活习惯有冲突而脱离组织团队。

（五）尽快融入新团队

现代企业崇尚团队协作，这是市场竞争模式的发展要素。有团队，必然有文化和它自身的一套规章制度，融入一个公司的企业文化也就是融入公司这个团体。所以要多参加公司举办的各种活动，有利于互相加深感情。天马行空、独来独往，尽管很显个性，但对于融入新的团队是有百害而无一益的。

第三节　职业发展

一、时间管理

时间是人最大的成本，也是每个人最大的资本和财富。正如歌德所说，"时间是我的财产，我的田亩是时间"。在人的一生中，除睡觉外，工作是人生中占据最多时间的事项，在20％左右。在职场上，很多人是从早上忙到晚上，甚至废寝忘食，没有家庭生活、休闲活动，每天就只是埋头苦干。但回头看时，更多的是感到沮丧、无奈、焦虑和懊恼。沮丧者因觉得一事无成；无奈者因不知还可做些什么；焦虑者因感时日无多；懊恼者因见做得不好，错失了许多机会。之所以会有这样的结果，关键就在于没有很好地进行时间管理。

（一）认识时间

时间是事件发生到结束的时刻间隔，是物质变化的一个过程。具有以下特性：

1. 时间是连续的

古今中外都认识到时间是连续的，不间断的。时间的脚步永不停息，它不会停下来等待任何人。"逝者如斯夫，不舍昼夜"，这是孔子看到河流奔流不止时发出的光阴流逝的感叹。西方谚语"Time and tide wait for no man"也说明了时光如逝水，岁月不待人。

2. 时间是不可逆的

时间是连续的，更是不可逆的。它只有从过去、现在到将来的一个方向。"百川东到海，何时复西归?"从人类的开始,人们就知道时间是不可逆的。人出生、成长、衰老、死亡,没有反过来的。

3. 时间是有限的

宇宙的时间是连续不断的,每一分每一秒地在走,像是无限的一样。但它赋予我们每个人的生命是有限的,人生匆匆不过几十个春秋。时间对每个人又都是公平的,给每个人的一天都是二十四小时,每年都是三百六十五天。所以我们做任何事情,都必须认认真真,不要浪费自己的一分一秒,更不要浪费别人的时间。正如鲁迅所说:浪费他人的时间即是图财害命。同样,浪费自己的时间无异于慢性自杀。

(二) 时间管理

时间待人是平等的,而时间在每个人手里的价值并不同。时间管理(Time Management)就是用技巧、技术和工具帮助人们完成工作,实现目标。时间管理并不是要把所有事情做完,而是更有效地运用时间。时间管理除了要决定你该做些什么事情之外,另一个很重要的目的就是决定什么事情不应该做。时间管理不是完全的掌控,而是降低变动性。时间管理最重要的功能是通过事先的规划,成为一种提醒与指引。

1. 设立明确的目标

目标是时间管理的关键。设立明确的目标有助于把精力集中在重要事情上,能让你在最短时间内实现更多你想要实现的目标。首先列一张总清单。把年度的4到10个目标写出来,找出一个核心目标,把所要做的每一件事情都列出来,并依重要性排列。这样做能让你随时都明确自己手头上的任务,然后进行目标切割。在列好清单的基础上,将年度目标切割成季度目标,列出清单,每一季度要做哪一些事情;将季度目标切割成月目标,并在每月初重新再列一遍,遇到有突发事件而更改目标的情形时及时调整过来;每一个星期天,把下周要完成的每件事列出来;每天晚上把第二天要做的事情列出来。

2. 确定轻重缓急

有些人造成时间浪费,就是因为没有分清轻重缓急和列出优先顺序。没有标记出哪些是最重要的工作,要优先完成;哪些是紧急的事情,今天必须完成。如果再碰到一些干扰因素,更影响了事情的完成。时间管理就是合理把握不断涌来的各项任务,制定工作优先顺序表,区别对待。紧急事项往往是短期性的,重要事项往往是长期性的。将要做的事情根据优先程度分先后顺序,再根据价值大小分配时间,并给所有罗列出来的事情定一个完成期限。把有限的时间花在关键工作上,以收到事半功倍的效果。这就是现代管理学中的"80/20原理"。就是说一个人应该集中80%的时间和精力去处理20%的关键事项,而用20%的时间和精力去处理80%的次要事项。

3. 制订工作计划

凡事预则立,不预则废。做任何事,有了计划就容易取得好的结果,反之则不然。毫无计划的工作是散漫疏懒、松松垮垮的,很容易被外界的事物所影响。所以在明确了目标、确定了工作任务的轻重缓急之后,就应该着手制订工作计划。在制订有效的计划中每花费1小时,在实施计划中就可能节省3—4小时,并会得到更好的结果。如果你没有认真作计划,那么实际上你正计划着失败。

制订计划要注意长远计划和短期安排相结合。在一个比较长的时间内,比如说半年、一年,甚至3—5年,应当有个大致计划。因为实际工作中变化很多,又往往无法预测,所以这个长远的计划不需要很具体。但是你应该对必须做的事情心中有数。而更近一点,比如下一个星期的计划,就应该尽量具体些。把较大的任务分配到每周、每天去完成,使长远计划中的任务逐步得到解决。

有长远计划,却没有短期安排,目标是很难达到的,所以两者缺一不可。长远计划是明确工作目标和进行大致安排;而短期安排是具体的行动计划,其中最主要的是每日工作计划。在前一天晚上,将第二天从早到晚要做的事情进行罗列。看到自己长长的任务列表时,你也会产生一种紧迫感。在每日计划中,也要分清轻重缓急,遵循生物钟,将优先办的事情放在最佳时间里。

为确保计划的完成,每天晚上还要做好"时间日志",将你一天所花的时间一一记录下来。每天记录从刷牙开始,用餐时间,出行时间,处理各项工作的时间等等。这样你会清晰地发现哪些事已经完成,哪些事情还没有完成或还没有做,时间浪费在什么地方。找到浪费时间的根源,你才有办法改变。

4. 避免拖延

"今天应做的事情没有做,明天再早也是耽误了。"(裴斯泰洛齐)拖延是时间无声的杀手,是最严重的时间浪费。古人曰:今日事,今日毕。可见古人是多么注重事情要及时完成。可是在我们的生活中,有的人做事总是拖拖拉拉,今天的事情总是拖到明天、后天,甚至变得遥遥无期。爱拖延的人总能找出拖延的借口:没有时间,现在太忙,或者事情不急,时间还很充足等等。结果是一拖再拖,变成明日复明日,明日何其多。巴金森在其所著的《巴金森法则》中写了这句话:"你有多少时间完成工作,工作就会自动变成需要那么多时间。"如果你有一整天的时间可以做某项工作,你就会花一天的时间去做它。而如果你只有一小时的时间可以做这项工作,你就会更迅速有效地在一小时内做完它。所以避免拖延是最有效的办法就是严格规定完成期限,凡是决定的事,马上就去做。对于已经完成了大部分工作的事情,更要学会强迫自己一鼓作气完成。只要留着尾巴,这尾巴就会越拖越长,不仅难以解决,反而会成为心头的一个负担。古人所说的"行百里者半九十"就是这个道理。

5. 养成良好的工作习惯

美国心理学大师威廉·詹姆斯博士曾经说过:"播下一个行为,收获一种习惯;播下一种习惯,收获一种性格;播下一种性格,收获一种命运。"这句话告诉我们:一个习惯足以决定一个人的命运。多一个好习惯,就多一次成功的机会;多一个好习惯,就会多一份成功的信心。"少成若天性,习惯如自然。"初入职场的年轻人,一定要从各方面养成良好的工作习惯,改变不利于工作进步的劣习。

第一要保持整洁。清理你桌上所有的东西,把桌面有效的空间留给马上就要处理的事务。只要把桌面清理出来,留给手边待处理的一些事情,就会发现你的工作更容易也更实在。想同时处理很多事情,其结果往往是一件事也办不成。集中精力处理一件事,是提高效率的第一步。第二要定期整理。随着时间的推移,各类资料越积越多。不仅每次使用起来不方便,重要的资料甚至会淹没在文件的海洋之中,以至遗忘。所以要定期对资料进行整理、分类保存,让物品各就各位,重要的资料要做好记录,以便下次取用。第三要严格守时。

浪费别人的时间就是图财害命。所以在工作中,养成守时的良好习惯是非常重要的。上班、参加会议、赴约等都要严格守时,不能迟到早退,更不要随意变更约定时间。第四要善于使用清单。为防止遗漏,对一些常规的事项可以列出清单,每次对照清单检查准备和完成情况,可以有效提高工作效率。比如经常出差,就可以将出差必须携带的物品列在一张清单上,每次出差时对照准备即可。每次组织重大活动前,列出工作清单更是必不可少的准备工作。

6. 克服干扰

假如你每天能有一个小时完全不受任何人干扰地思考一些事情,或是做一些你认为最重要的事情,这一个小时可以抵过你一天的工作效率,甚至可能比三天的工作效率还要好。要想克服干扰,最重要的就是要学会说"不"。一旦确定了哪些事情是重要的,对那些不重要的事情就应当说"不"。被拒绝是非常令人不愉快的事情,所以拒绝别人时一定要注意方式方法,不能生硬。常用的委婉解释有时间冲突、有重要紧急的事情、身体不适等。甚至可以把你的重要事情和对方要求的不太重要的事情进行对比,让对方来帮助你判断该如何选择,自然就会获得对方的谅解。

二、学会学习

> 问渠哪得清如许,为有源头活水来。
>
> ——朱熹《观书有感》

有研究表明,大学期间所掌握的知识,30%左右在工作中是能用得上的,70%左右属于备用的知识。一个人比另一个人水平高、能力强,在很大程度上,是因为他拥有更多的信息,能够站在更高层次上用不同的视角看待问题、拥有更多解决问题的途径。而这些能力的根源,都来自丰富广阔的知识学习。

(一)更新专业知识

对于大学毕业生来说,从小读书一直到大学毕业,很多人会持有这样一个看似自然的想法:读完大学书就算读到头了,参加工作则意味着学习生涯的终结。大学教育固然重要,但毕竟只是短暂的一个阶段,大学毕业之后的延伸学习和重新学习,对于职业发展无疑具有更重要的意义。尤其是在当前的知识经济时代,知识更新是日新月异。哈佛大学医学院甚至这样教育学生:"你们现在学习的知识在毕业之后将有一半是错的,但可悲的是,你并不知道哪一半是错误的。"获取知识、运用知识和创新知识的能力是一个人成功的重要因素。善于学习、有较强的学习能力和思维能力的创新型人才,才是知识经济时代的强者。

(二)拓展职业素质

社会在不断发展变化,职业的结构、内容和用人要求也在不断地变化。联合国教科文组织曾在《教育:财富蕴藏其中》报告书中指出,终身学习有四大支柱。这四大支柱分别是:学会求知,学会做事,学会共处,学会发展。毕业生必须不断地更新知识,开阔视野,完善知识结构,提高职业素质,才能适应不断发展的新形势。

1. 学会控制情绪

在成功的路上,最大的敌人其实并不是缺少机会,或是资历浅薄,而是缺乏对自己情绪的控制。愤怒时,不能制怒,使周围的合作者望而却步;消沉时,放纵自己的萎靡,把许多稍纵即逝的机会白白浪费。一个人学会乐观,淡泊名利,保持健康情绪,命运永远掌握在自己的手中。正所谓"宠辱不惊,看庭前花开花落;去留无意,望天上云卷云舒。"。

2. 充分的自信心

自信心是一种来源于内心深处的最强大力量。当你拥有自信心之后,你就会产生一种毫无畏惧、"战无不胜"的感觉。无论你面前的困难多大、你面对的竞争多强,你总感到轻松平静,原本不能轻易解决的问题也能在不经意间迎刃而解。当然,自信源于实力,自信是要以知识和能力为基础的。没有实力的自信是盲目自信,甚至是夜郎自大。

3. 坚强的意志力

面对职业中的困难,不少毕业生有畏难情绪,缺乏战胜困难的意志力。任何一项工作都有一定的难度,有难度的工作才会使工作更有意义,完成工作后才更能体现出其价值。因此,在工作中应该知难而进,迎难而上,不懈努力。

4. 勤于观察思考

苹果落地是几千年来人们司空见惯的一个自然现象,只有牛顿对这一习以为常的现象进行了深入的思考,从而发现了万有引力定律。牛顿也因此成为人类历史上伟大的科学巨人。在日常生活和工作中,只有善于观察才能发现问题,才能掌握大量的第一手资料。同时,只有勤于思考才能真正掌握事物的内部规律,才能在工作中有所创新。

三、职业生涯规划管理

职业不是一成不变的,个体职业生涯是一个循序渐进的发展过程,是个体在职业领域中不断学习与进步的过程。在职业发展的过程中,个体要想进步,就要不断学习,为实现职业顺利发展创造条件;要加强自我职业生涯规划管理,保持职业发展有一个良好的方向。

(一)强化职业生涯规划管理

在前面的章节中,我们已介绍了关于职业生涯规划的内容,大家也了解了尽早制定职业生涯规划的重要性。但制定职业生涯规划只是成功的职业发展的一个必要条件,仅此还不够,还要善于对职业生涯规划进行管理,才能保证成功的职业生涯发展有充分的条件。在职场上,一个组织都会对自己的员工进行职业生涯管理,通过对员工职业生涯的主客观因素进行分析、测定和总结,使得员工的职业生涯目标和组织发展的战略目标相一致。而对于个体来说,要尽可能了解自己所在组织的职业生涯管理模式,要根据自己的兴趣、能力和个人发展目标有效地管理自己的职业生涯规划,使自己和组织目标协调一致、共同发展。

(二)适时进行自我评价

适时进行自我评价是职业生涯规划管理的一个重要内容。生活中我们常常发现,很多大学生在毕业前已拟定了非常具体详细的职业生涯规划,但是在以后的职业生涯发展过程中一味地跟着感觉走,结果慢慢地偏离自己当初的职业生涯规划,使职业生涯发展又变成了盲目地发展。所以,在职业生涯发展的过程中,应适时地对自己的职业发展状况与职业生涯规划进行评价,及时调整行为,或更改规划目标,使自己的职业生涯发展有规划而非盲目。

（三）职业规划调整

"良禽择木而栖,君子相时而动。"人生道路没有一成不变的,职业发展也是如此。成功的职业发展路程不仅仅是实现自己最初的职业生涯理想,更应当是能够顺应社会和职业的发展要求,灵活变动以求最优的结果。在职业发展过程中,很多因素会导致职业生涯的改变甚至是重新选择,包括个体的主客观因素以及社会和职业的原因。例如,兴趣志向发生了转变,或教育深造所产生的变动,家庭环境的变化,工作环境的改变等等。在这种时候,就需要我们对先前的职业生涯规划进行适时调整和修改。这种调整可以是对职业的重新选择,也可以是对职业生涯路线的改变,或是阶段目标的一些修正,或是变更实施措施等。

对于职业生涯规划调整,要根据个人意向和环境需要而决定。而且,调整要遵循一定的法则,第一反应应当是修正计划而不是目标;当修正计划无法达成目标时才应考虑修正目标达成的时间;当延长时间和降低要求都不能实现目标时,则要考虑放弃目标而重新设定新的目标。但是无论怎样调整,通过不断的评估和修正,最终的职业生涯规划应该是更成功的、更加适合自己职业发展的。

总而言之,每个人都有属于自己的职业发展道路,道路的崎岖蜿蜒或是平坦宽广并不是决定一个人人生发展的根本因素。只要能够在心中坚守自己最初的梦想,并且沿着这条梦想的道路不断学习、不断进步,就会真正成为人生的最大赢家。

思考题

1. 学生角色与职业角色的差异有哪些? 如何适应差异来开展工作?
2. 怎样与上级、同事和客户建立和谐的人际关系?
3. 参照本专业的职业发展路径,设计个人职业生涯规划。

参考文献

[1] 陈龙图. 大学生安全意识与自我保护能力提升问题探讨[J]. 齐齐哈尔师范高等专科学校学报,2015(6):100-102.

[2] 胡礼祥. 成功跨越:从中学到大学[M]. 杭州:浙江人民出版社,2007.

[3] 王海燕. 探析大学社团对大学生素质教育的作用[J]. 教育时空,2010(19):150-151.

[4] 温多红,姚苗苗. 大学生学业规划的国际借鉴及目标有效性分析[J]. 黑龙江高教研究,2007(10):76-78.

[5] 梁芷媚. 创业有方法[M]. 北京:中国经济出版社,2013.

[6] 大学生成功创业要走出三大误区[N]. 中国教育报,2013-2-26.

[7] 谷宏. 资源整合能力、创业导向对创业绩效的影响研究[D]. 云南财经大学,2011.

[8] 刘云龙,郑晓红,等. 中医药院校创业文化培育析论[J]. 创新与创业教育,2014(4):53-55.

[9] 王本贤,崔成前. 创业基础[M]. 南京:南京大学出版社,2014.

[10] 姚峥嵘. 大学生职业生涯规划与就业创业指导[M]. 南京:南京大学出版社,2013.

[11] 埃里克·莱斯. 精益创业[M]. 吴彤,译. 北京:中信出版社,2012.

[12] 段王爷. 互联网+兵法[M]. 北京:机械工业出版社,2015.

[13] 王新文,胥亮. 生涯规划·就业指导·创业指导[M]. 南京:南京大学出版社,2014.

[14] 黄赤兵. 大学生就业指导[M]. 厦门:厦门大学出版社,2015.

[15] 秦小刚. 职业生涯规划与就业指导[M]. 北京:北京师范大学出版社,2013.

[16] 余勇. 大学生职业生涯规划与就业创业指导[M]. 天津:南开大学出版社,2016.

[17] 陈捷. 大学生职业发展与就业指导[M]. 北京:清华大学出版社,2012.

[18] 张兵仿. 大学生就业指导教程[M]. 北京:时事出版社,2016.

[19] 就业指导理论、案例与实训[M]. 北京:中国人民大学出版社,2015.

[20] 王丽娟. 中国大学生就业权益的法律保护[M]. 南京:南京大学出版社,2011.

[21] 柯新华. 就业与劳动权益保护:维权实例与实务指导[M]. 北京:法律出版社,2013.

[22] 何小姬. 就业指导——理论、案例与实训[M]. 北京:中国人民大学出版社,2015.

[23] 吴克明. 中国大学生就业问题研究[M]. 济南:山东人民出版社,2015.

[24] 王晓初,信长星. 就业促进与职业能力建设[M]. 北京:中国劳动社会保障出版社,2012.

［25］孙素芳.图说劳动合同法下的大学生就业权益保护［M］.成都:西南交通大学出版社,2012.

［26］张勇.大学生实习及其权益保障的法律与政策［M］.上海:上海人民出版社,2012.

［27］安德鲁·J.杜布林.人际关系 职业发展与个人成功心理学［M］.北京:机械工业出版社,2015.

［28］谭昆智,杨力.人际关系学［M］.北京:首都经济贸易大学出版社,2014.

［29］马腾文,孙沛.职业发展与就业指导［M］.北京:化学工业出版社,2014.